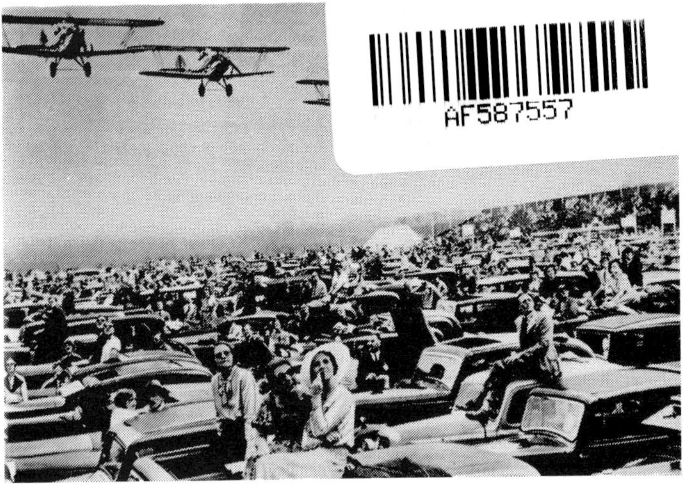

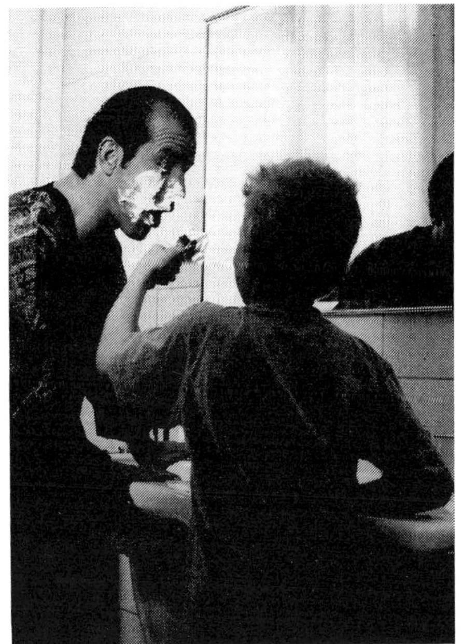

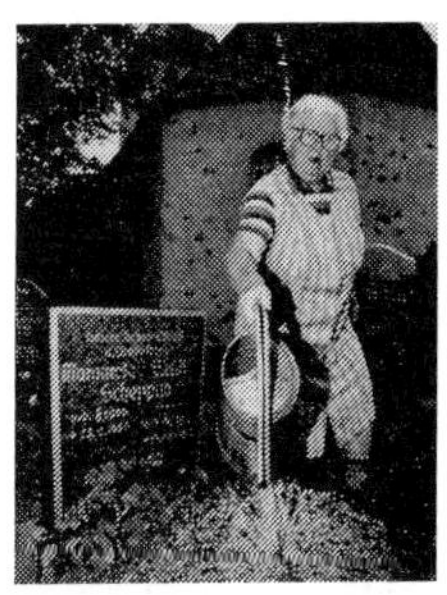

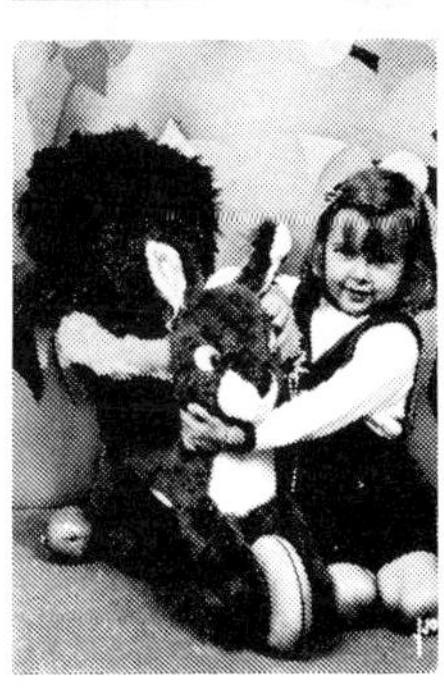

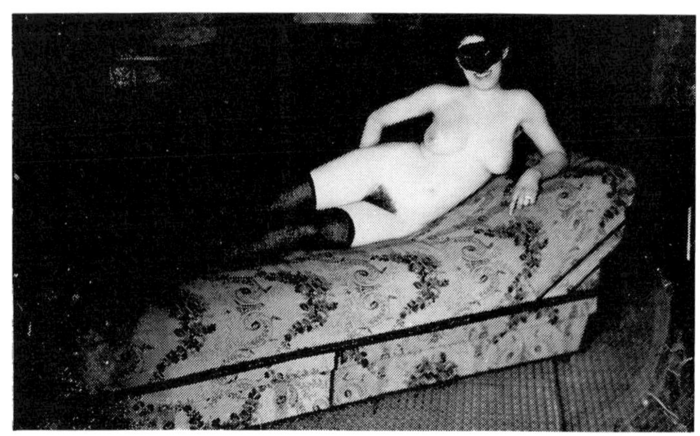

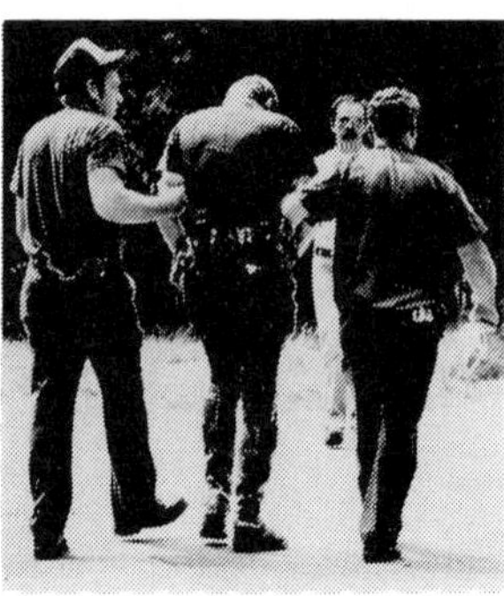

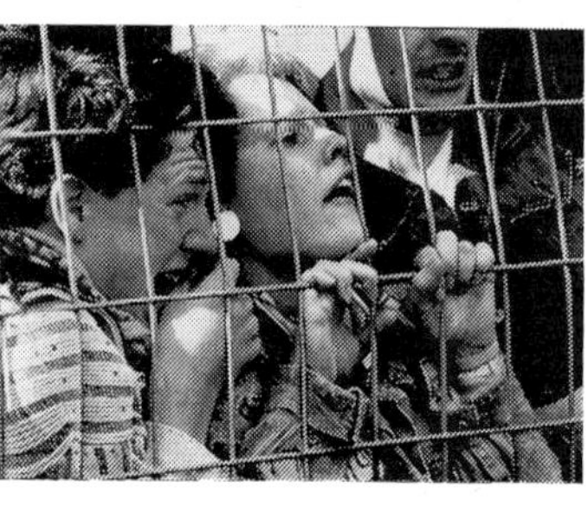

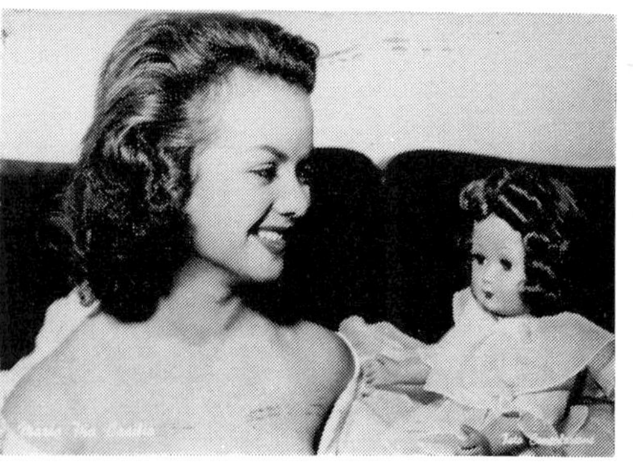

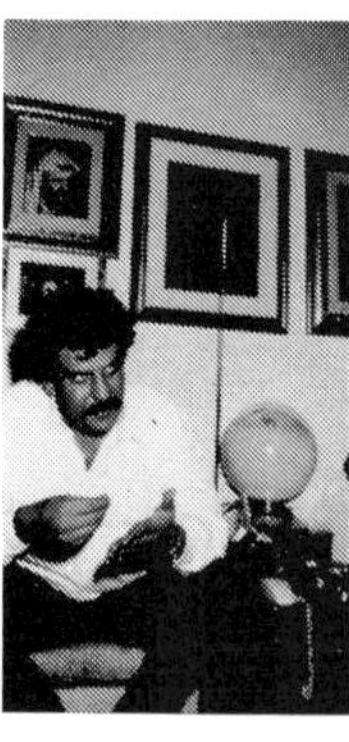

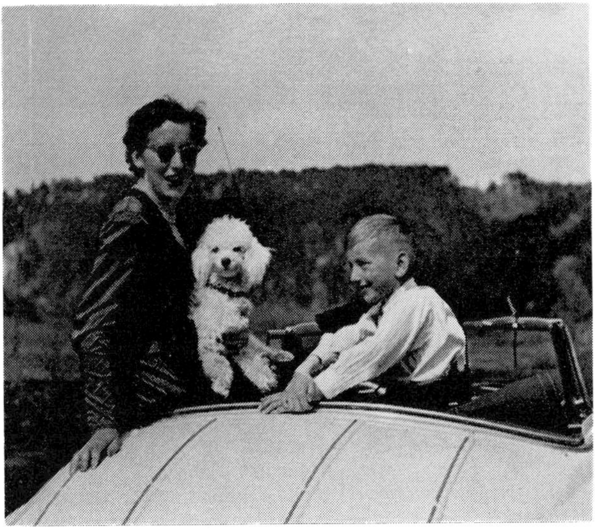

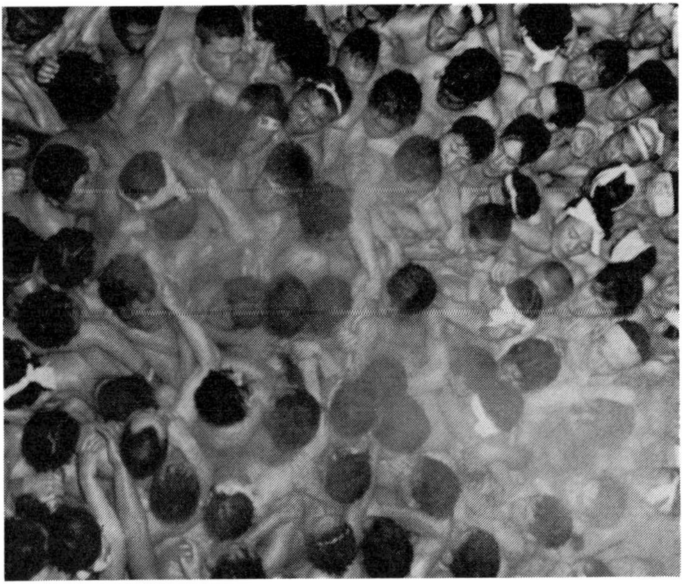

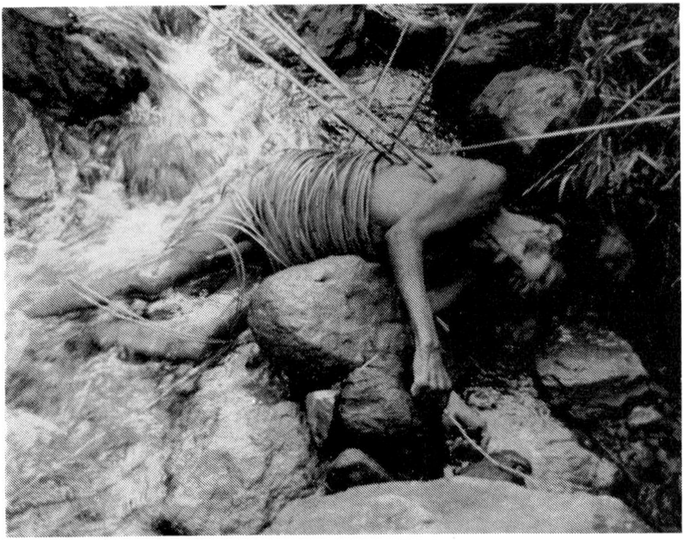

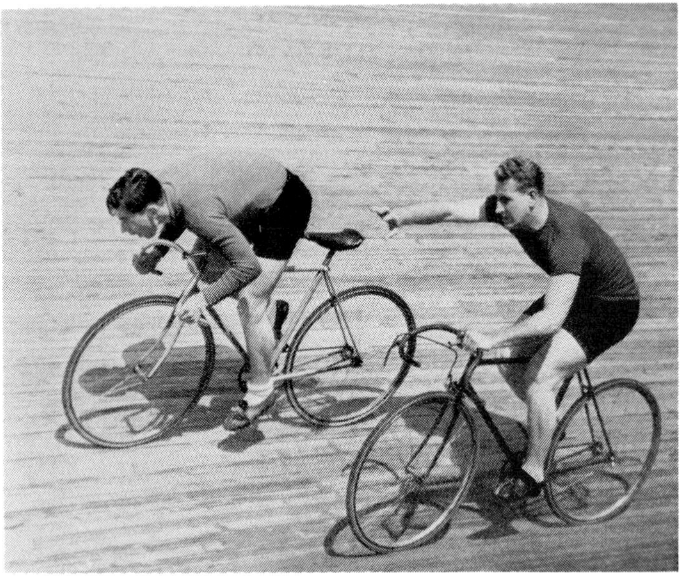

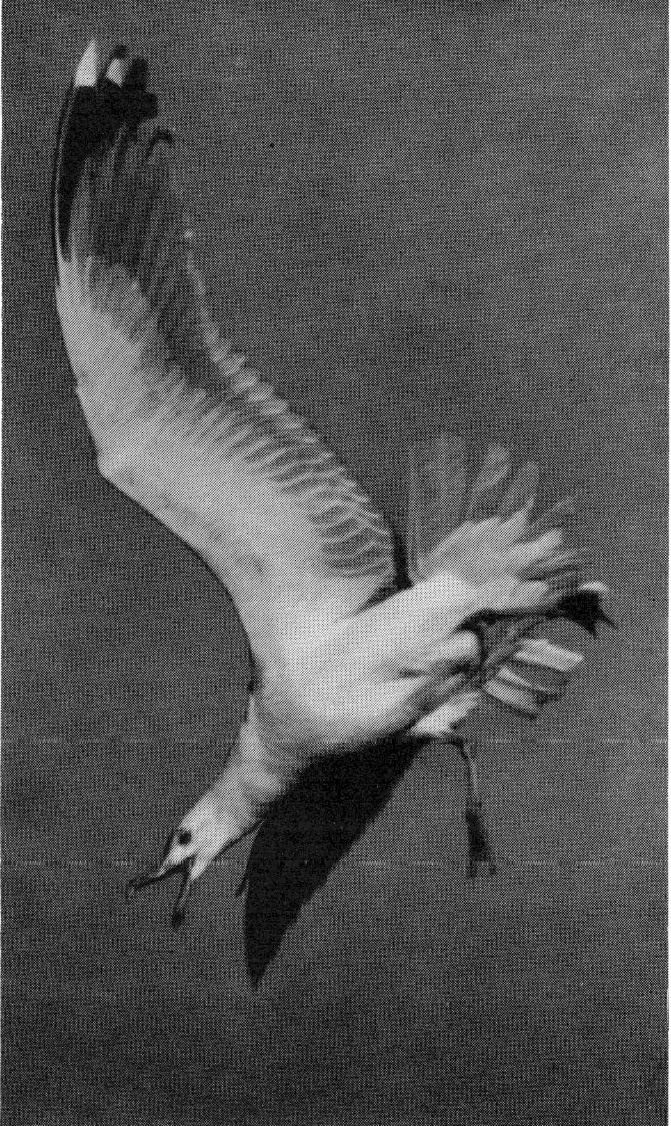

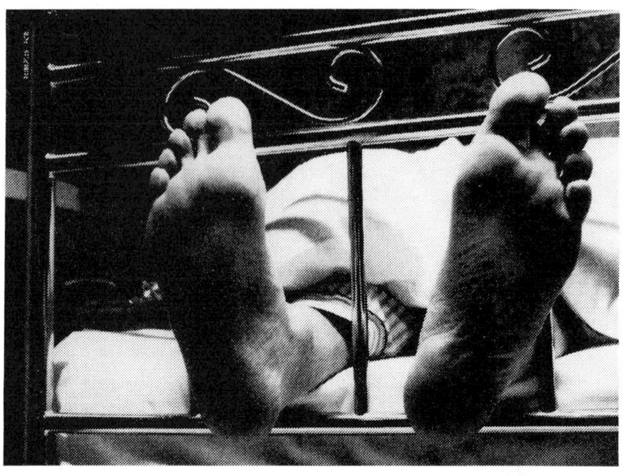
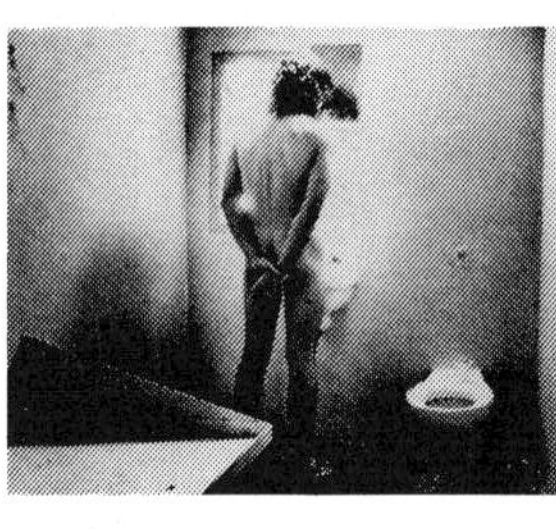
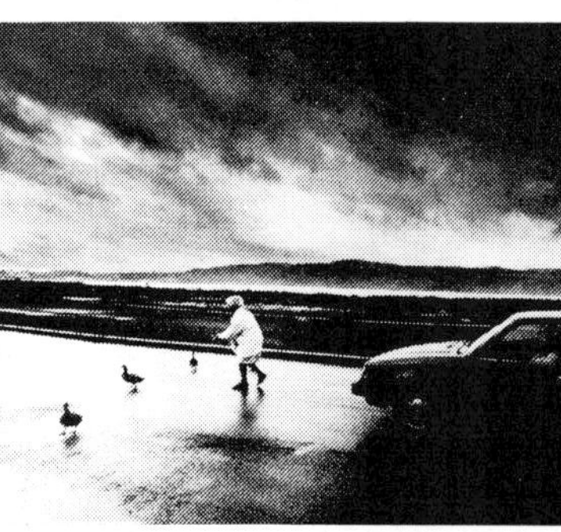
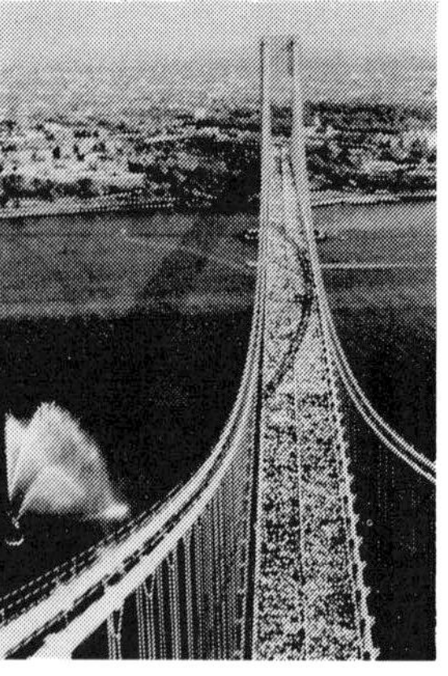
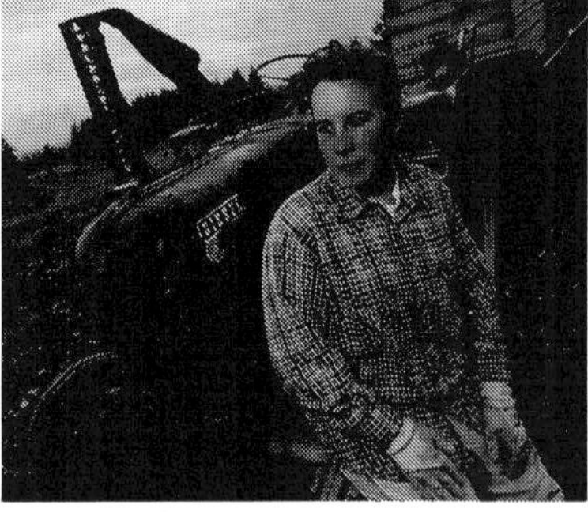

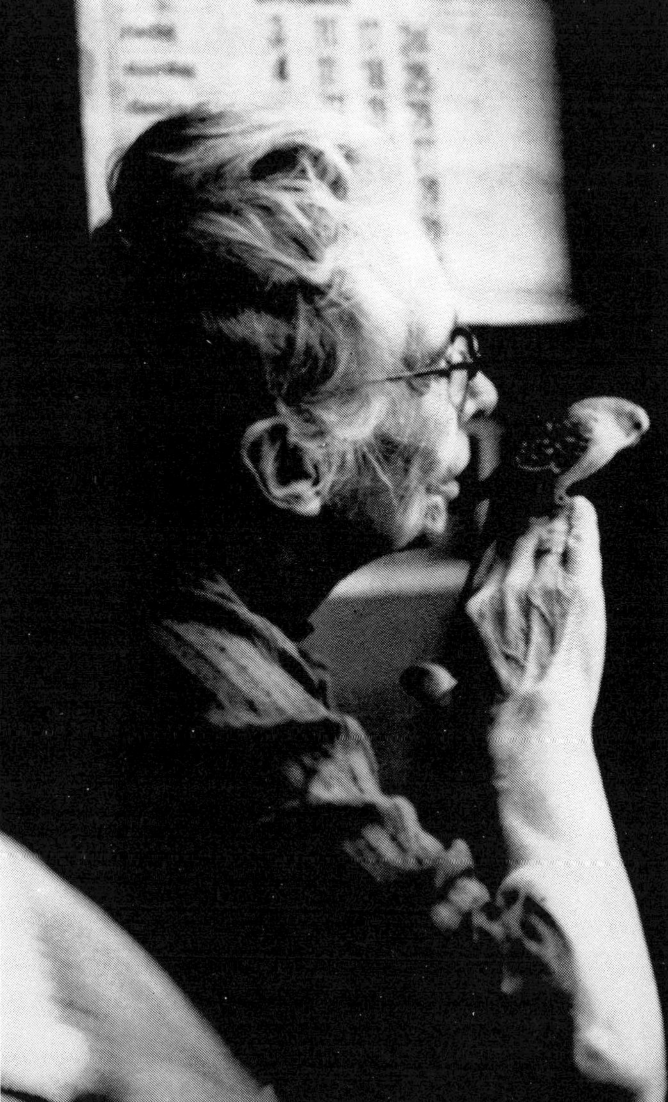

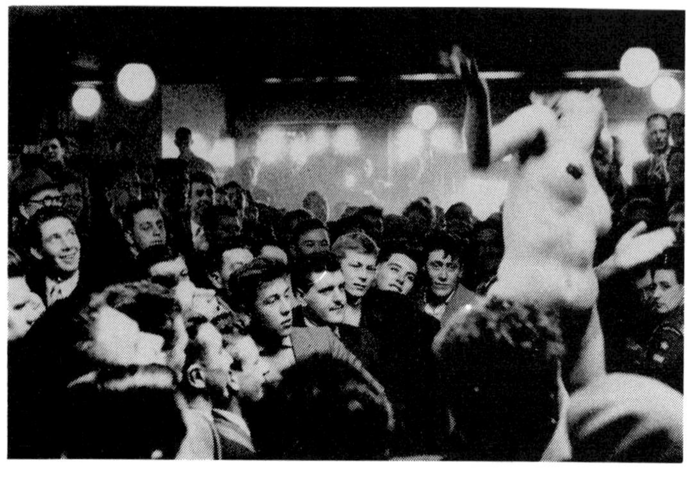

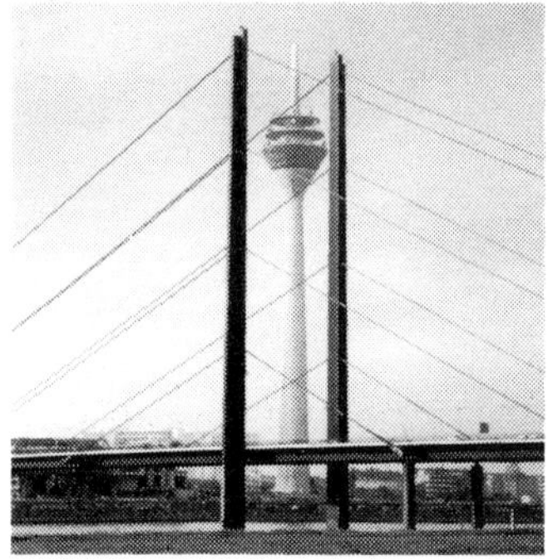

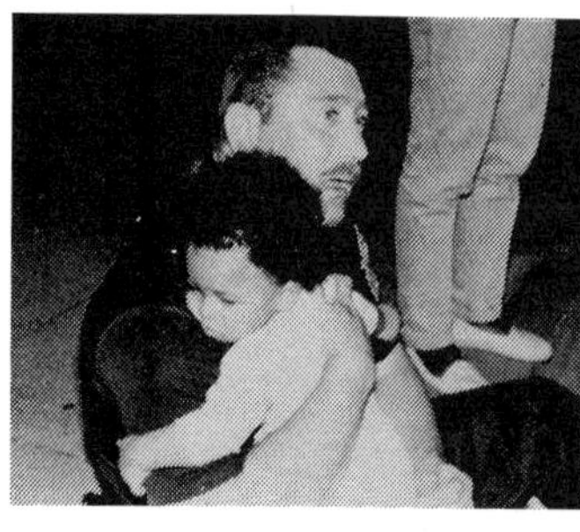

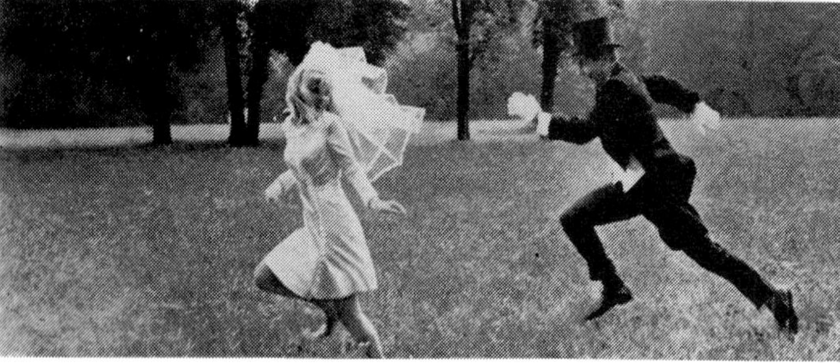

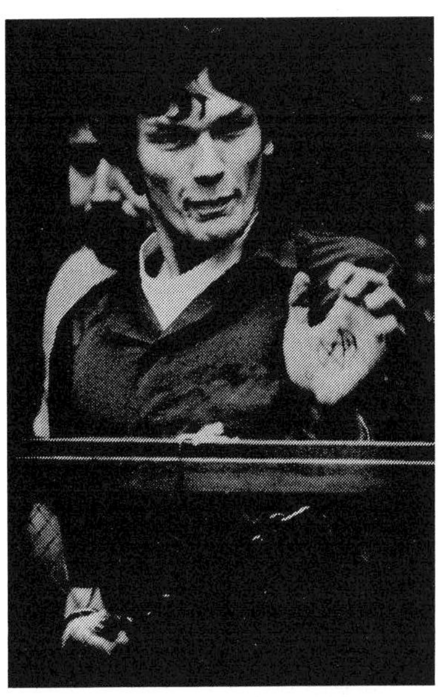

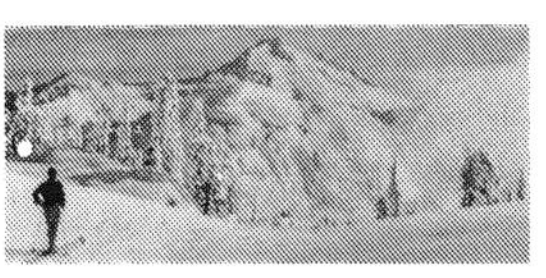

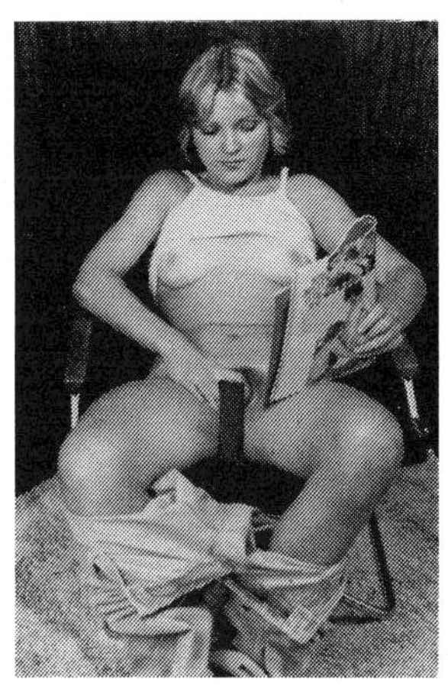

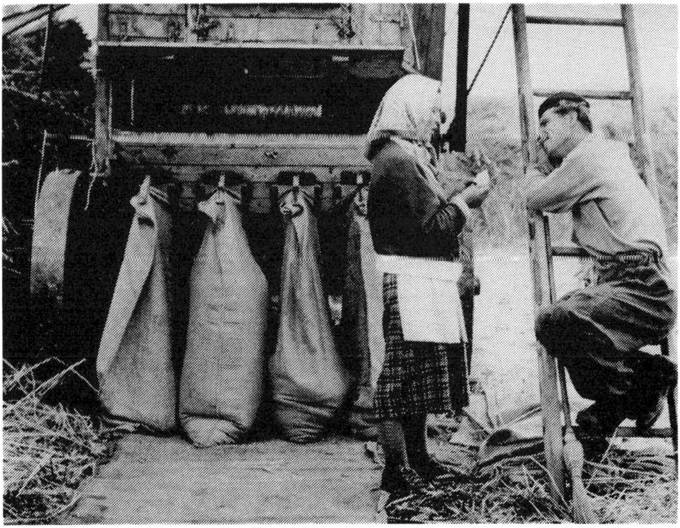

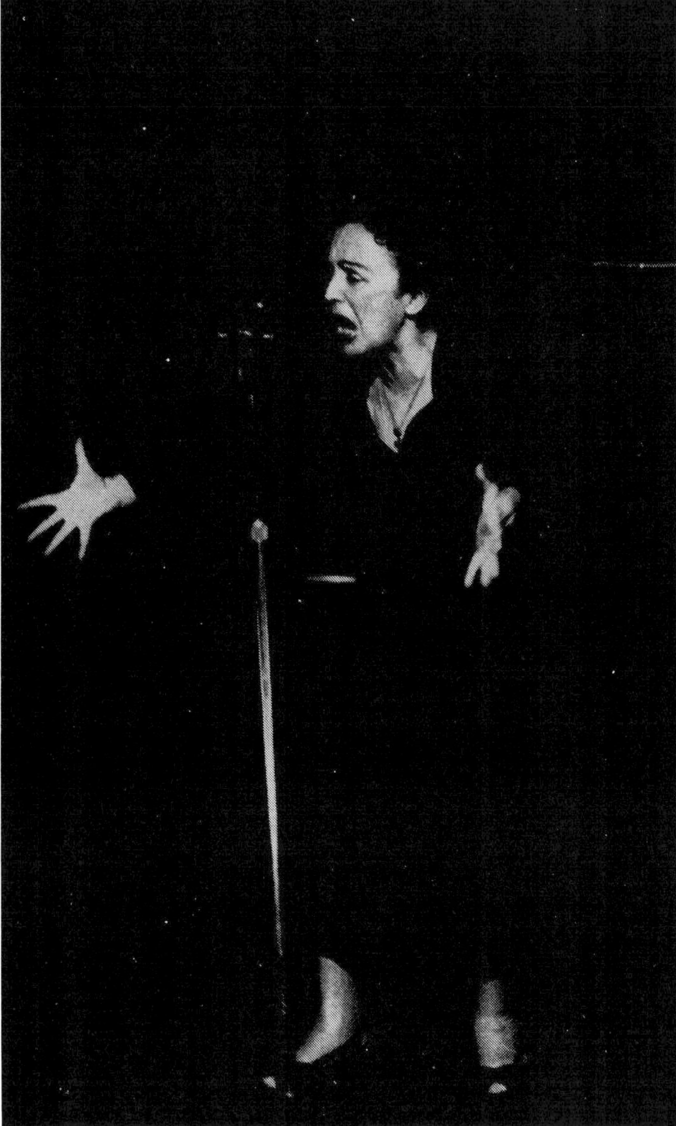

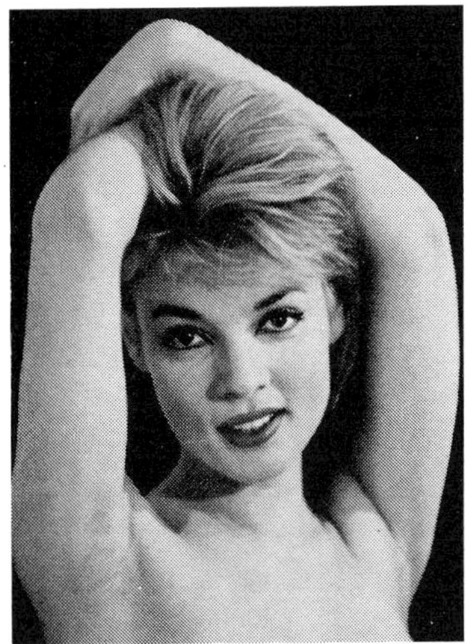
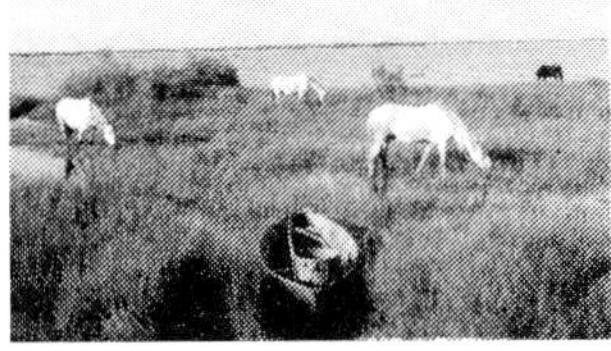
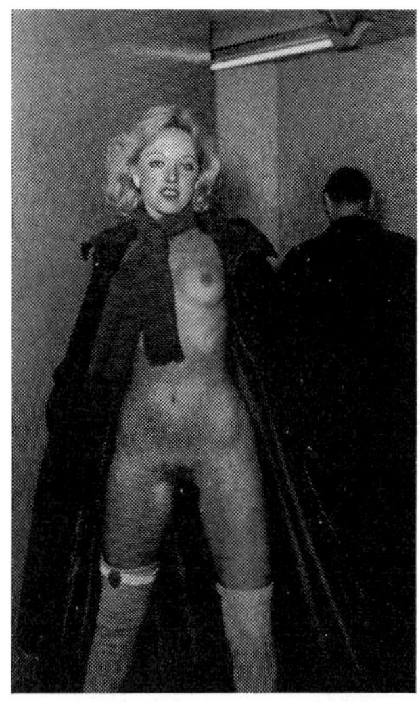
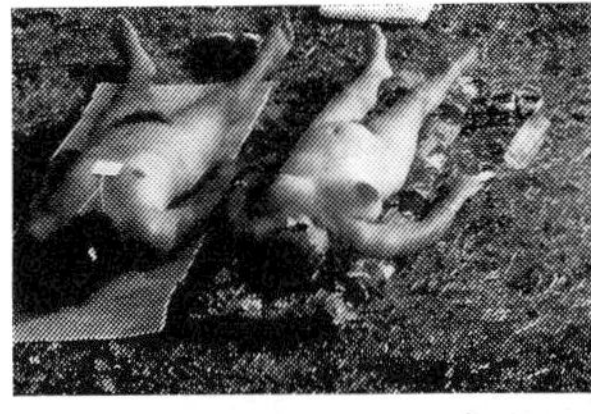
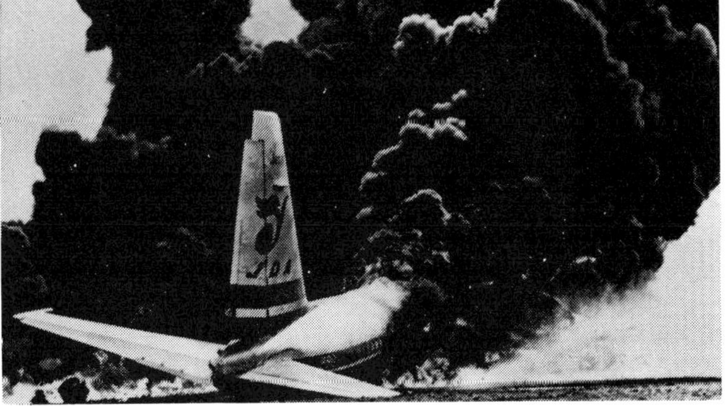

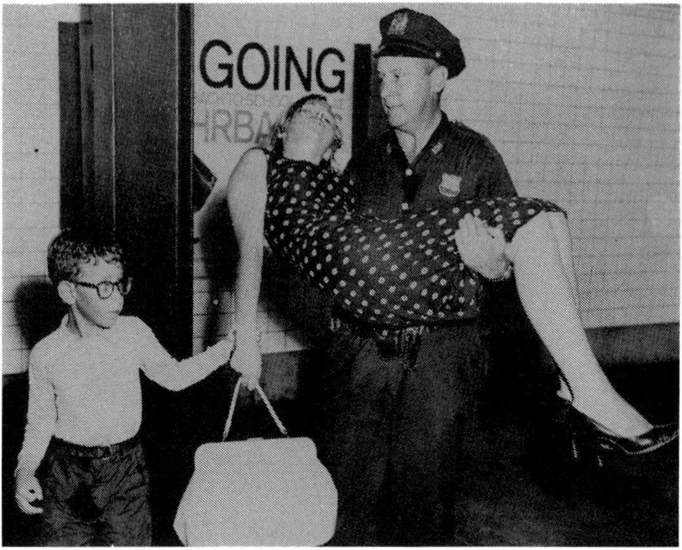

GOING

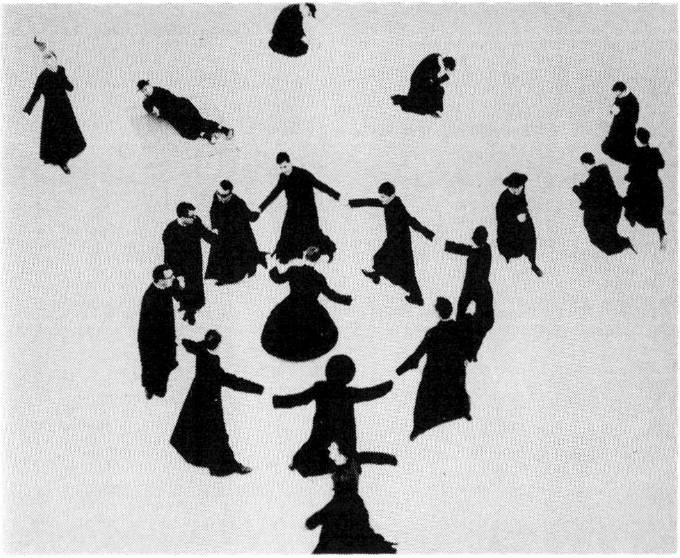

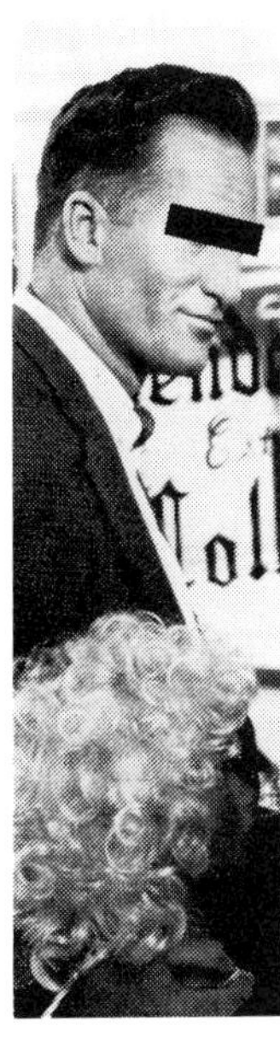

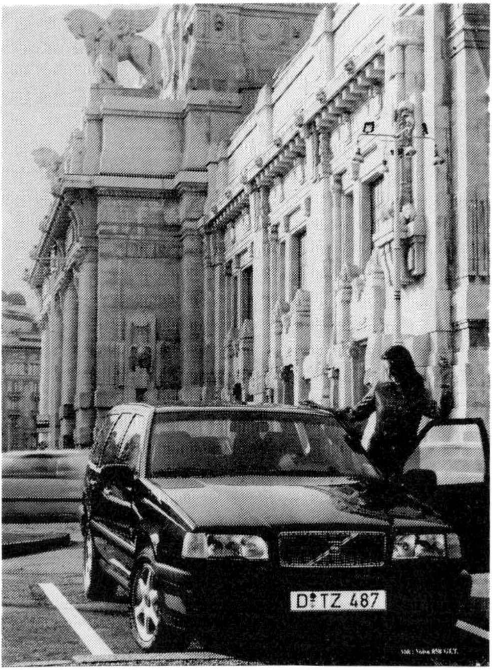

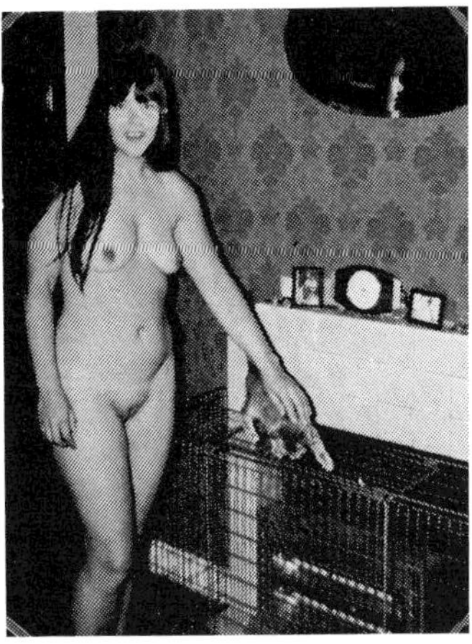

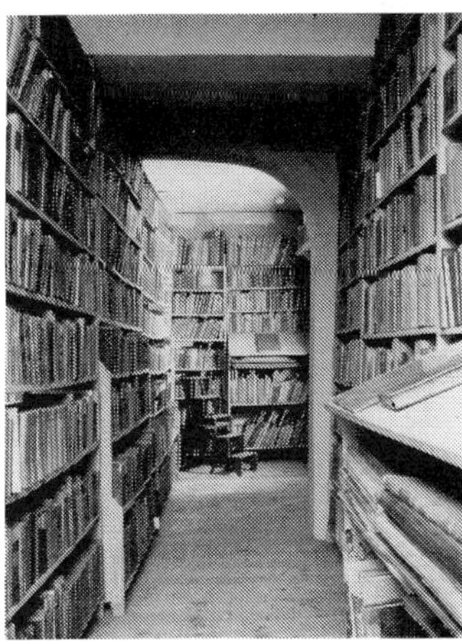

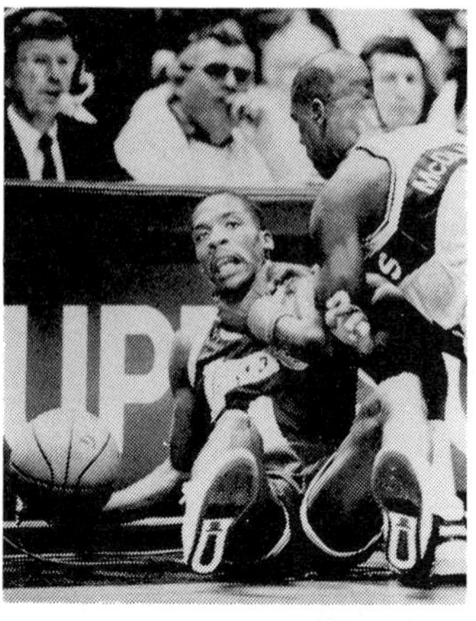
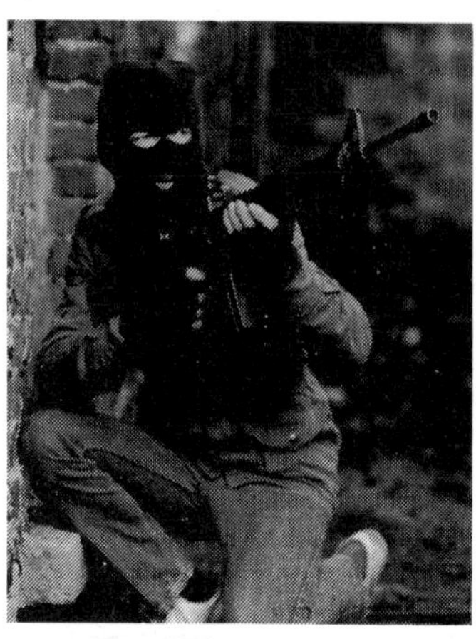
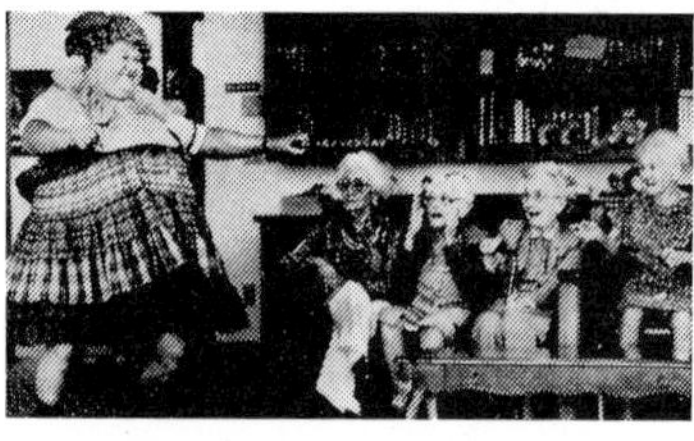
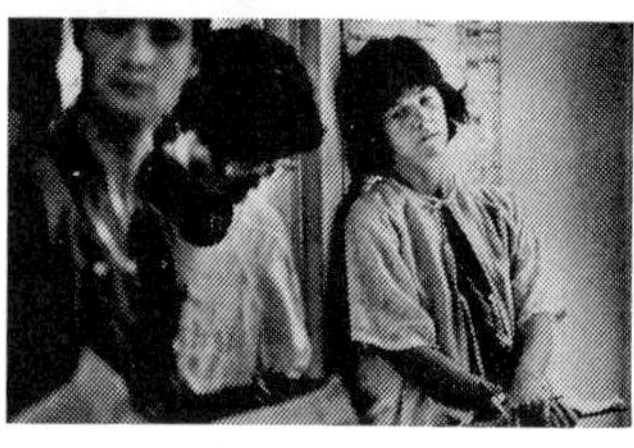
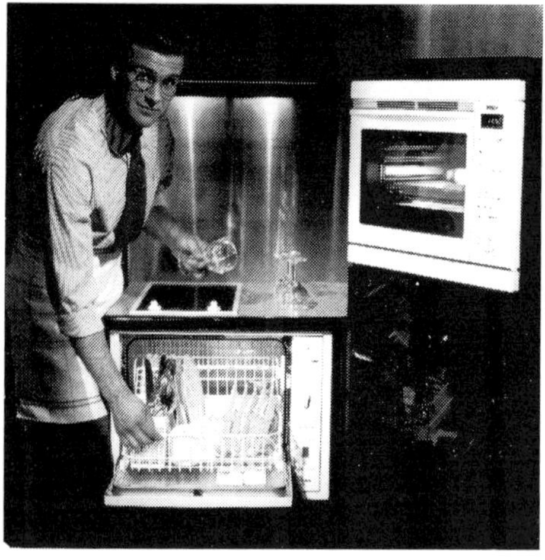
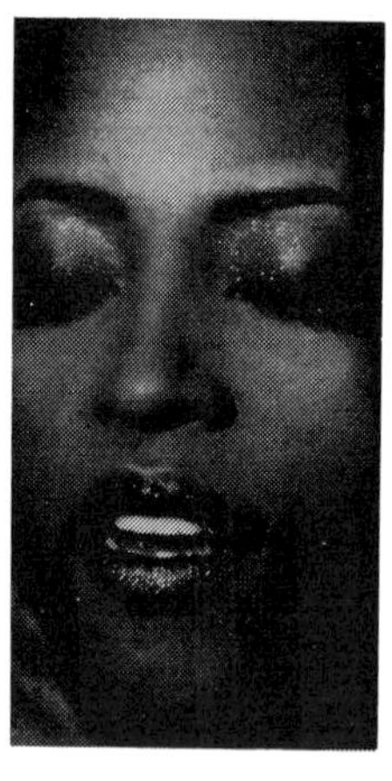

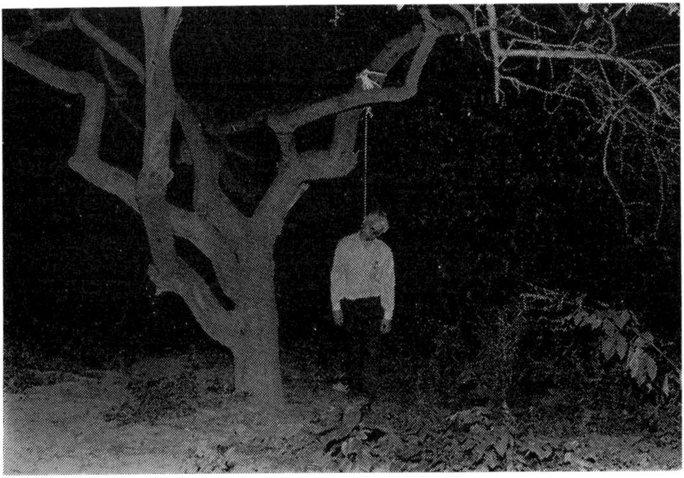

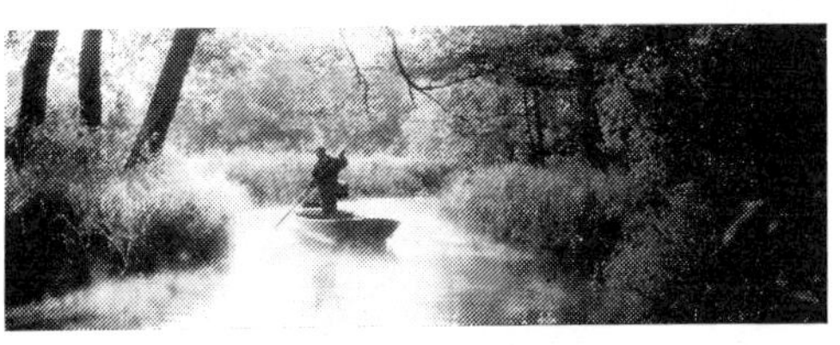

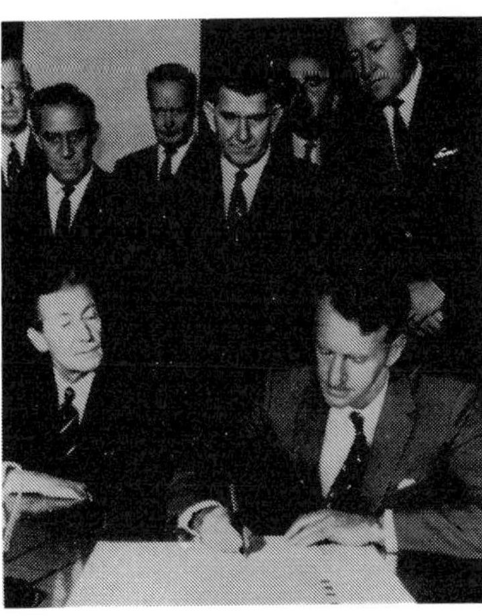

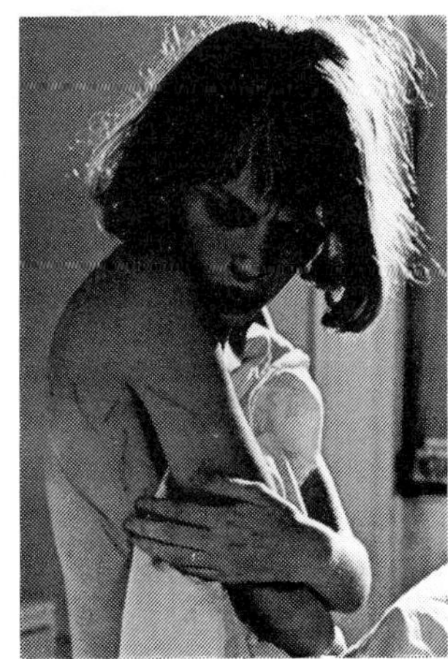

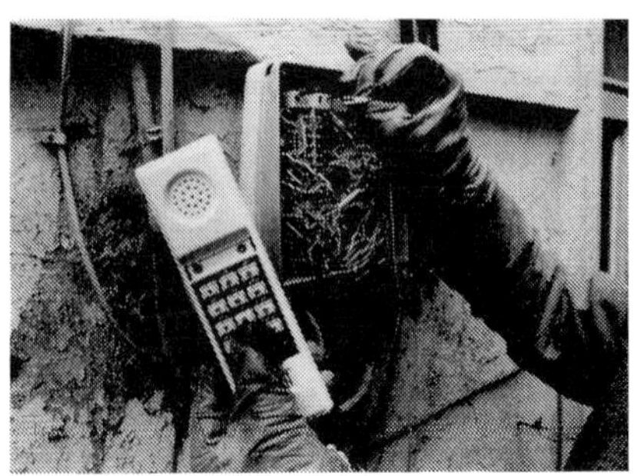

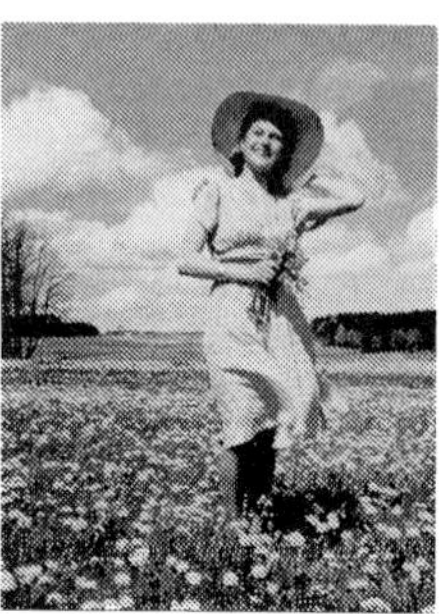

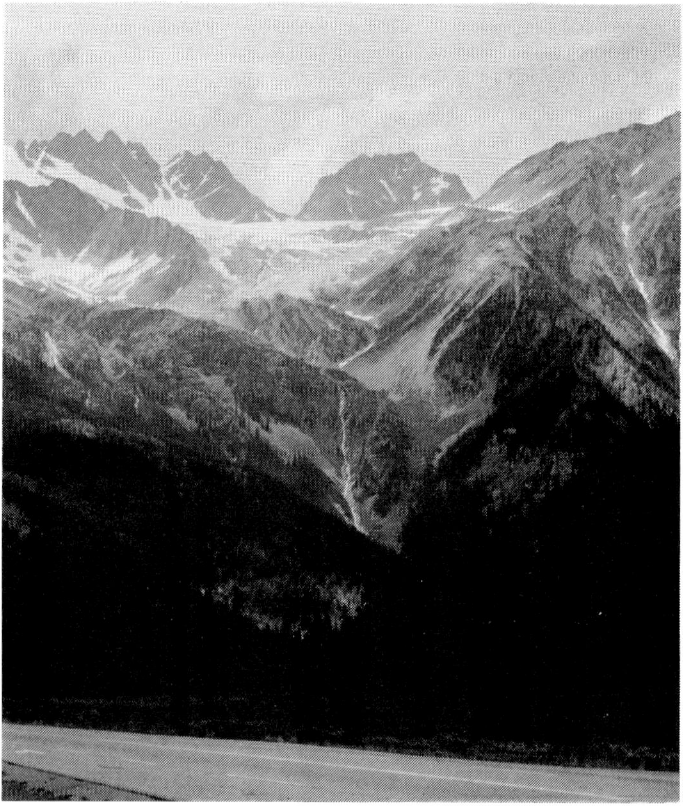

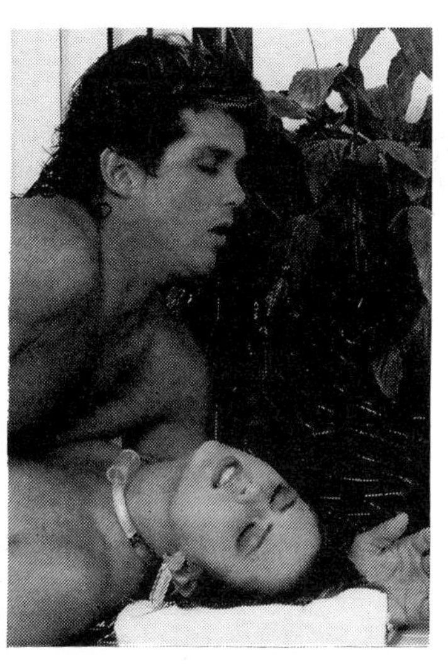
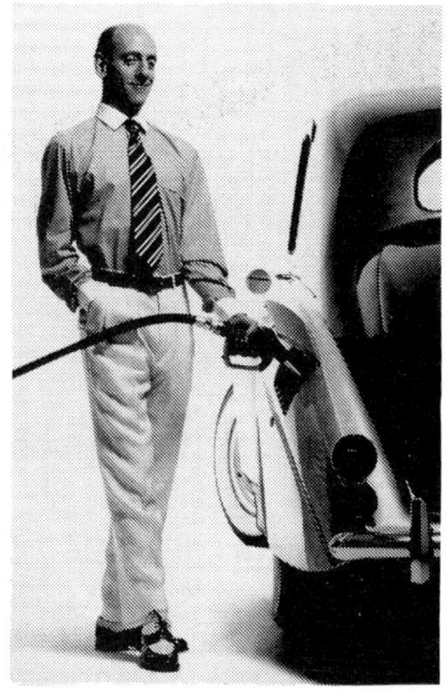
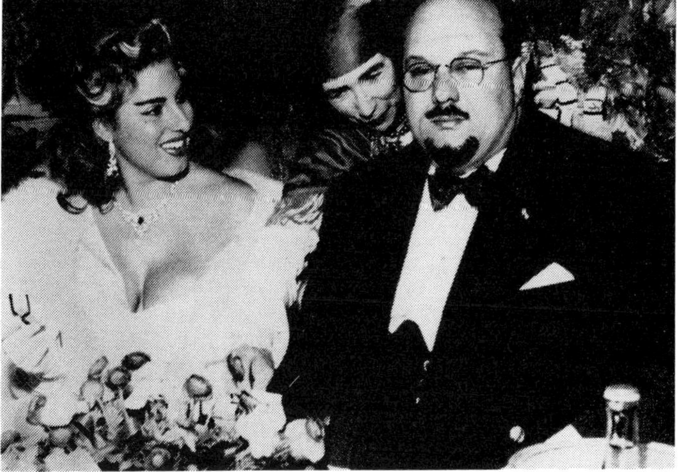

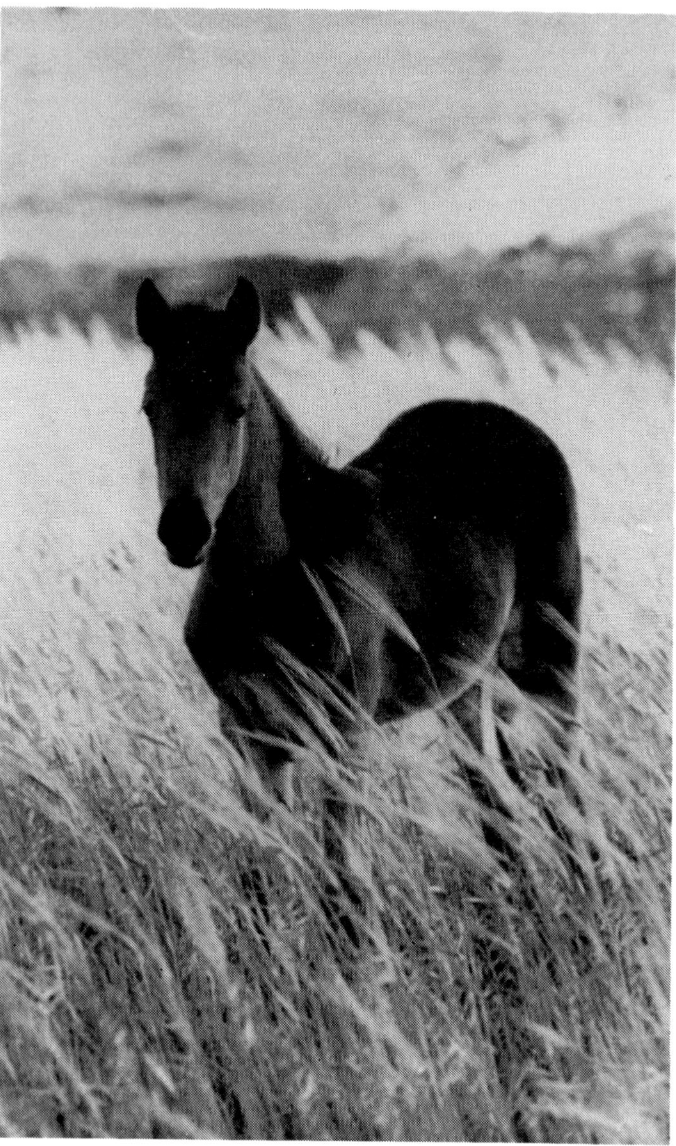

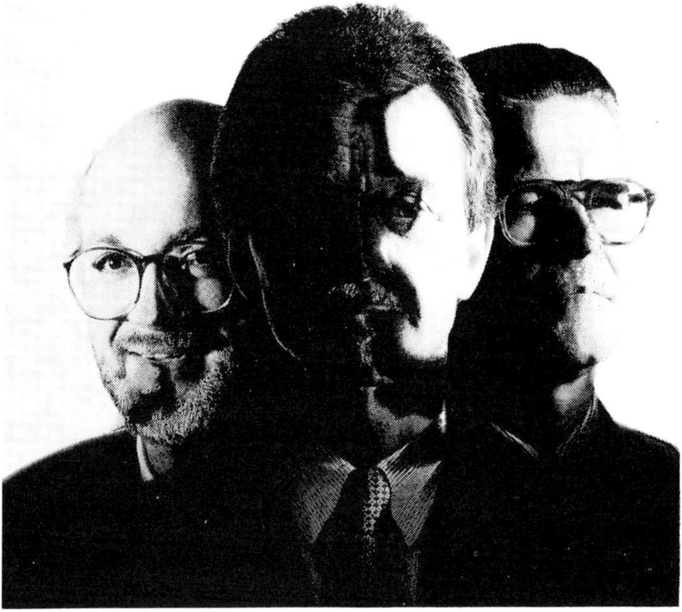

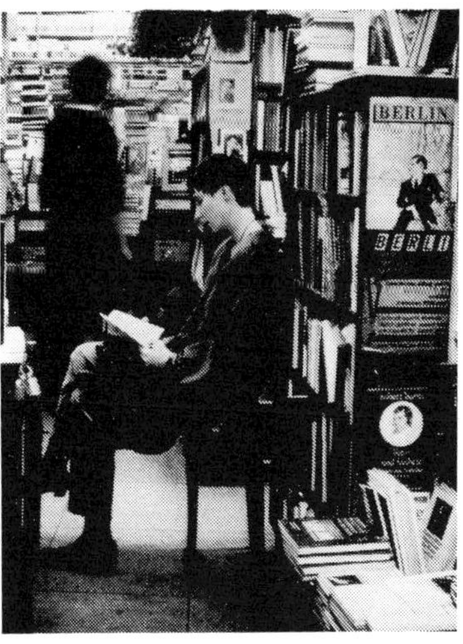
BERLIN

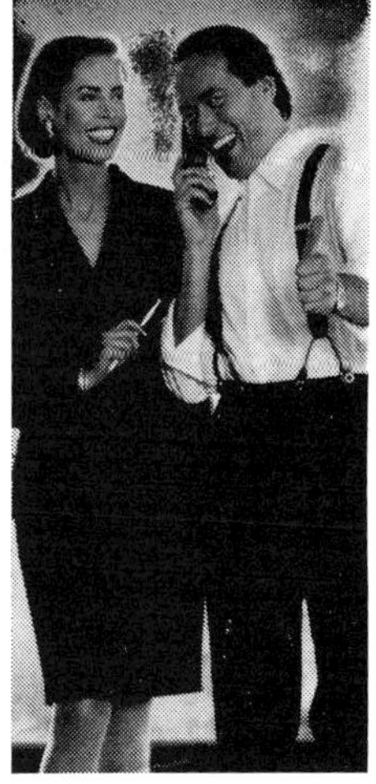

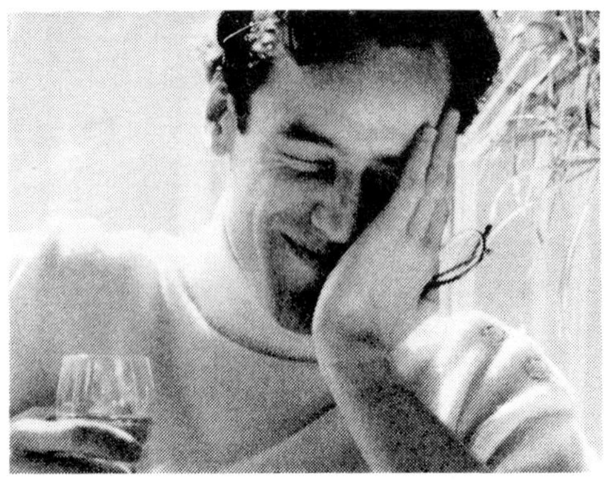

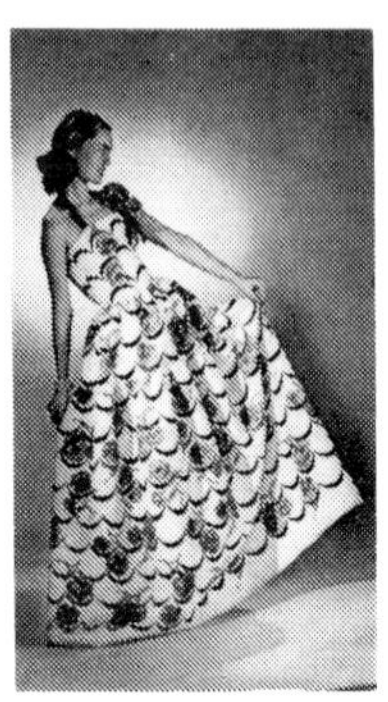

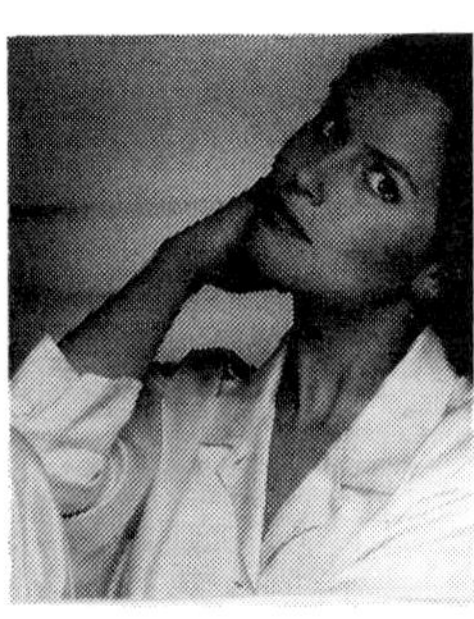

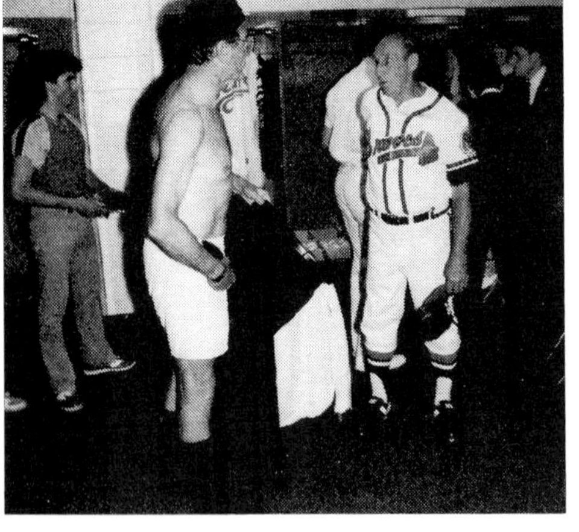

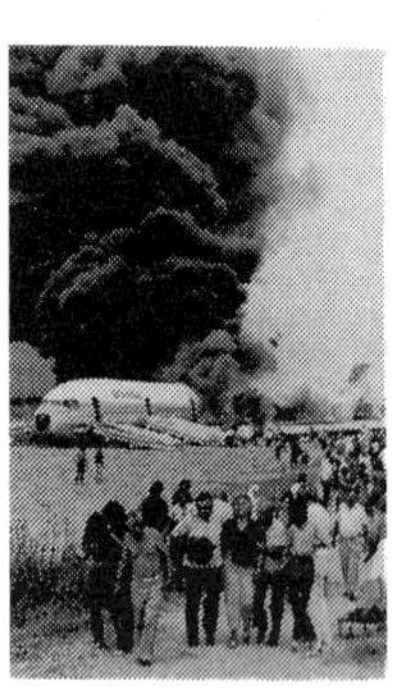

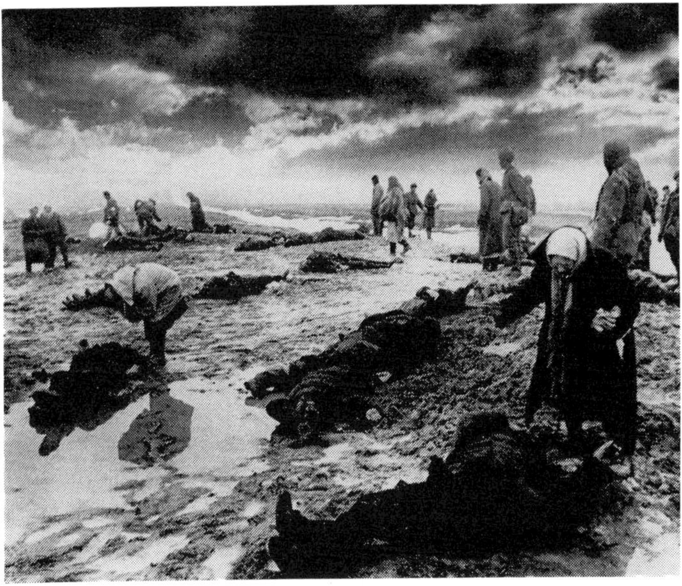

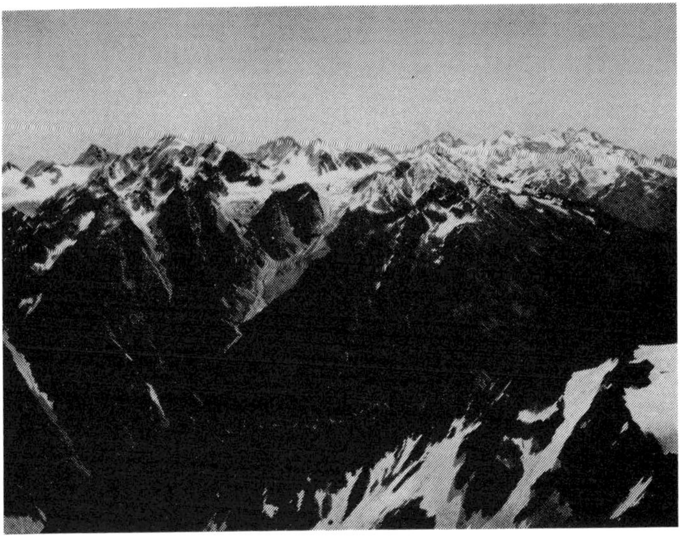

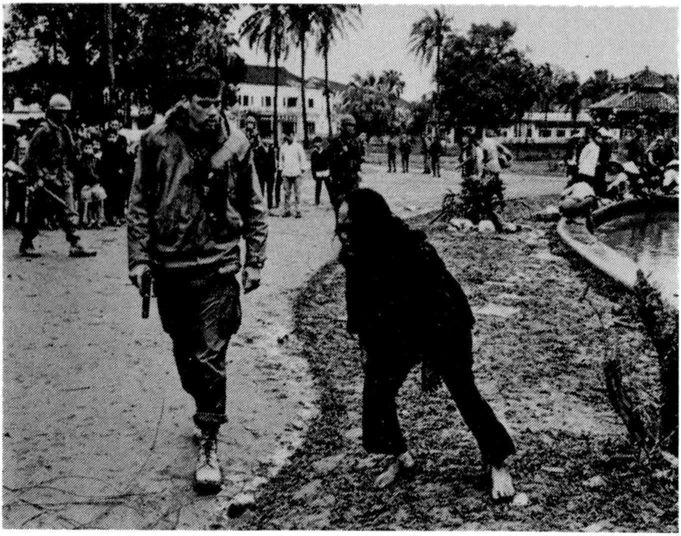

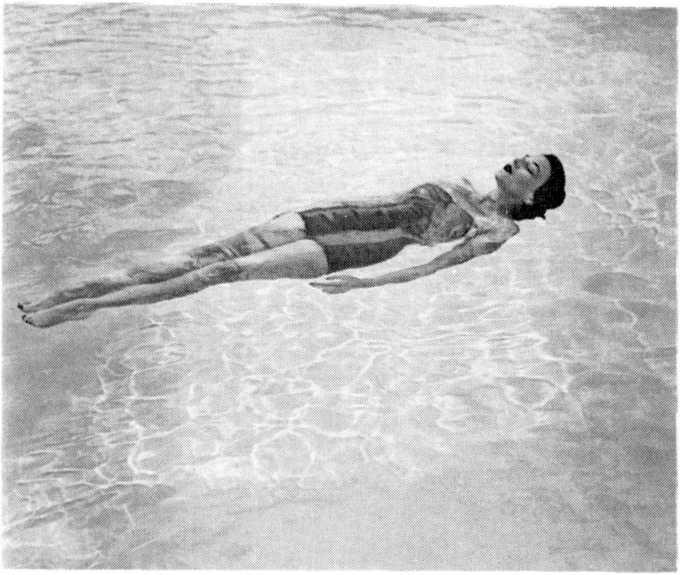

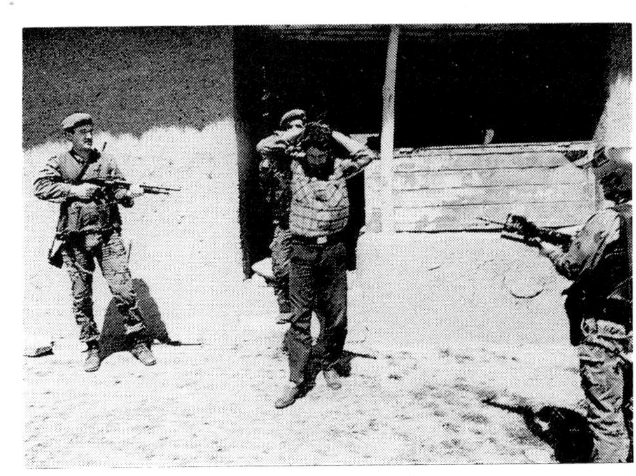

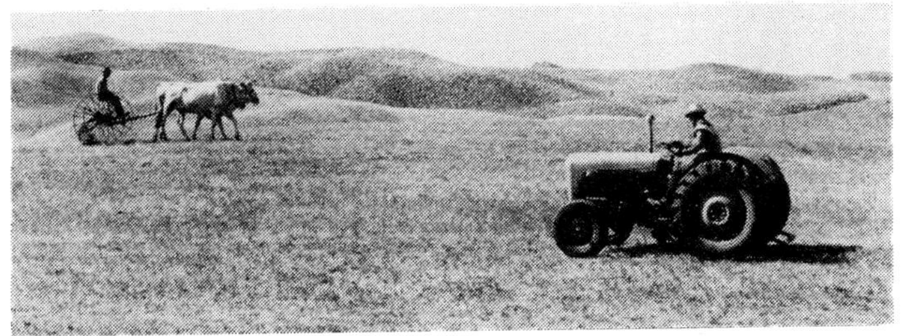

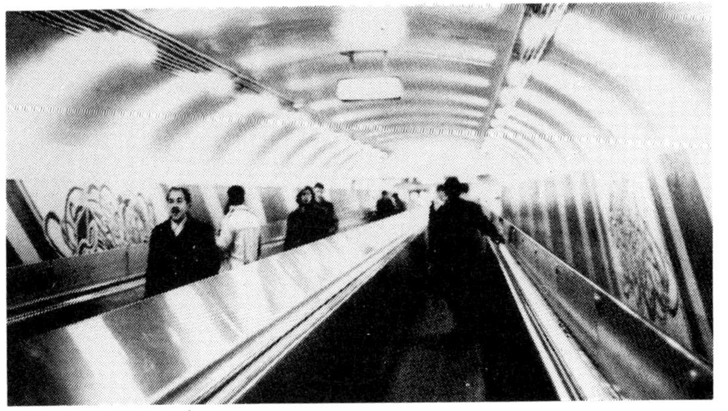

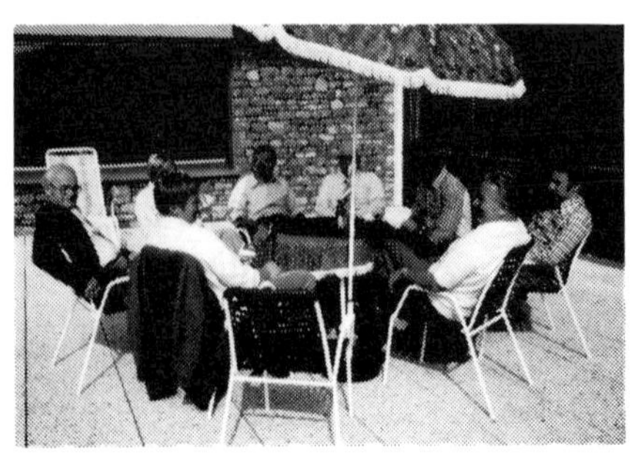

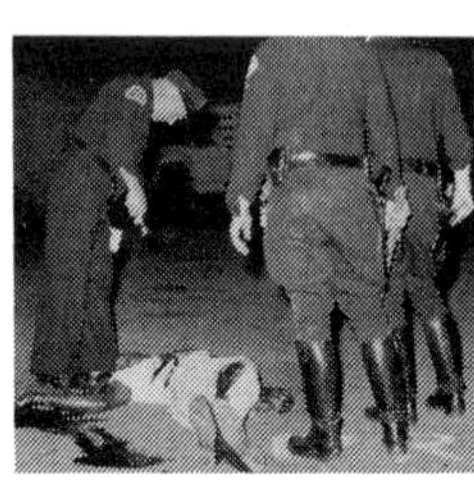

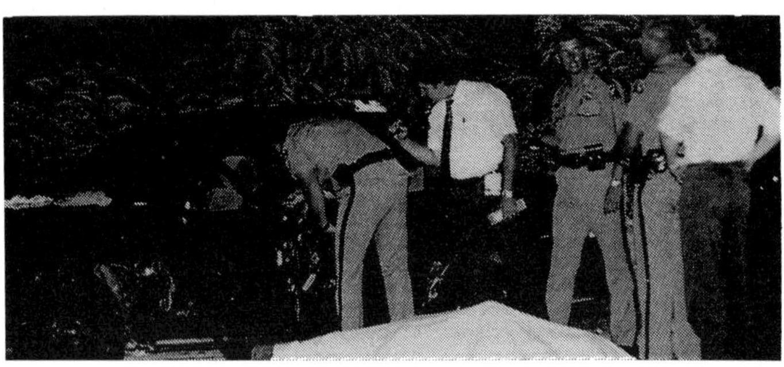

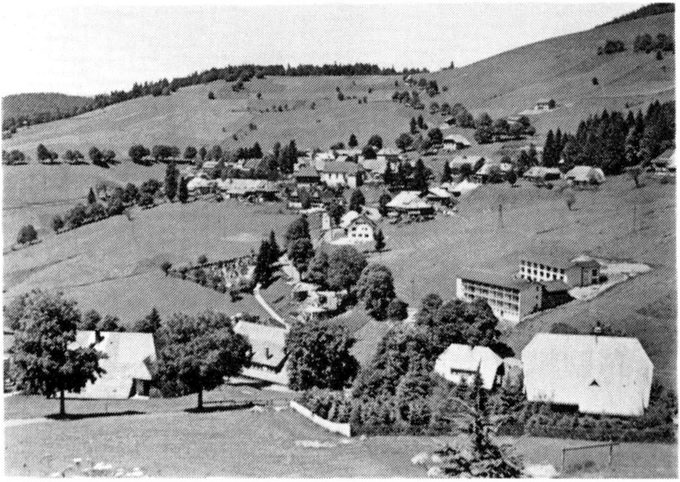

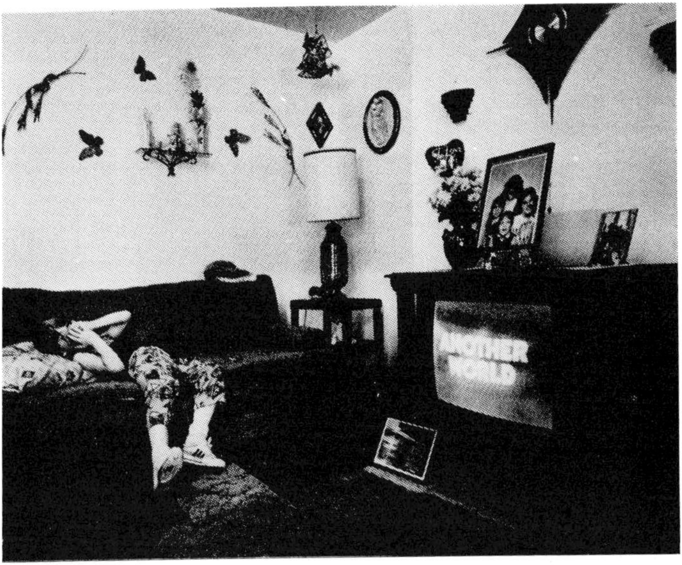

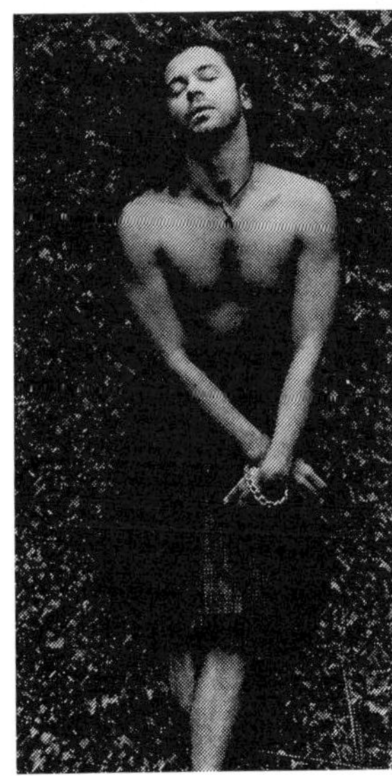

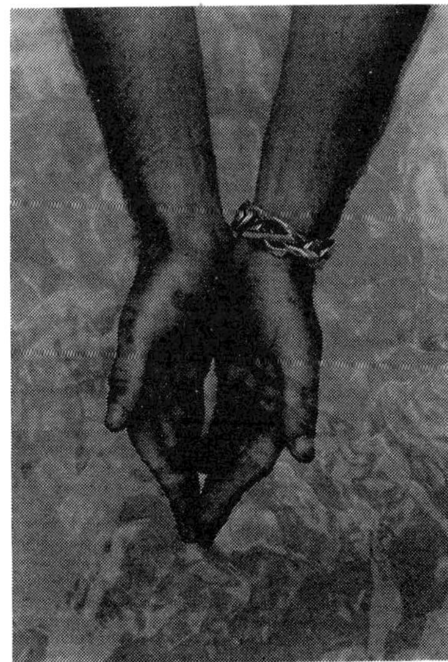

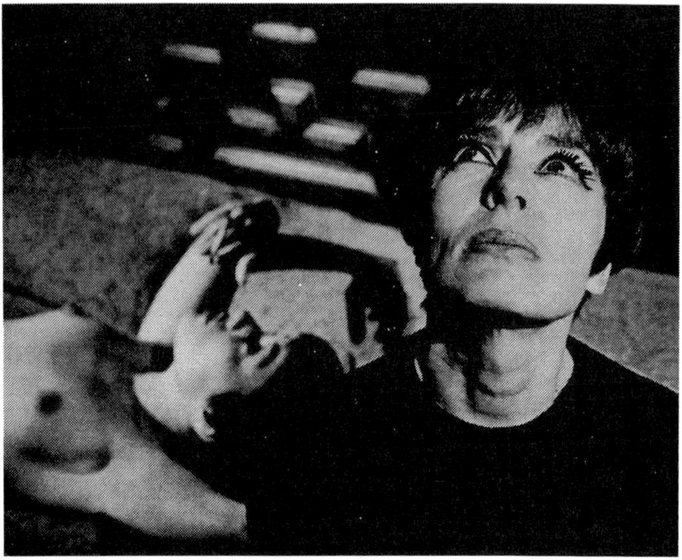

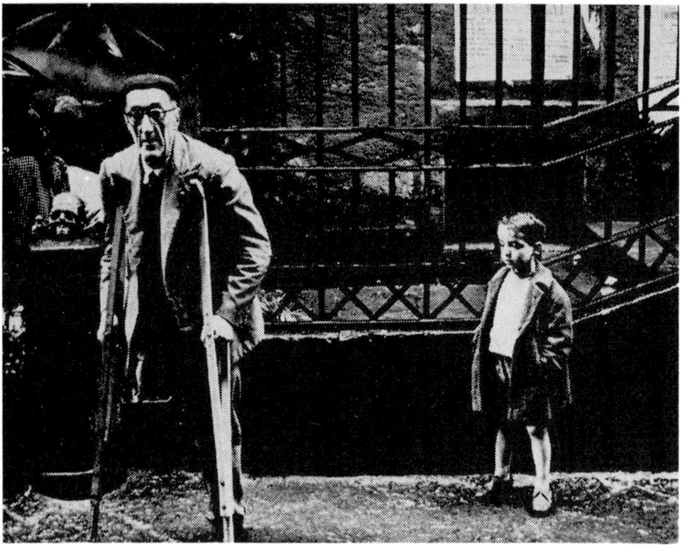

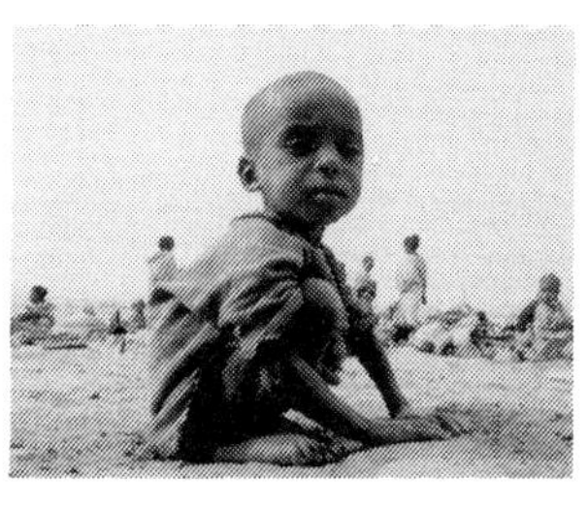

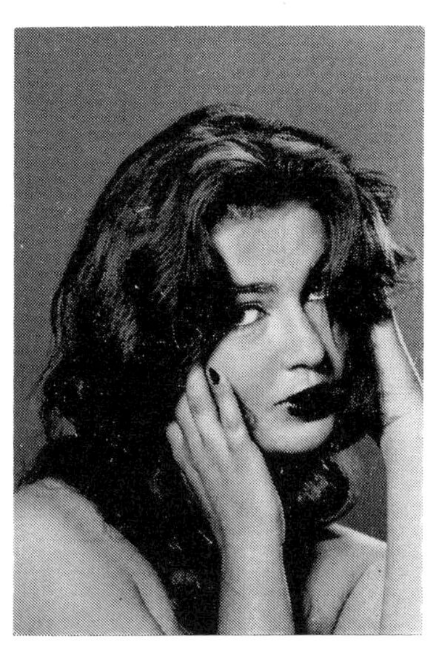

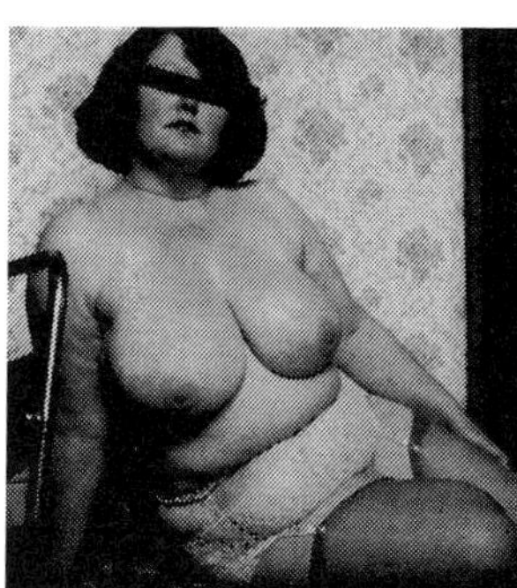

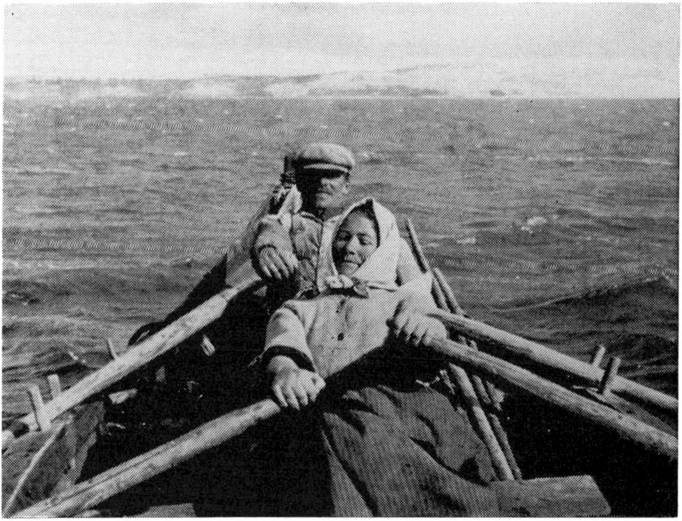

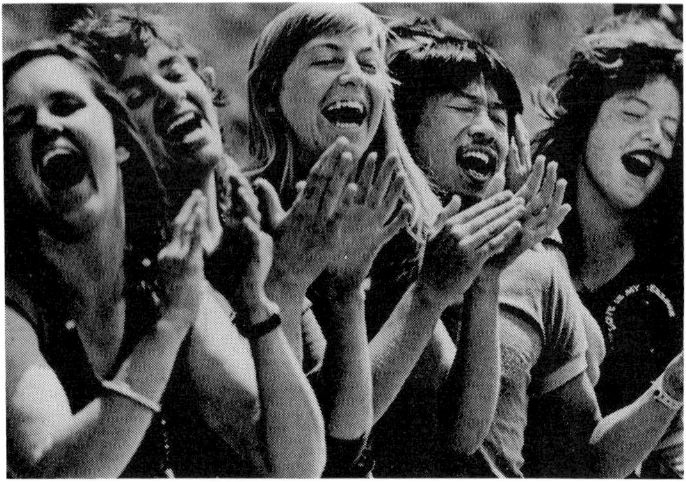

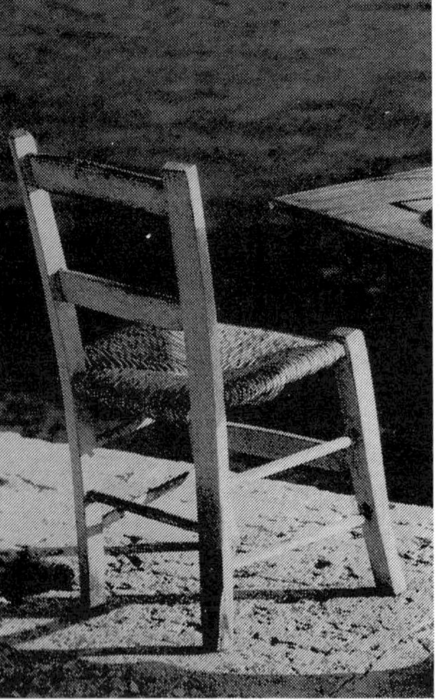

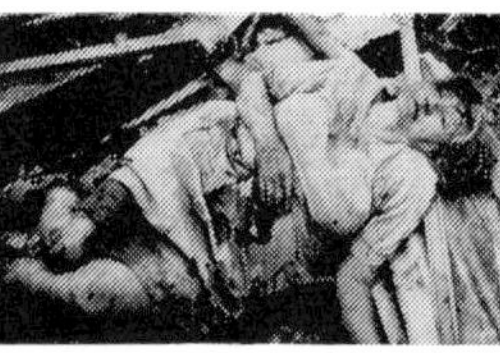

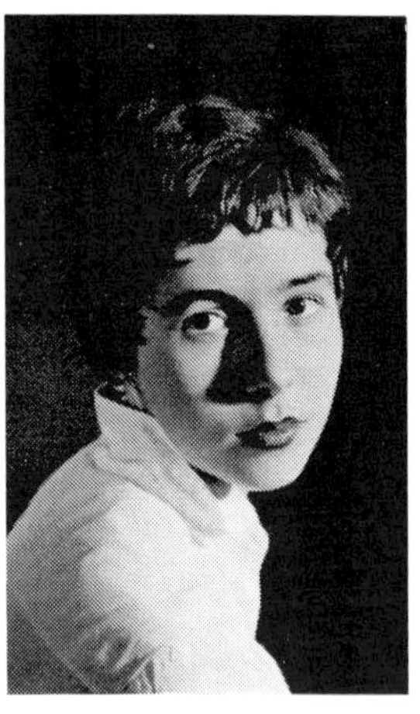

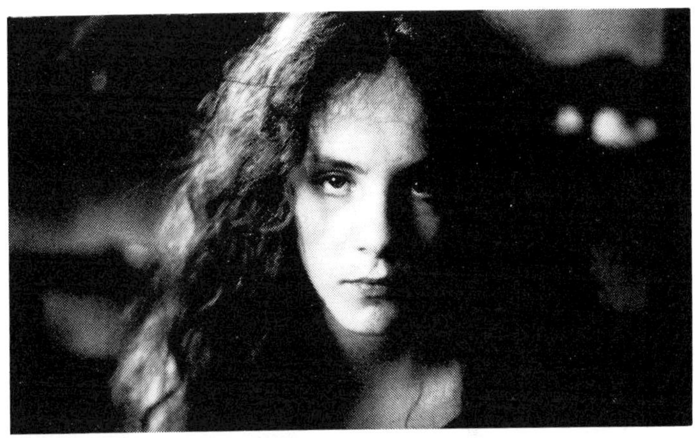

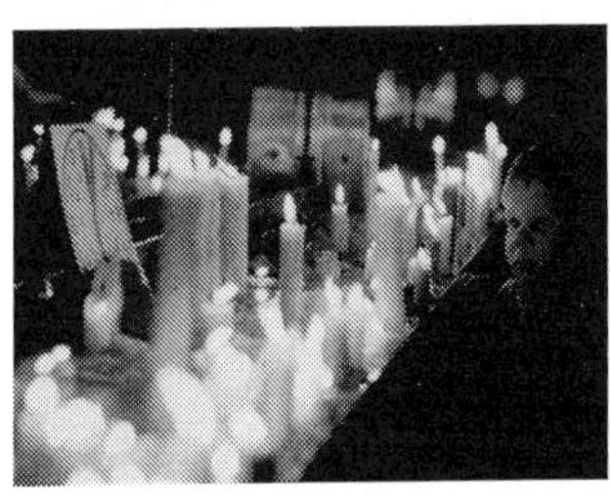

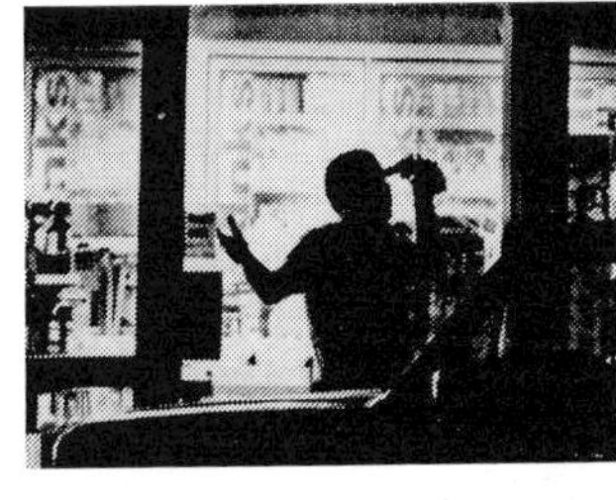

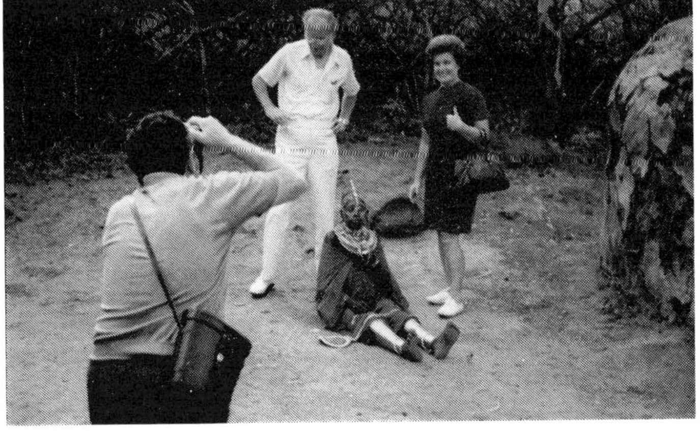

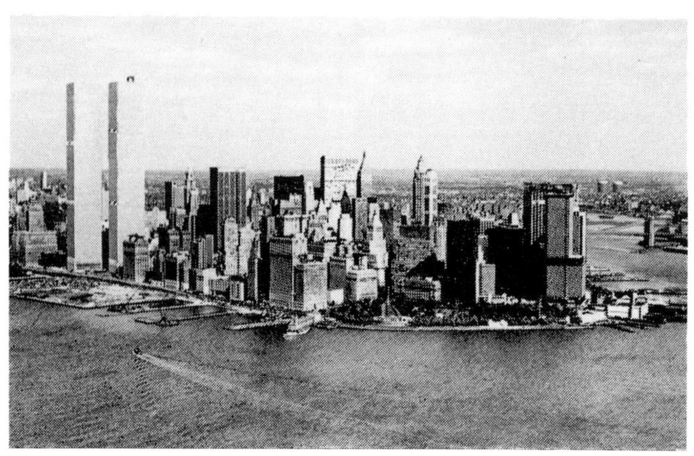

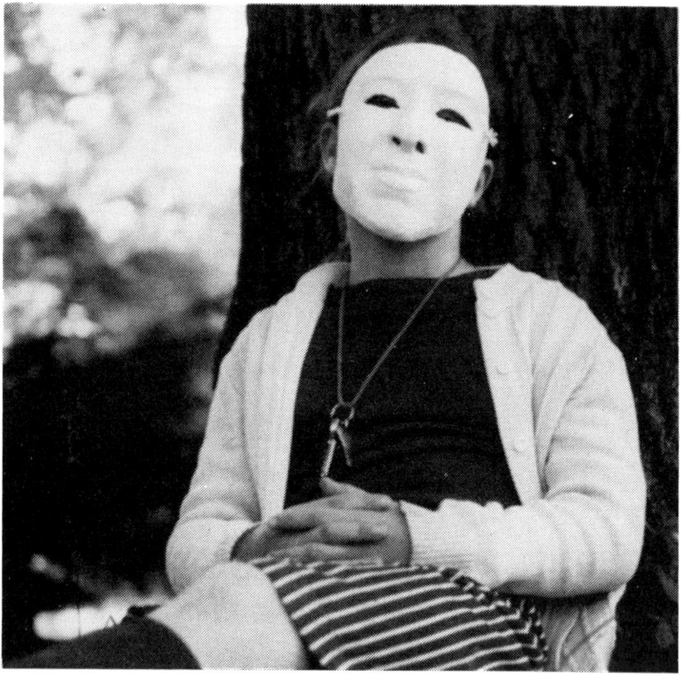

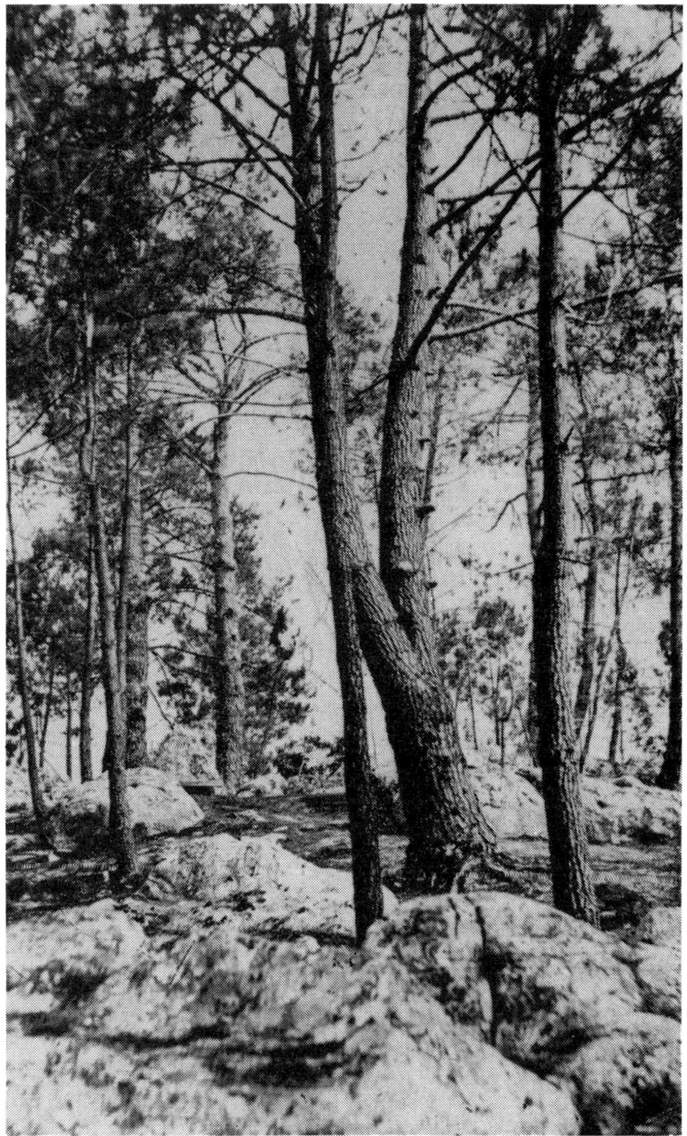

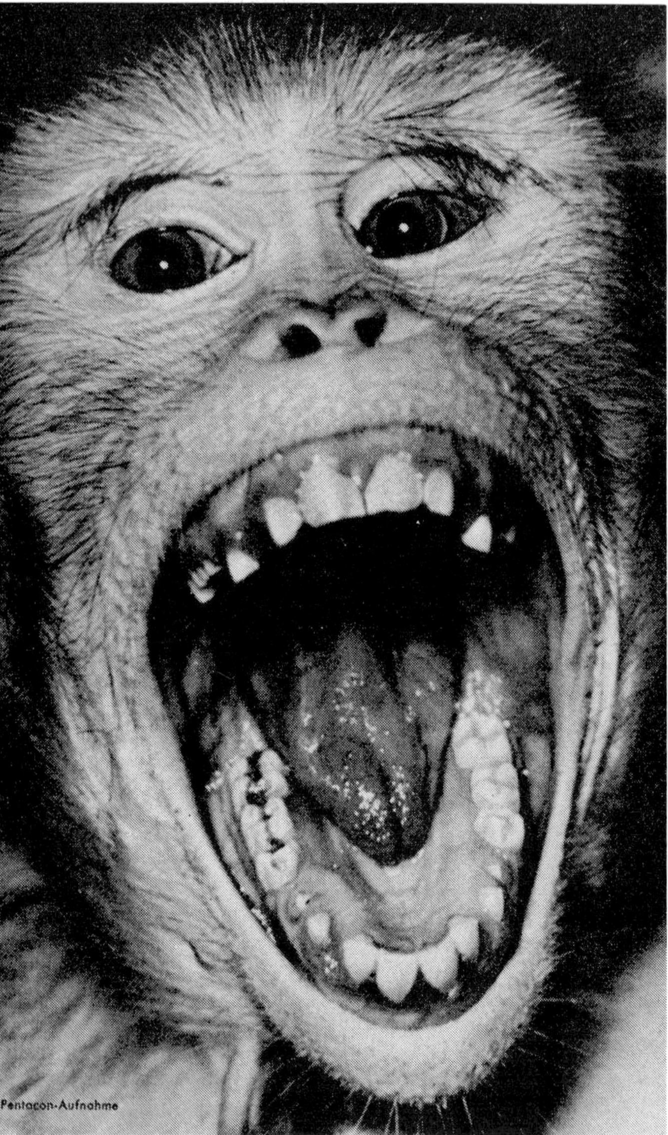

Pentacon-Aufnahme

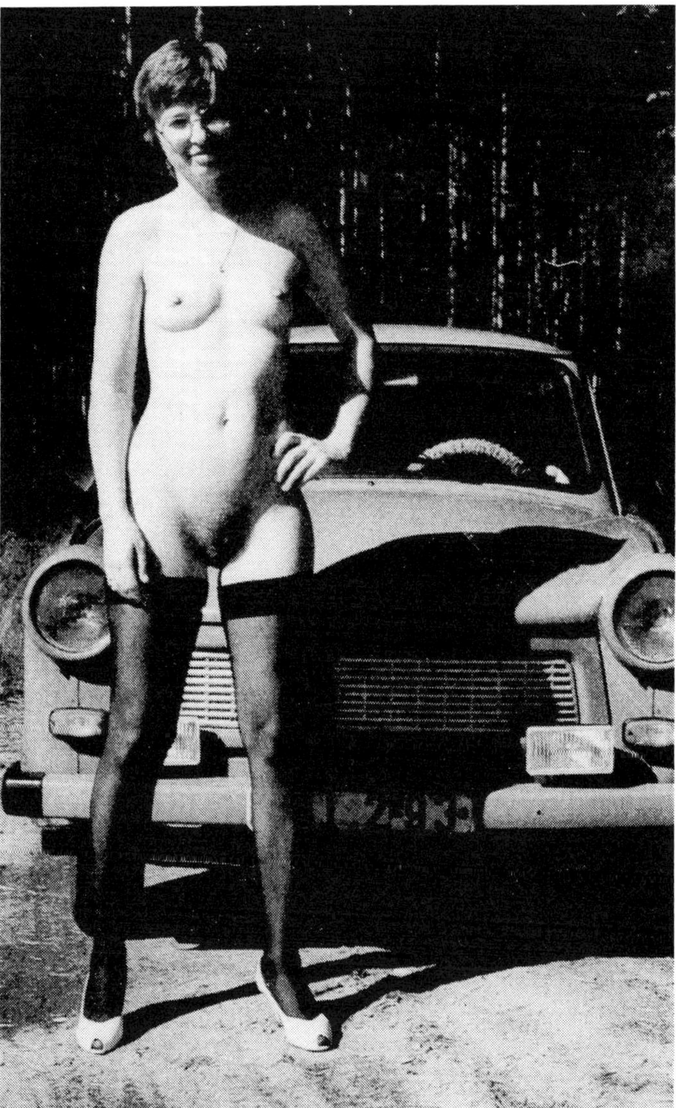

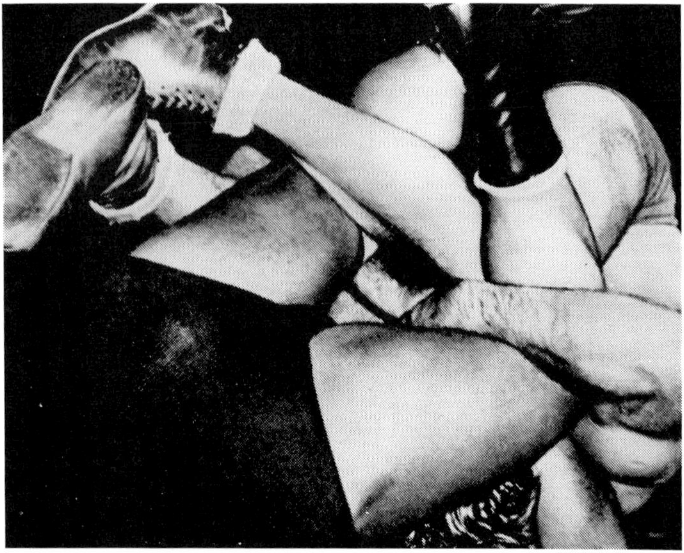

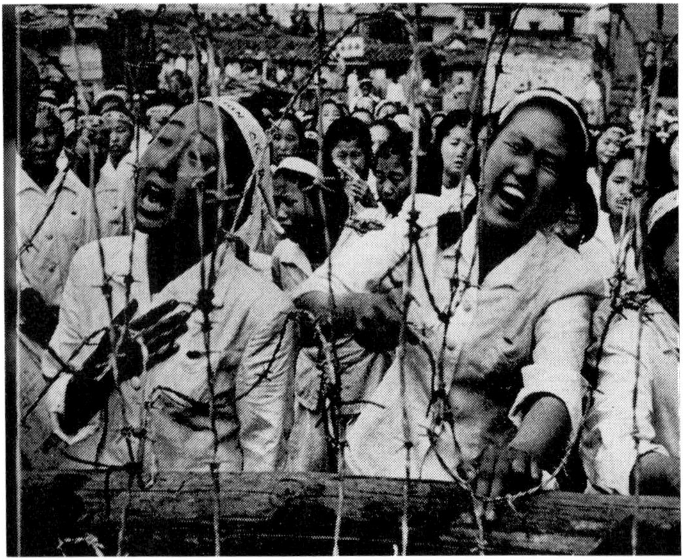

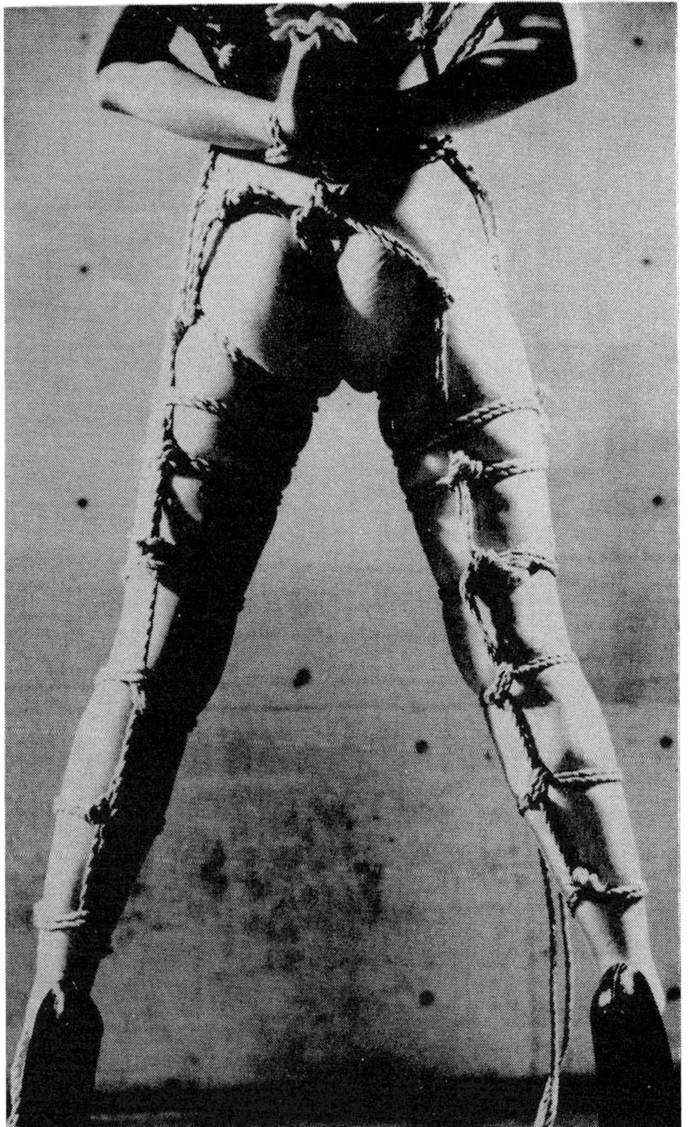

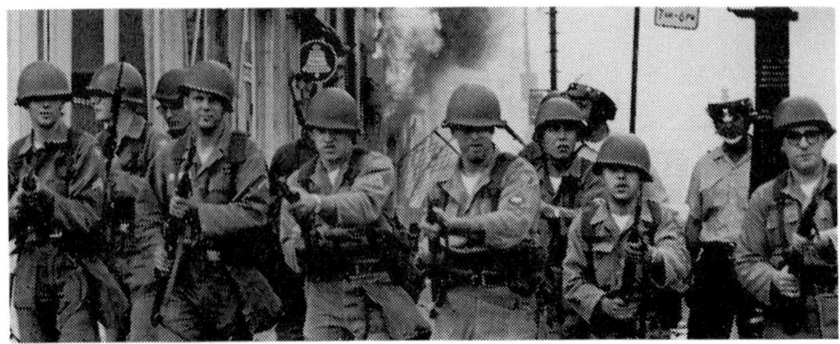

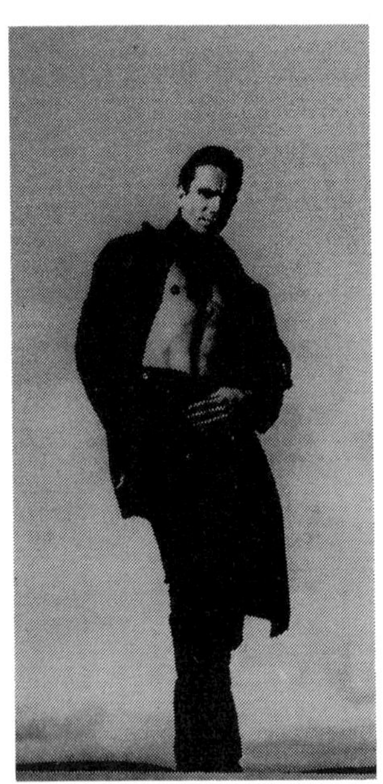

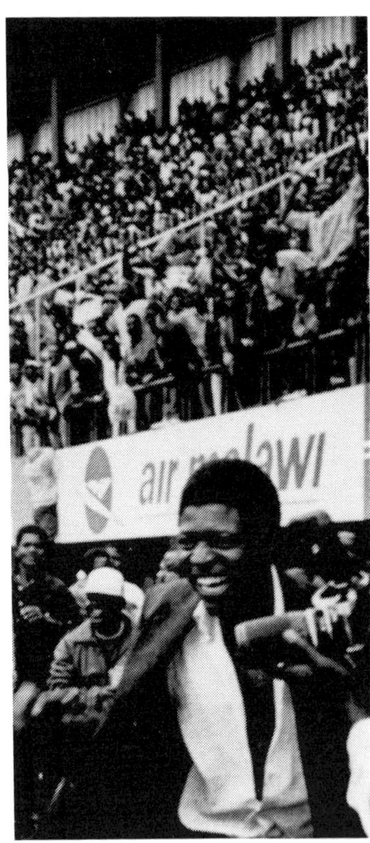
air

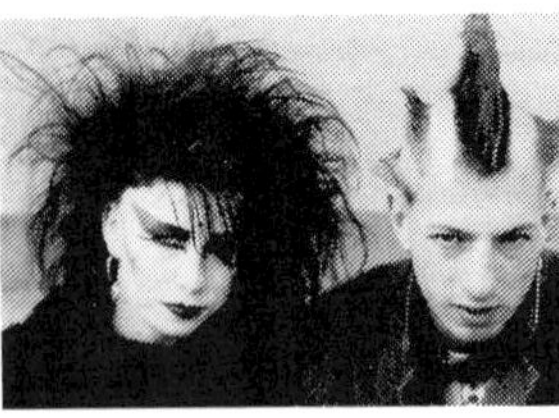

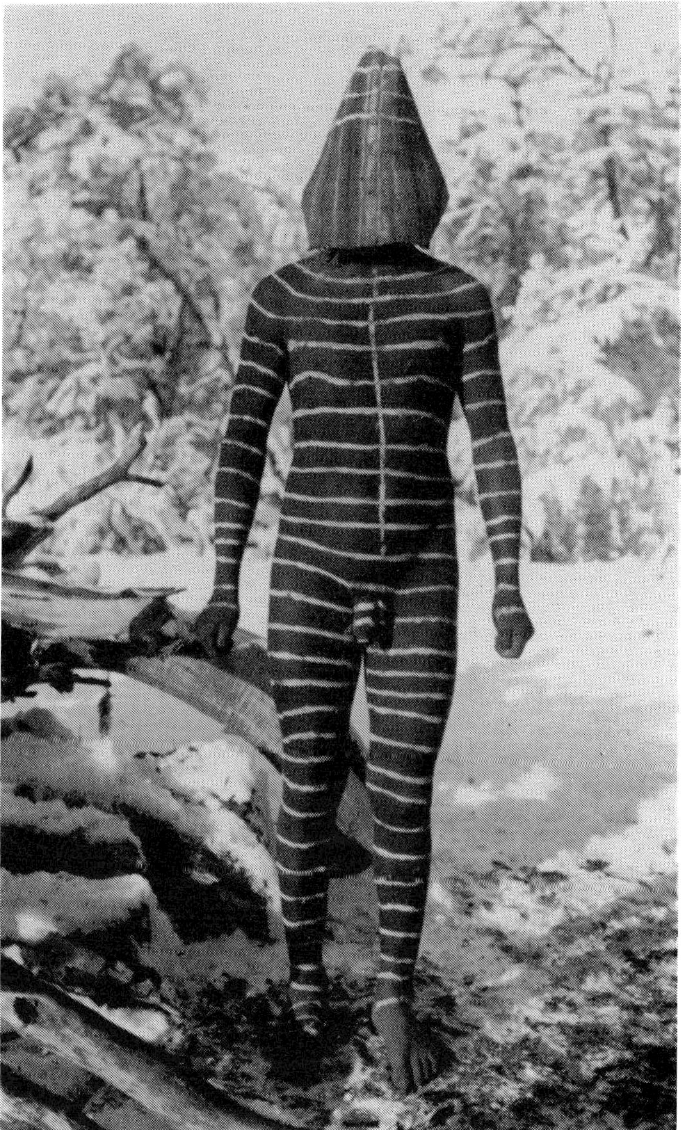

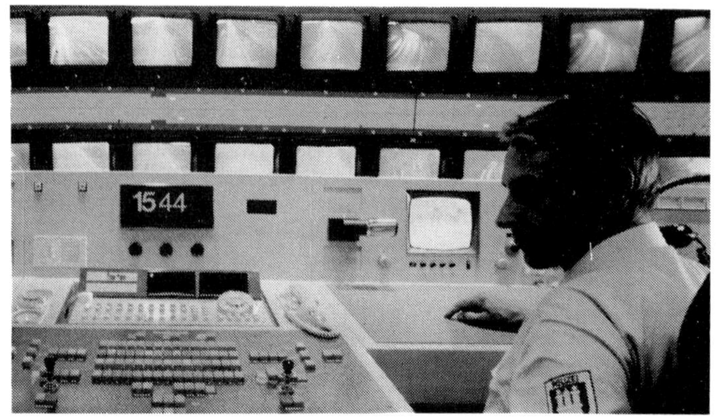
1544

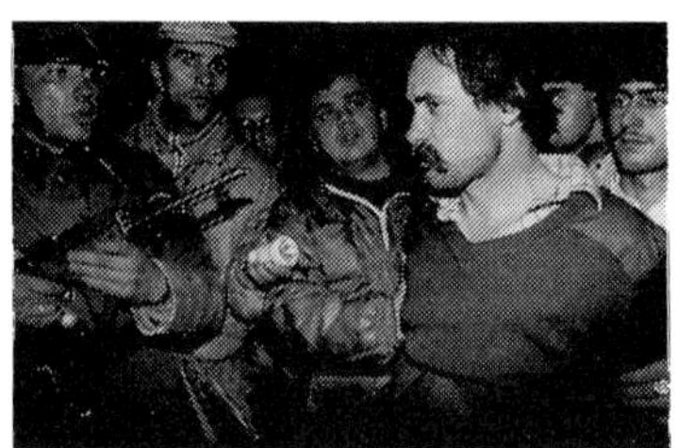

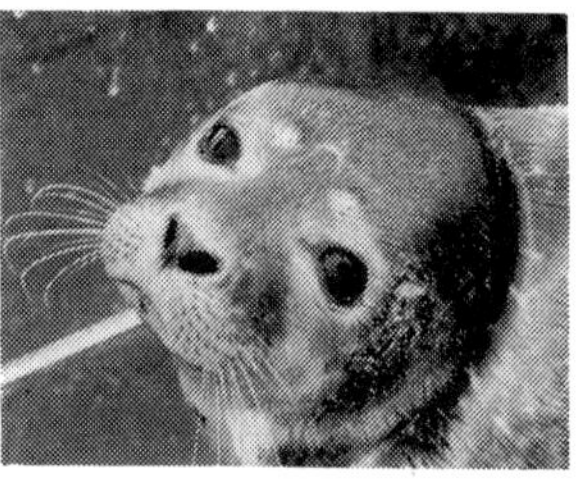

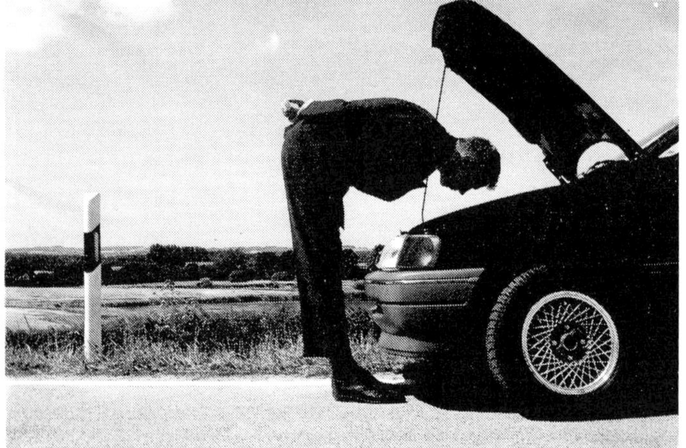

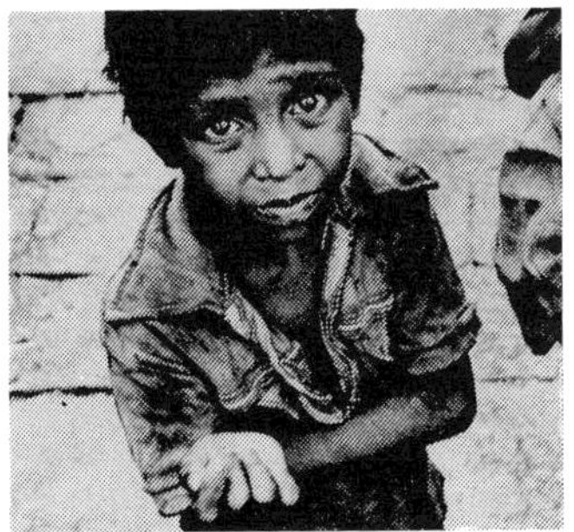

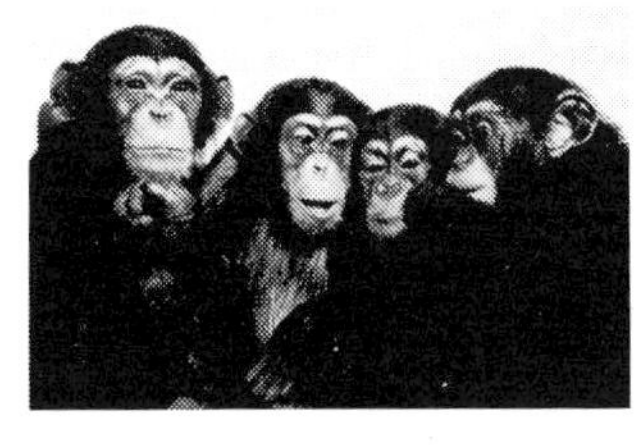

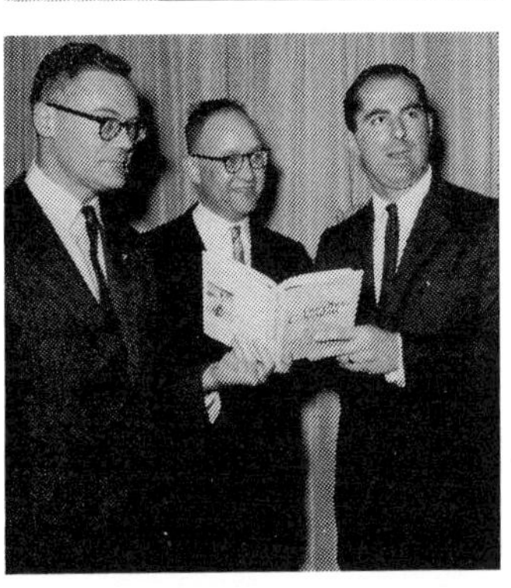

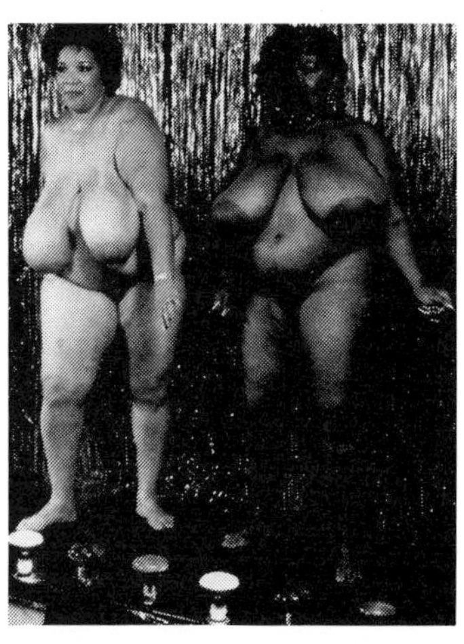

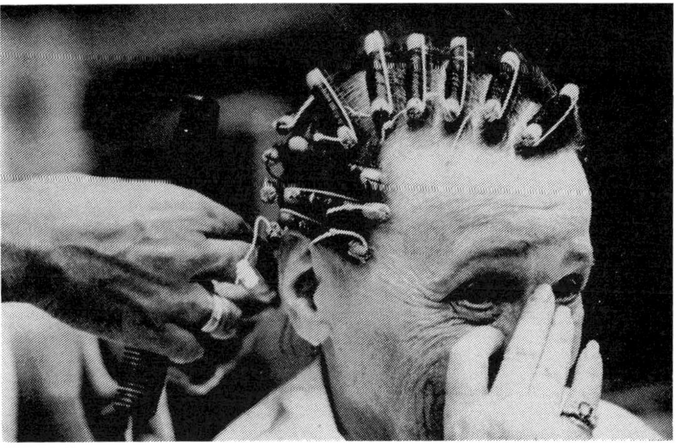

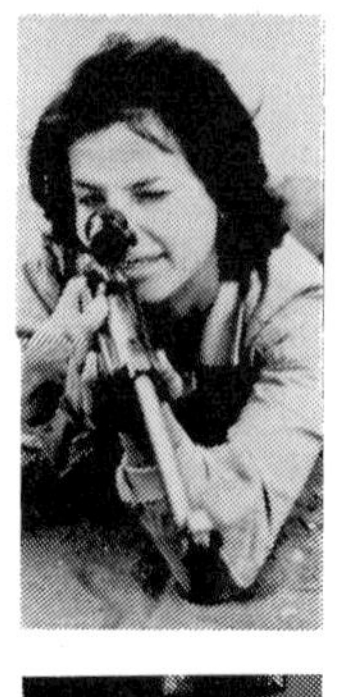

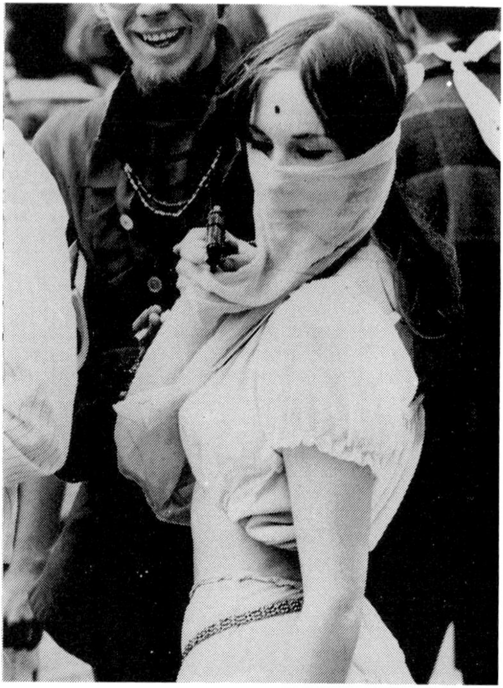

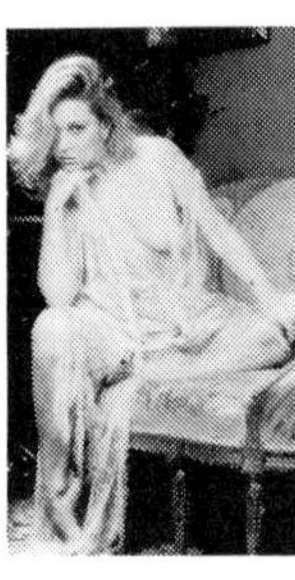

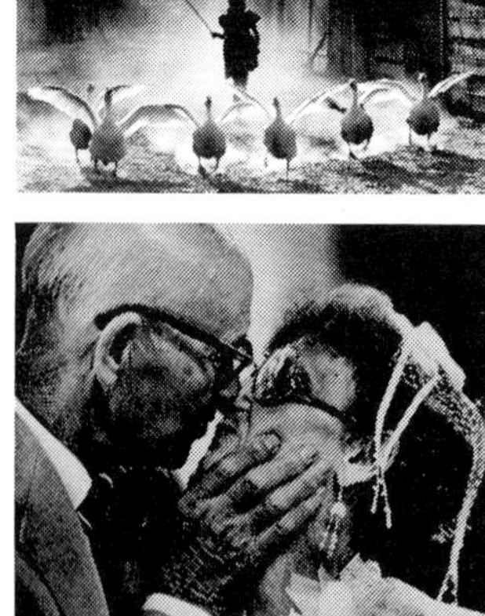

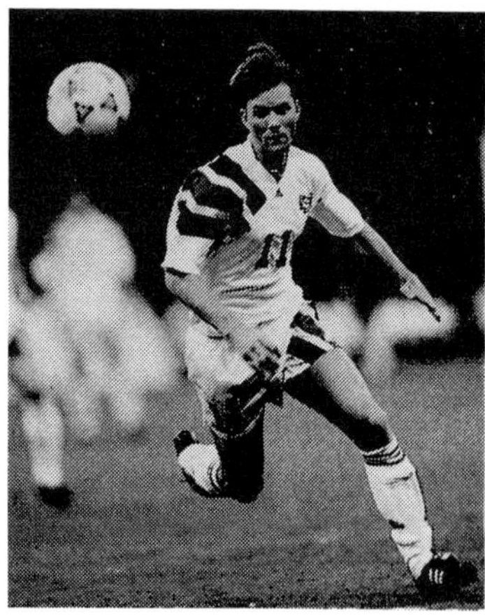

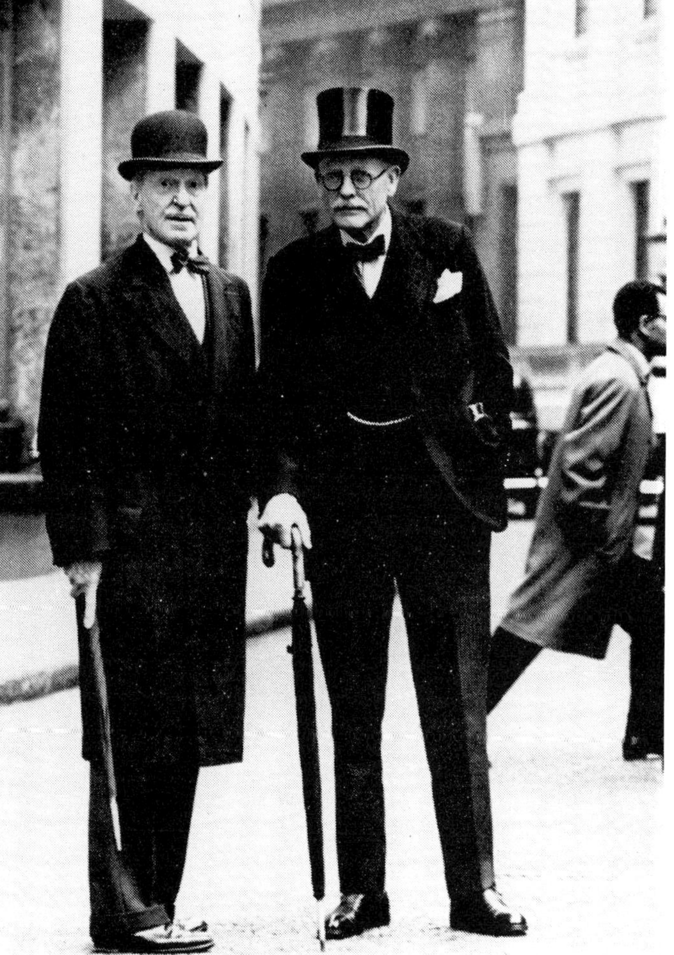

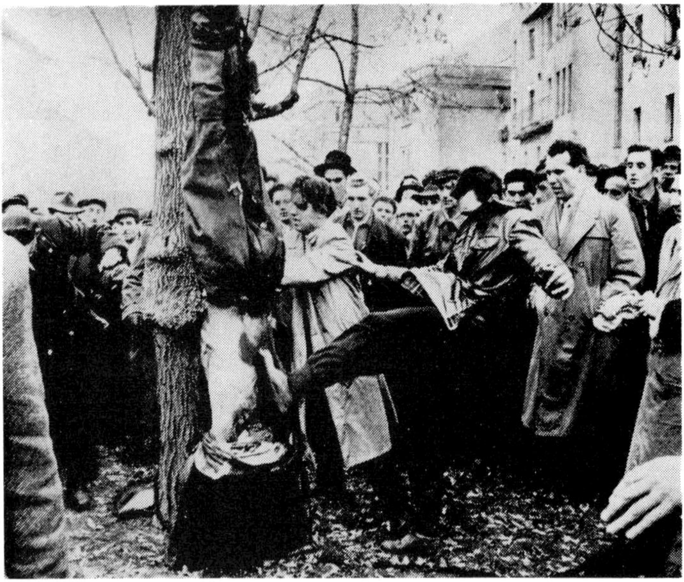

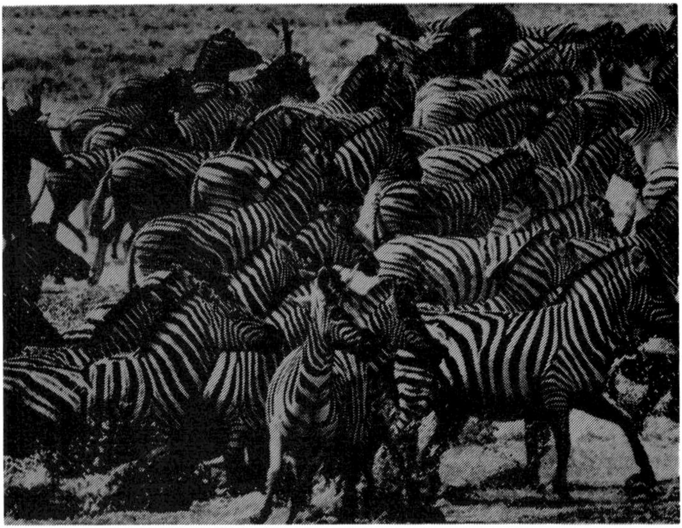

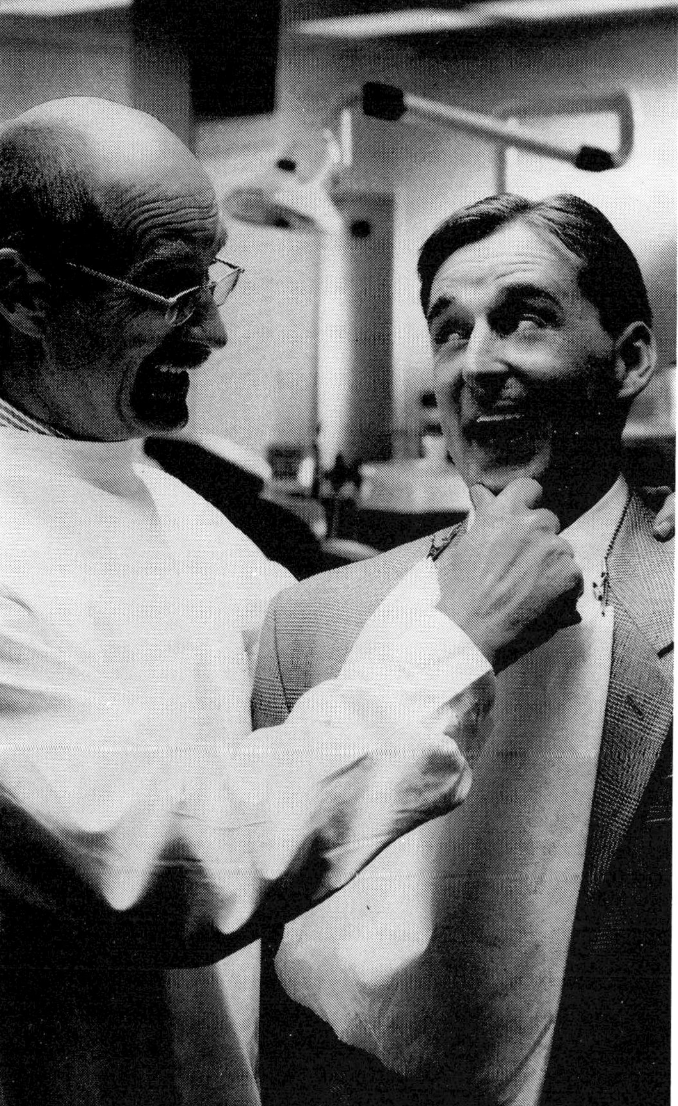

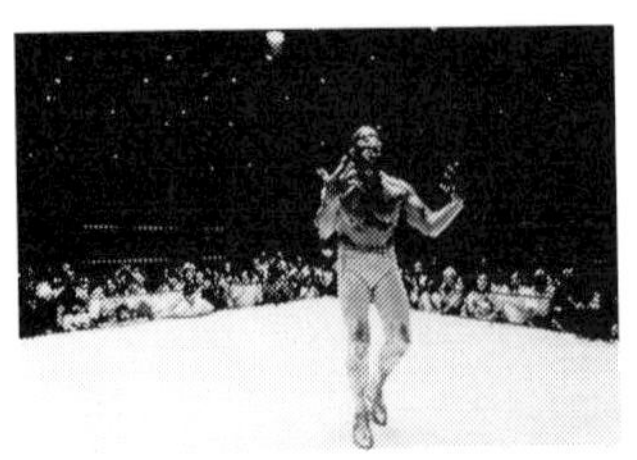

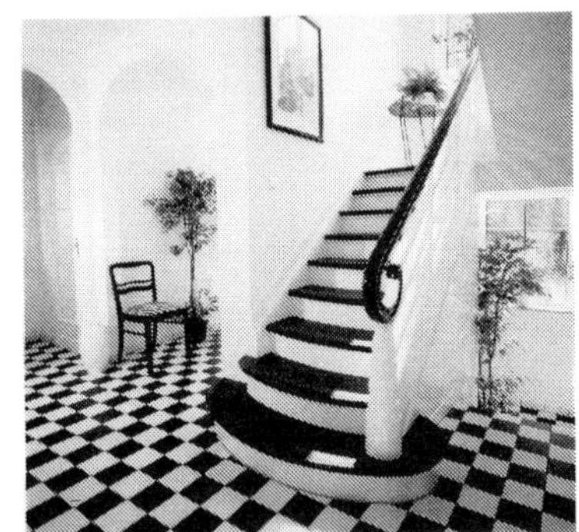

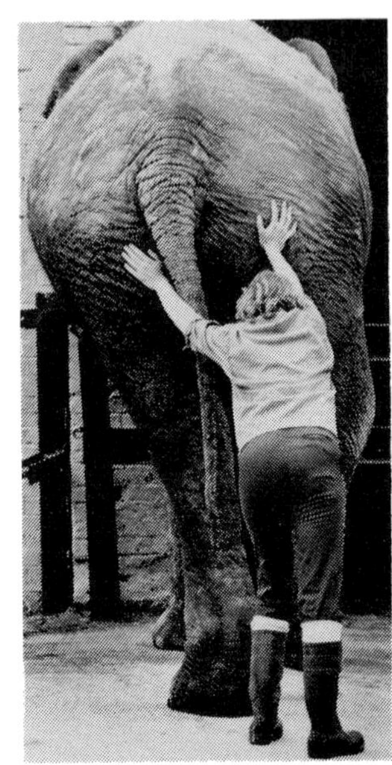

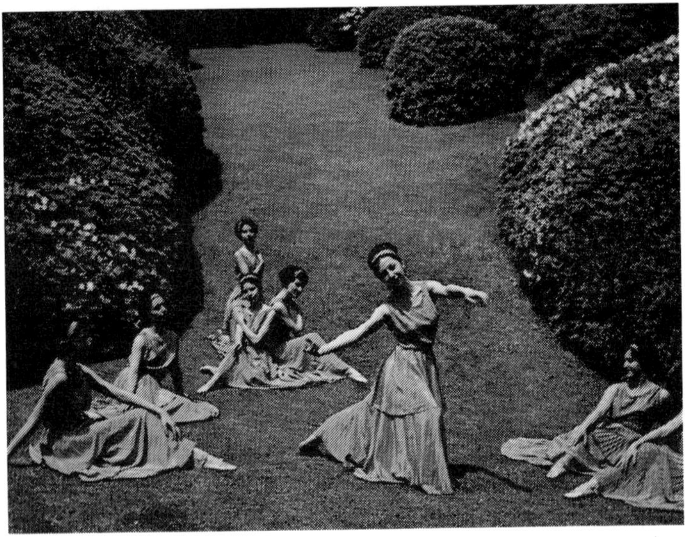

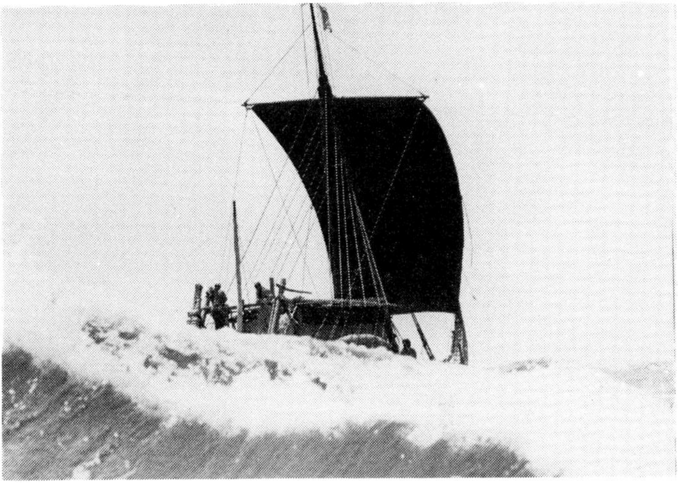

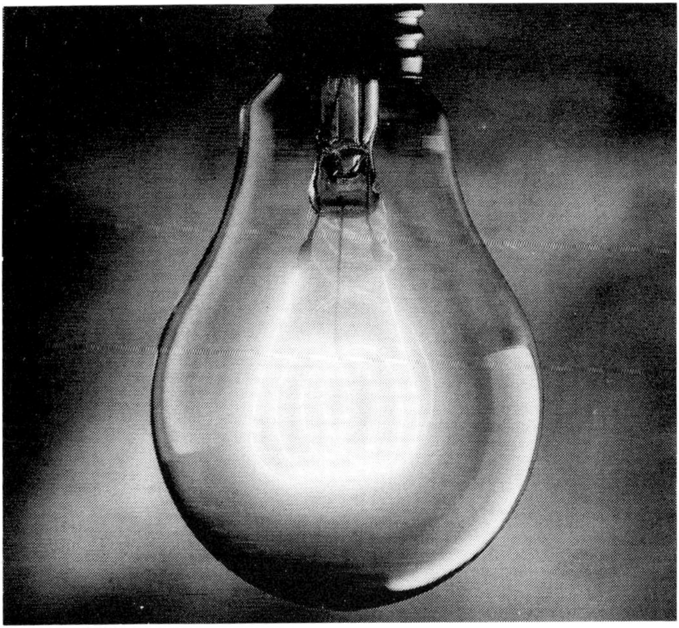

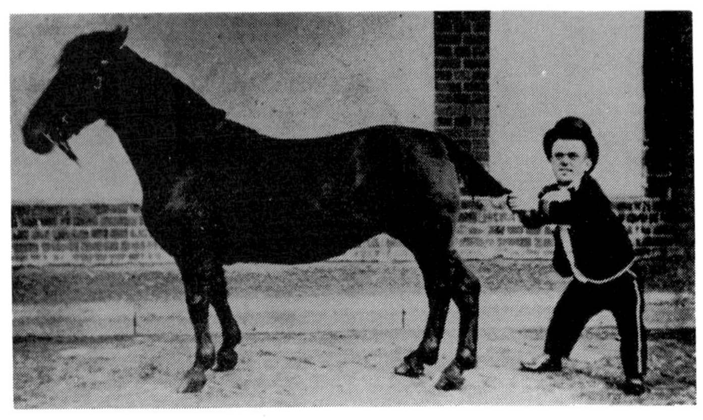

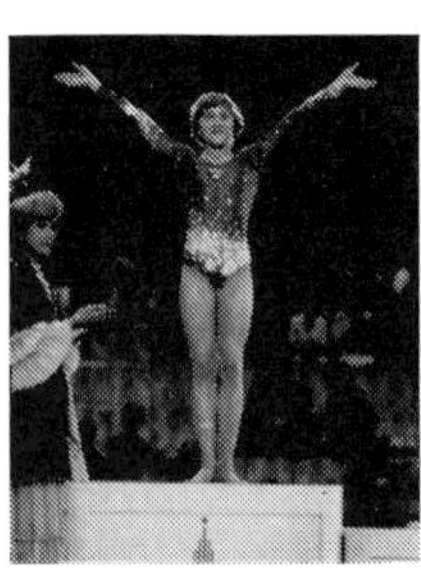

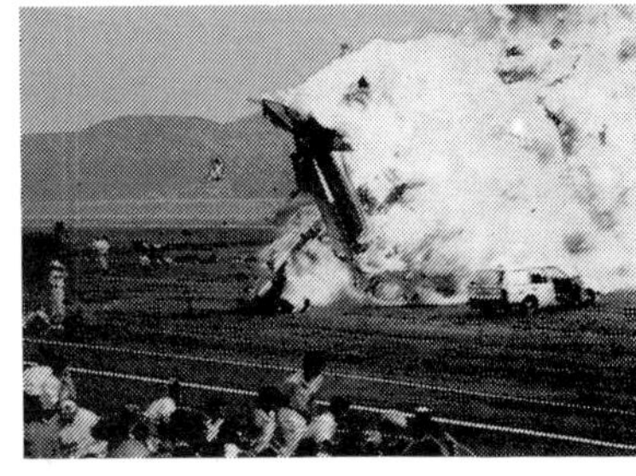

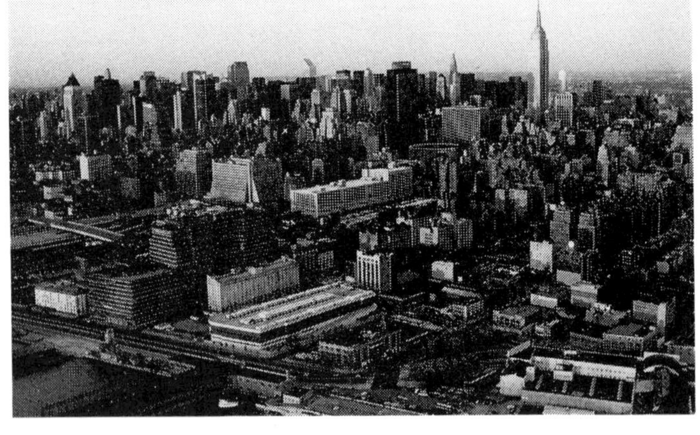

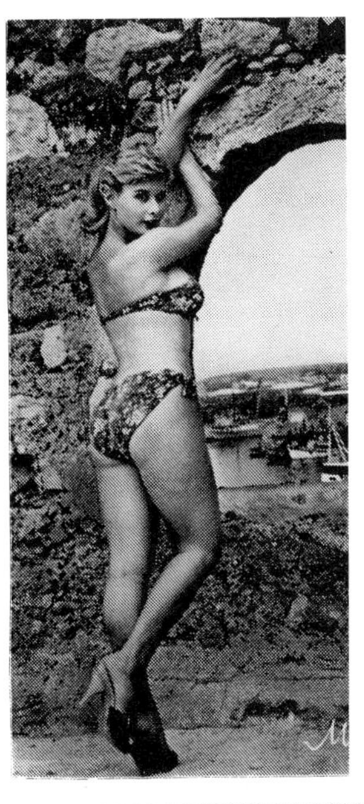

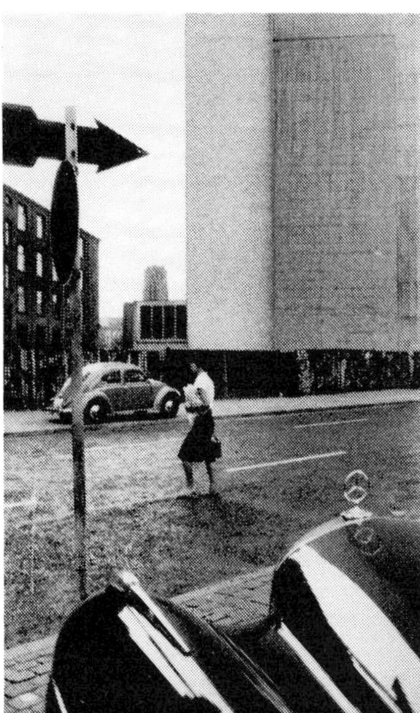

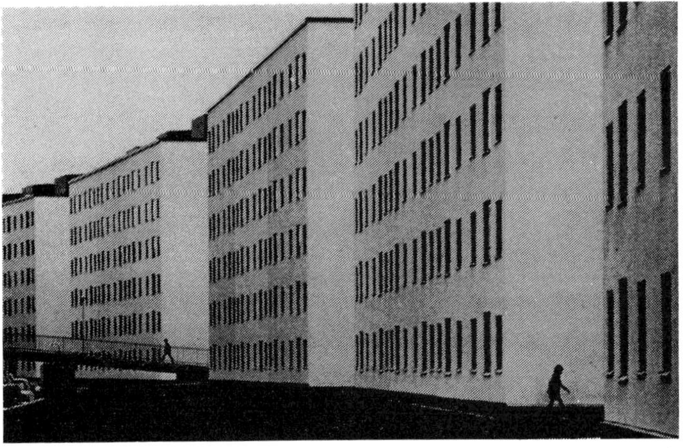

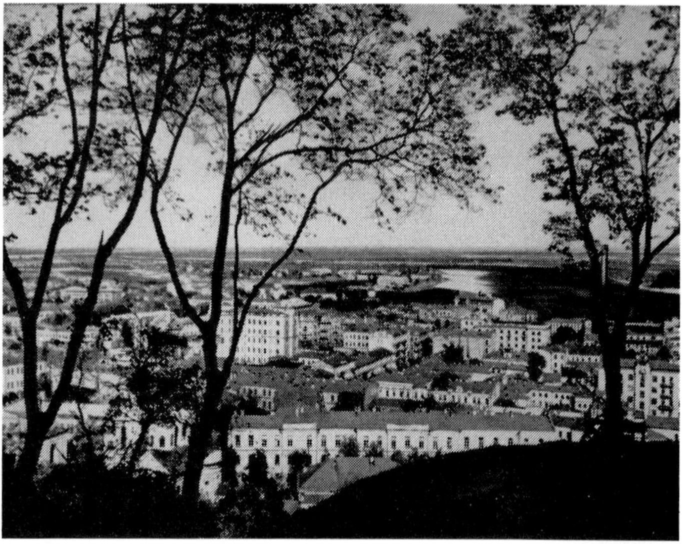

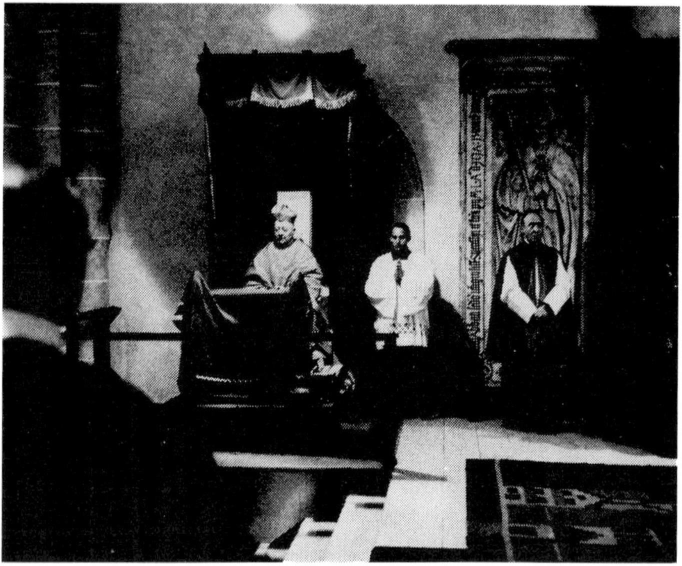

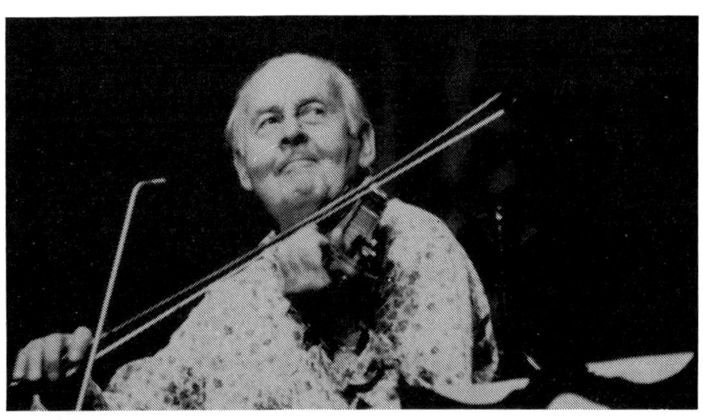

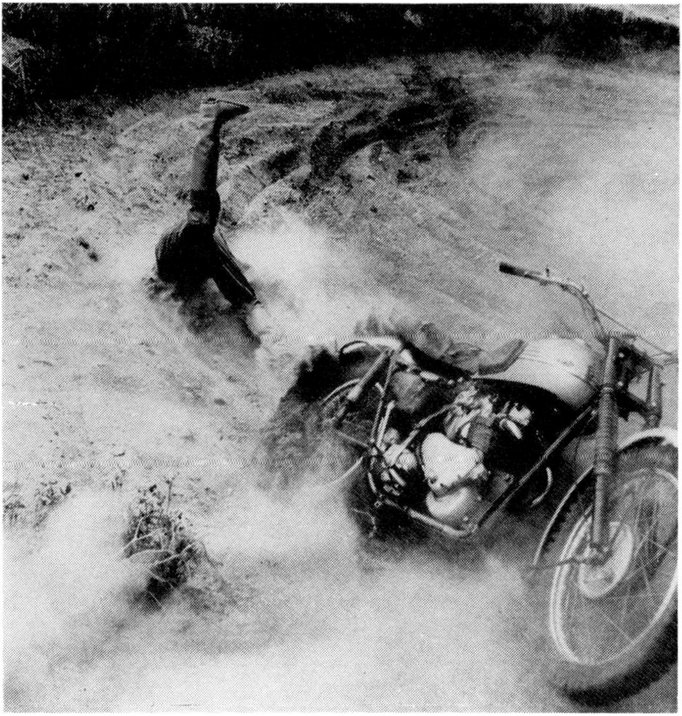

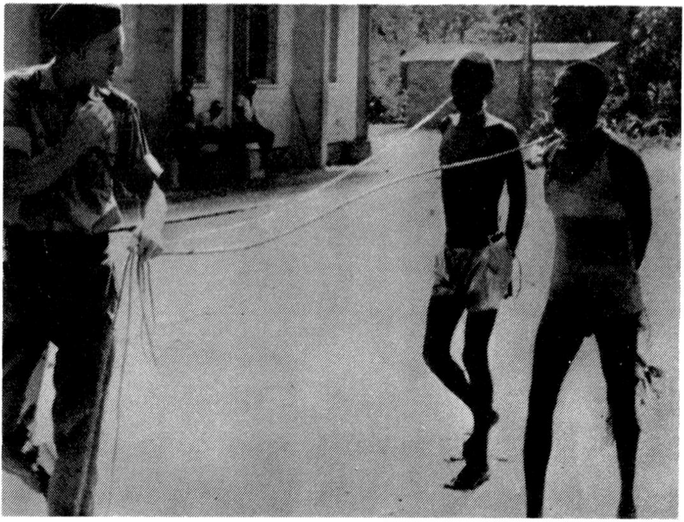

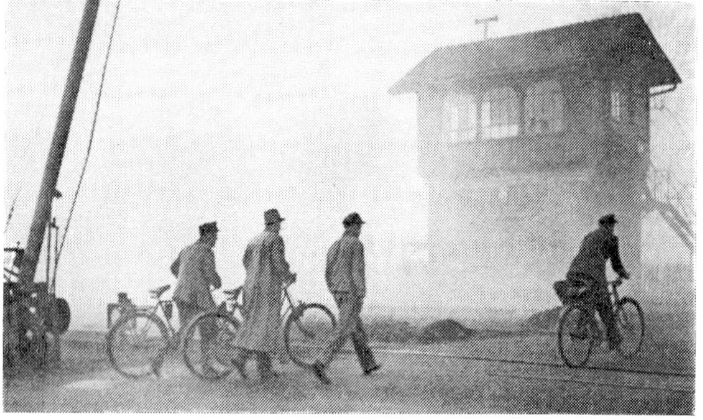

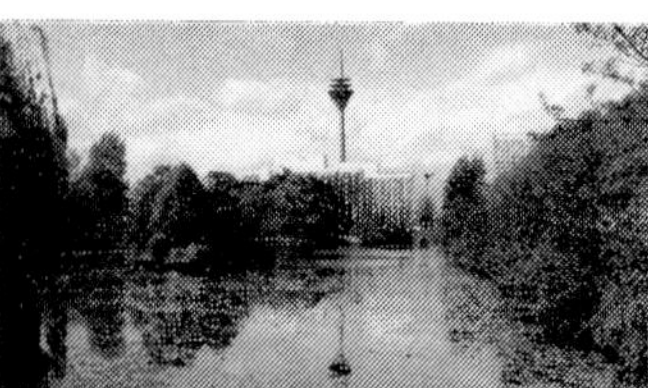

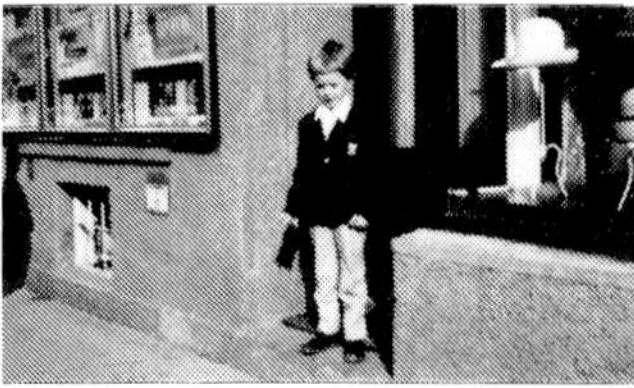

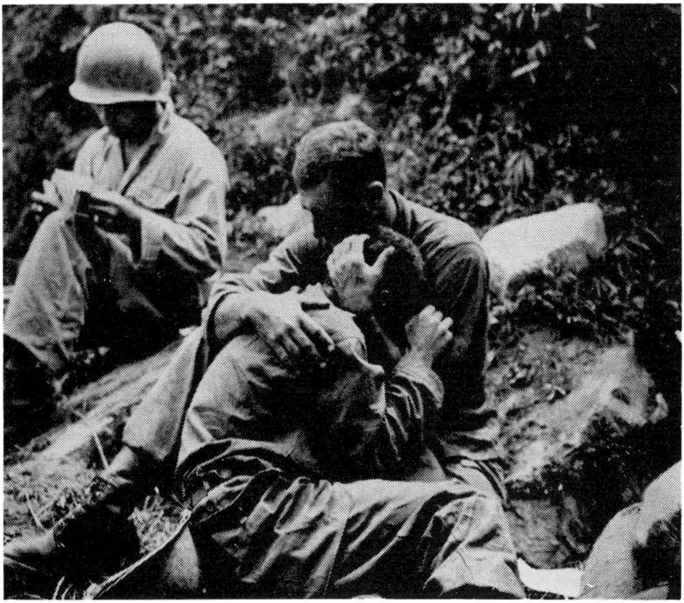

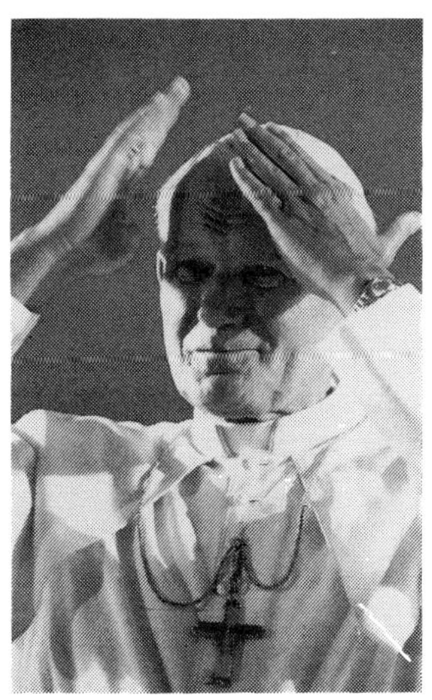

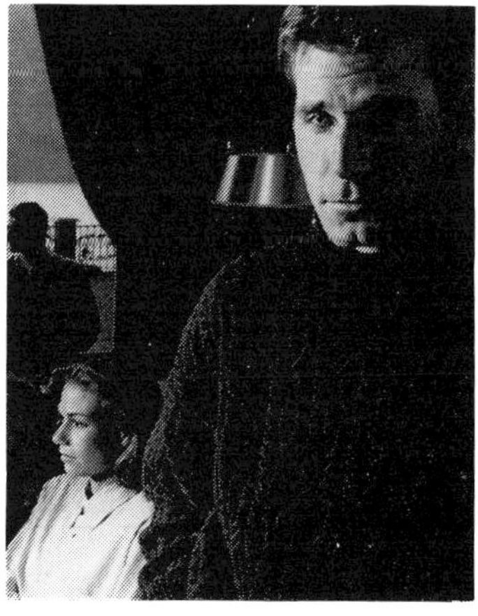

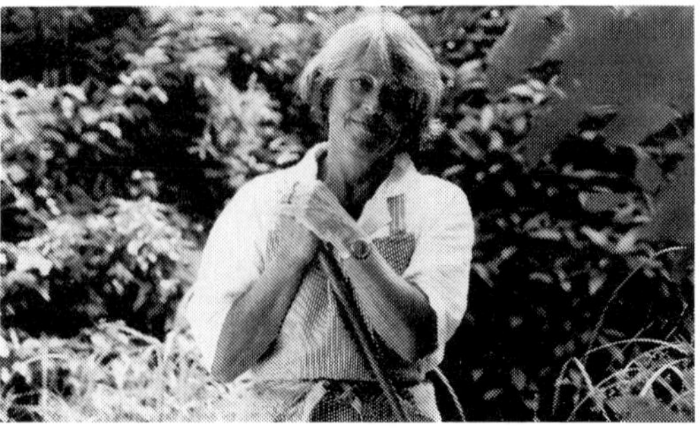

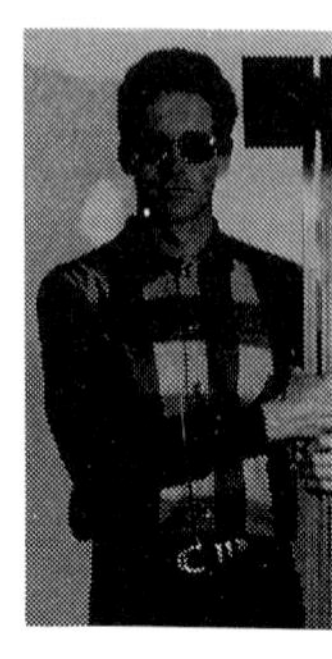

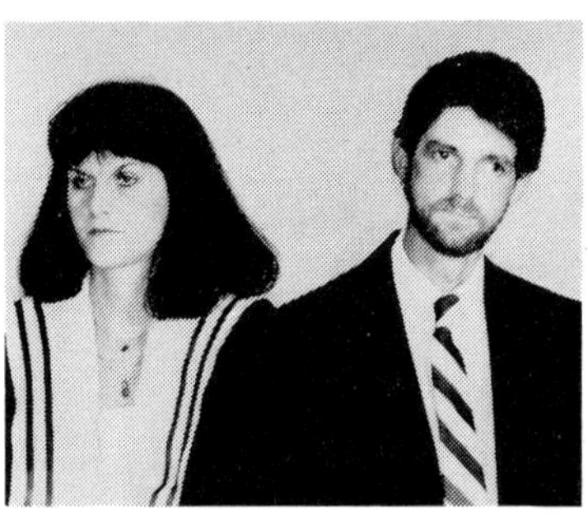

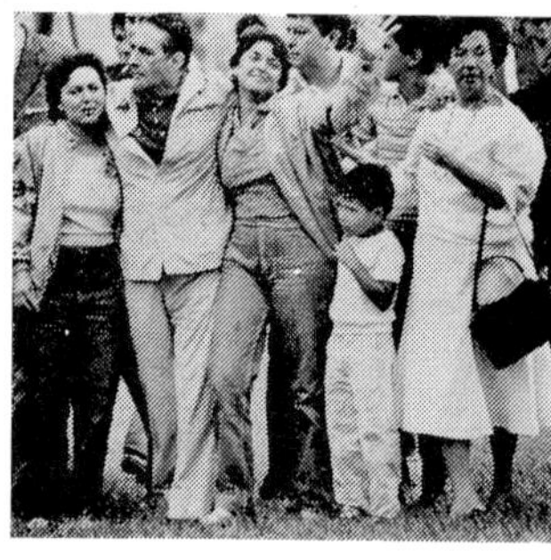

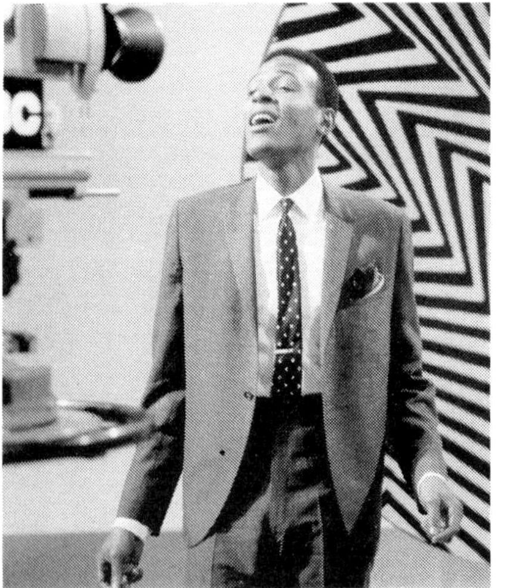

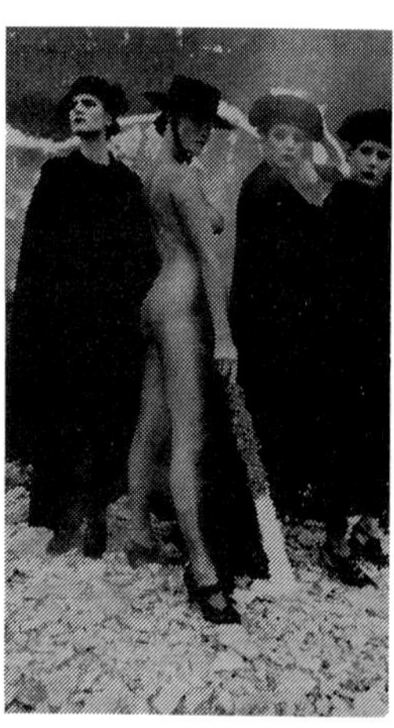

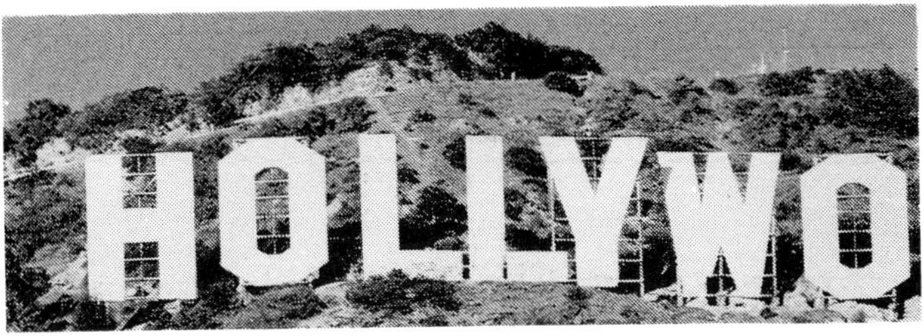

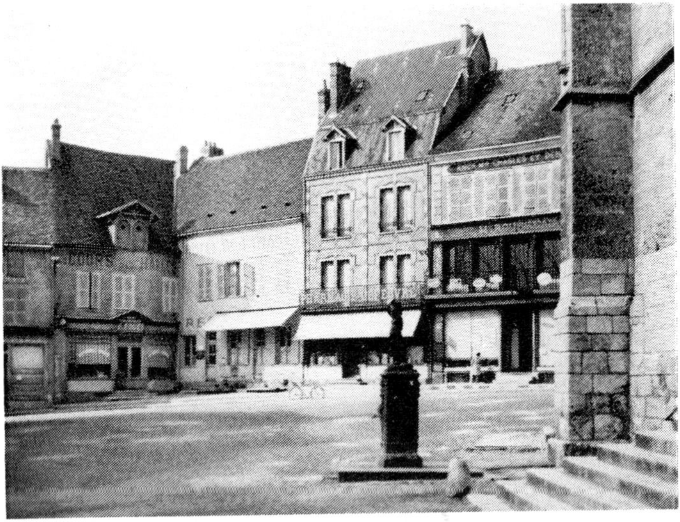

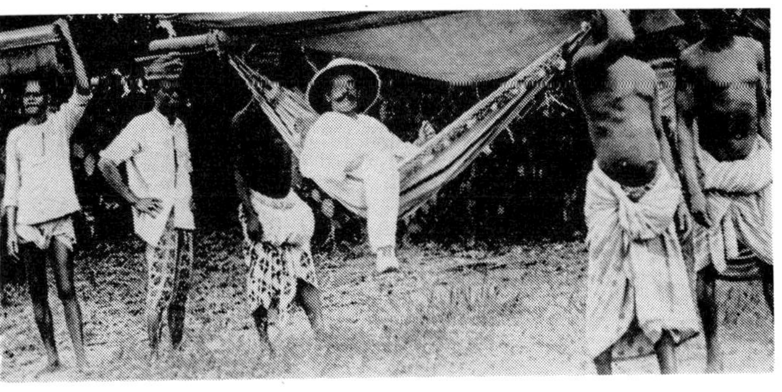

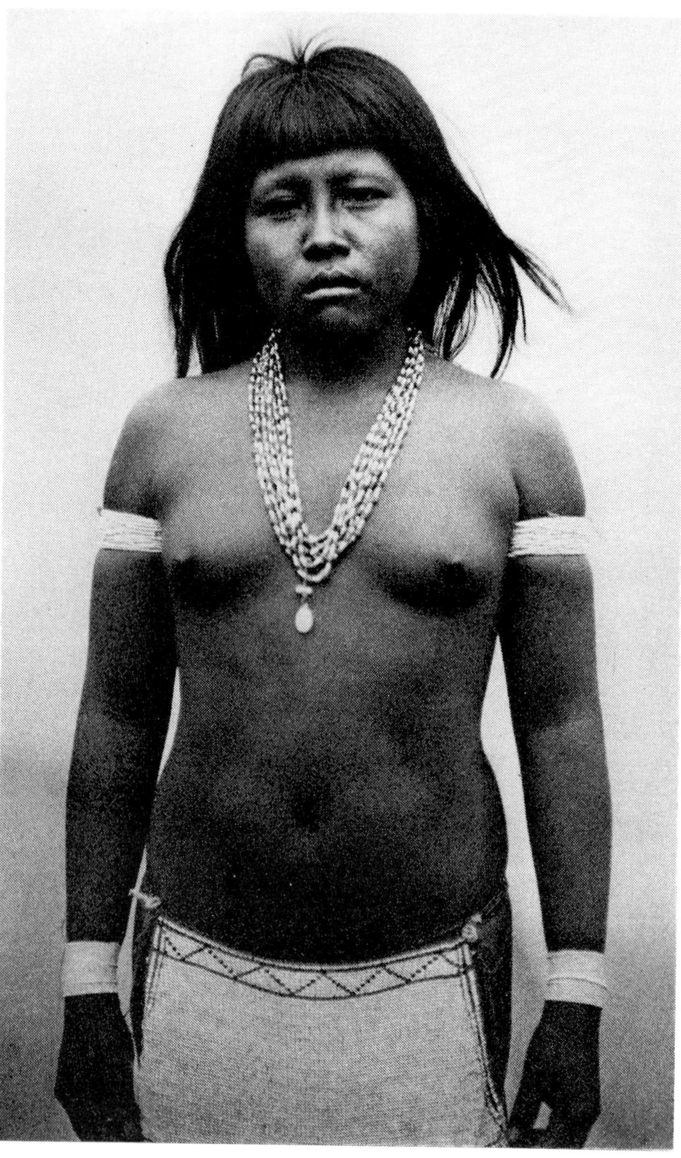

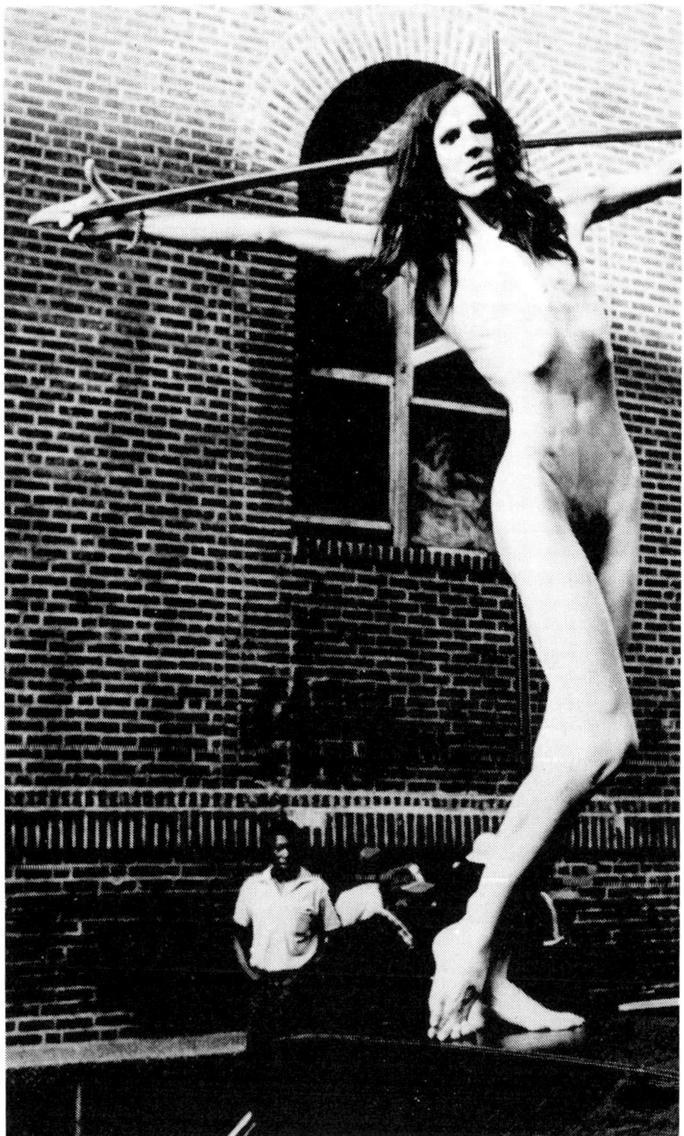

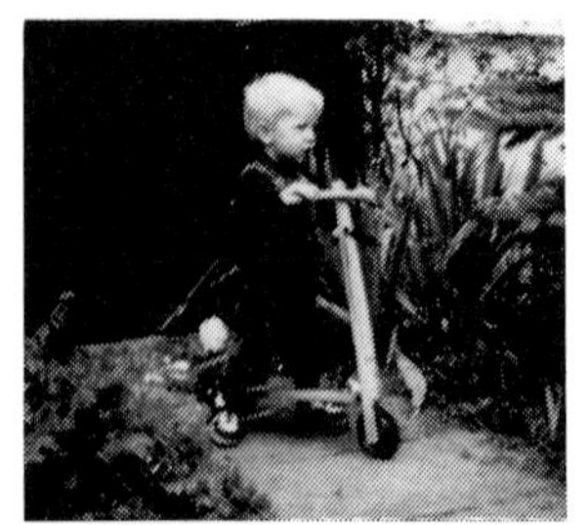

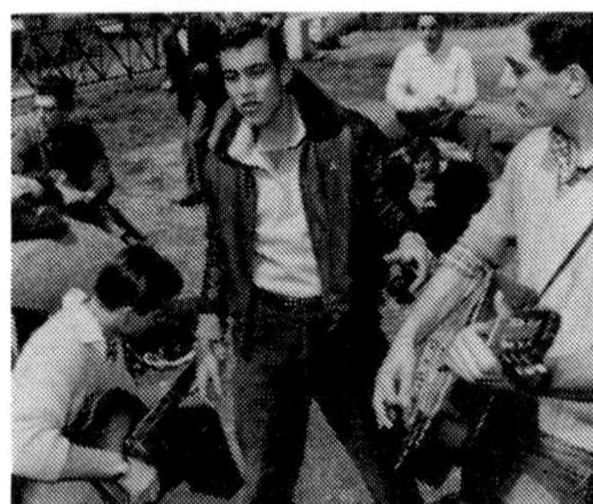

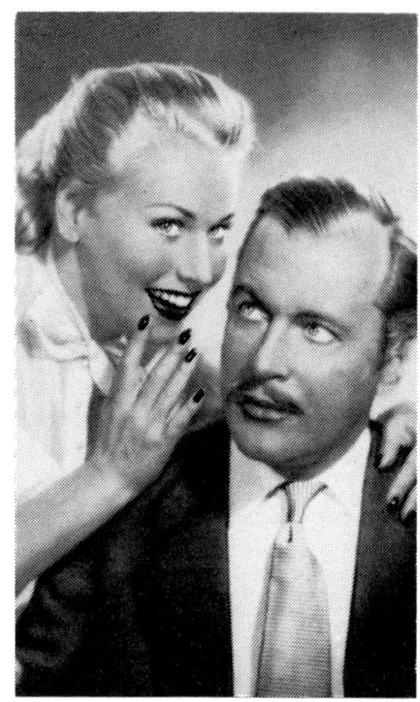

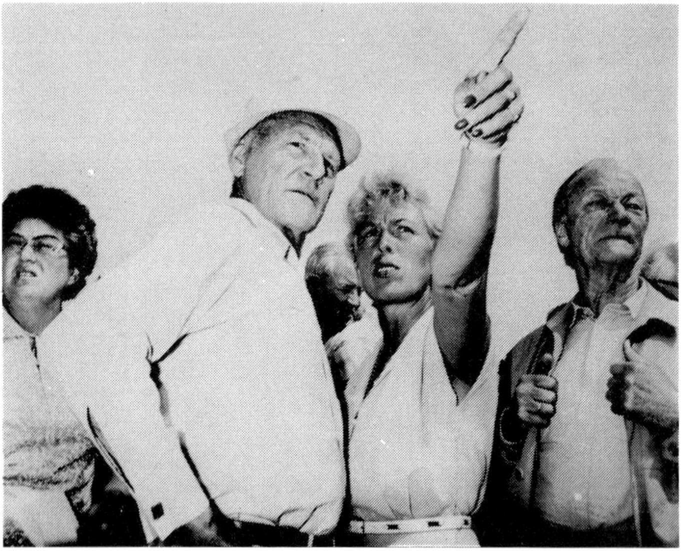

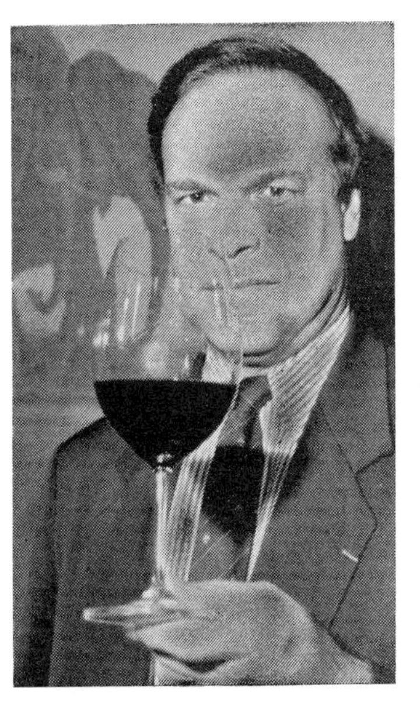

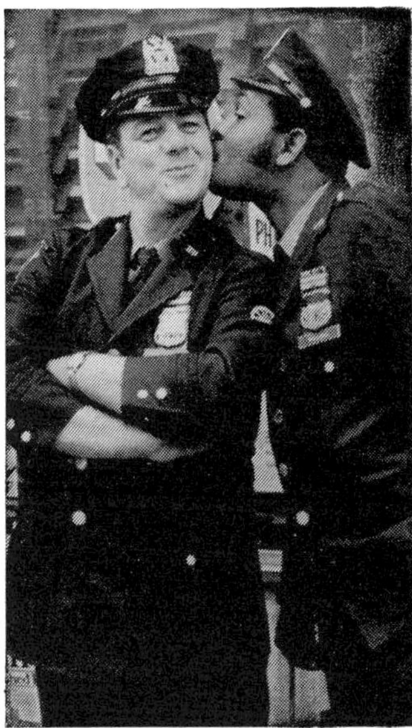

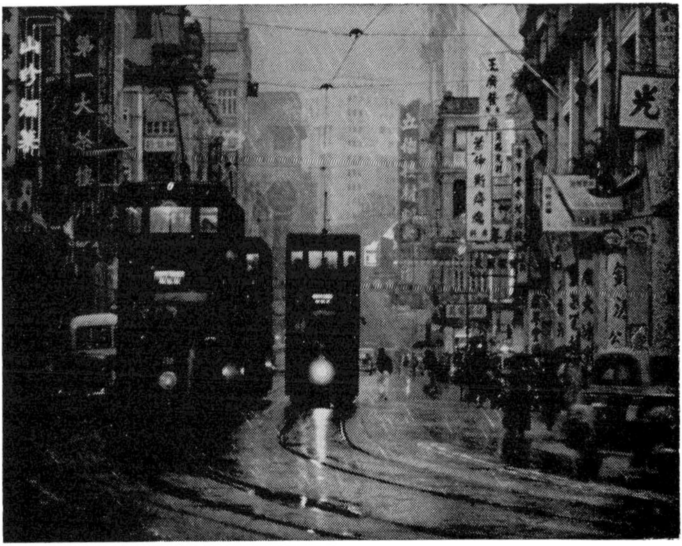

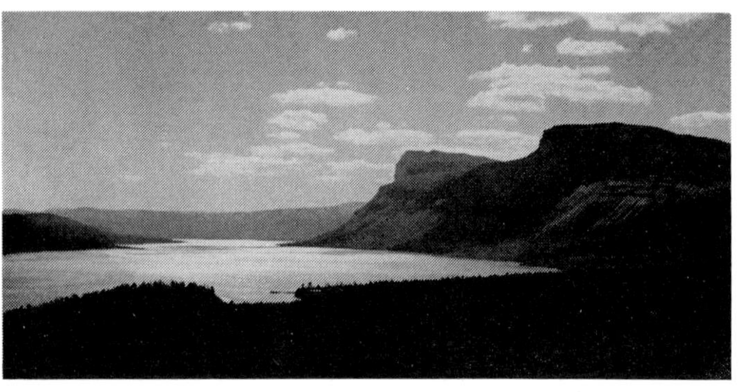

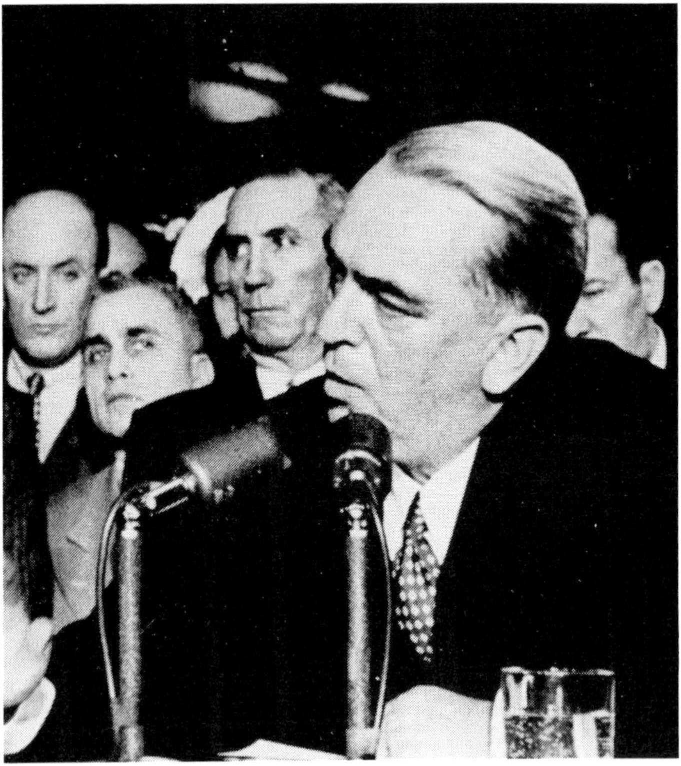

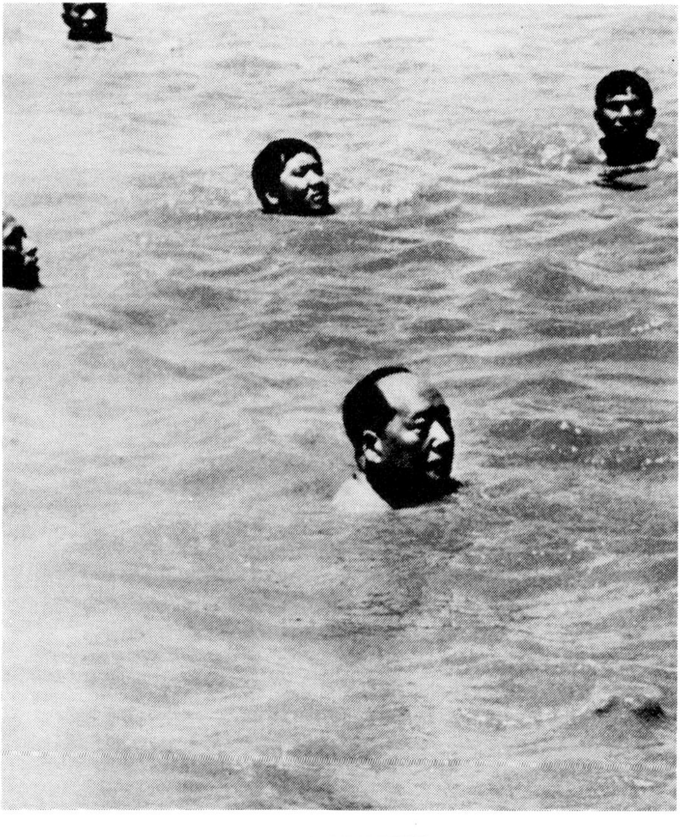

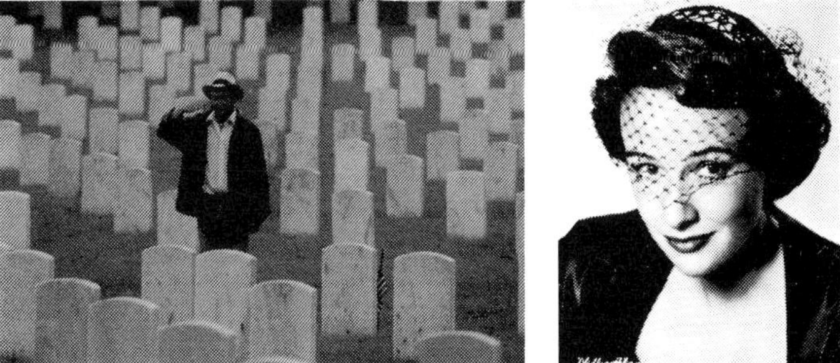

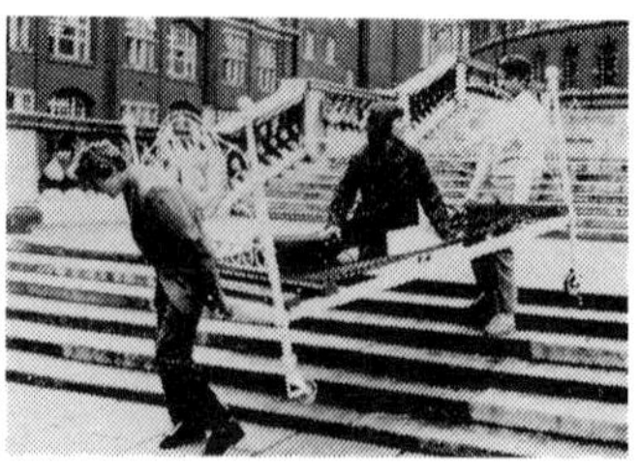

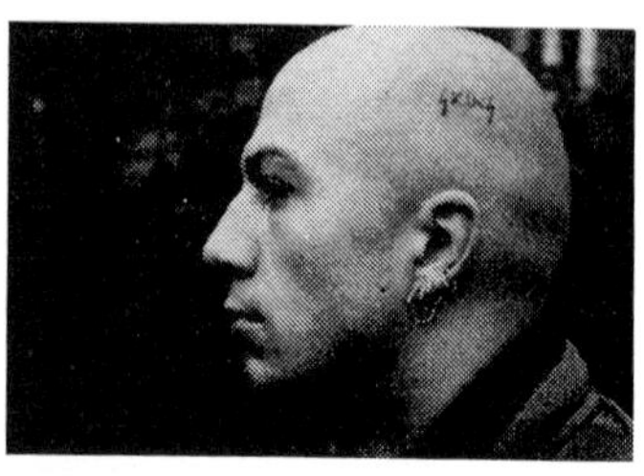

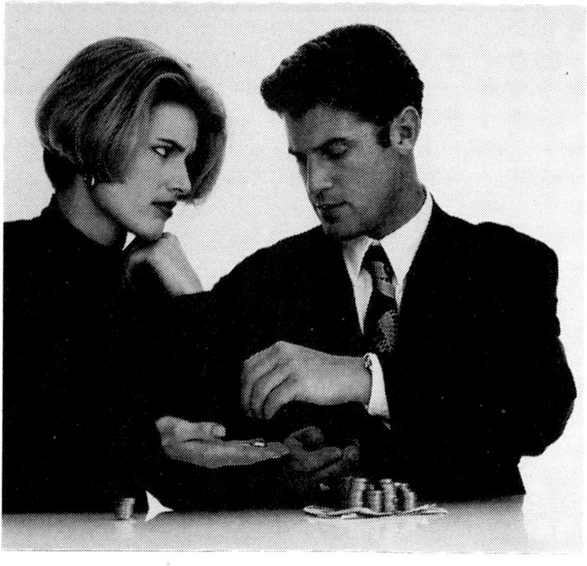

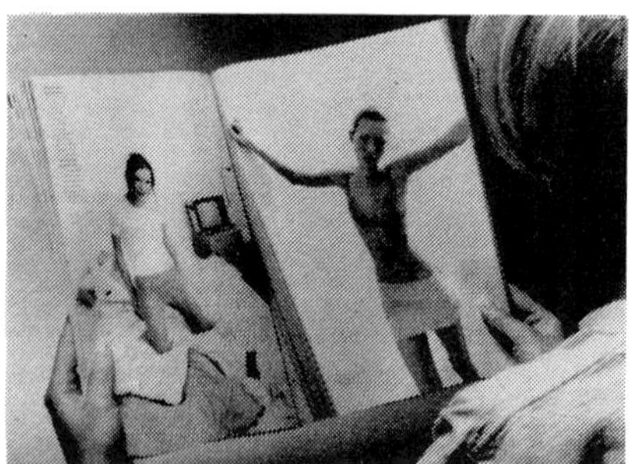

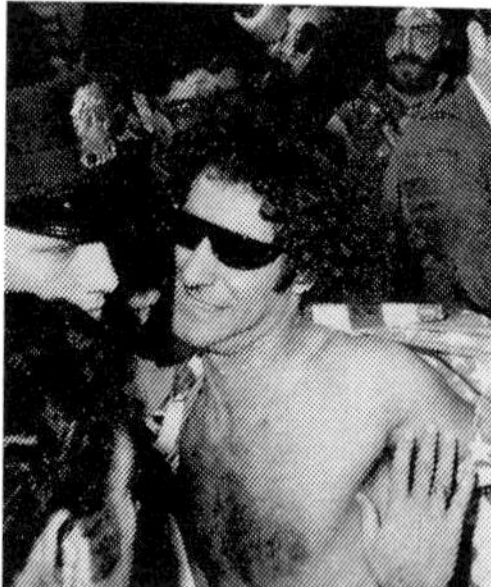

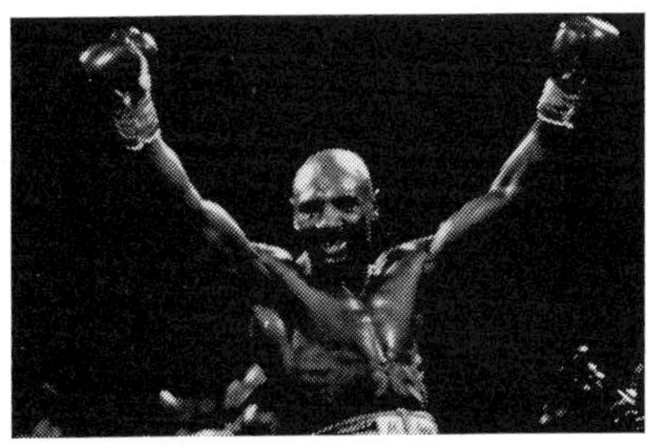
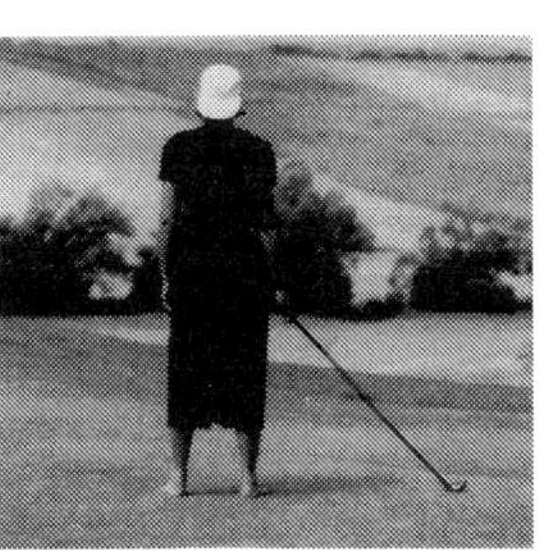
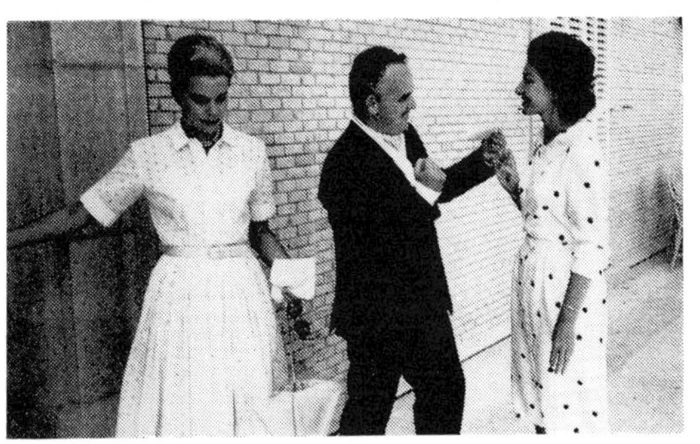

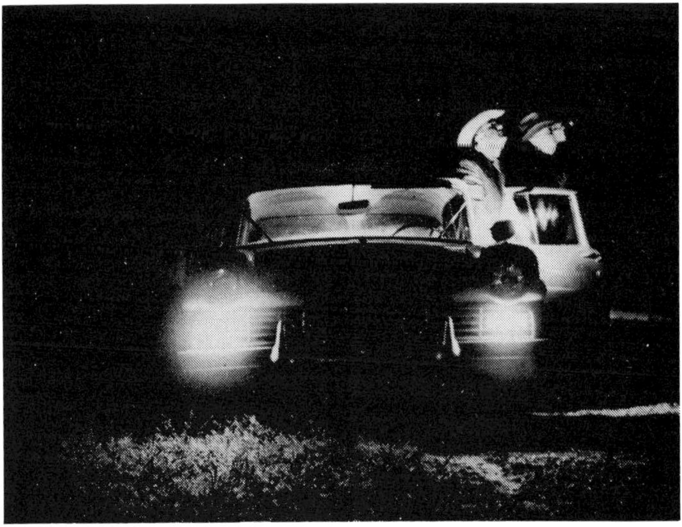

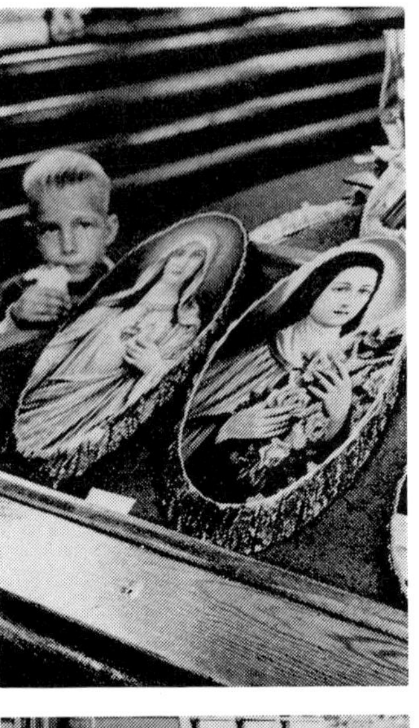
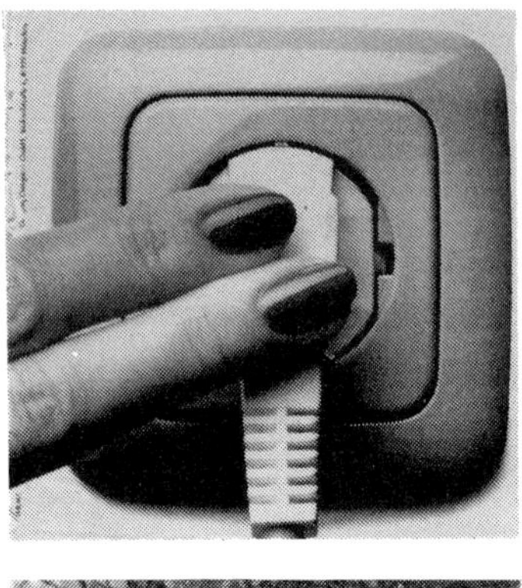
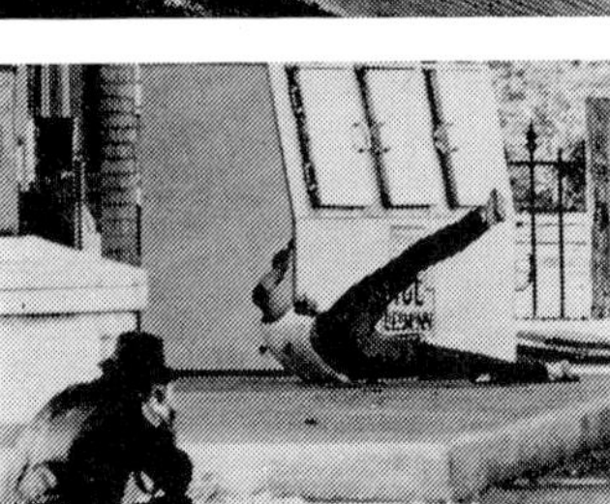
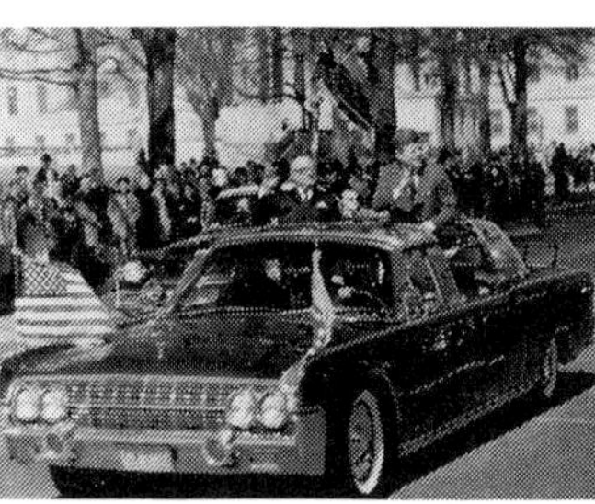
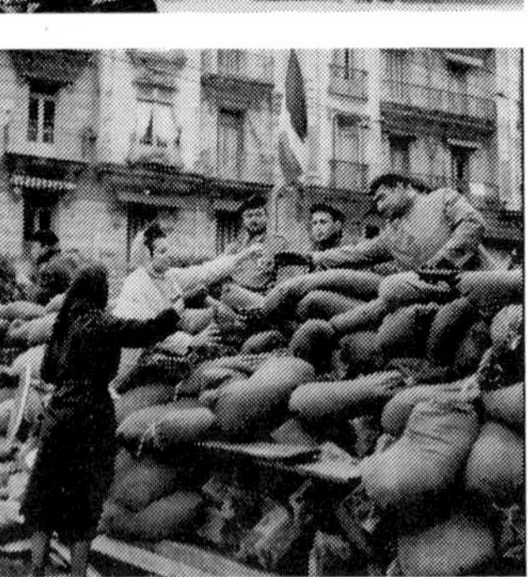
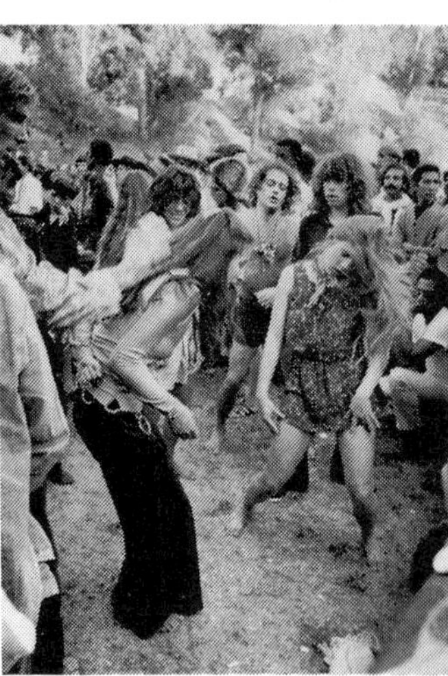

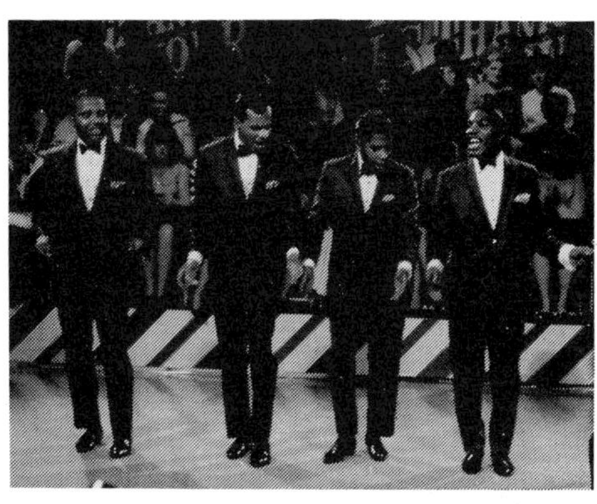

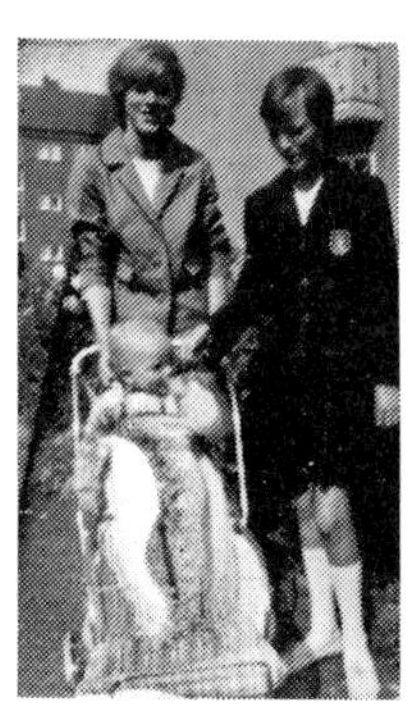

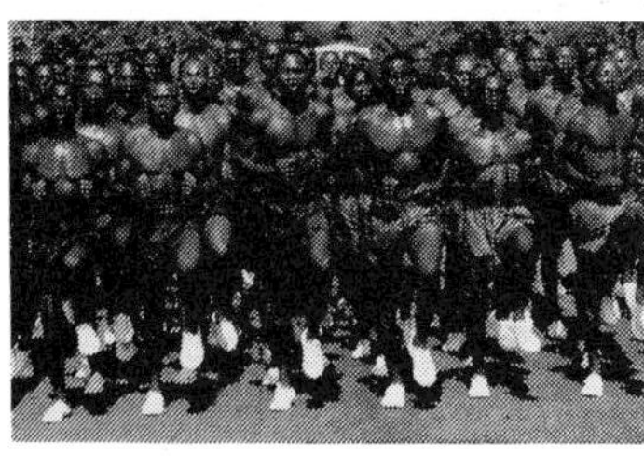

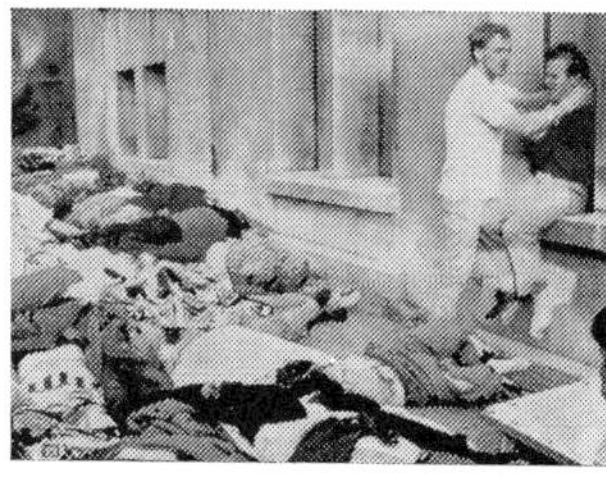

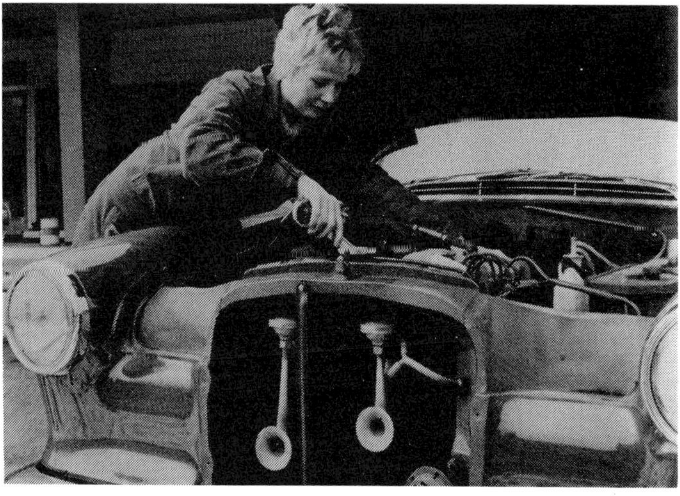

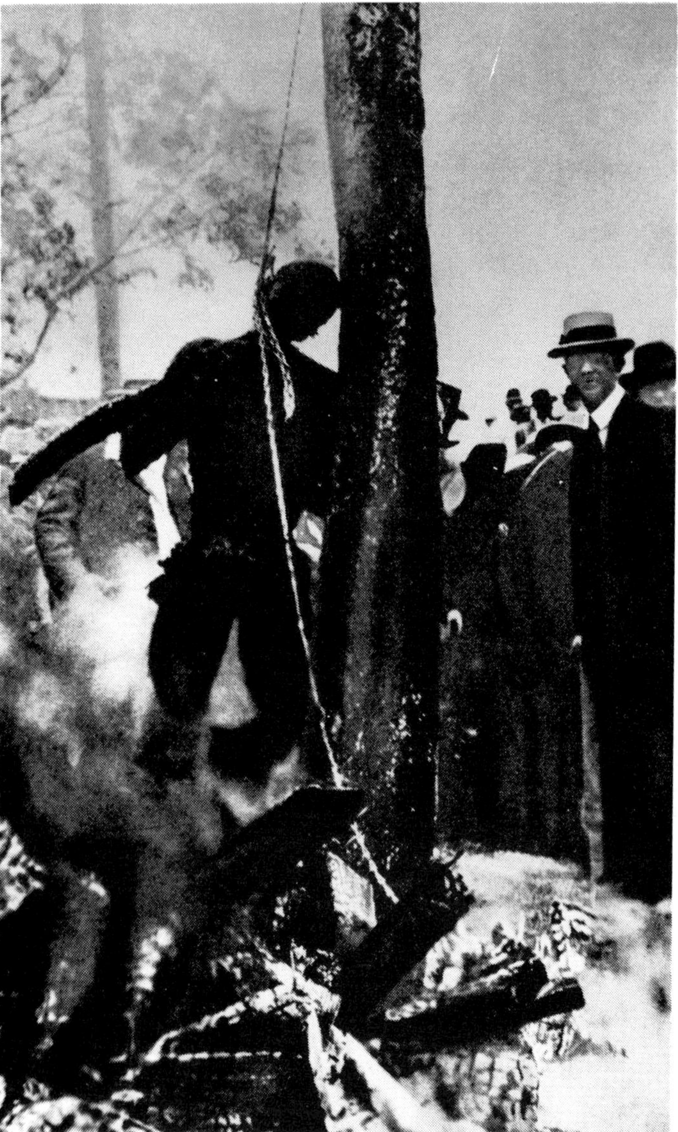

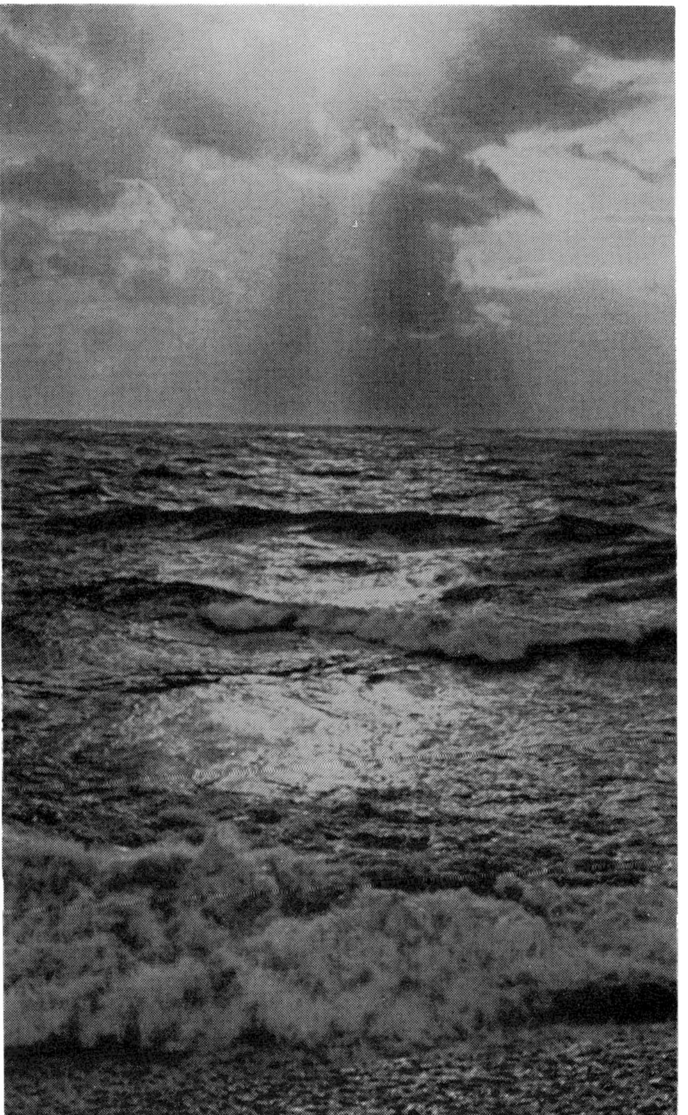

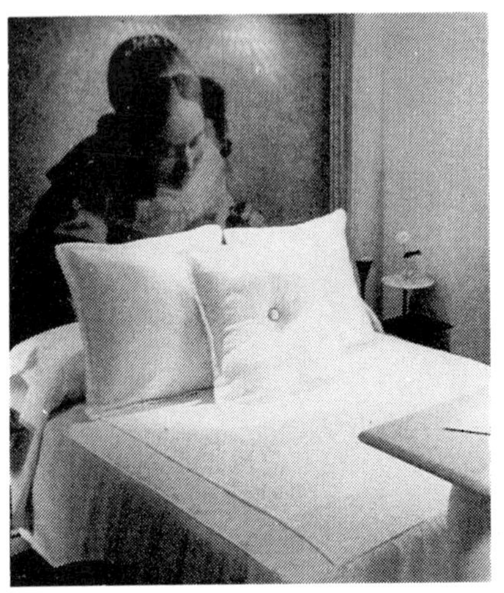

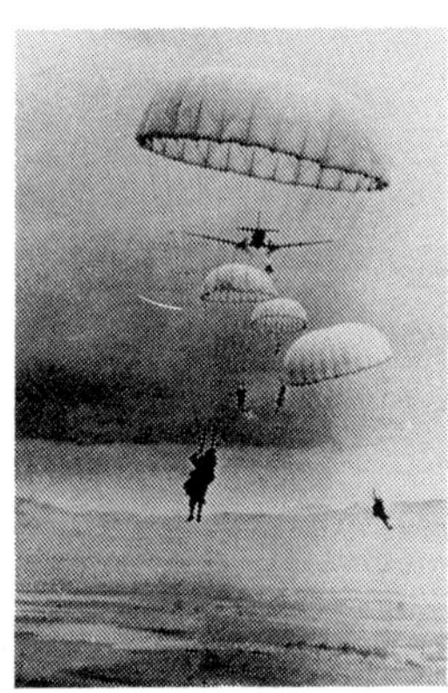

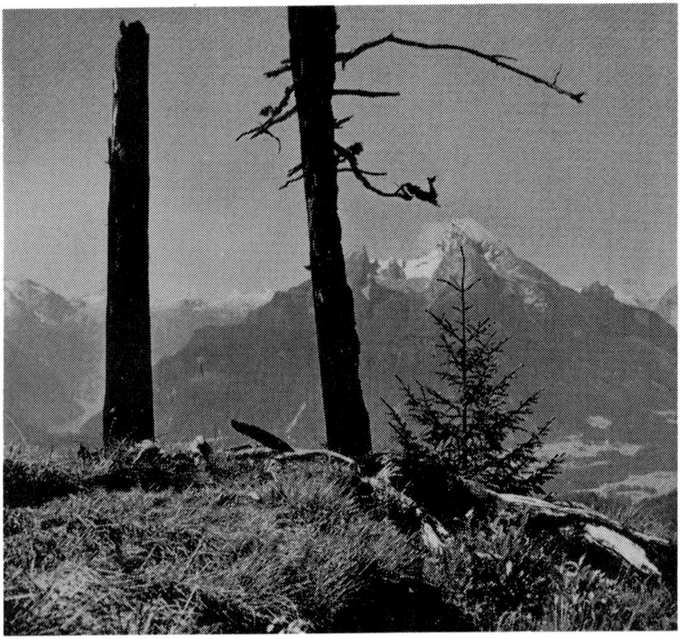

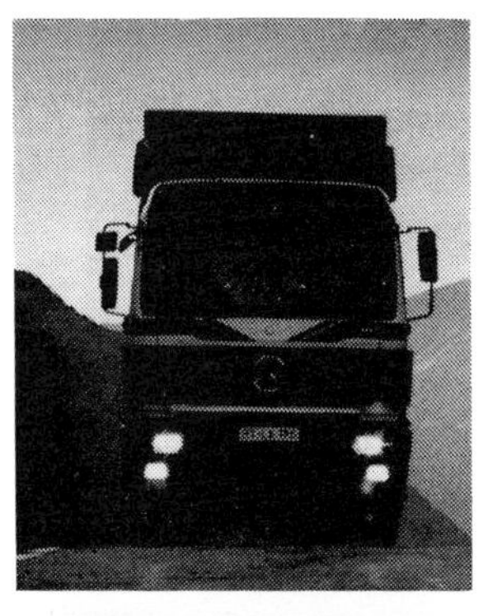
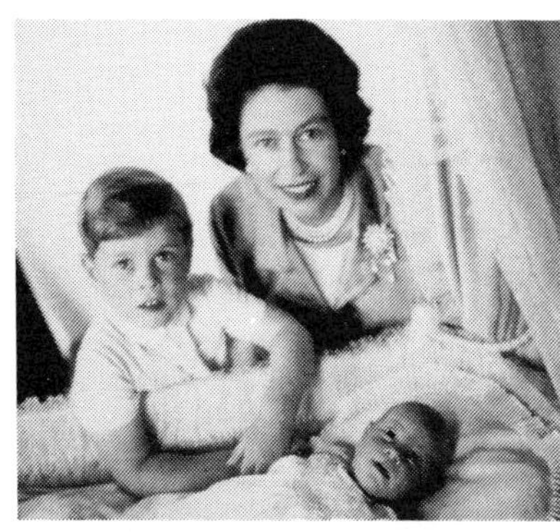
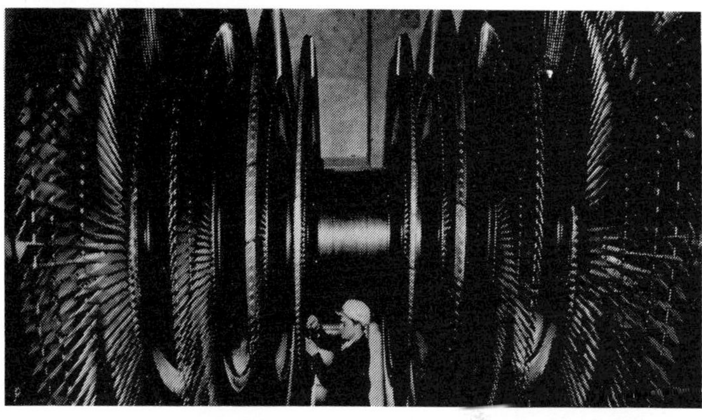
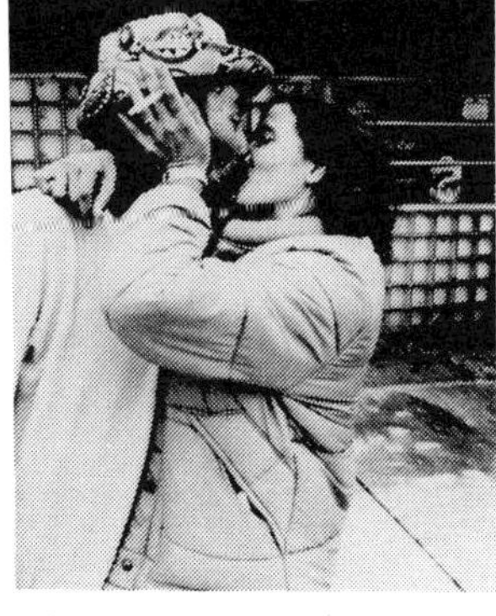
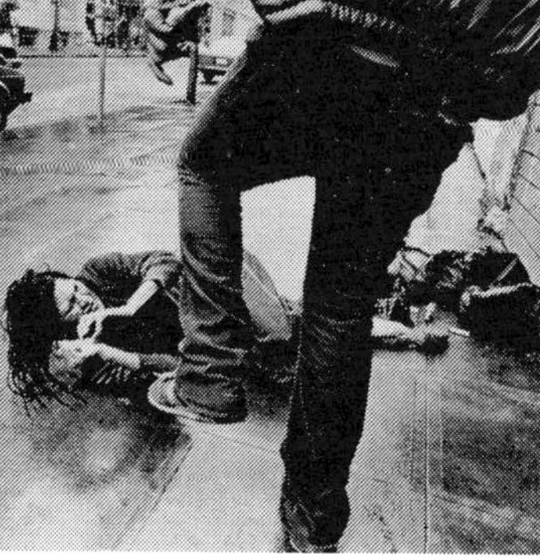

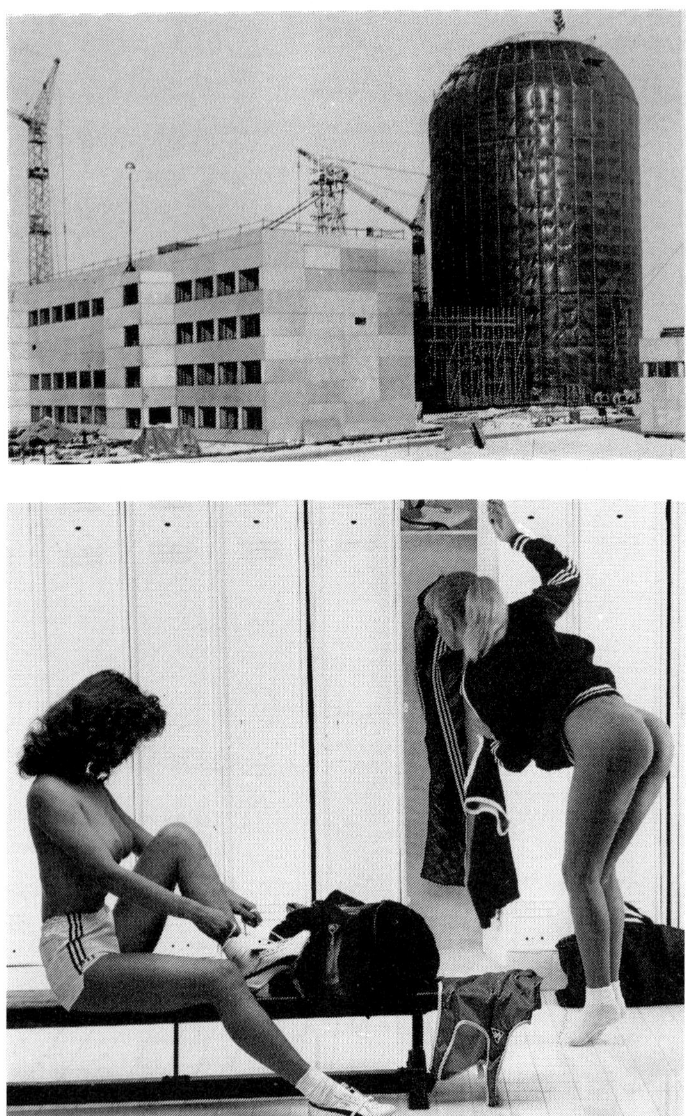

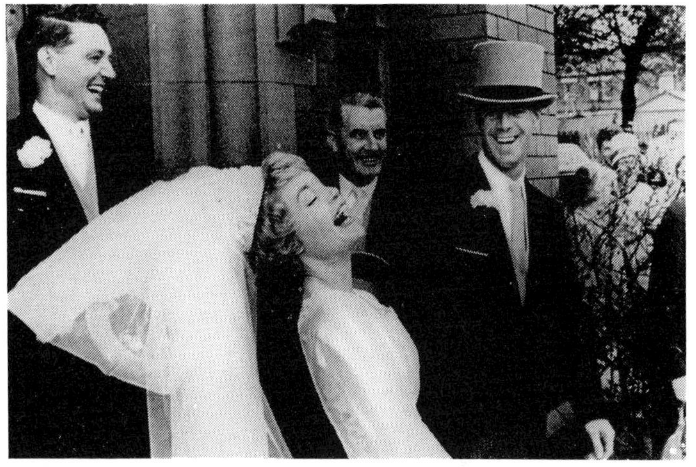

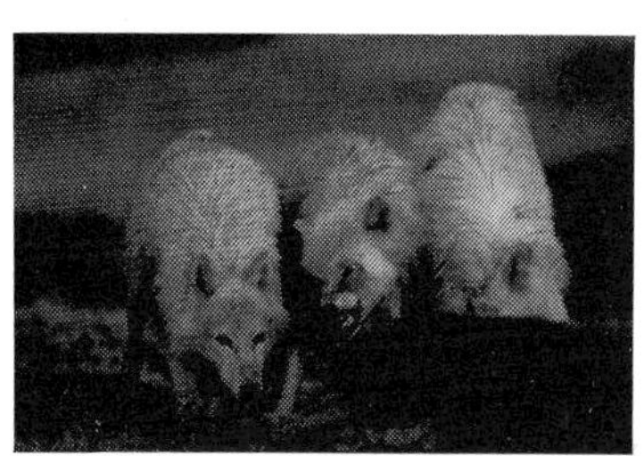

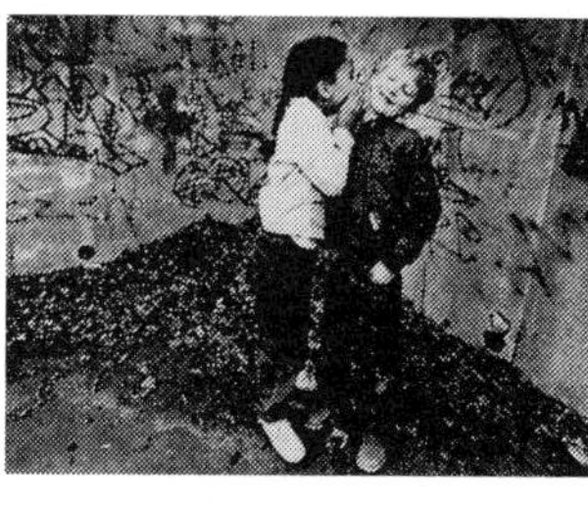

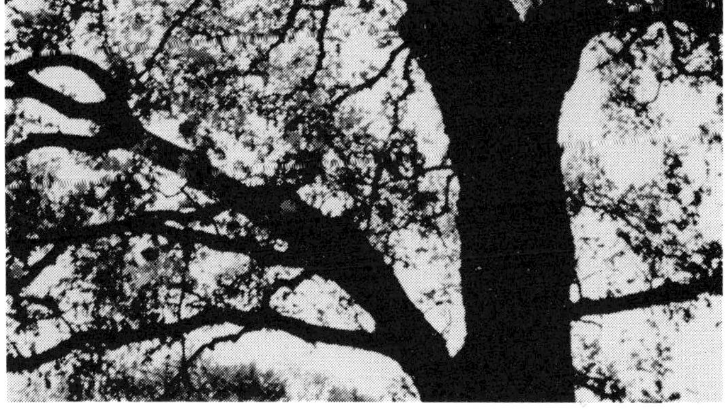

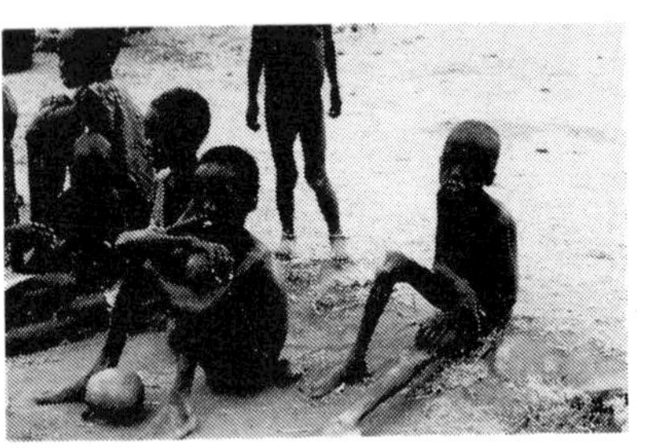

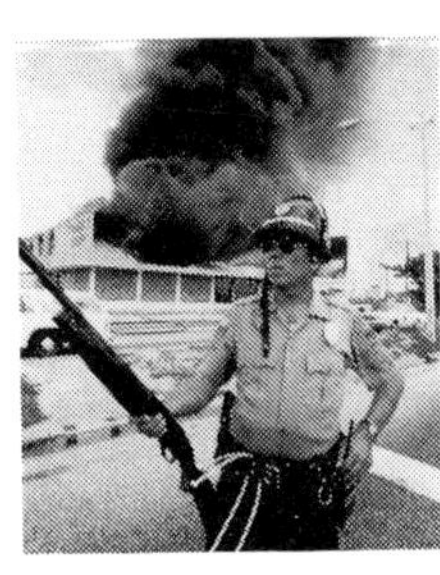

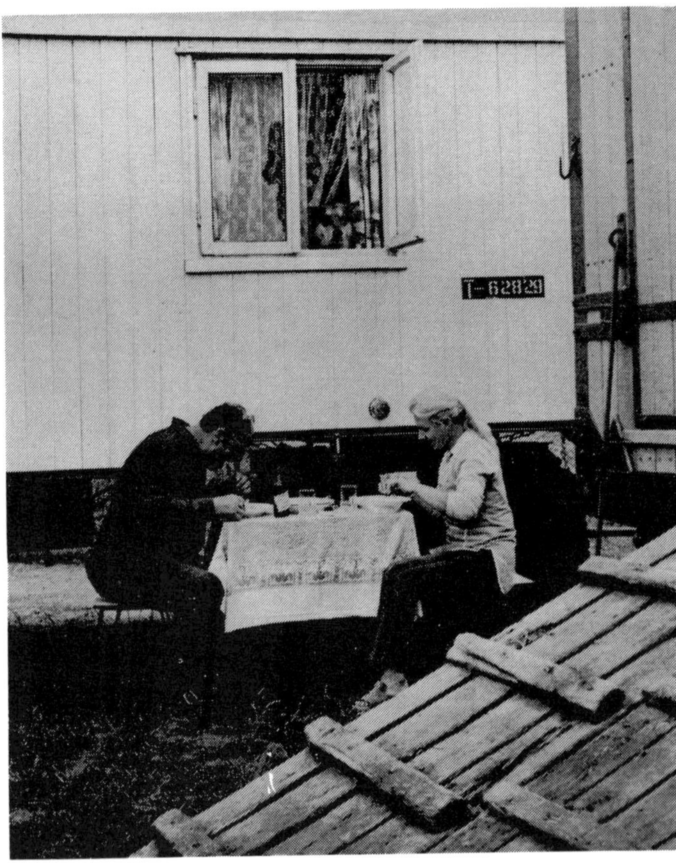

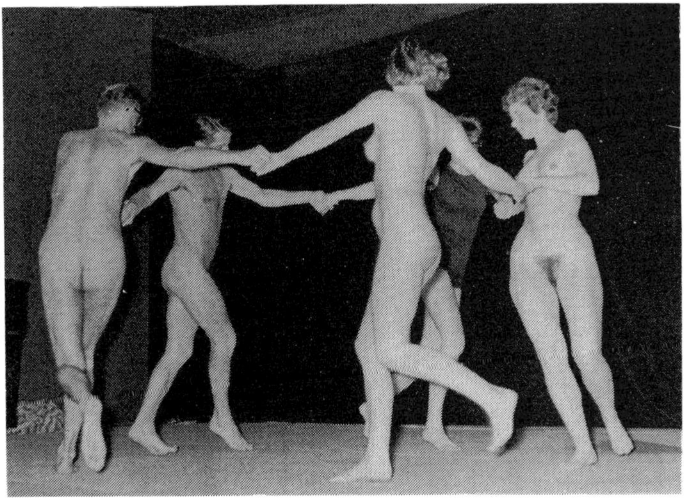

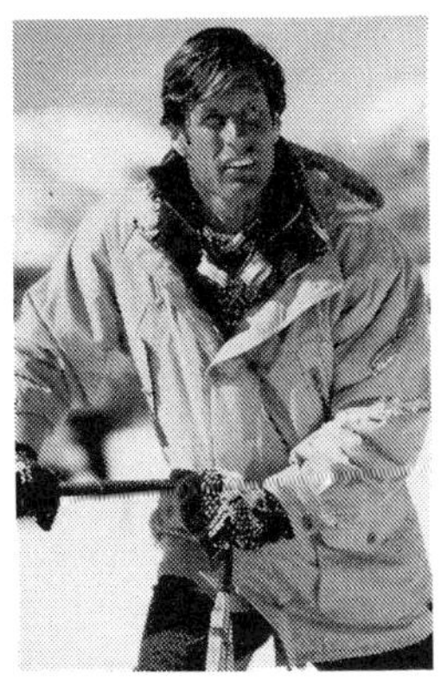

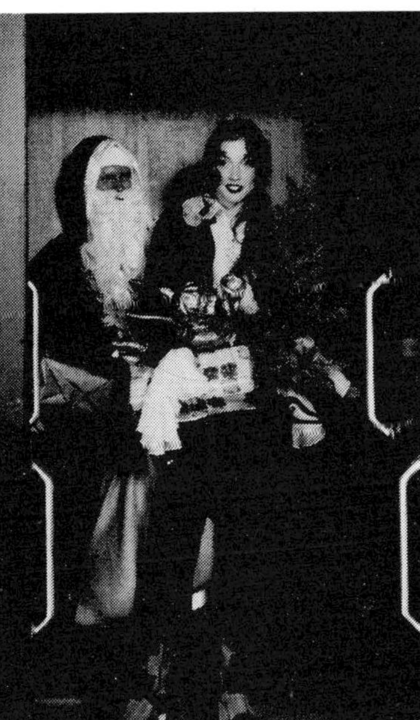

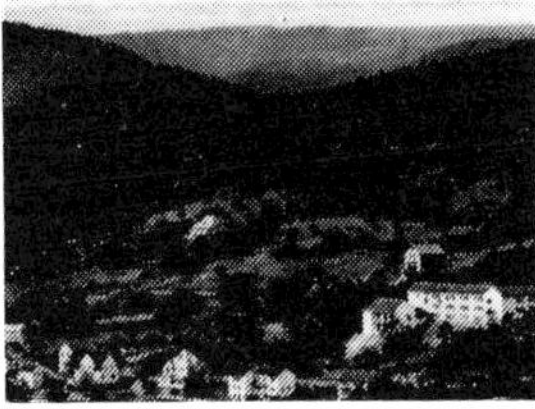

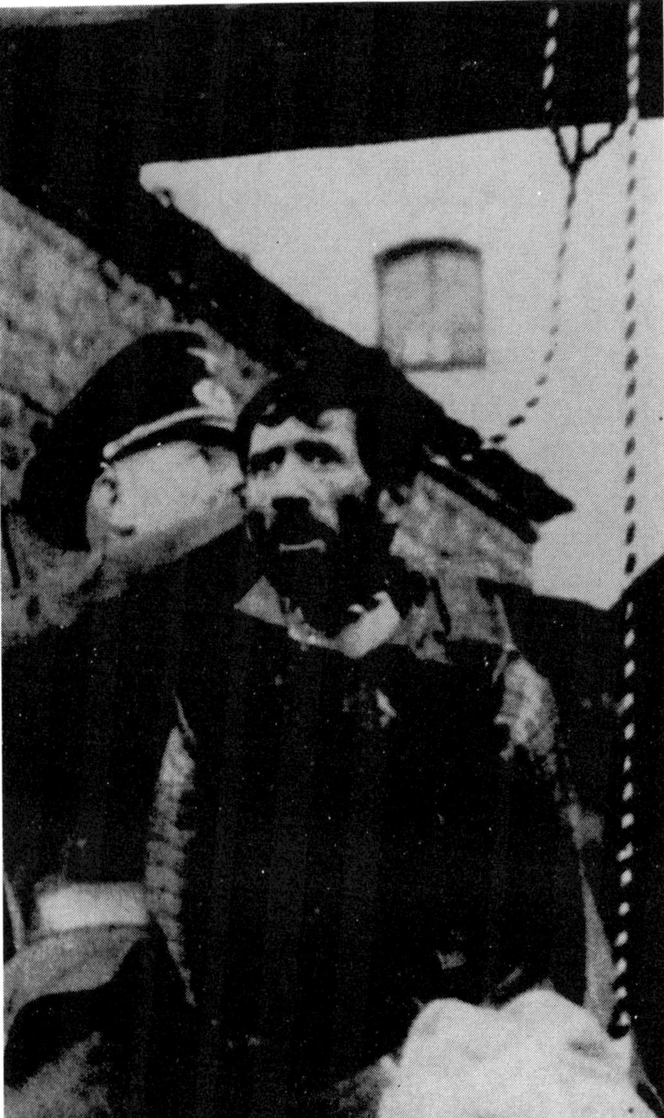

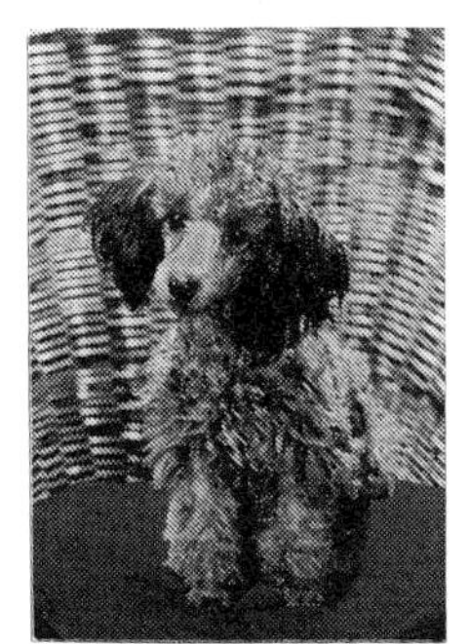

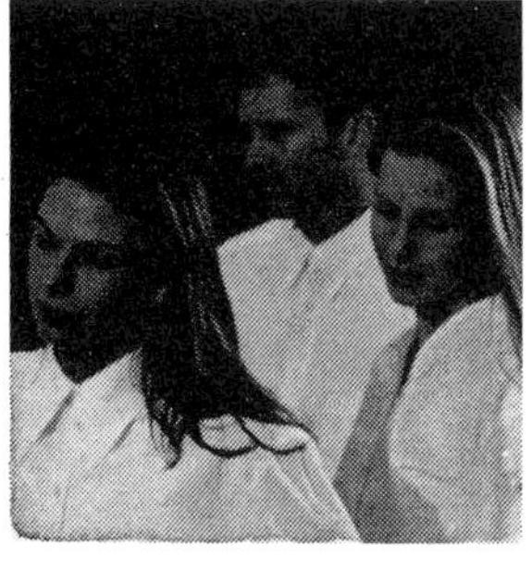

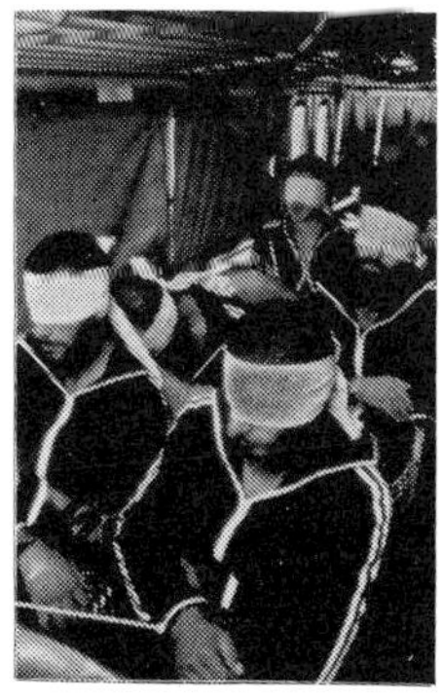

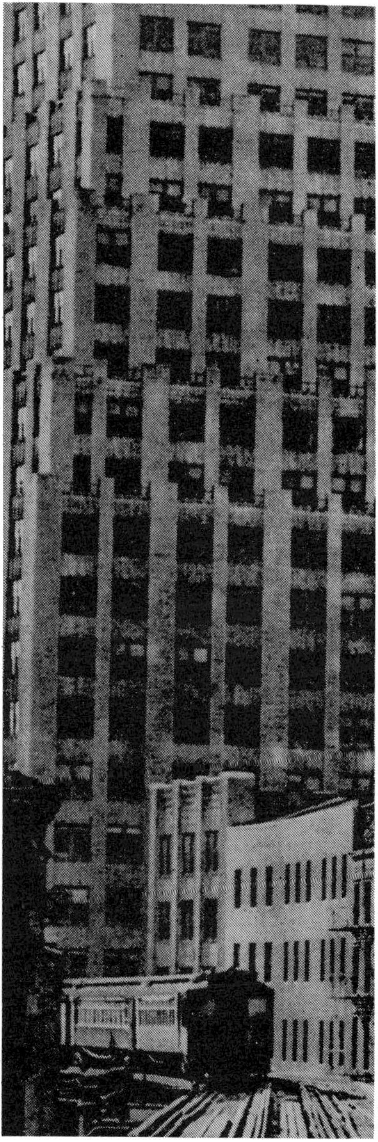

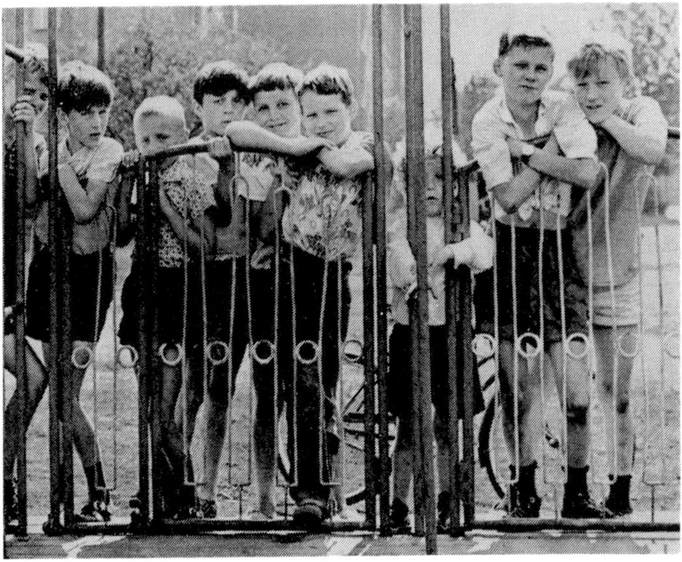

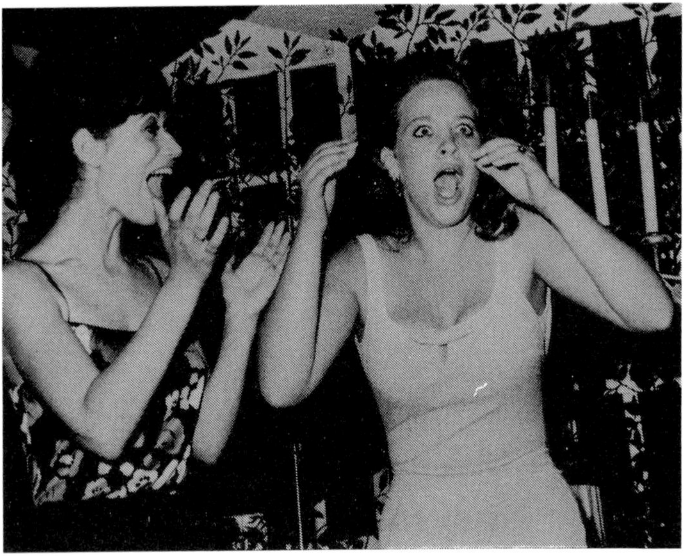

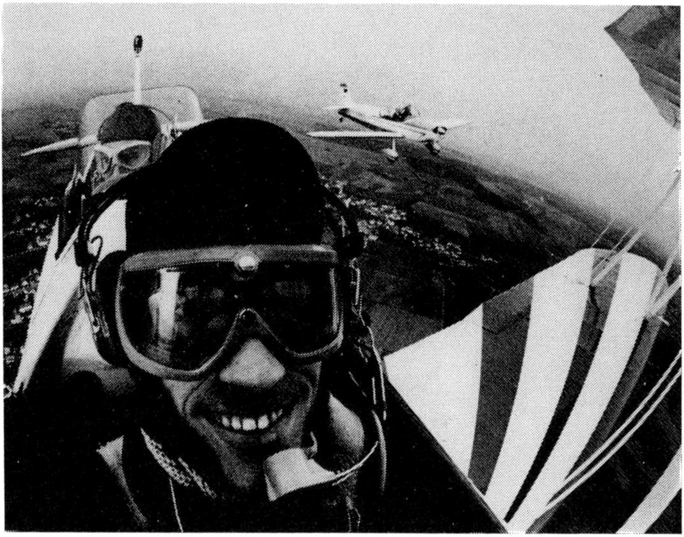

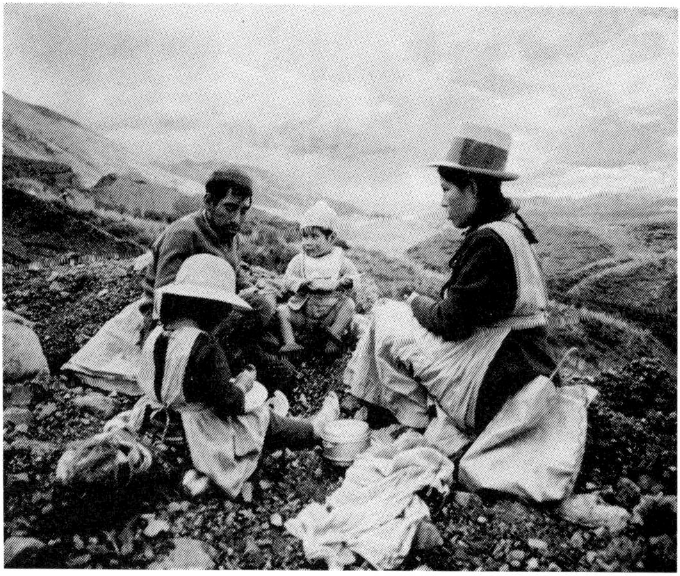

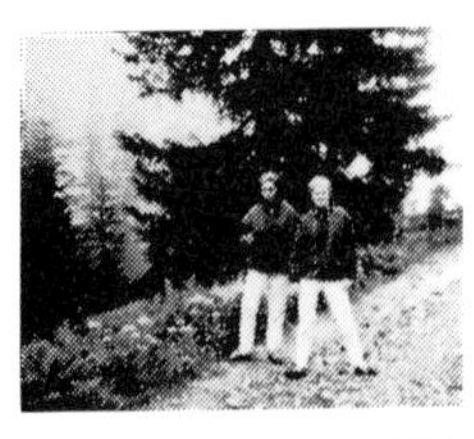

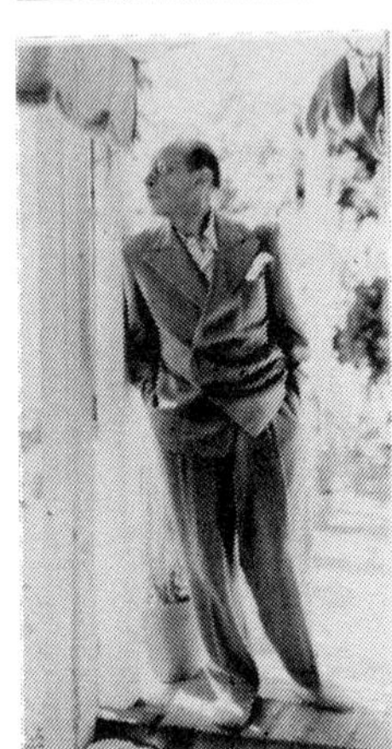

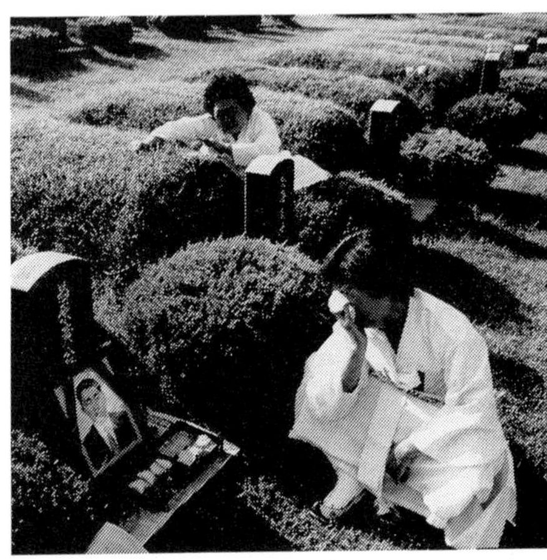

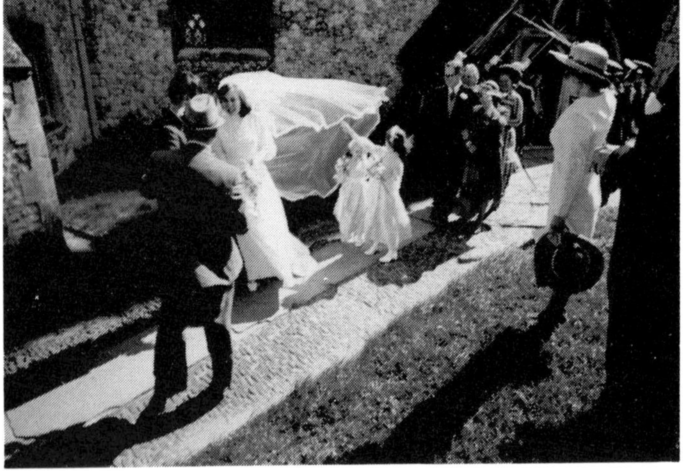

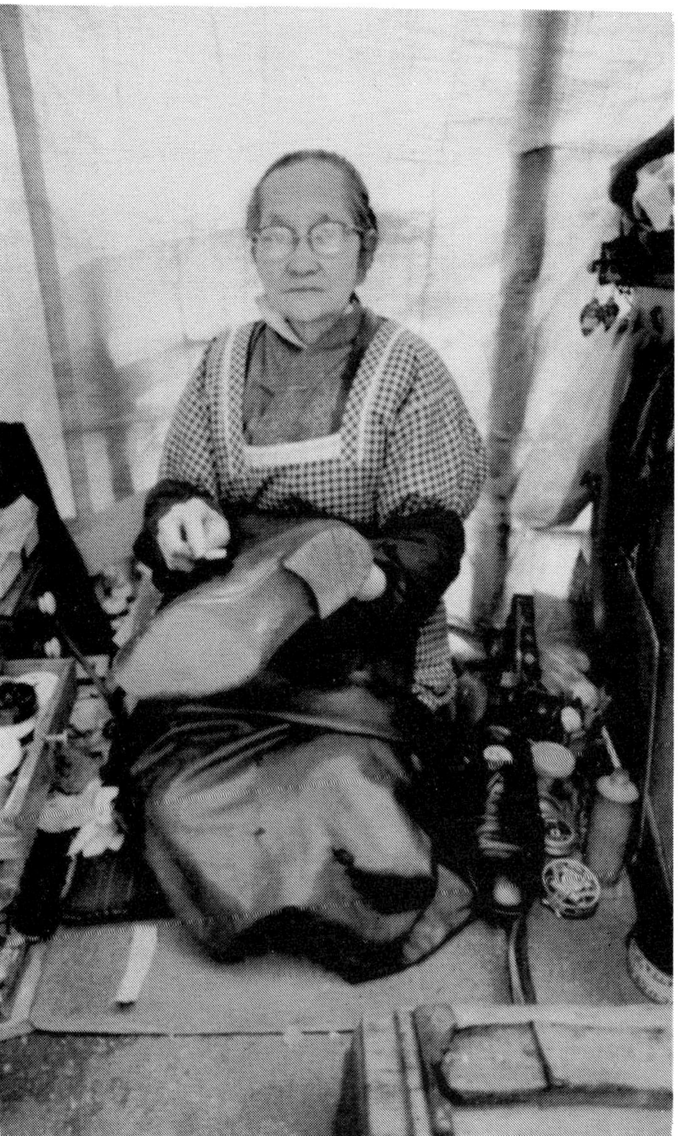

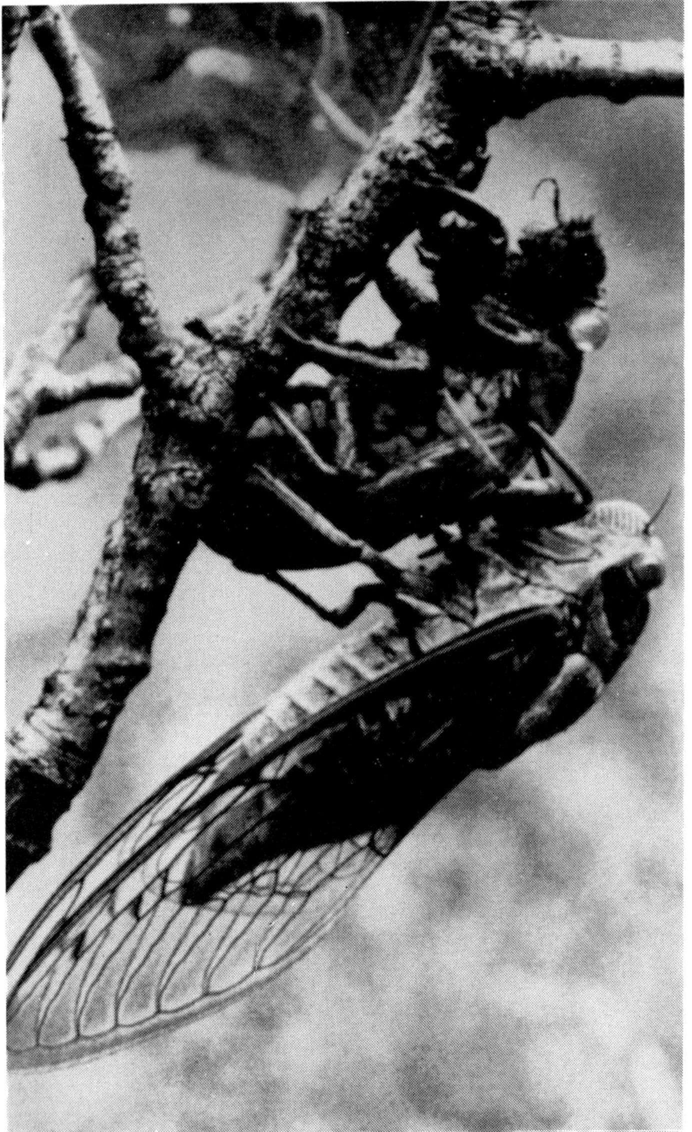

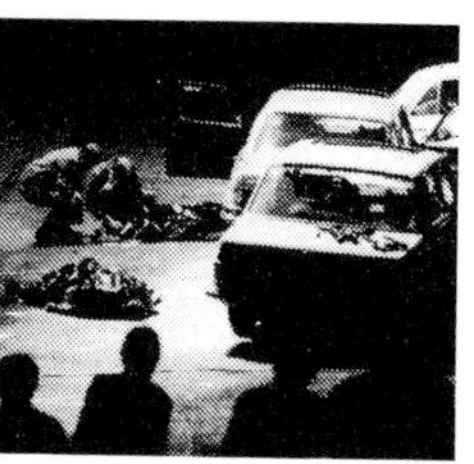

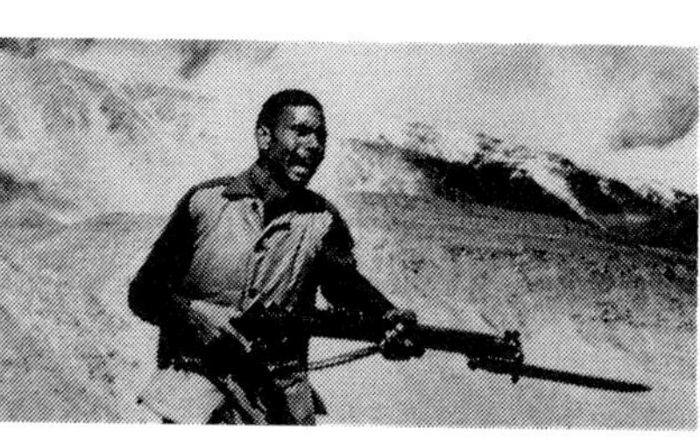

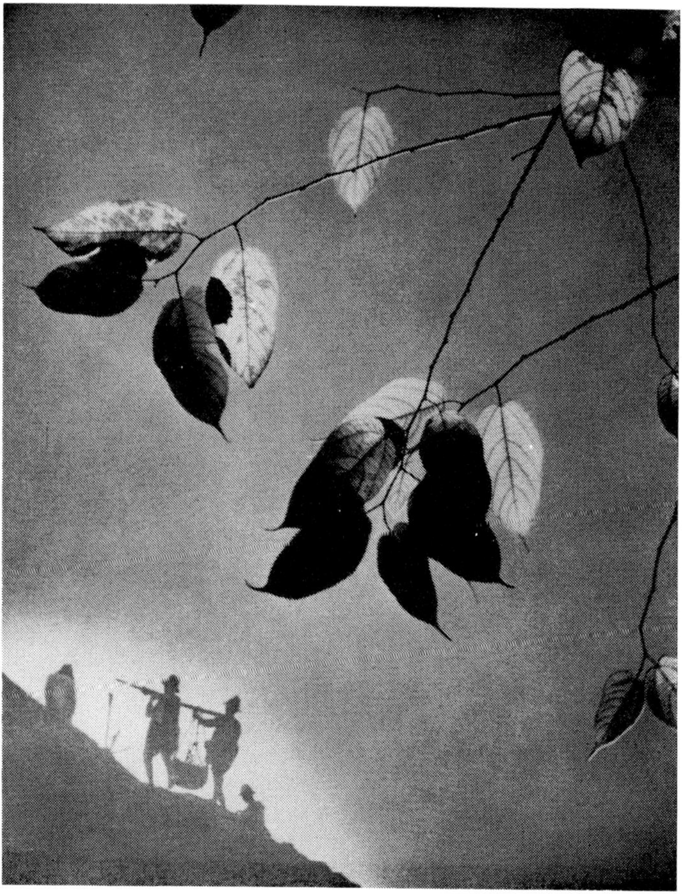

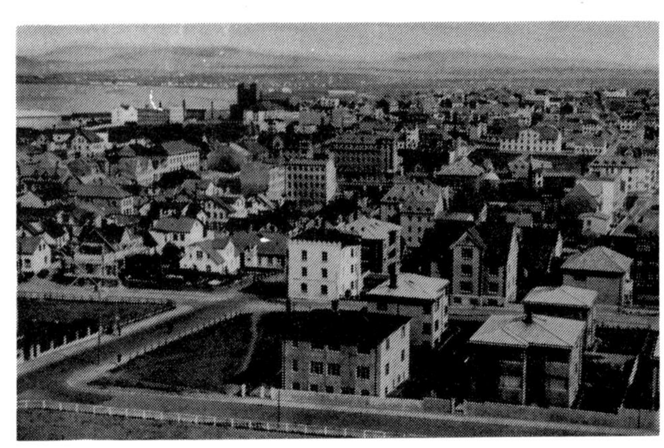

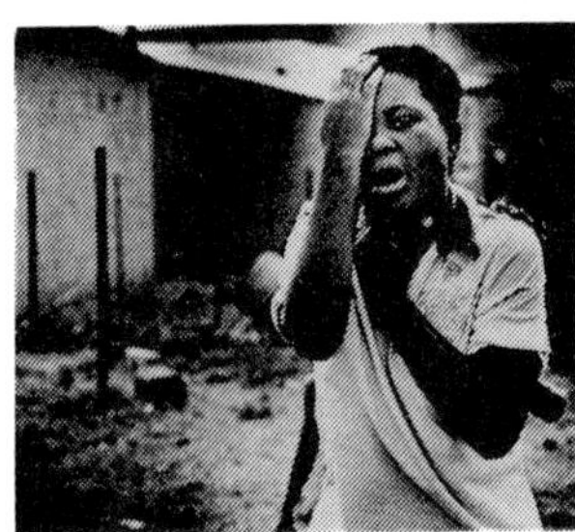

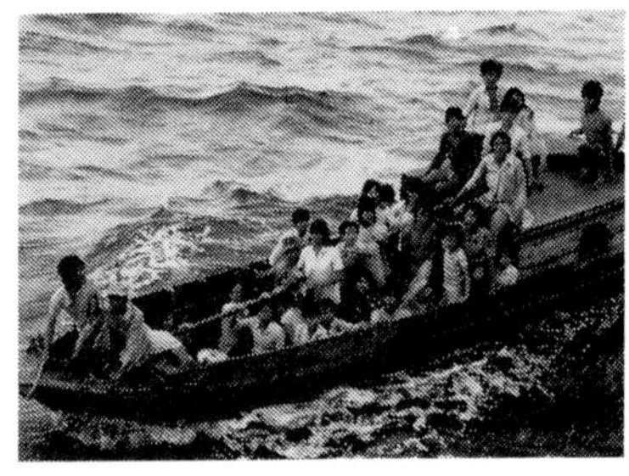

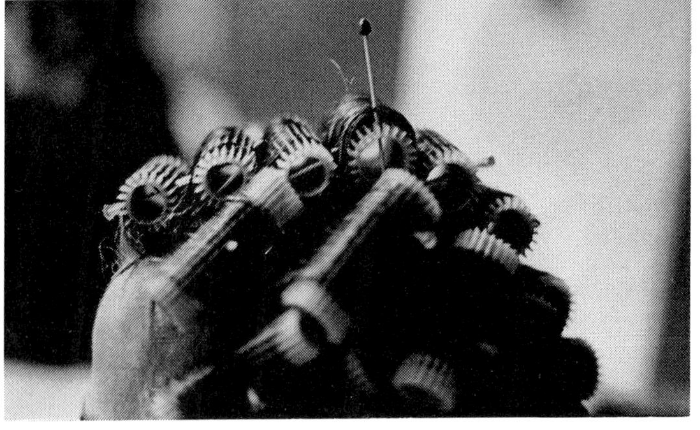

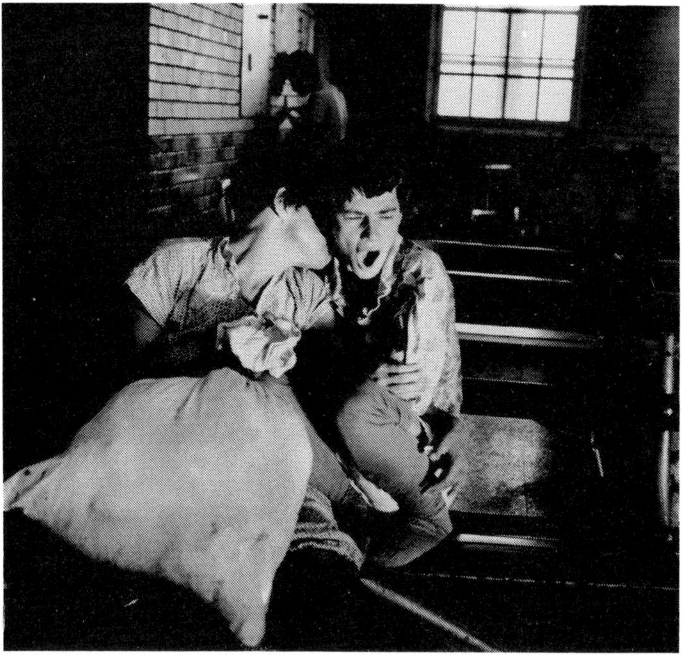

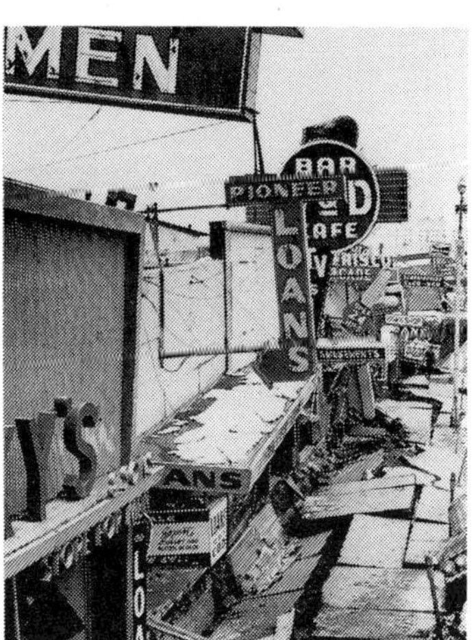
MEN
BAR
PIONEER
D
LOANS

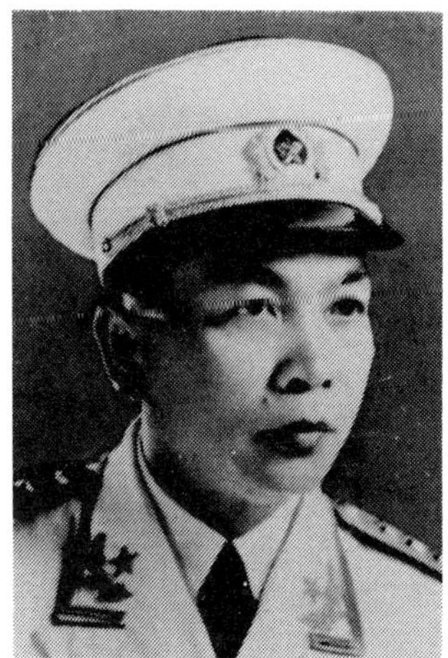

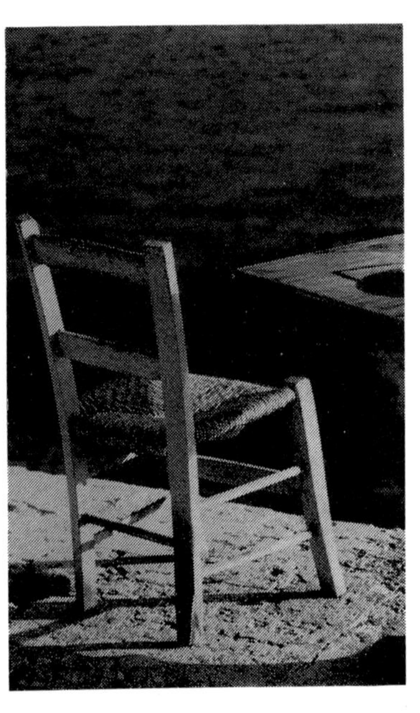
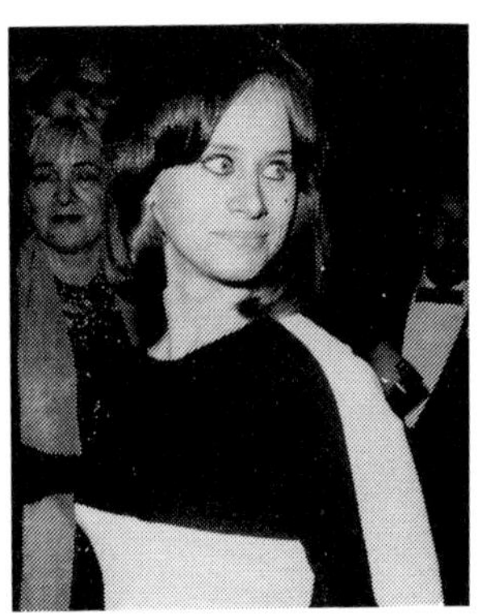
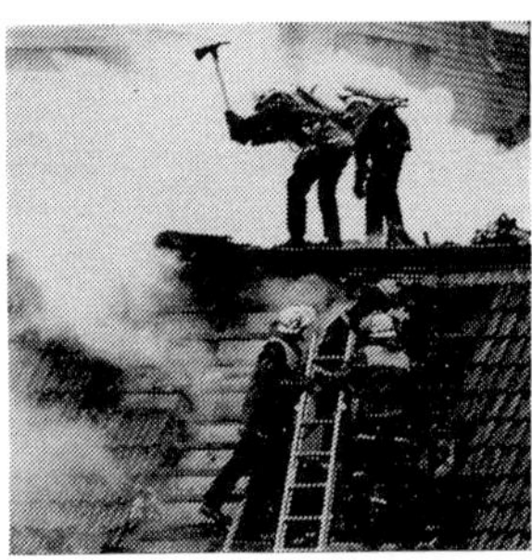
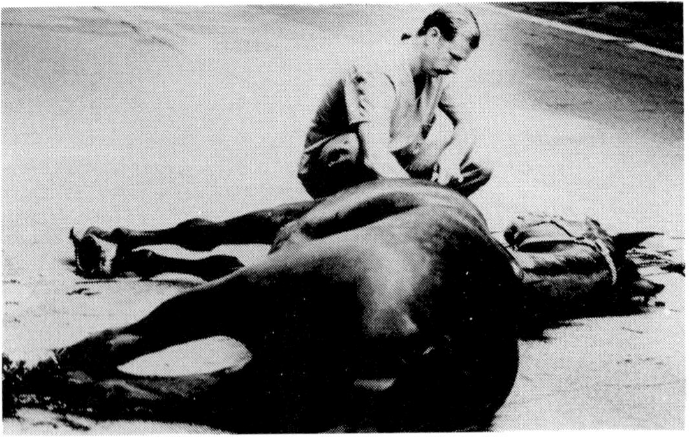

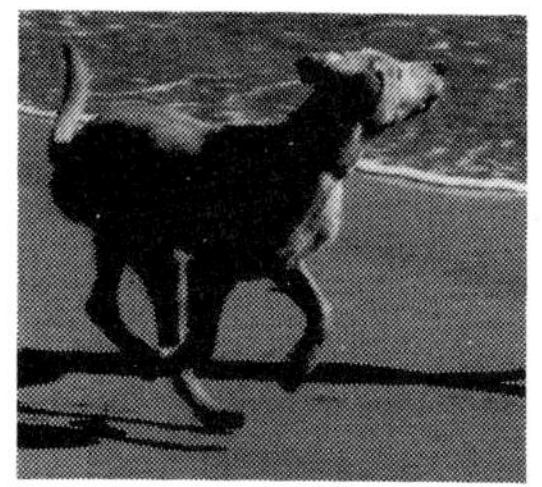

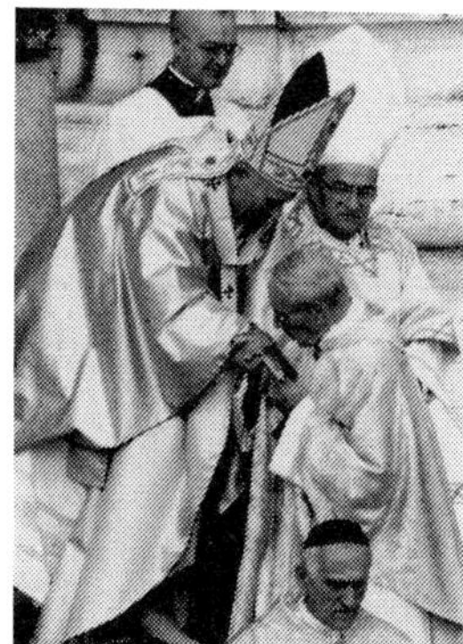

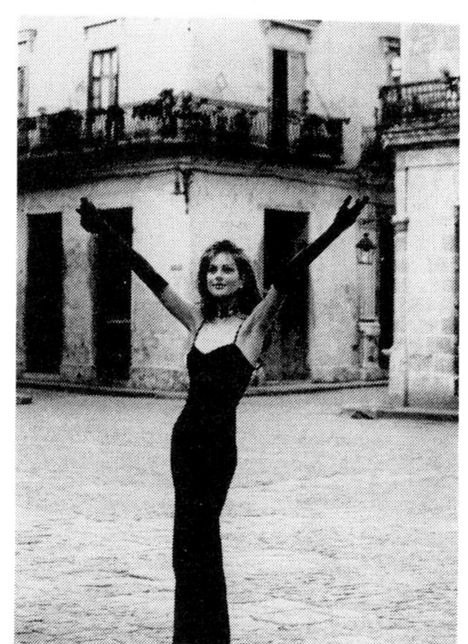

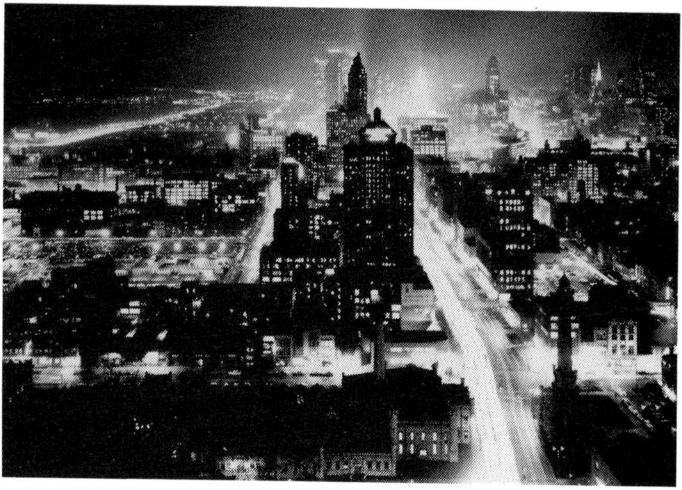

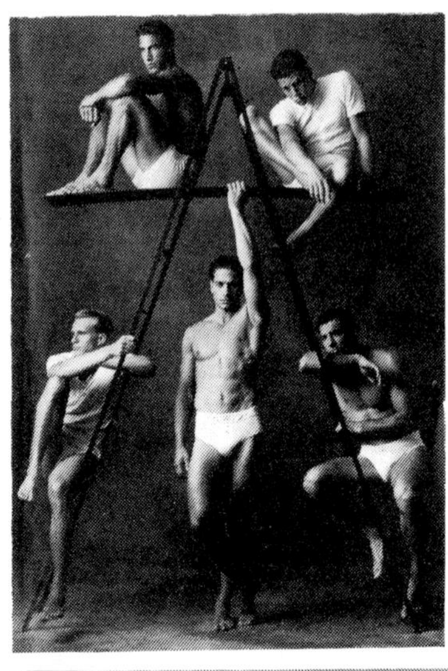

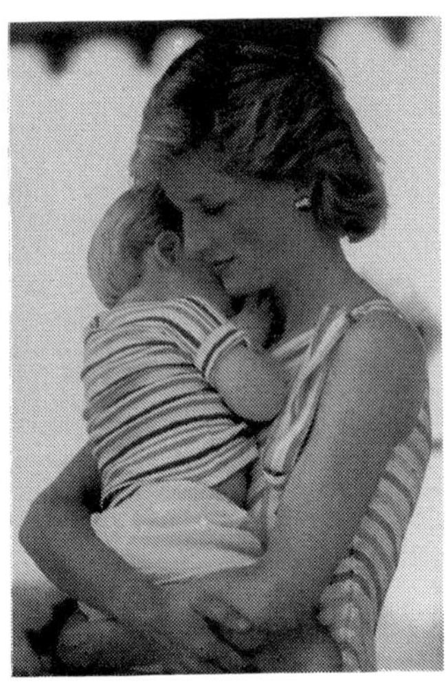

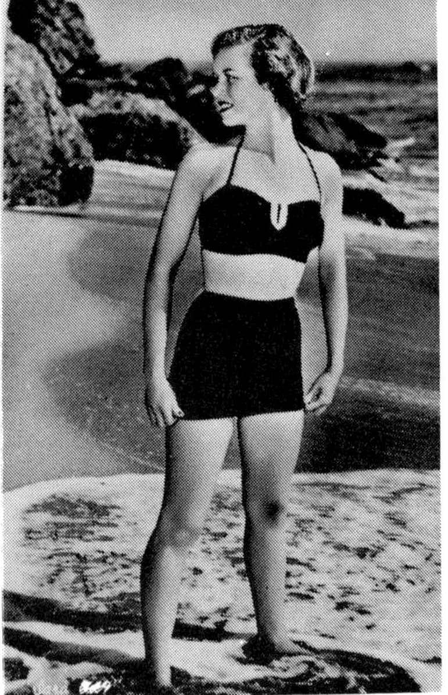

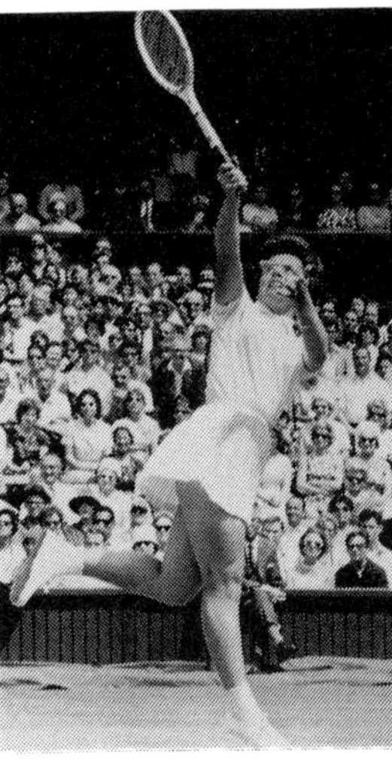

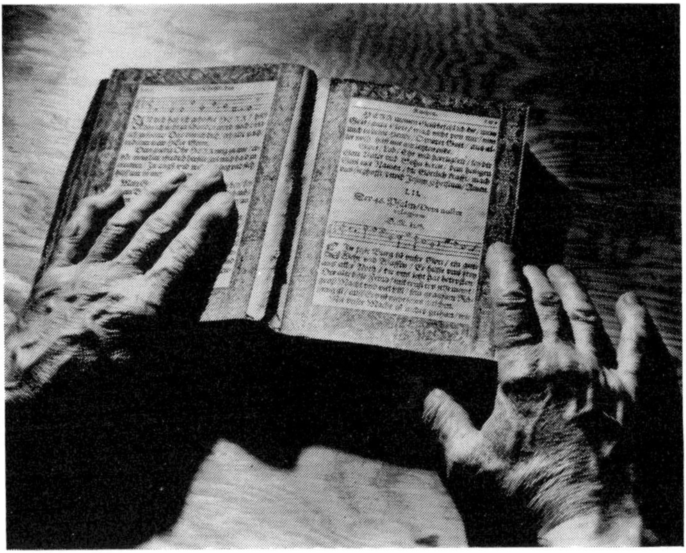

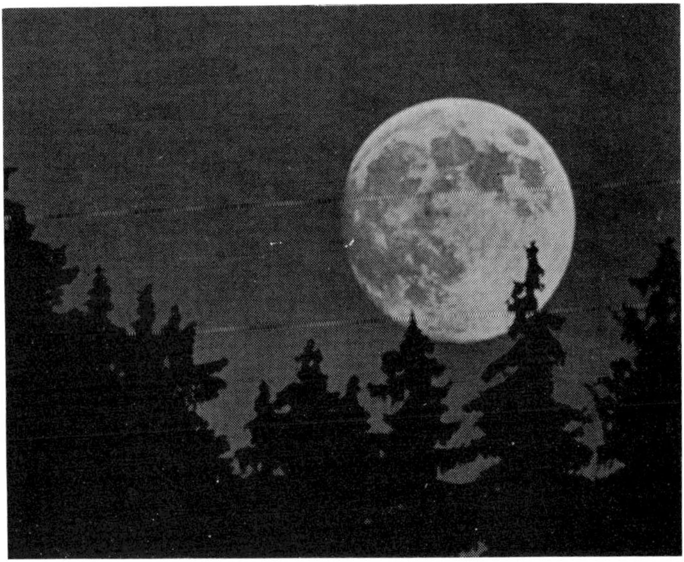

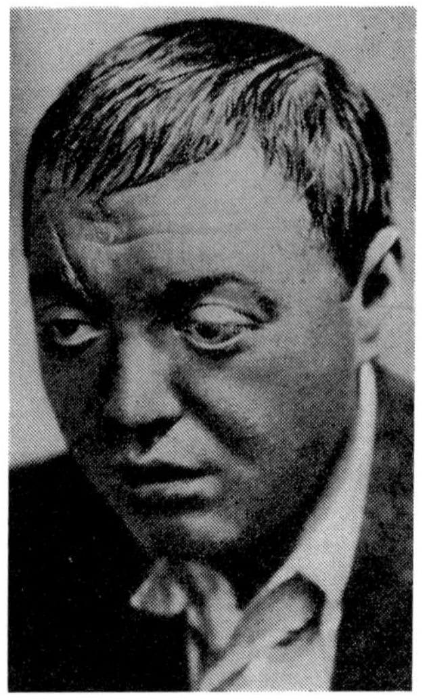
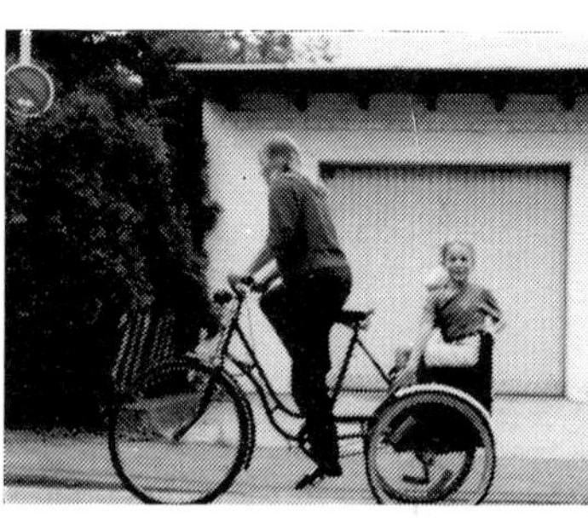
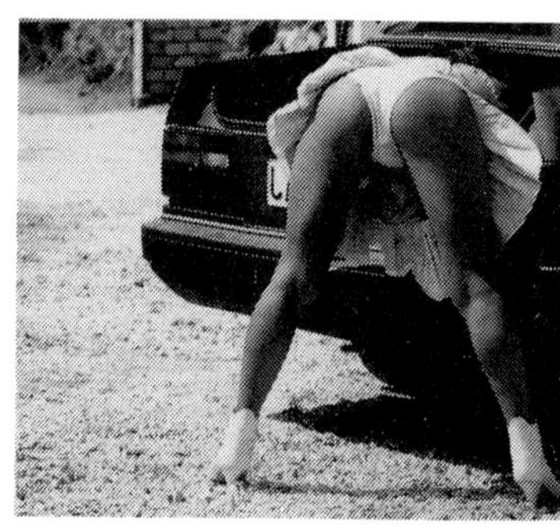
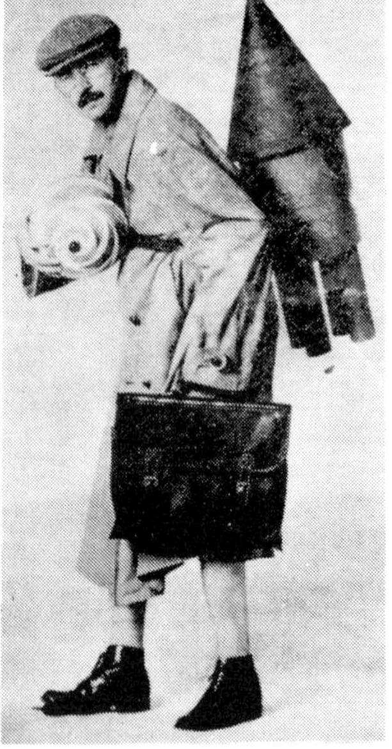
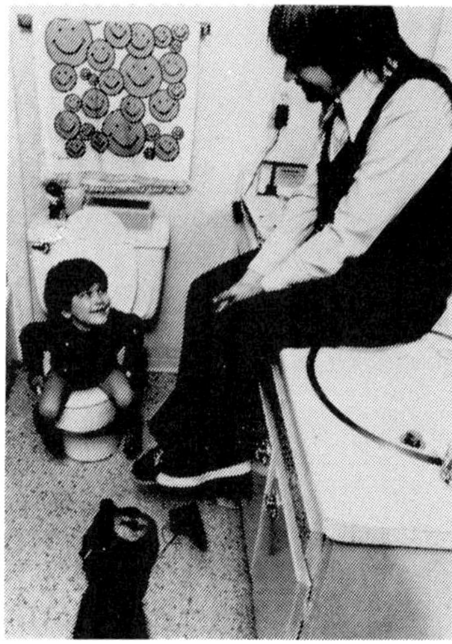

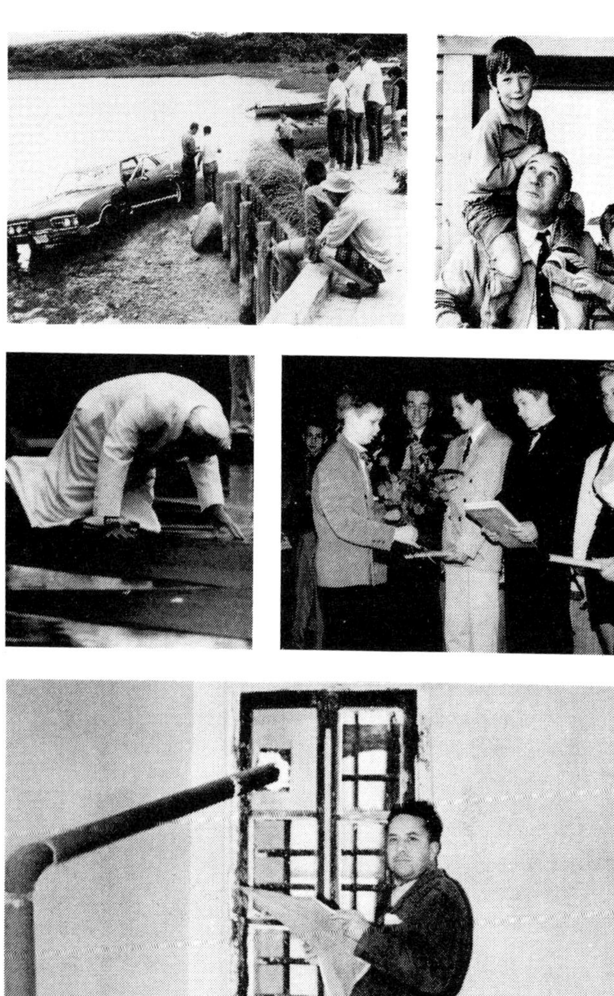

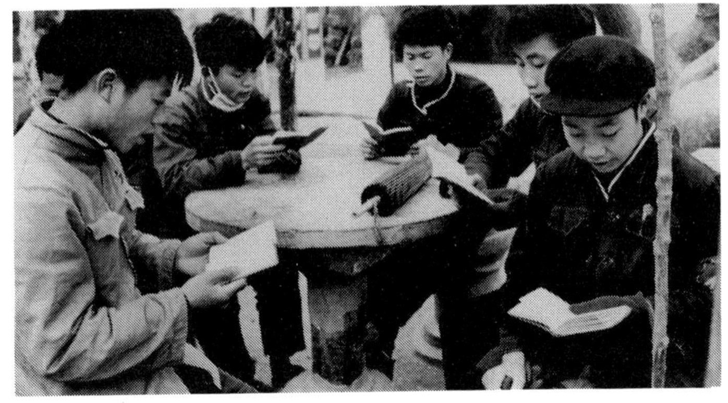

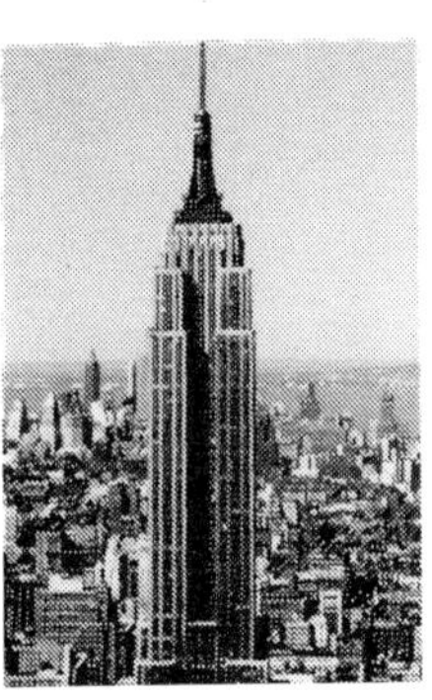

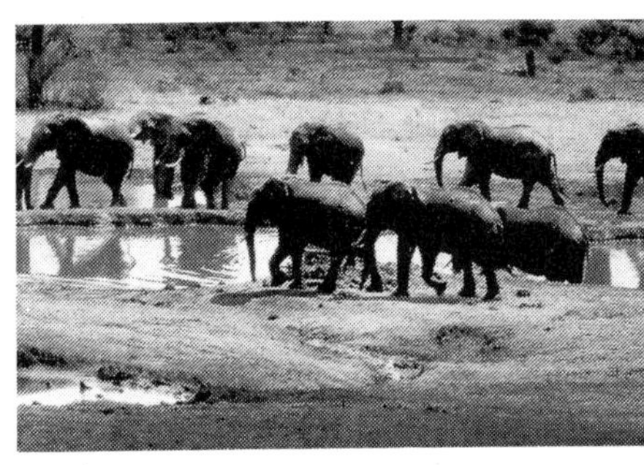

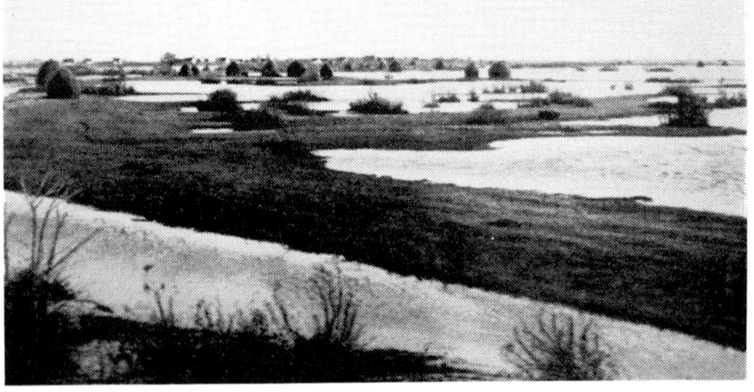

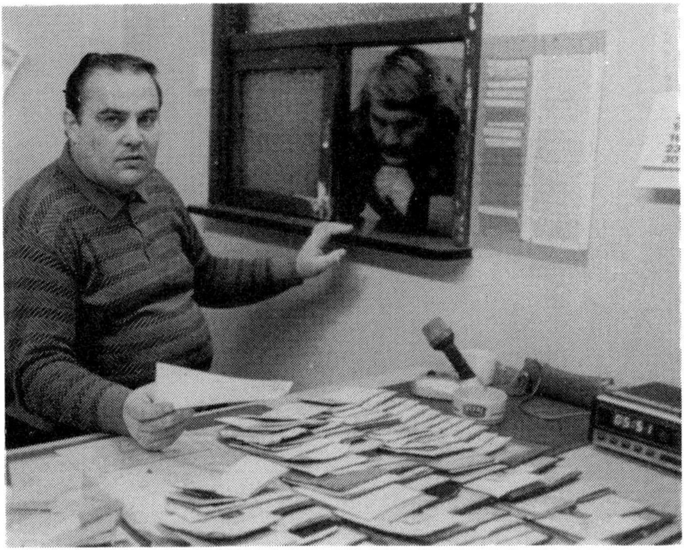

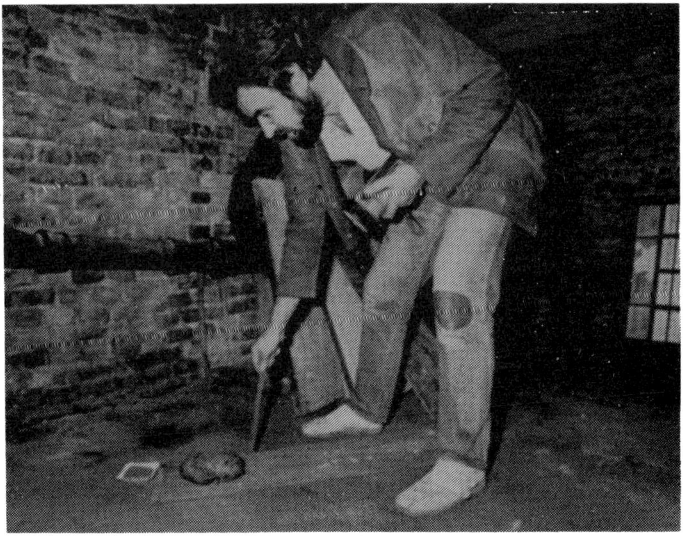

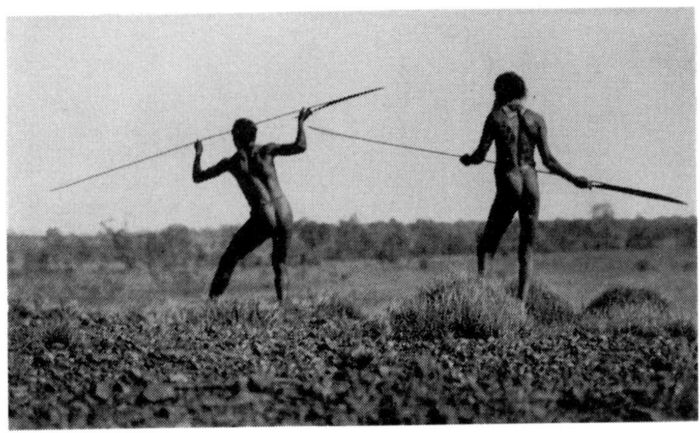

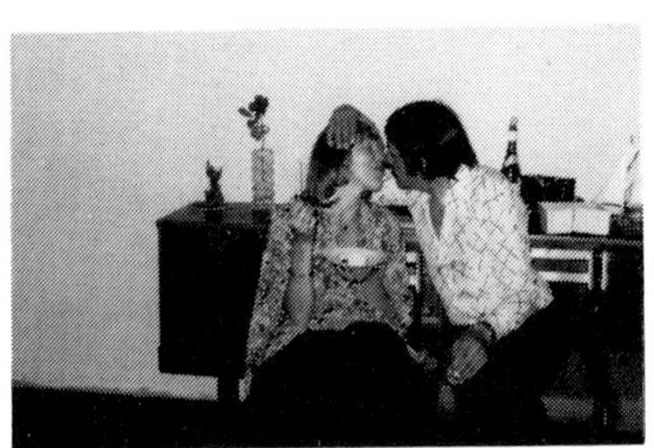

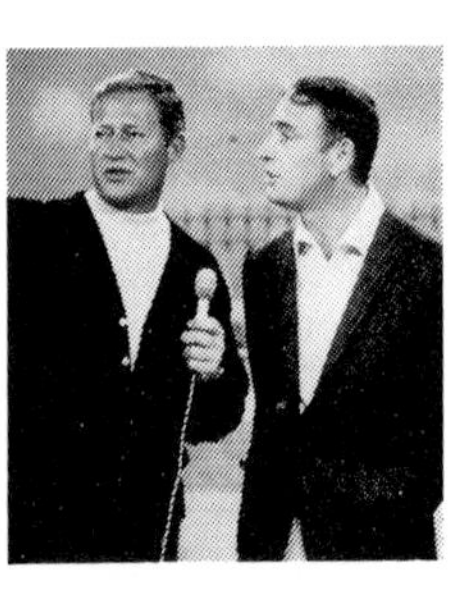

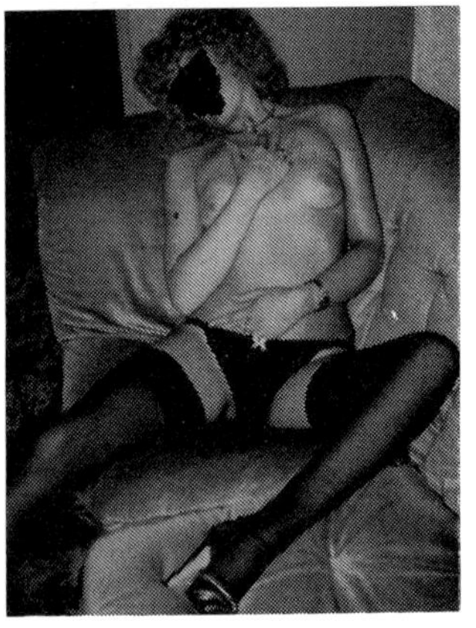

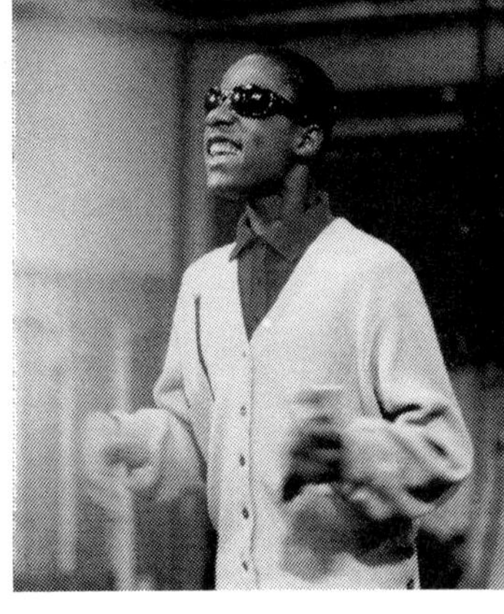

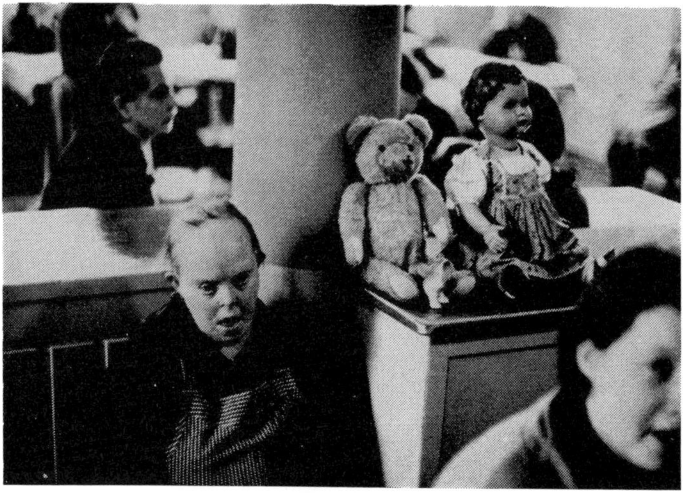

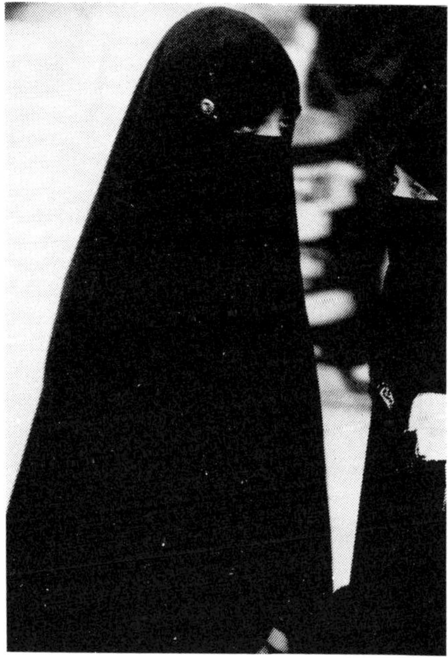

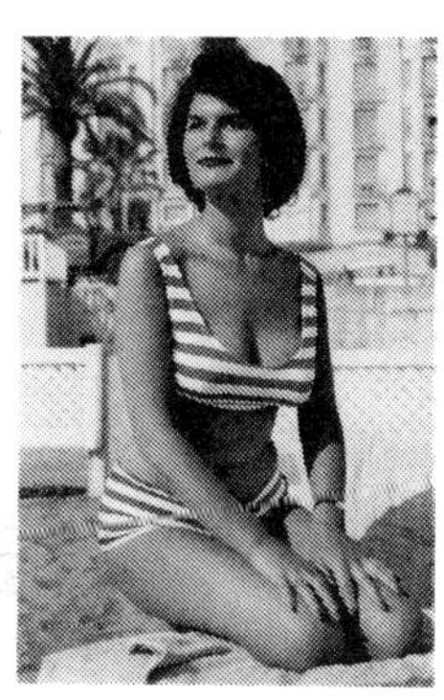

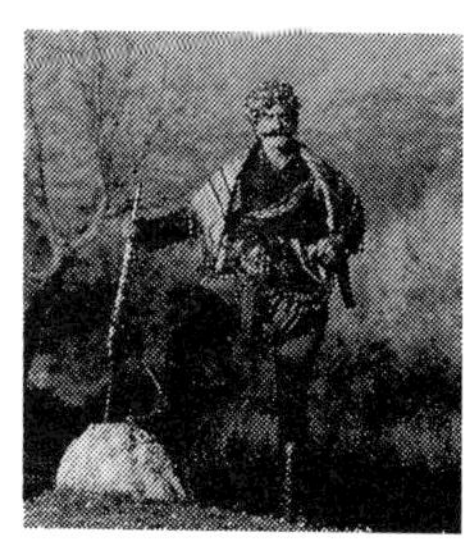

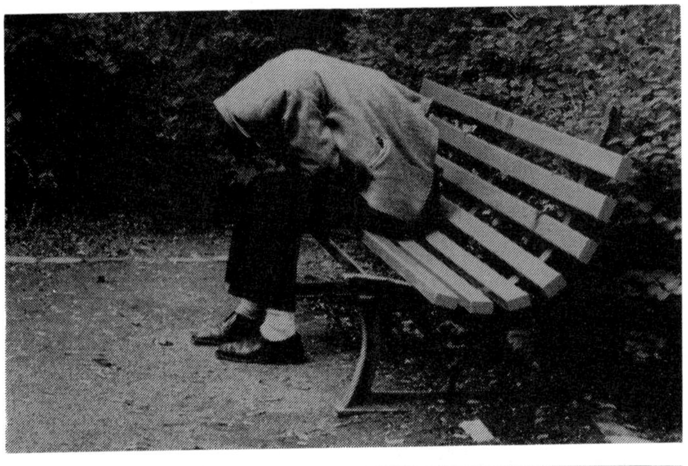

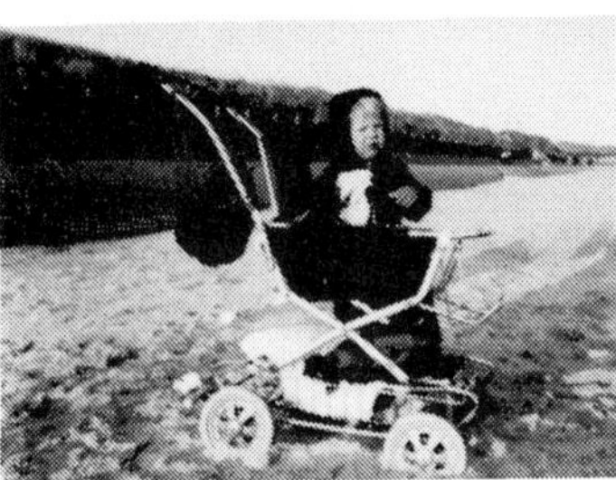

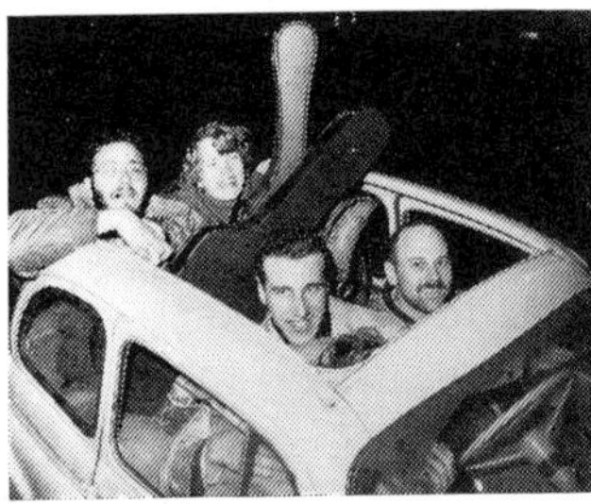

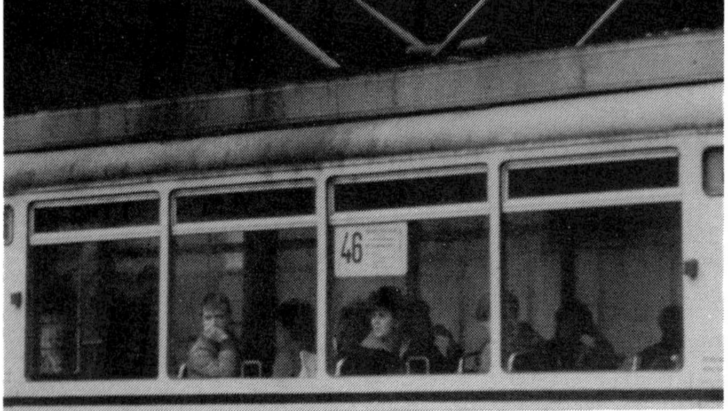
46

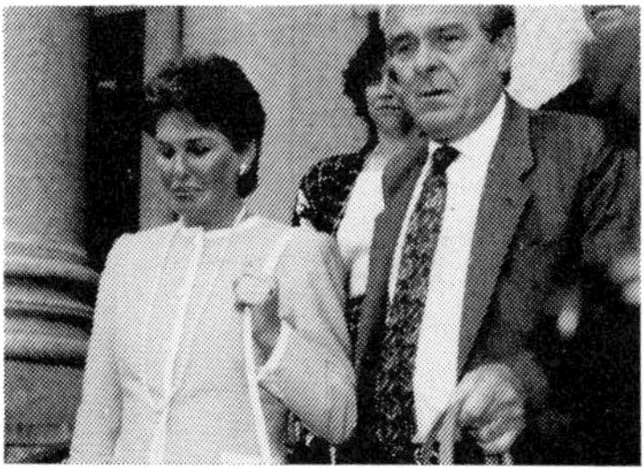

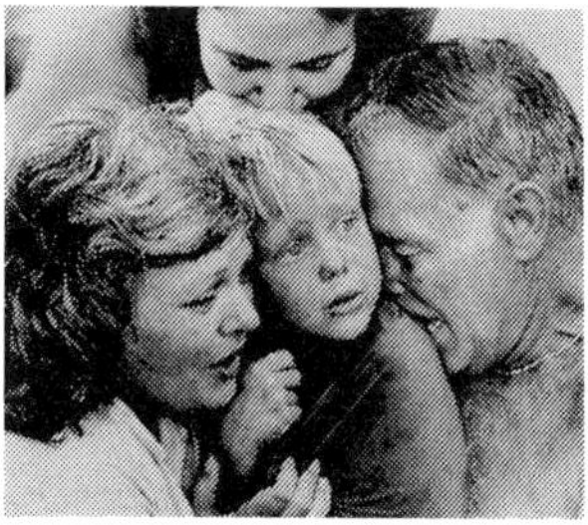

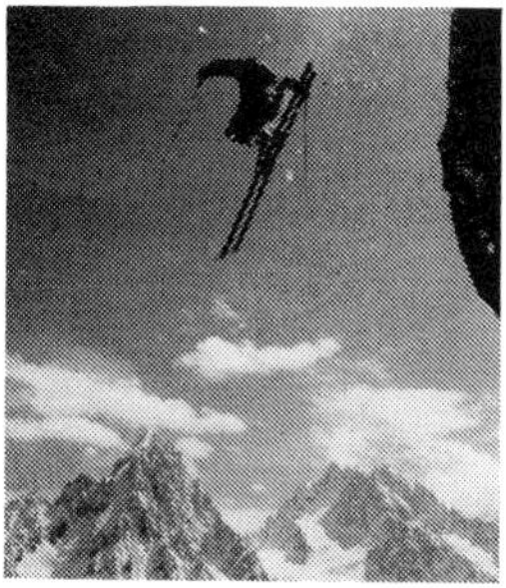

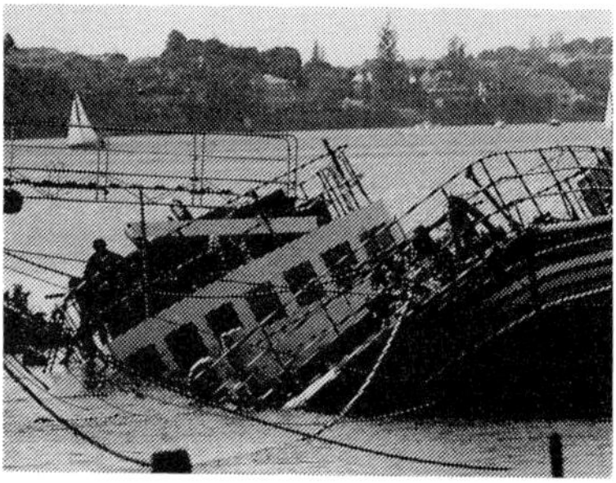

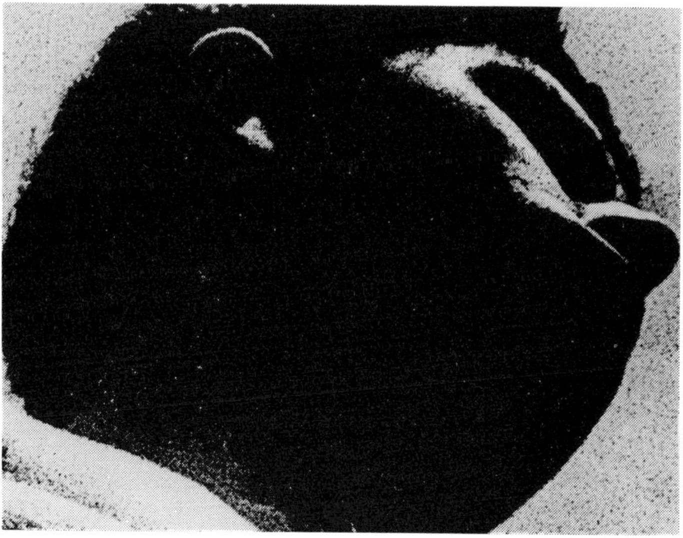

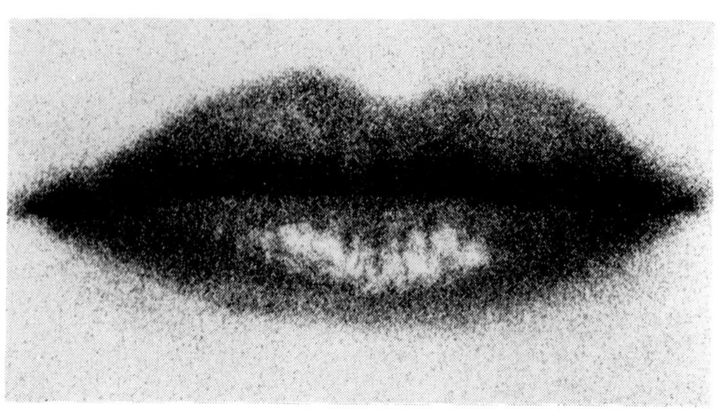

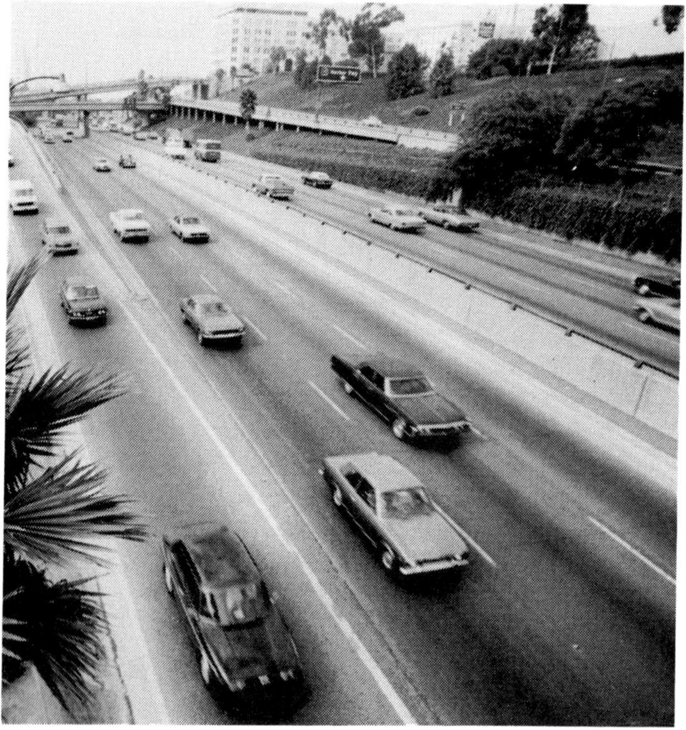

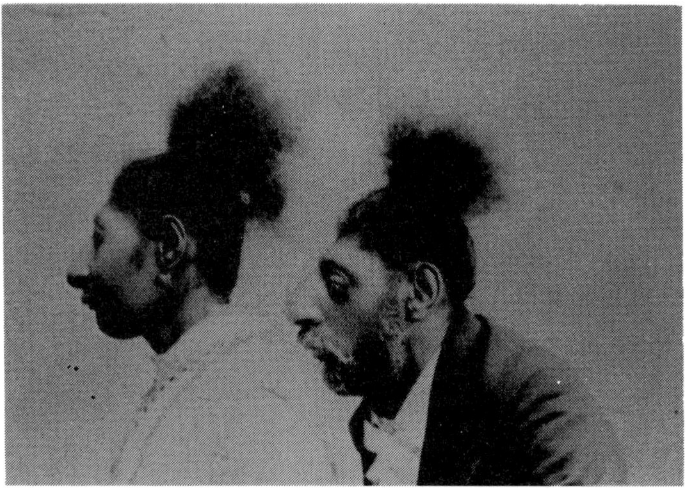

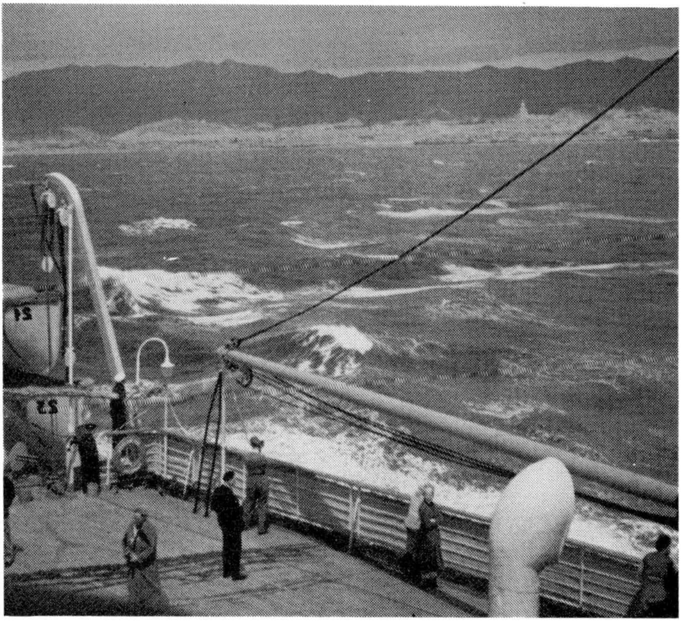

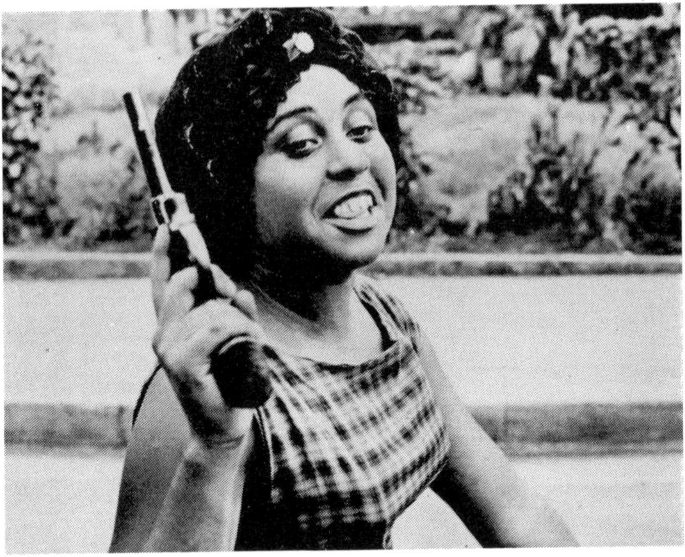

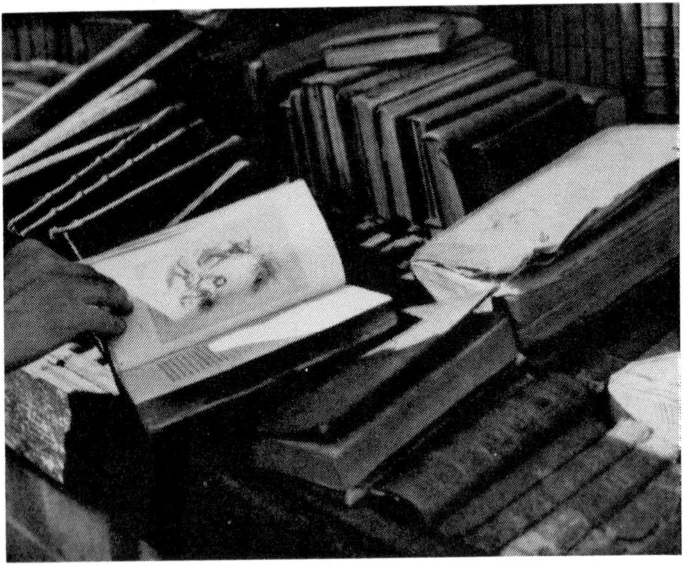

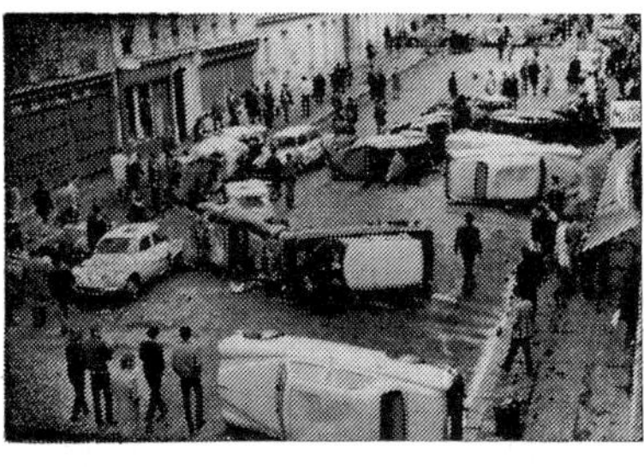
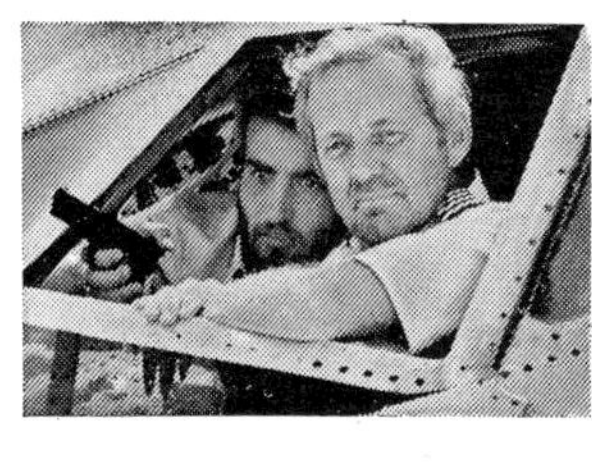
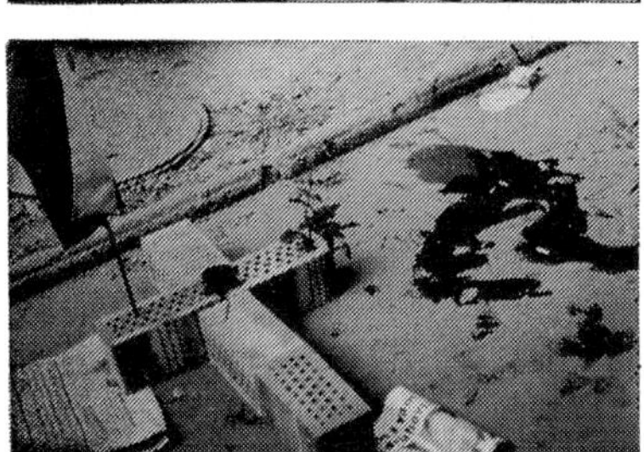
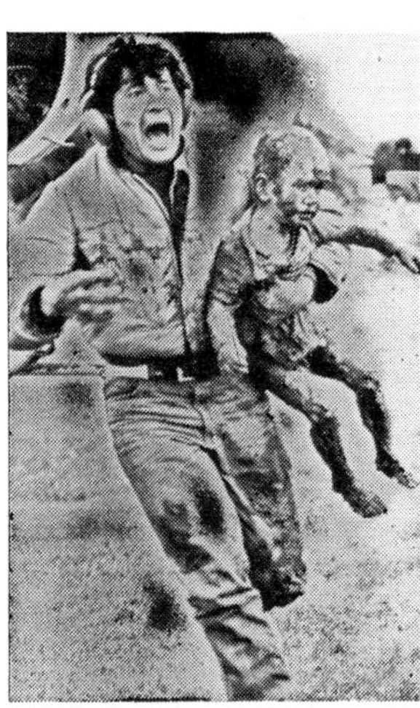
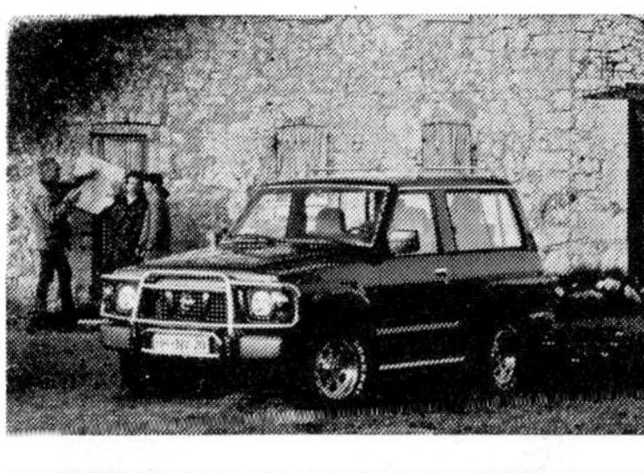
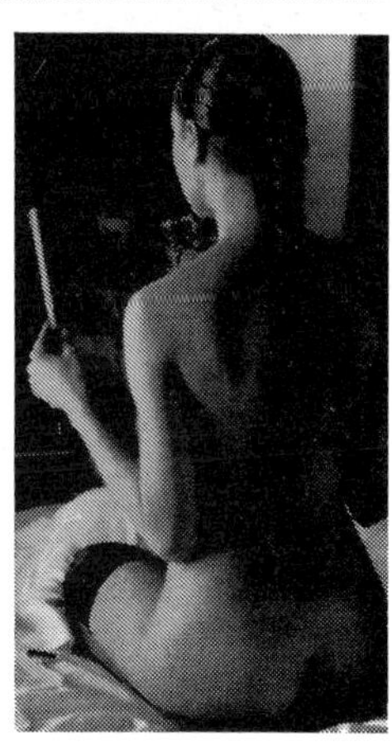
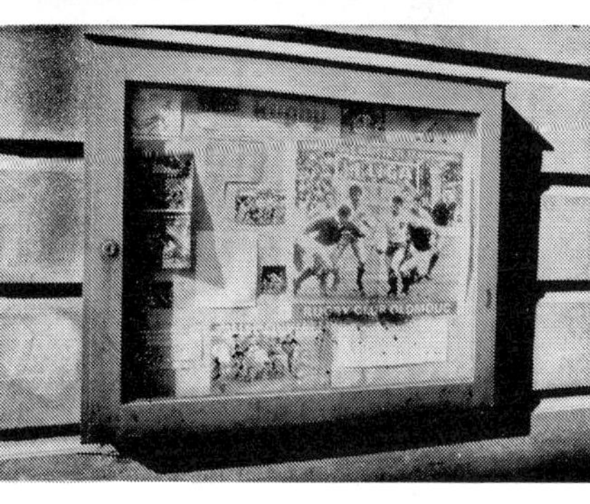

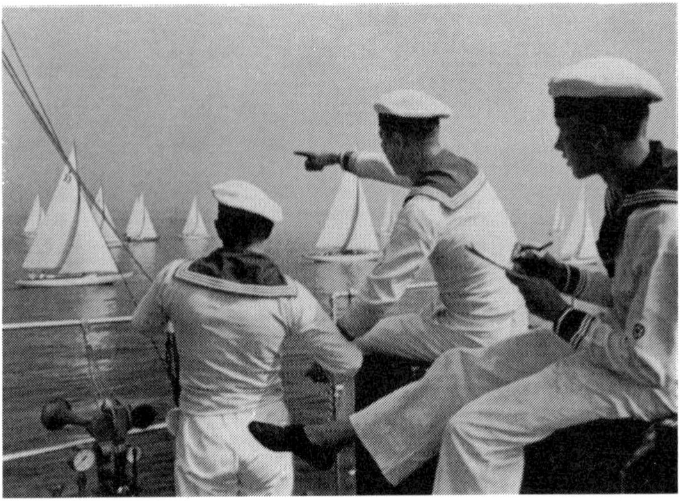

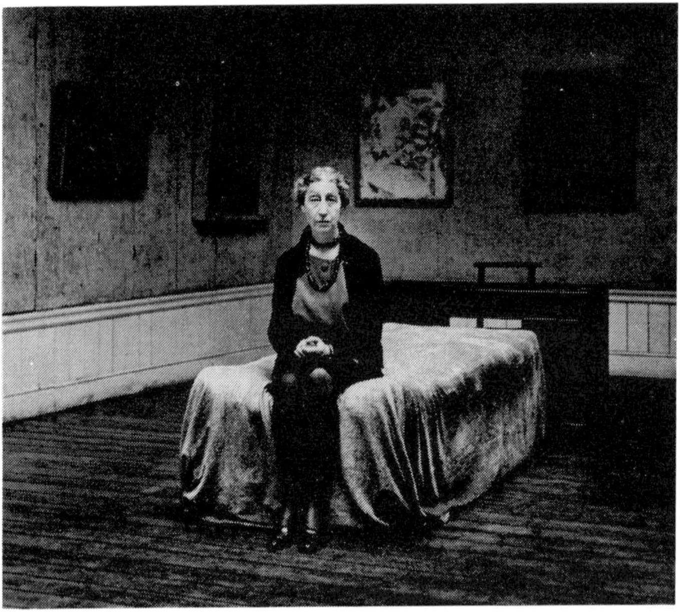

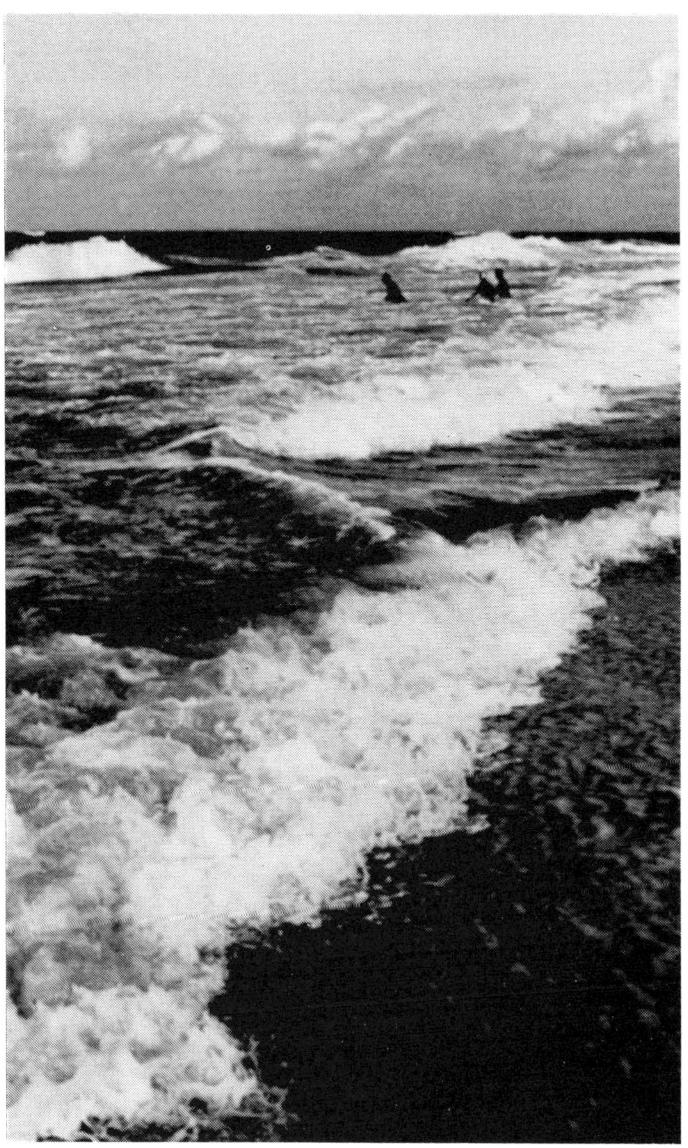

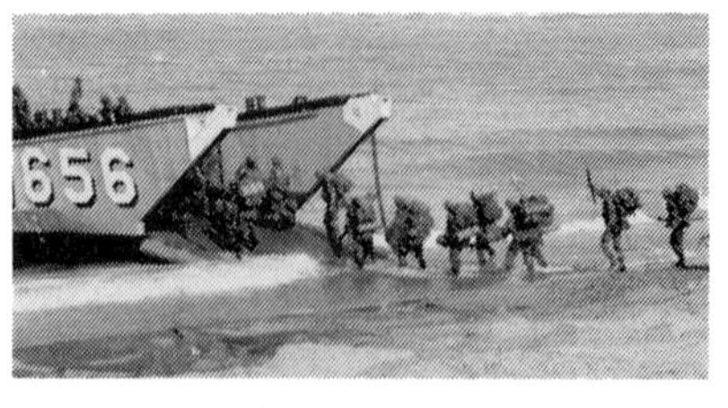
656

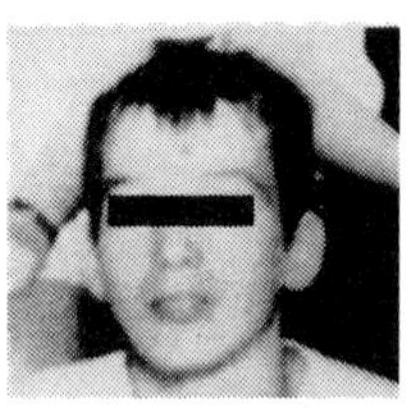

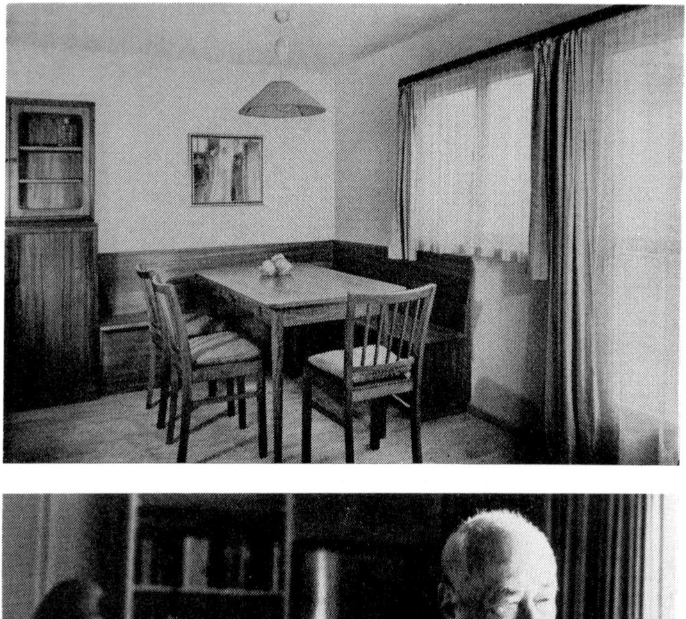

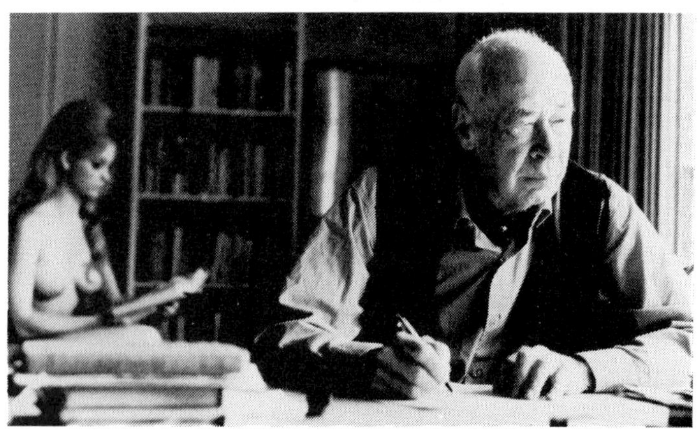

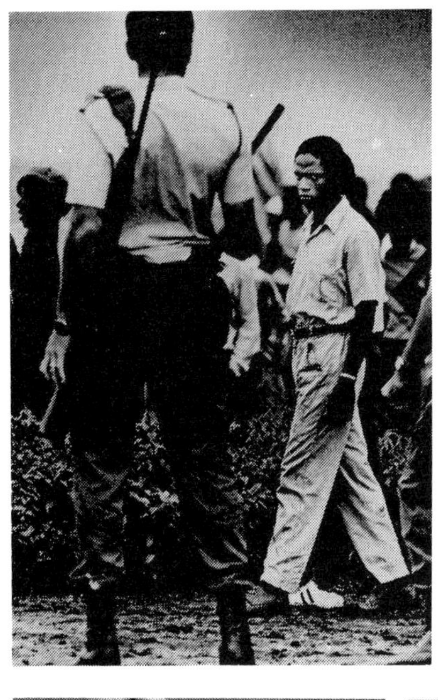
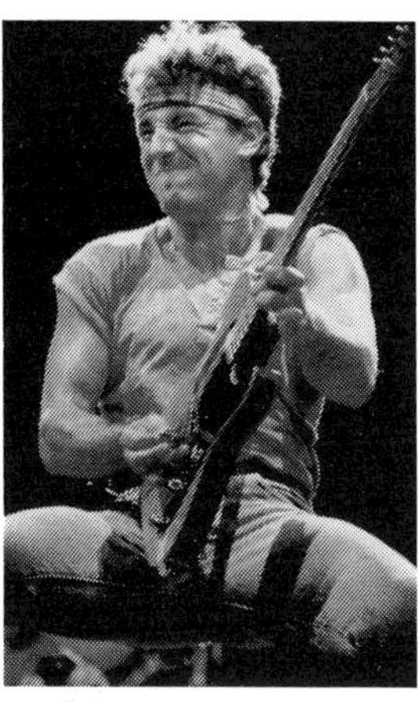
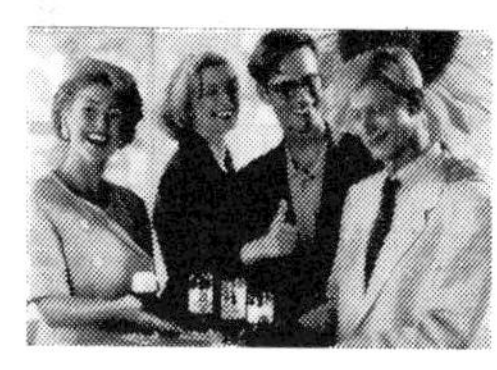
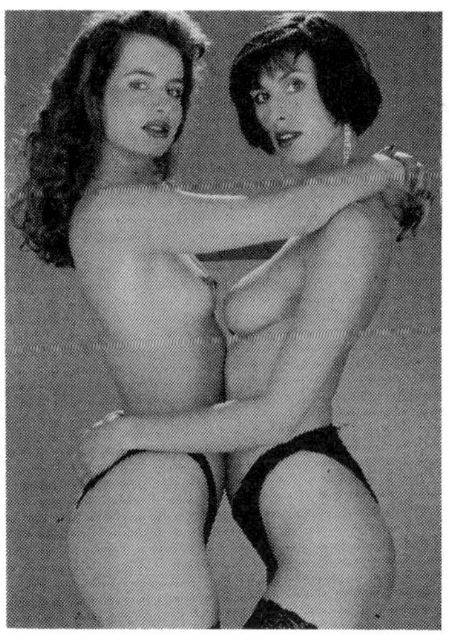
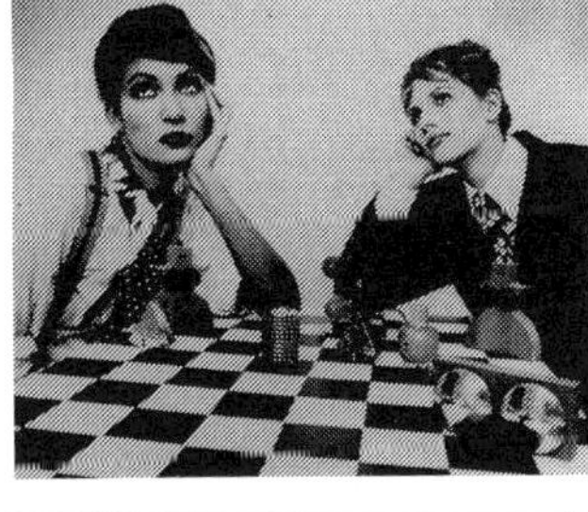
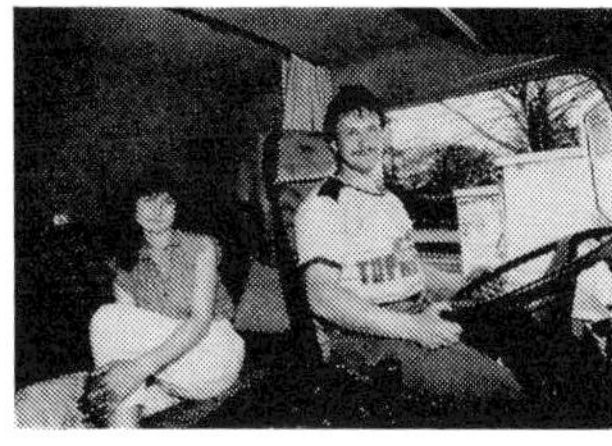

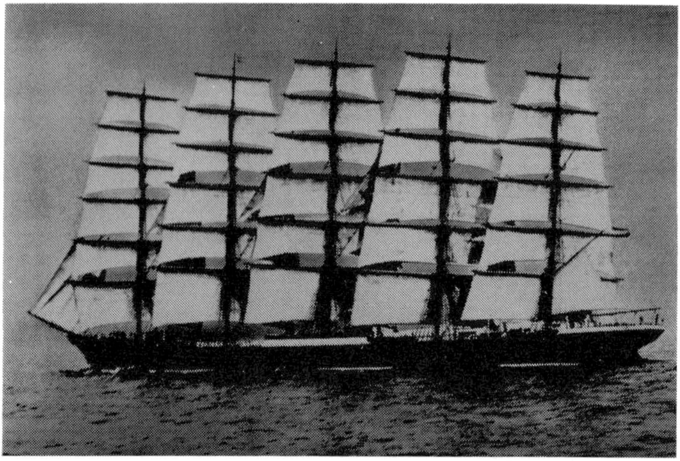

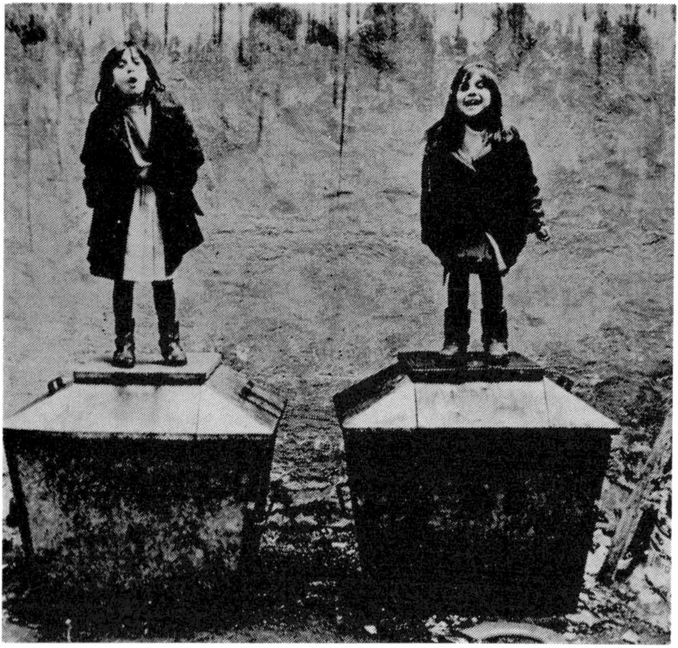

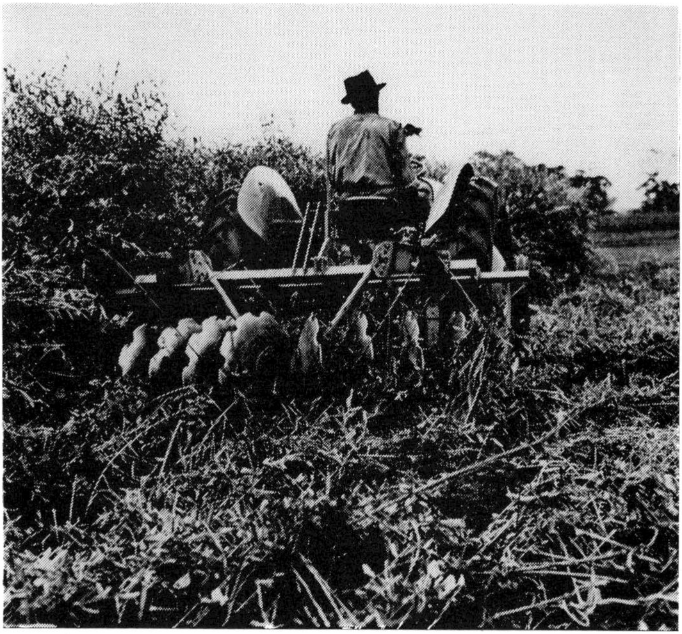

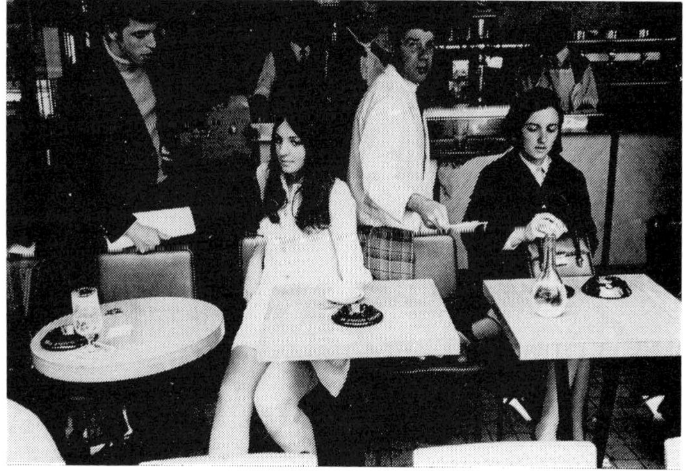

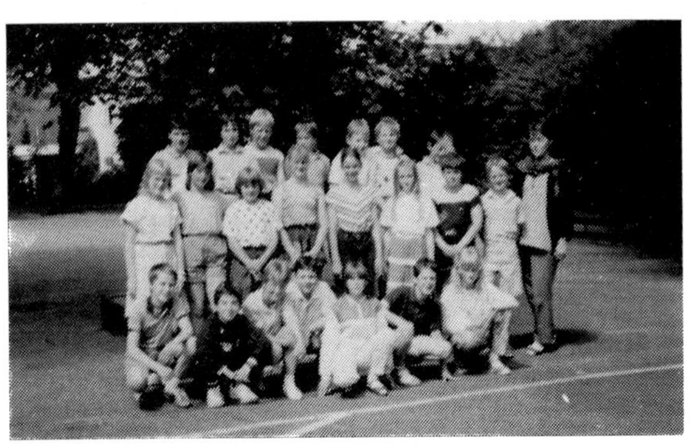

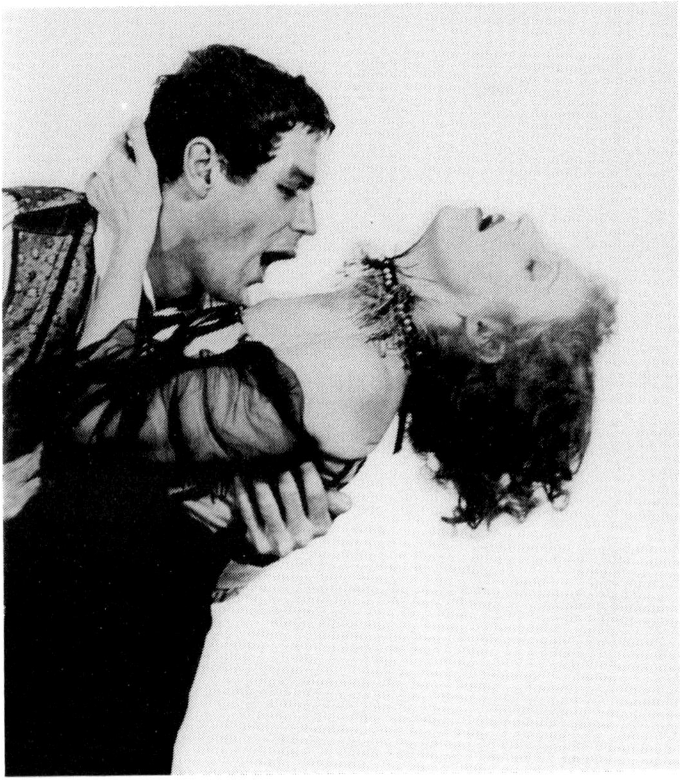

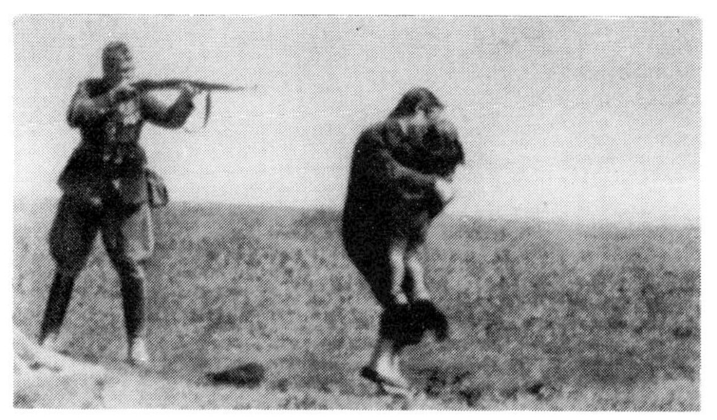

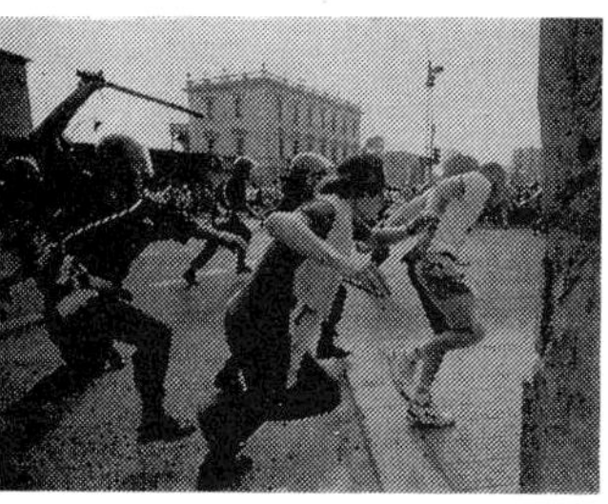

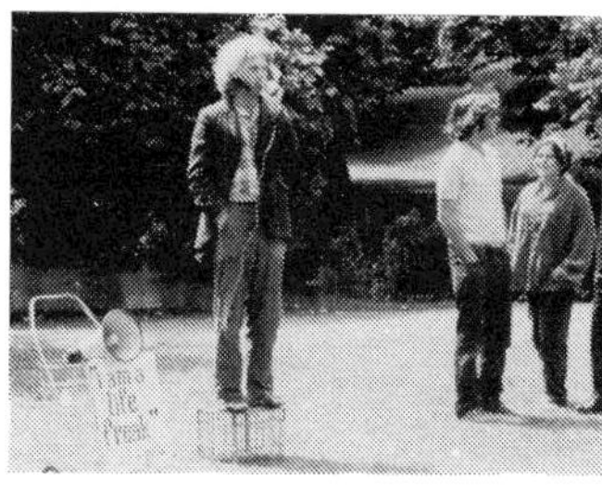

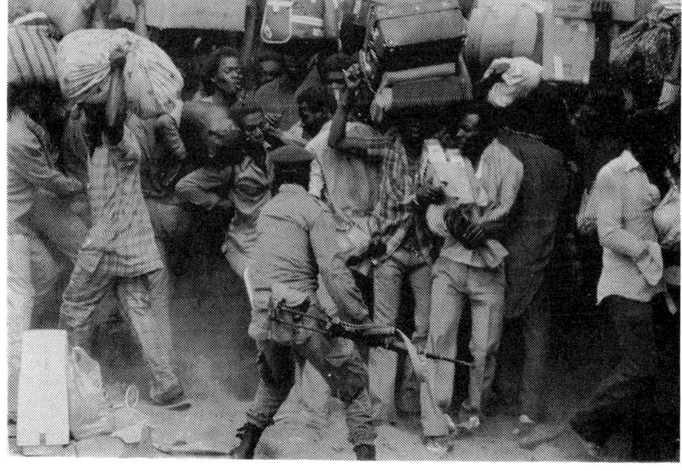

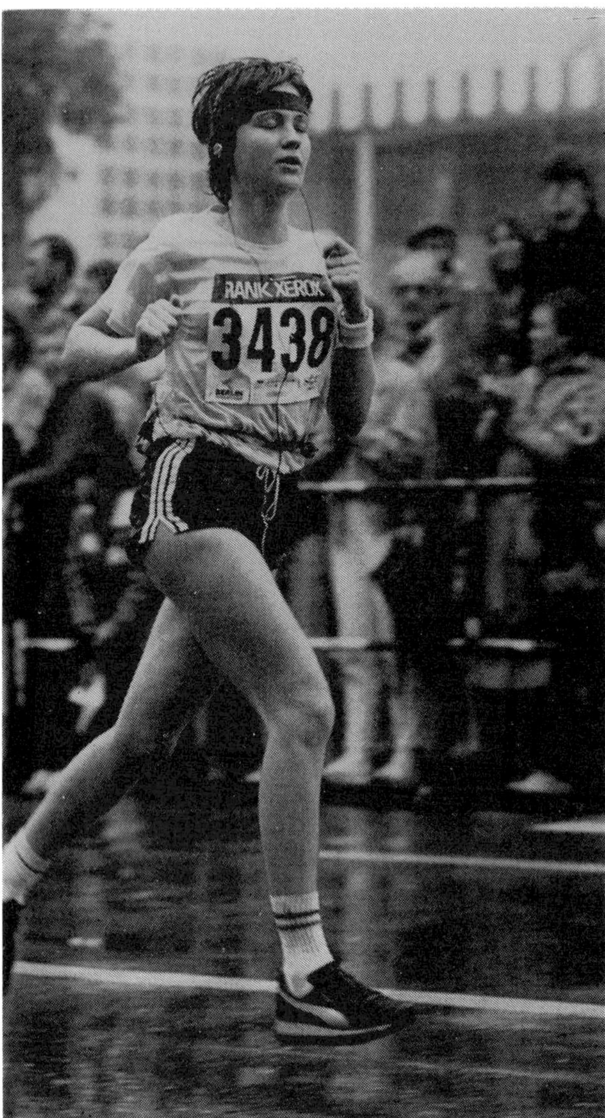
RANK XEROX
3438

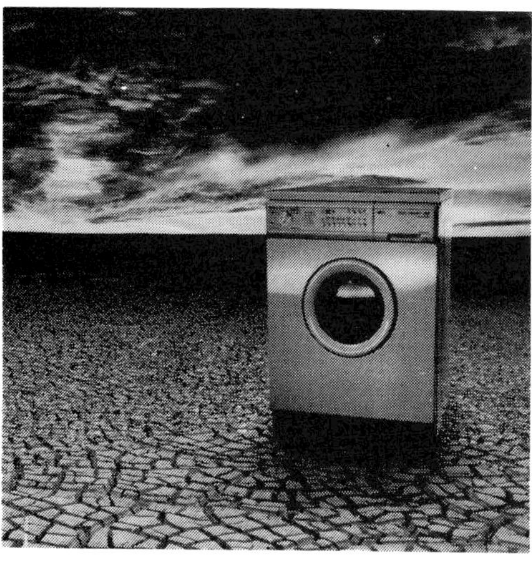

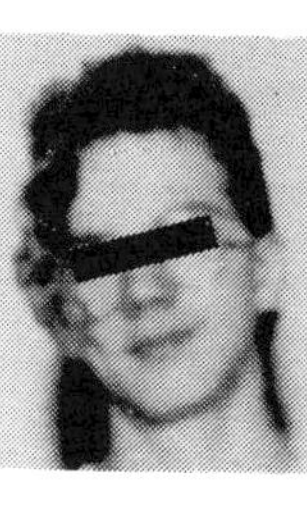

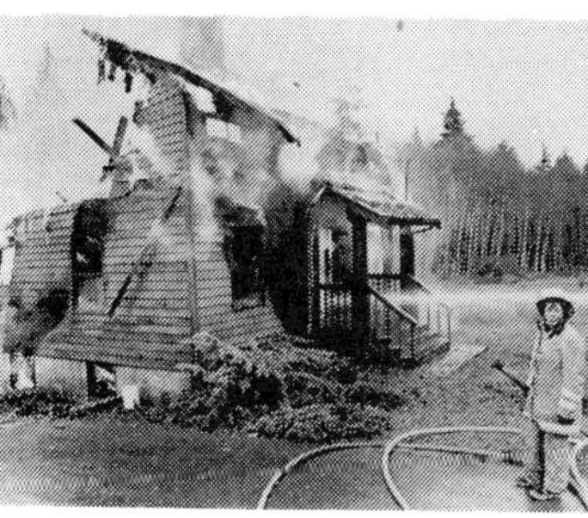

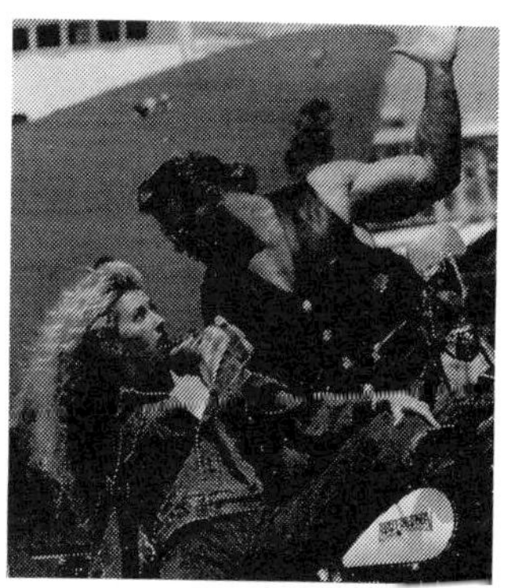

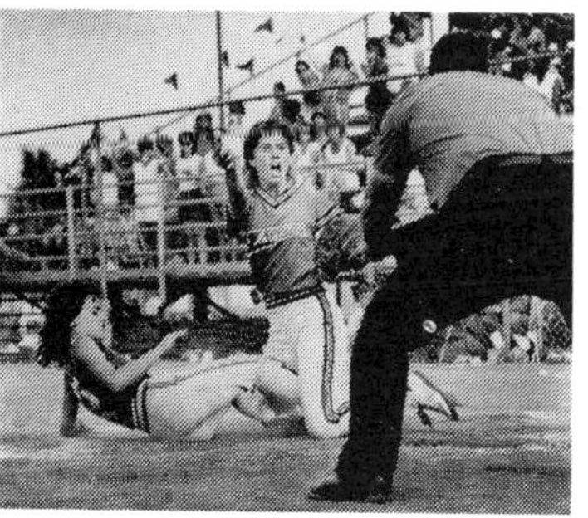

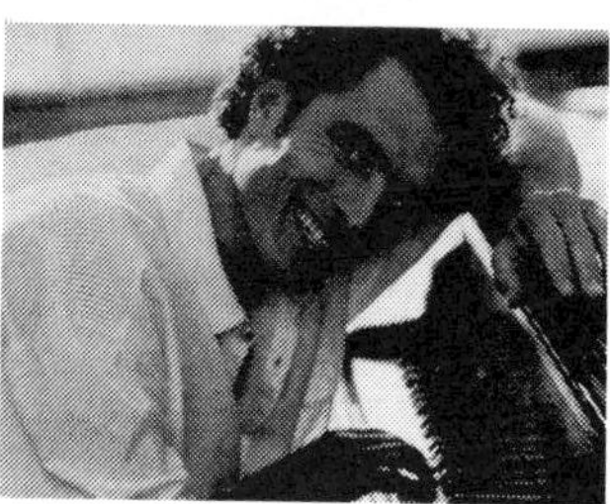

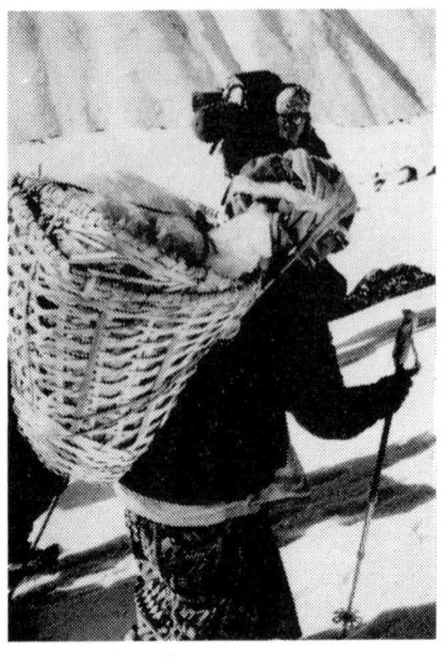
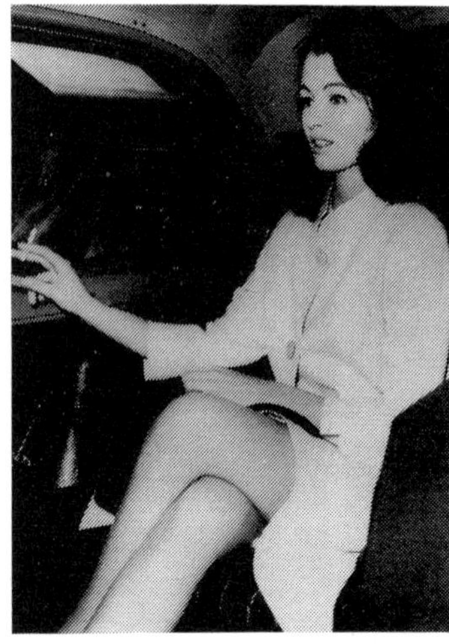
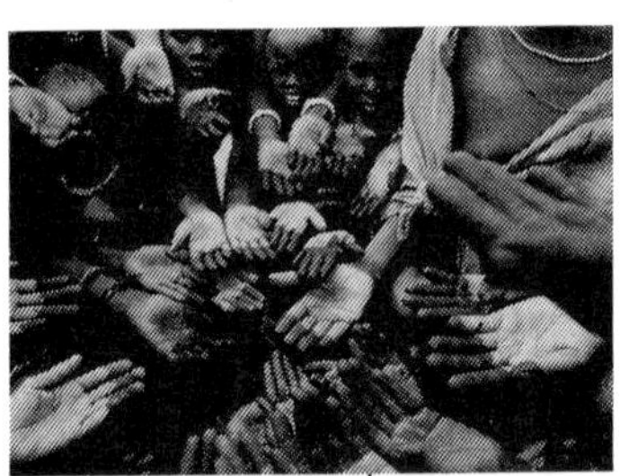
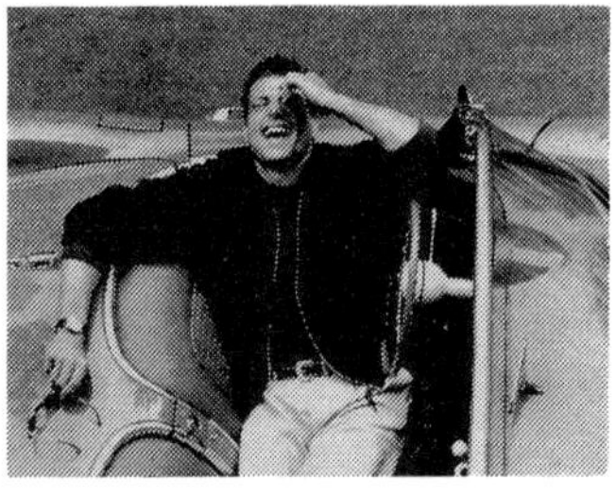
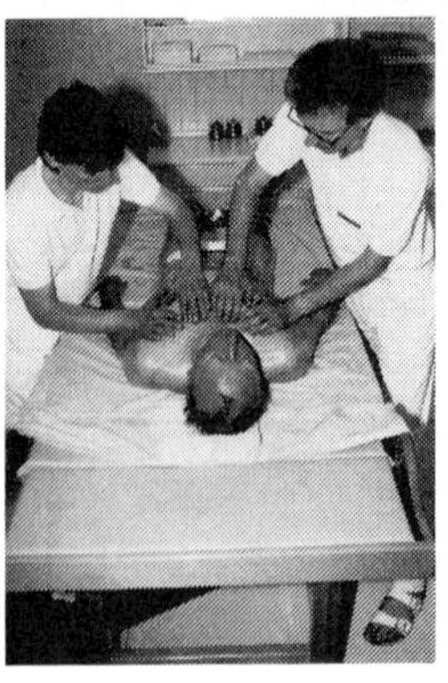
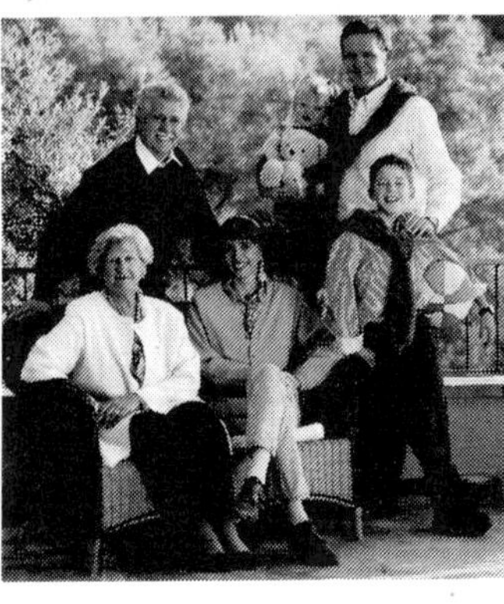

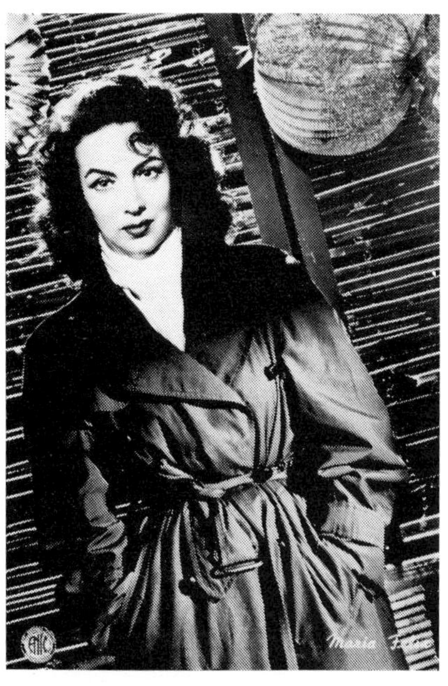
Maria

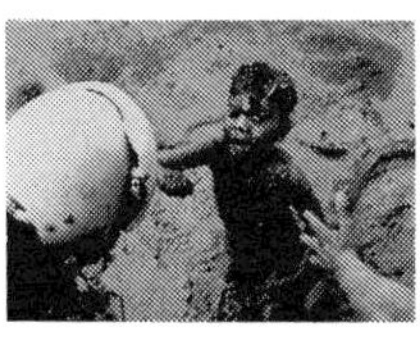

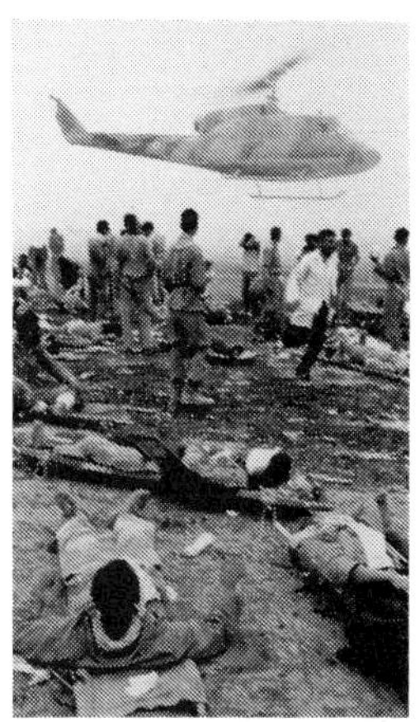

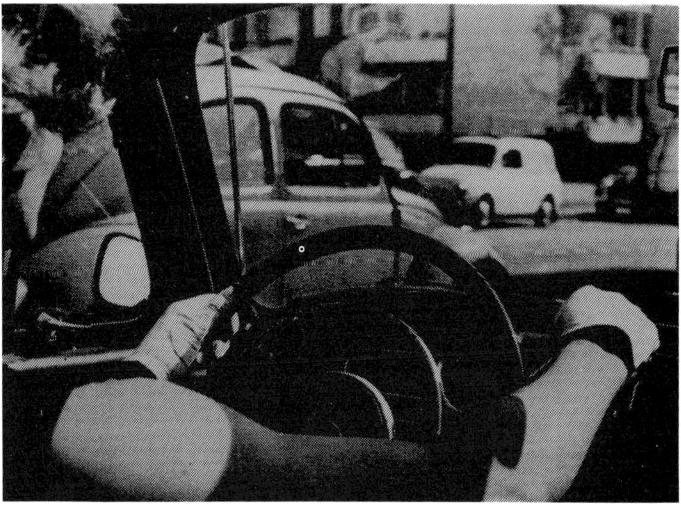

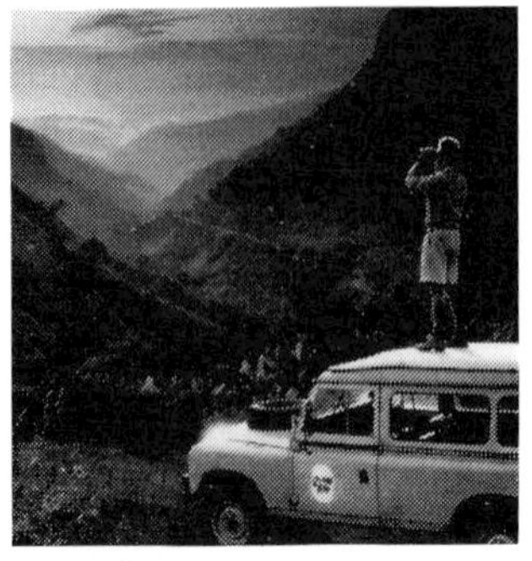

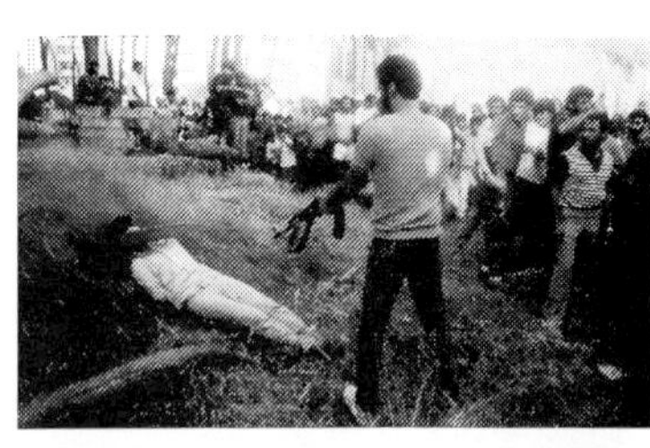

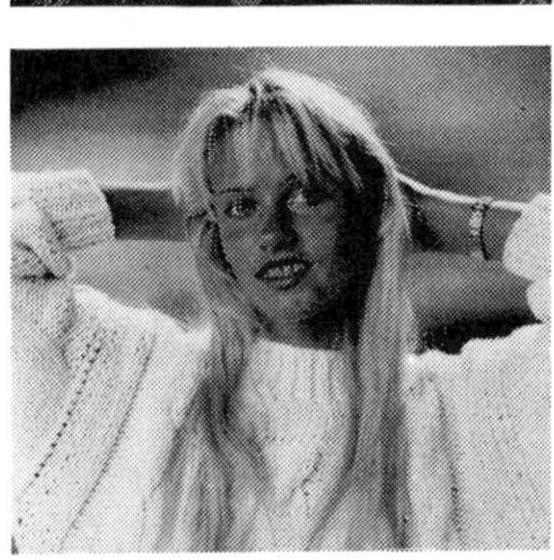

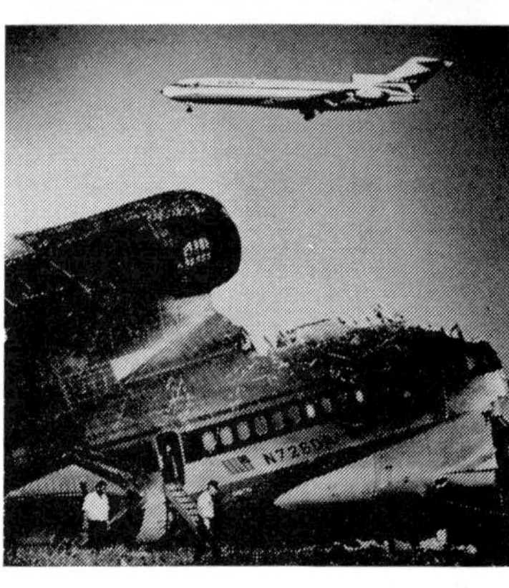

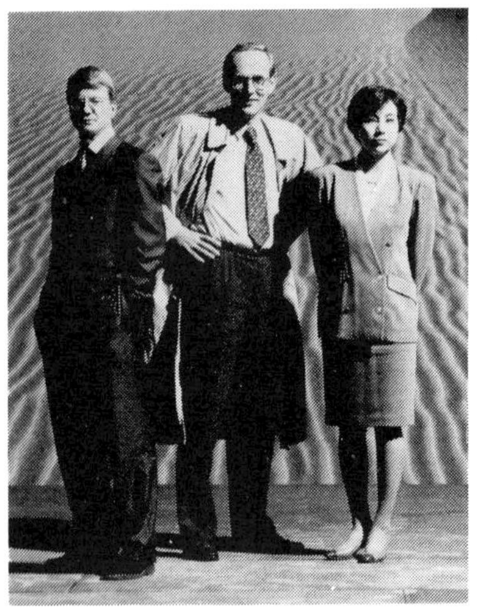

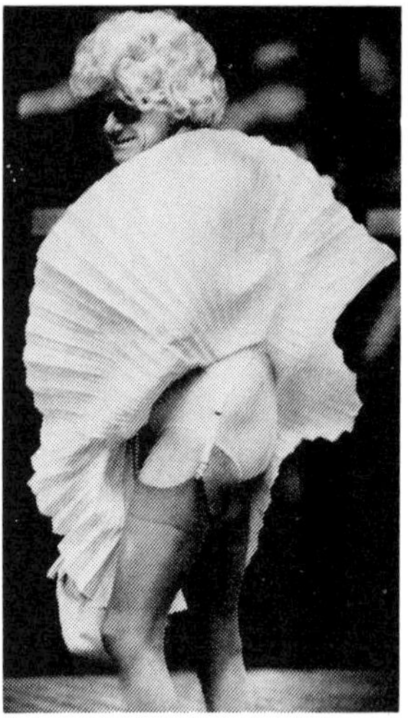

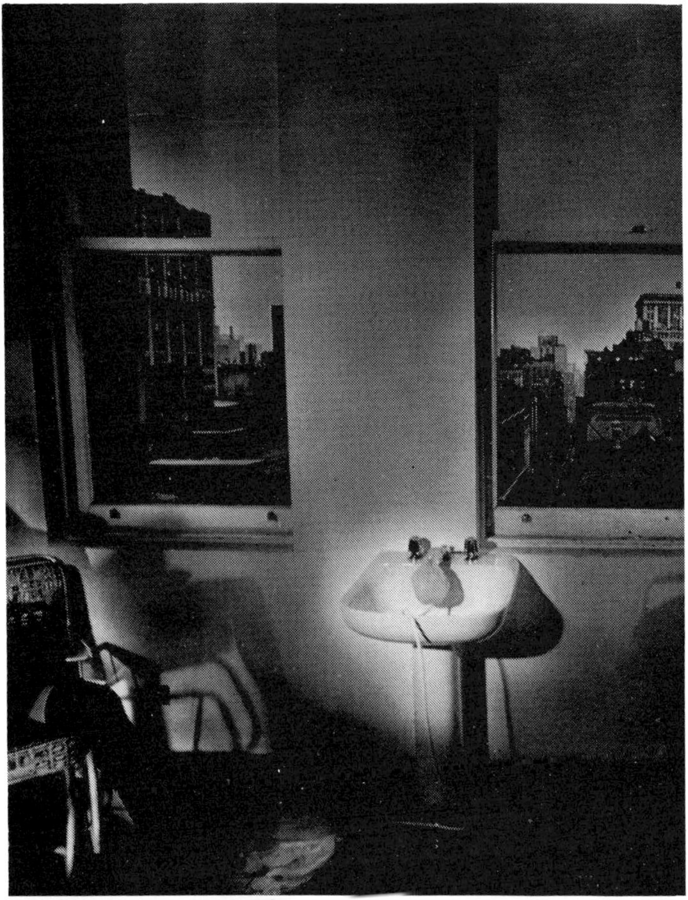

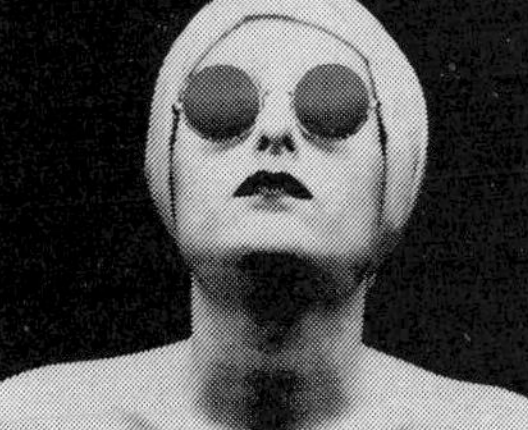

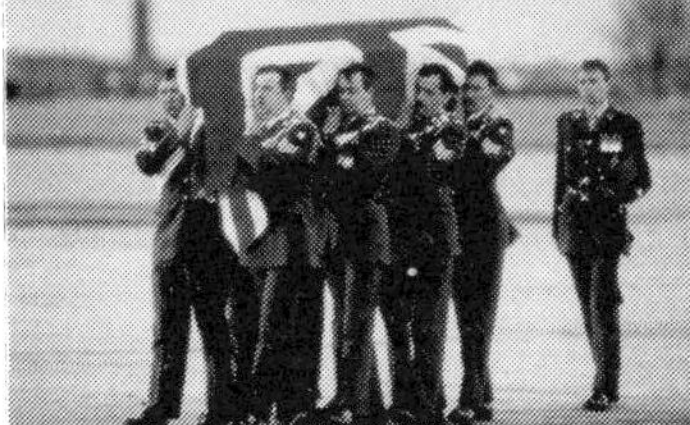

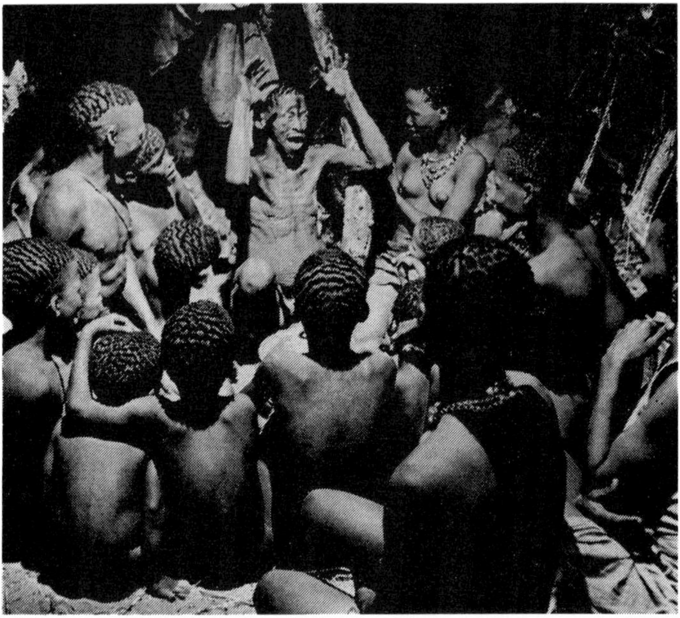

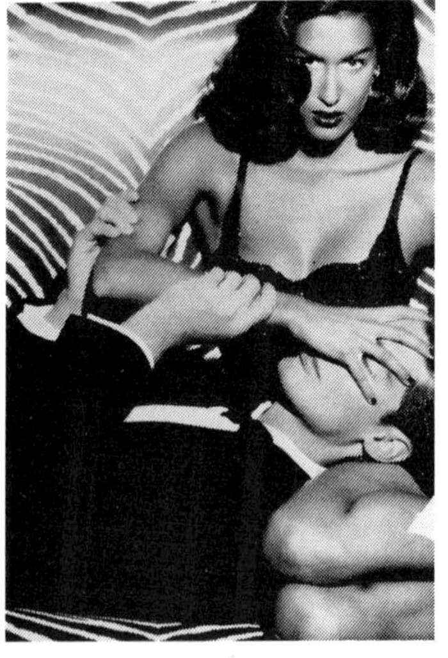

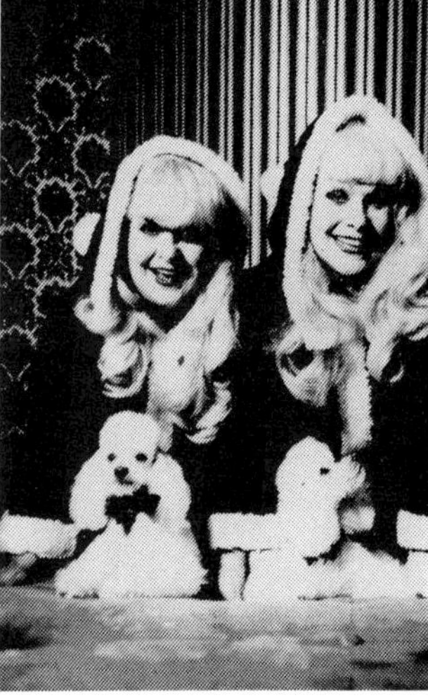

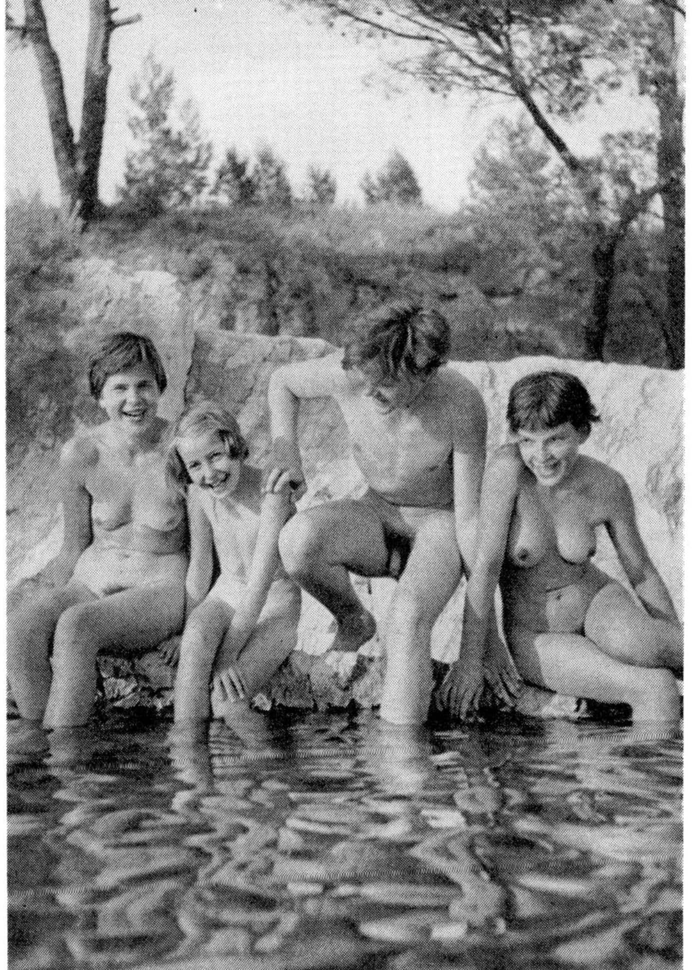

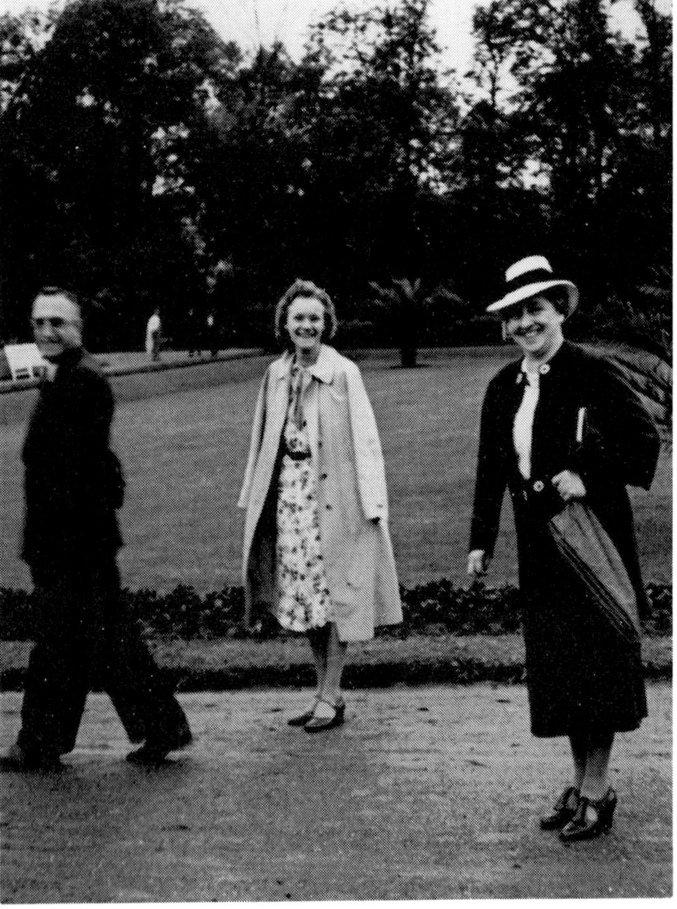

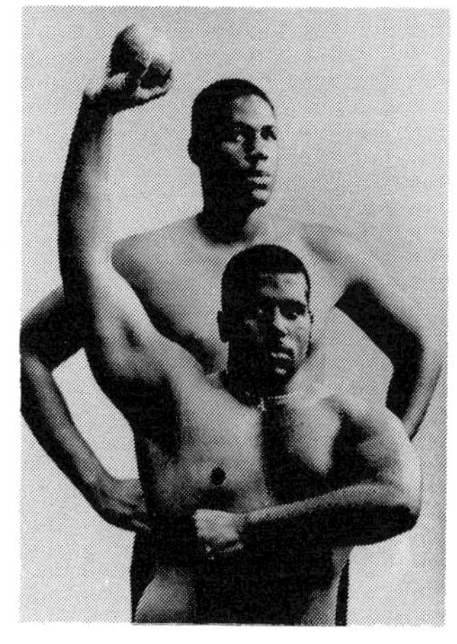

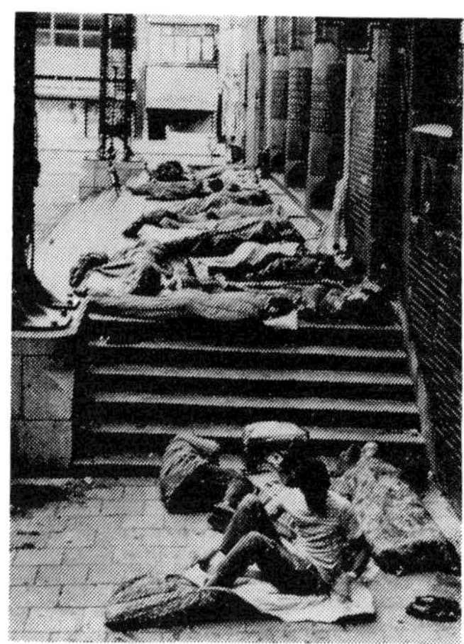

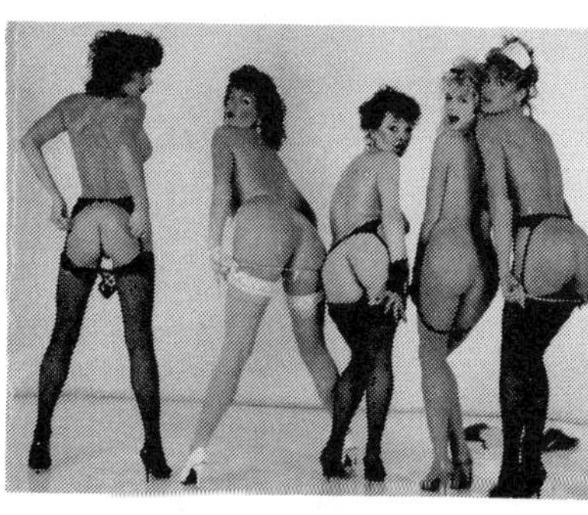

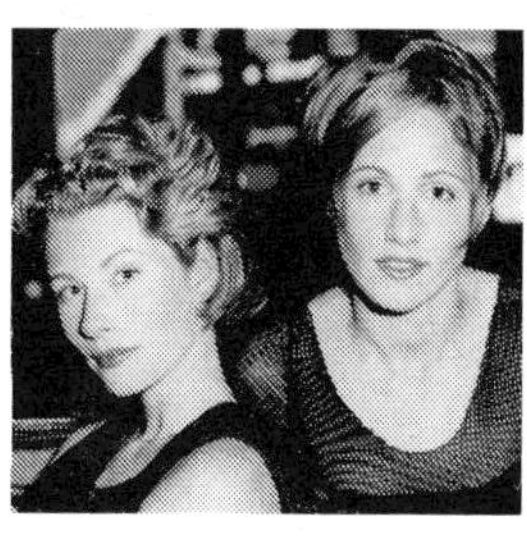

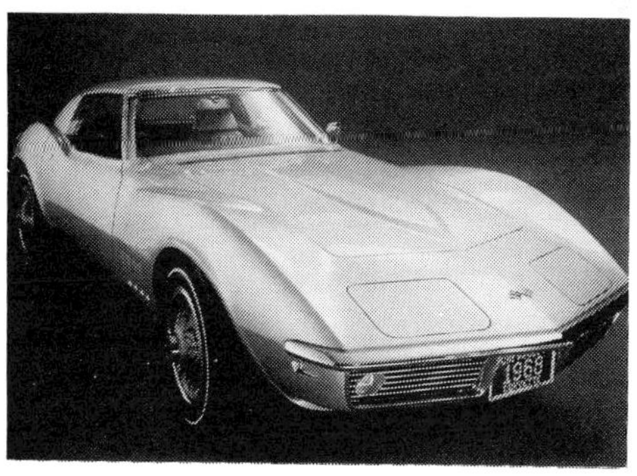
1968

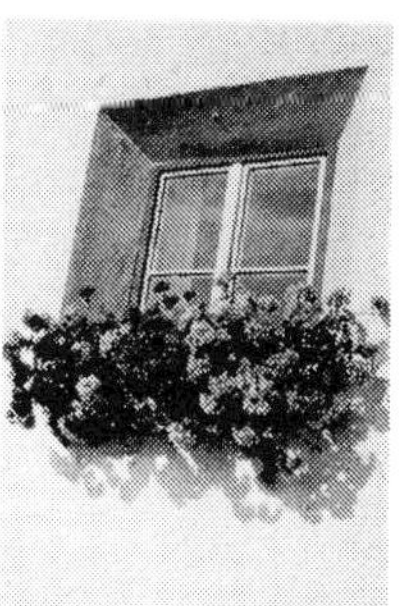

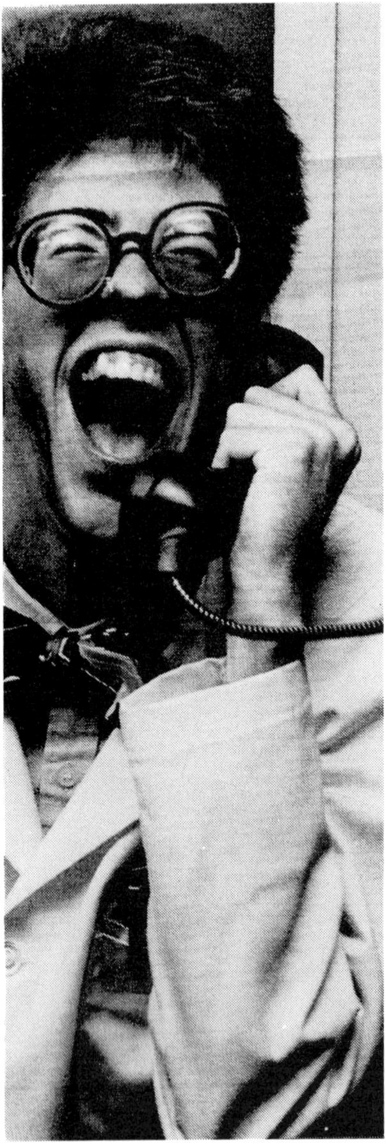

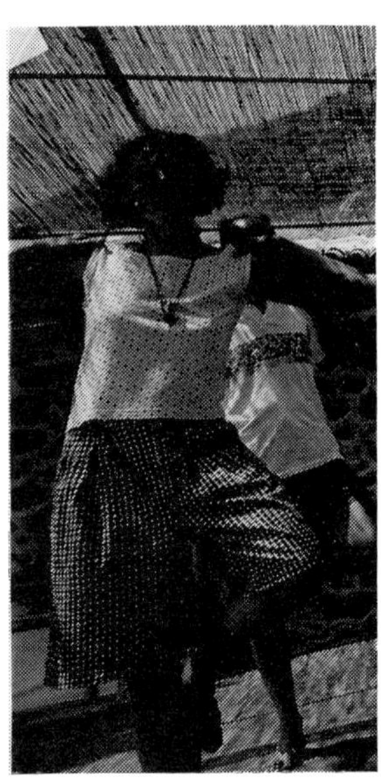

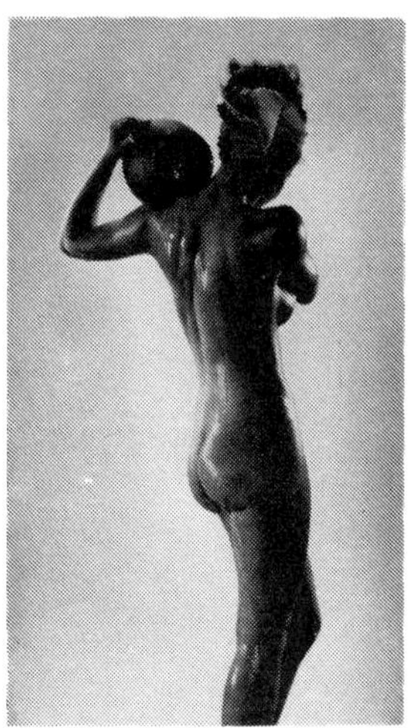

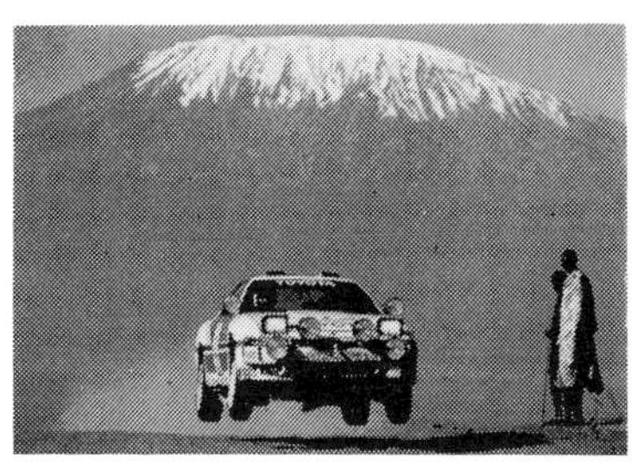

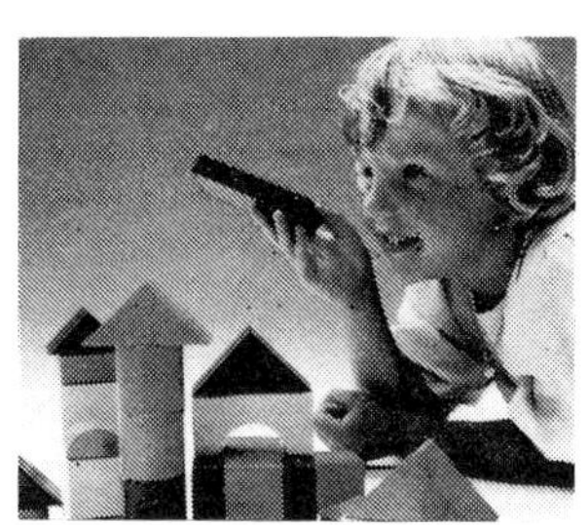

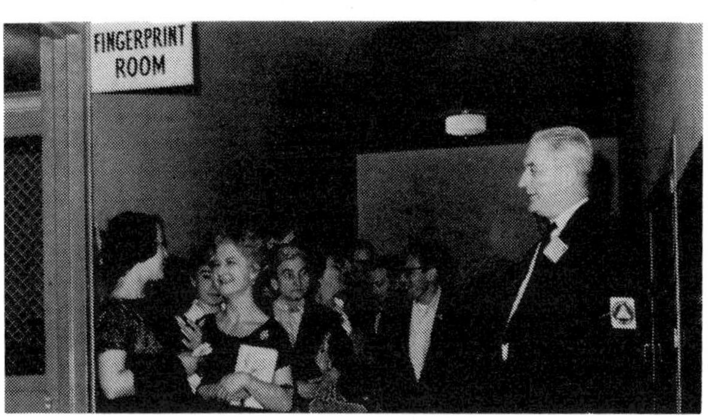

FINGERPRINT
ROOM

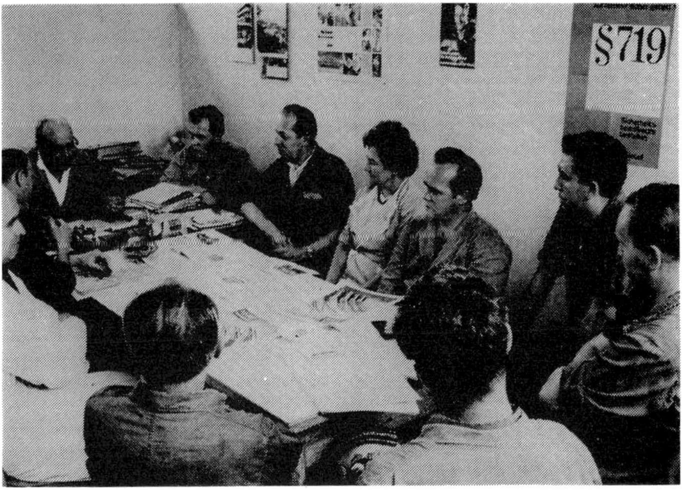

§719

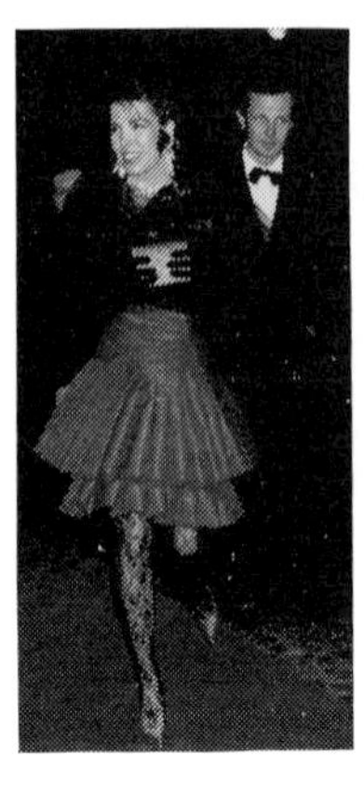
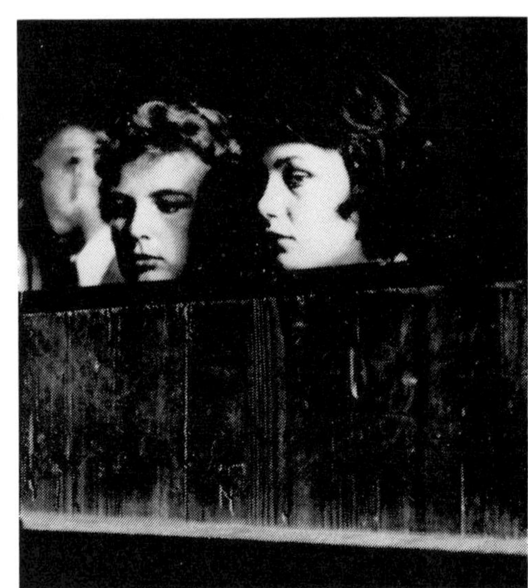
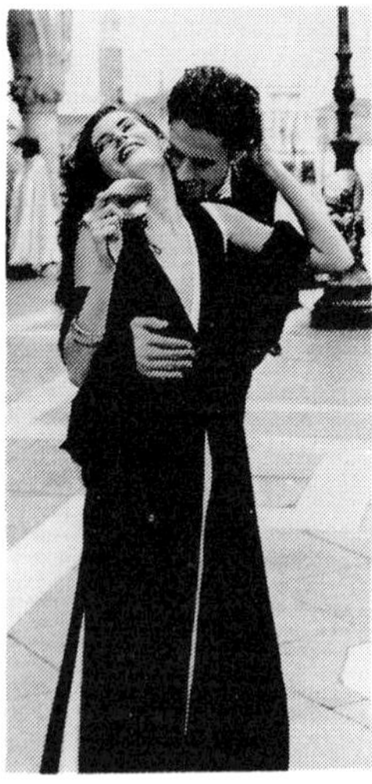
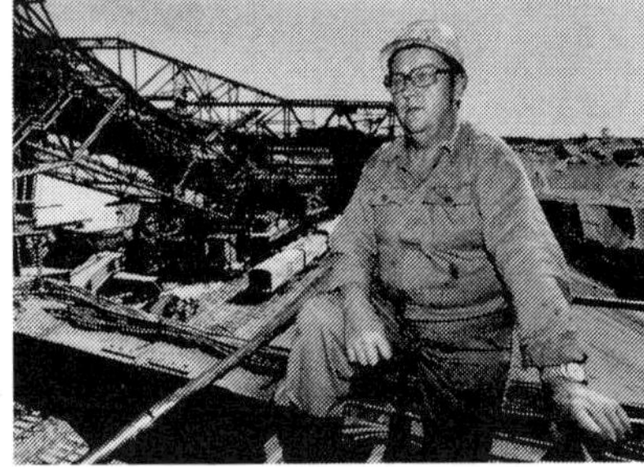
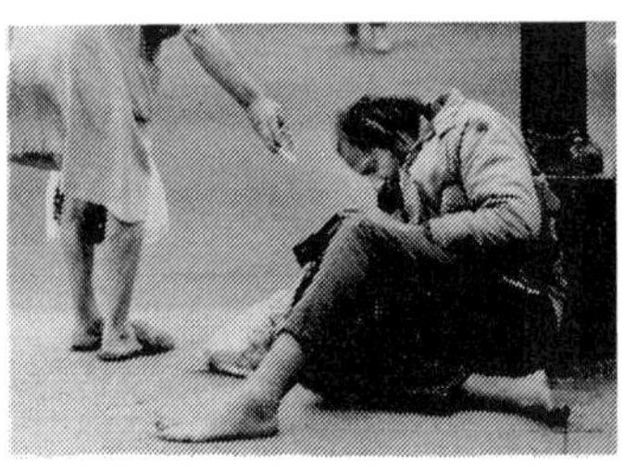

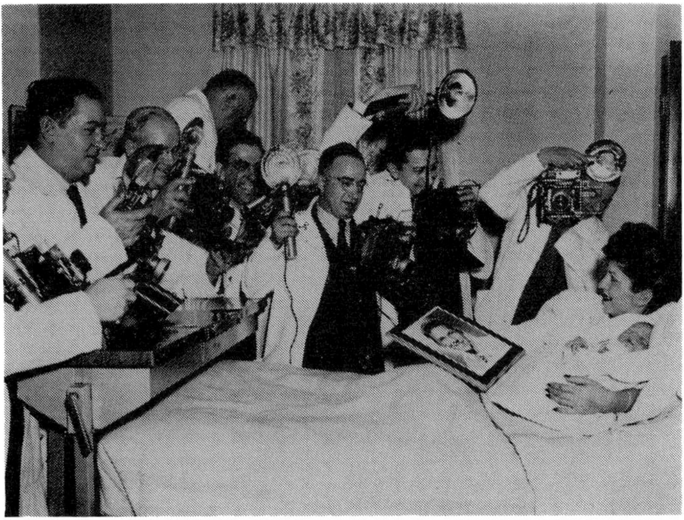

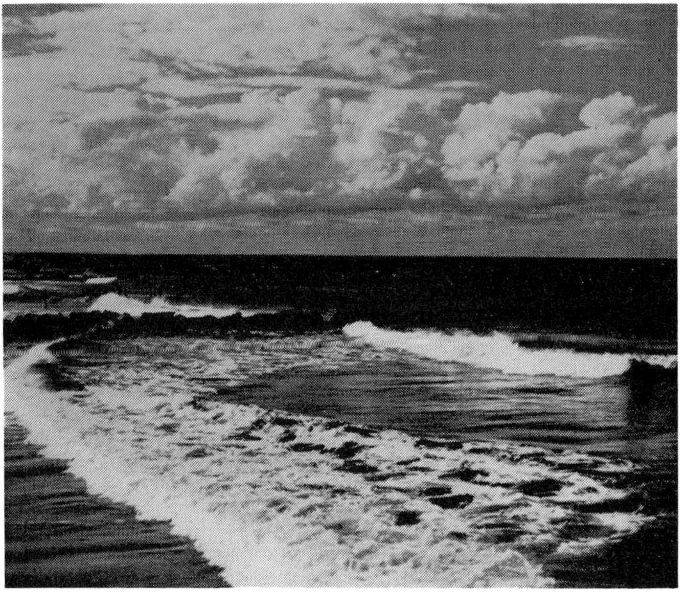

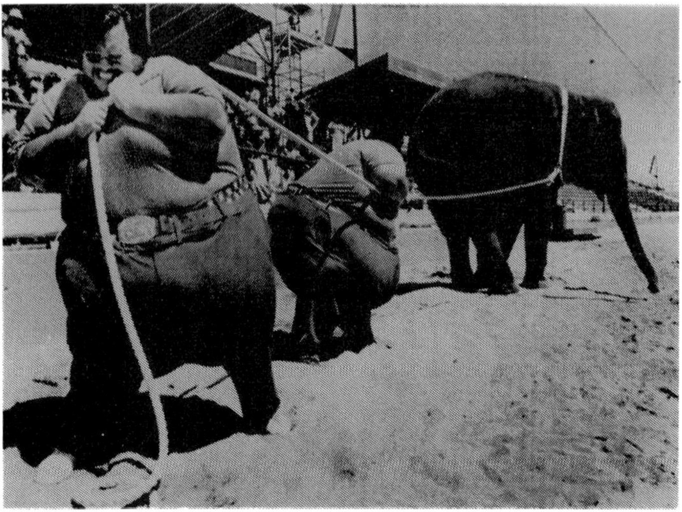

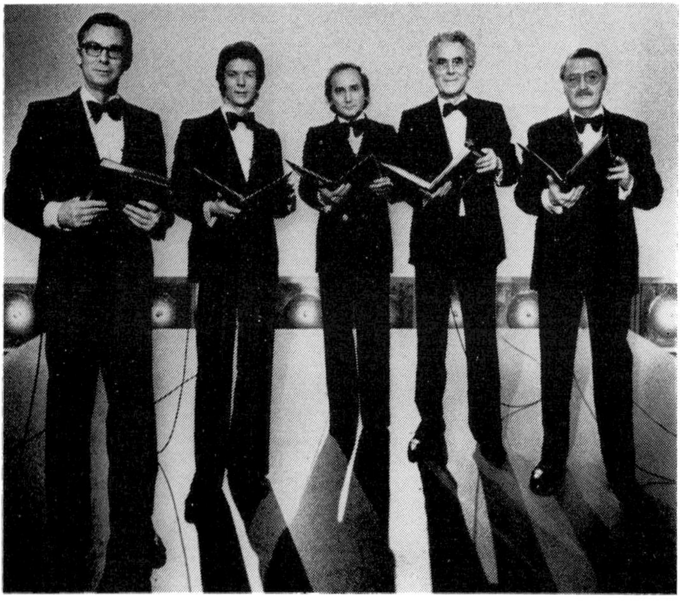

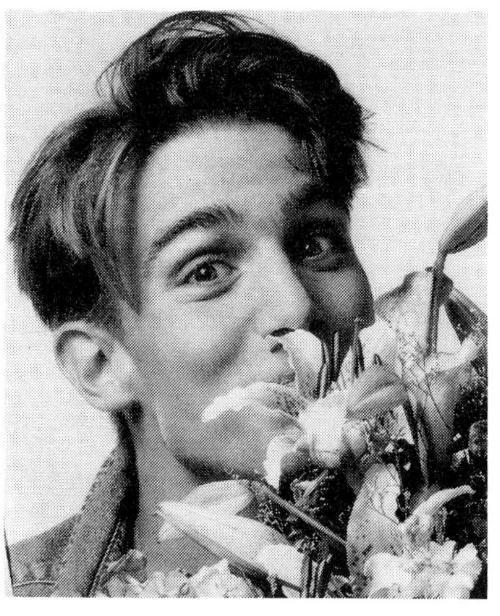
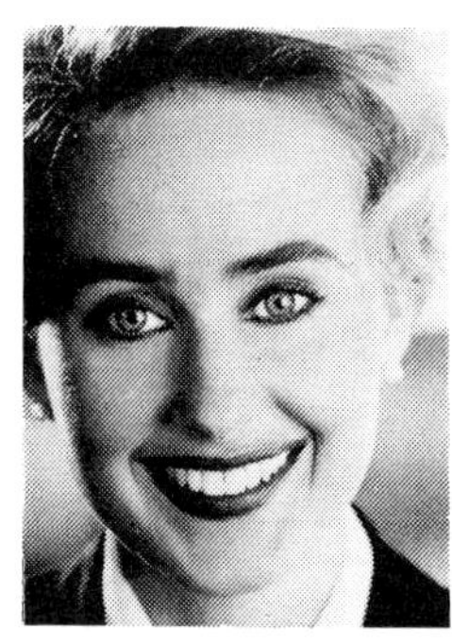
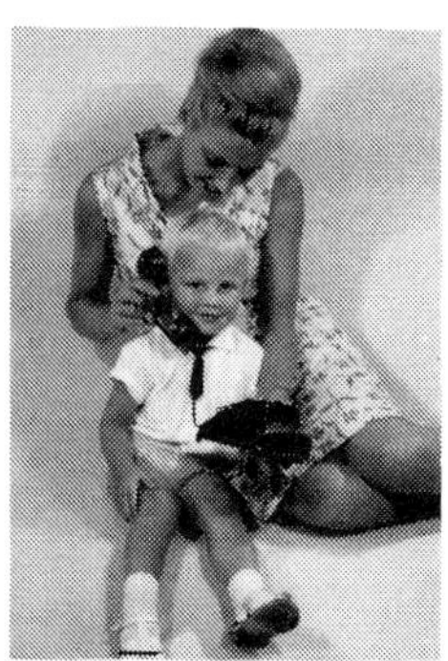
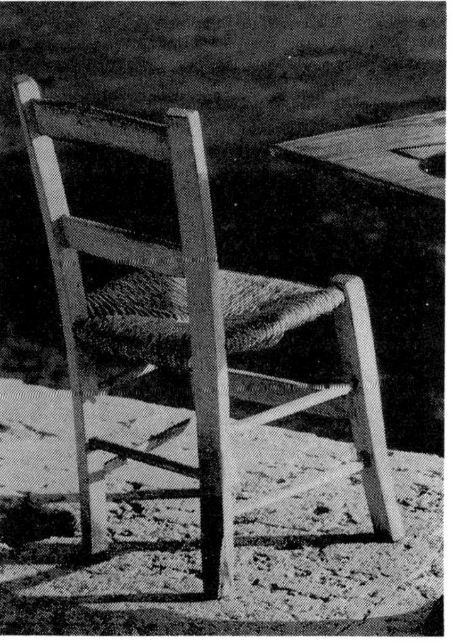
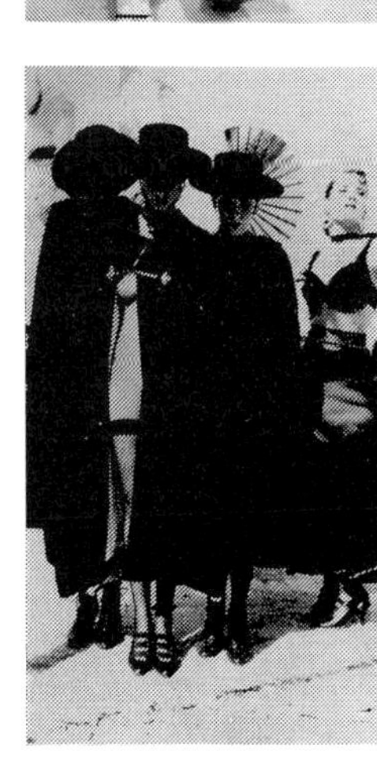

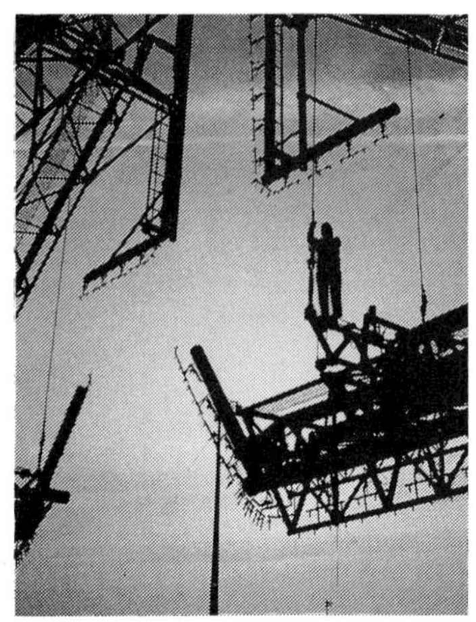

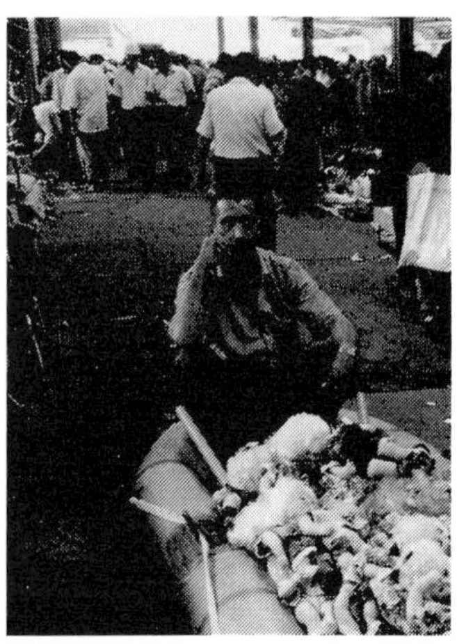

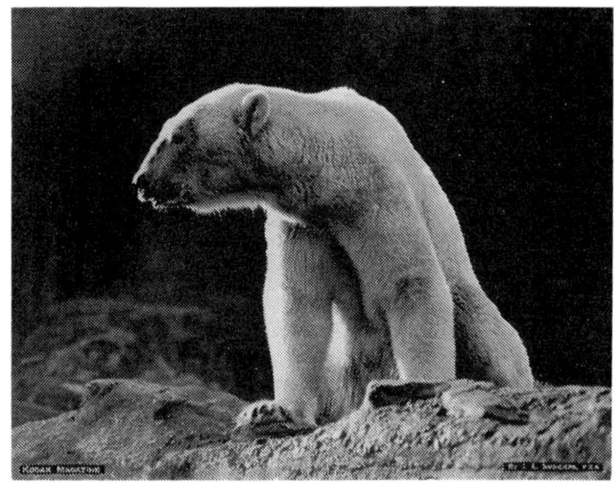

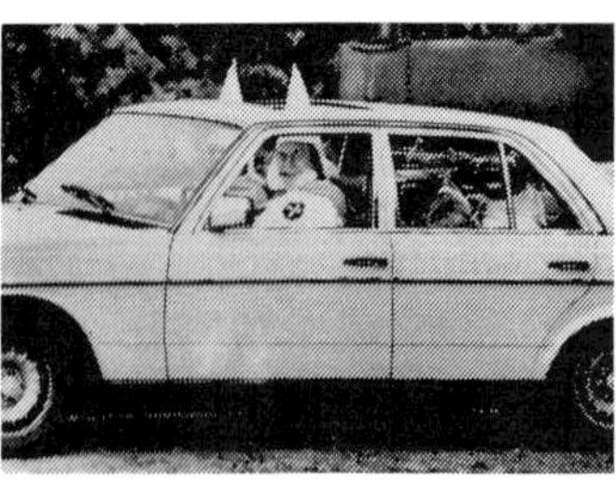

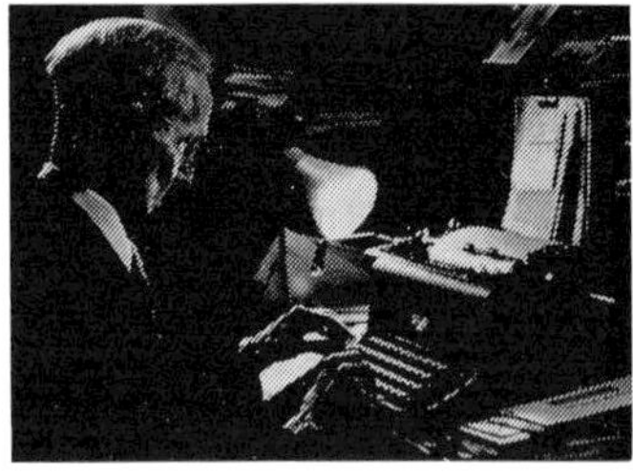

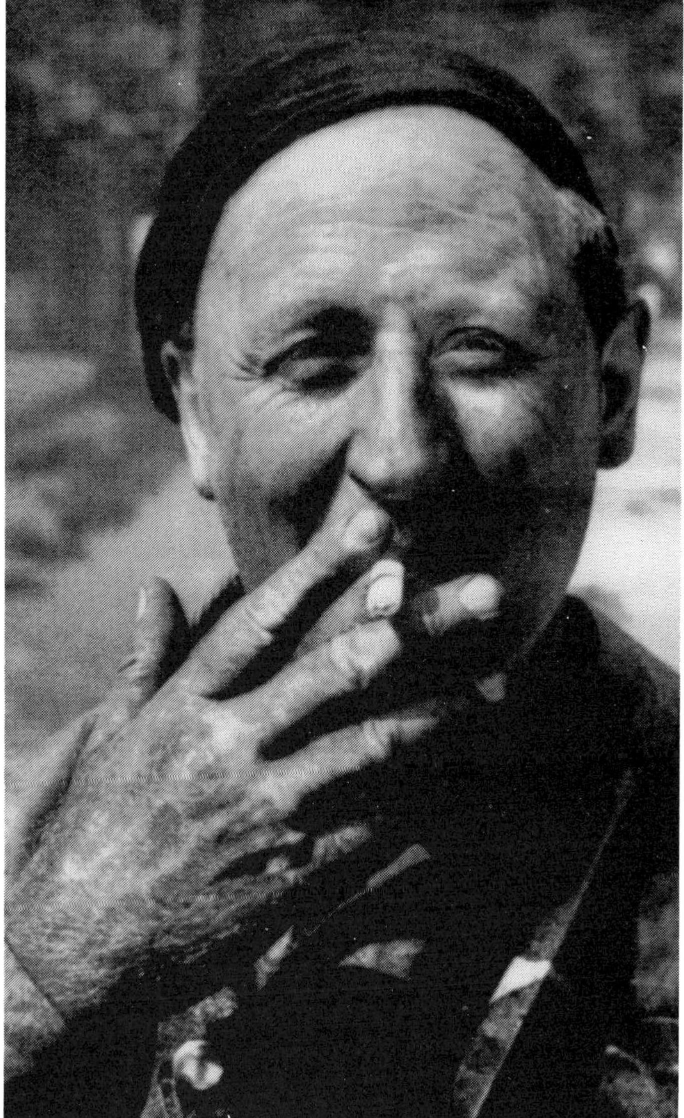

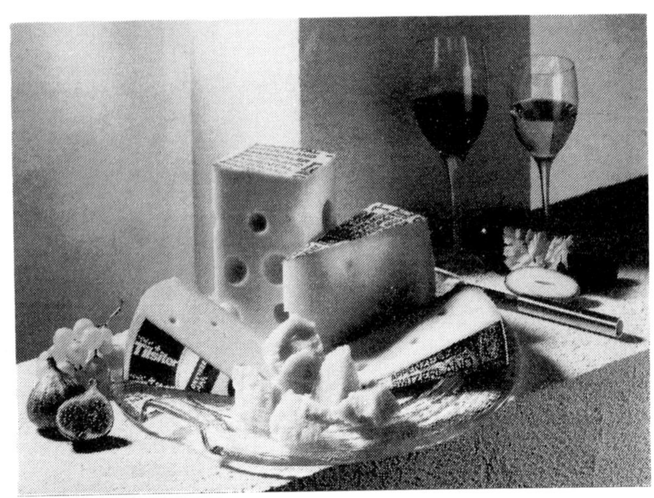

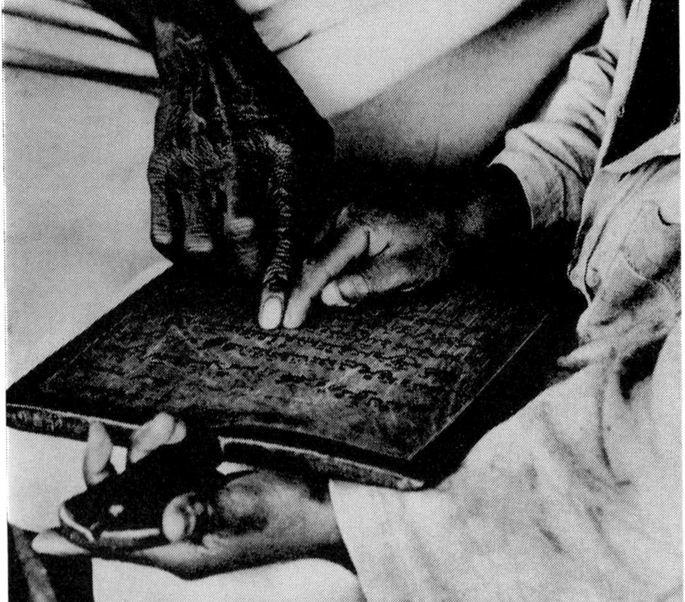

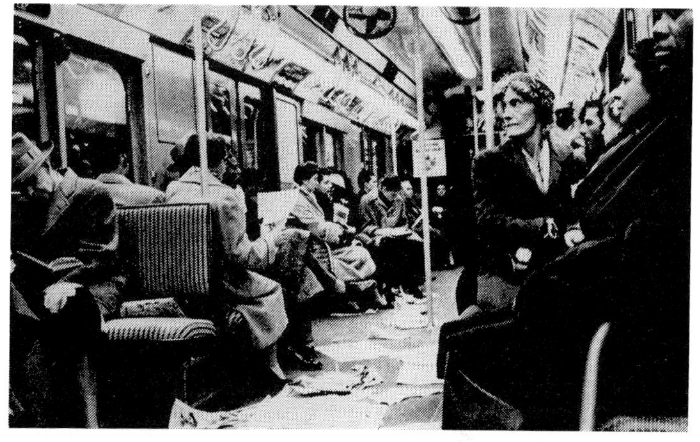

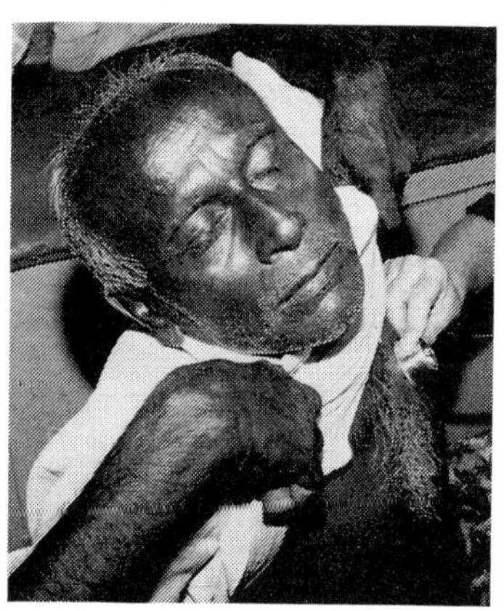

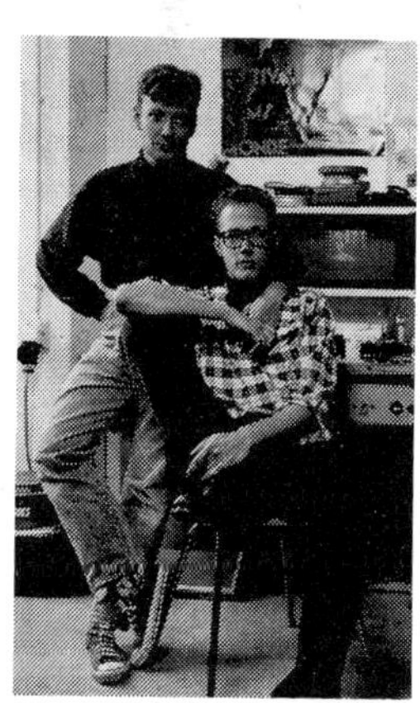

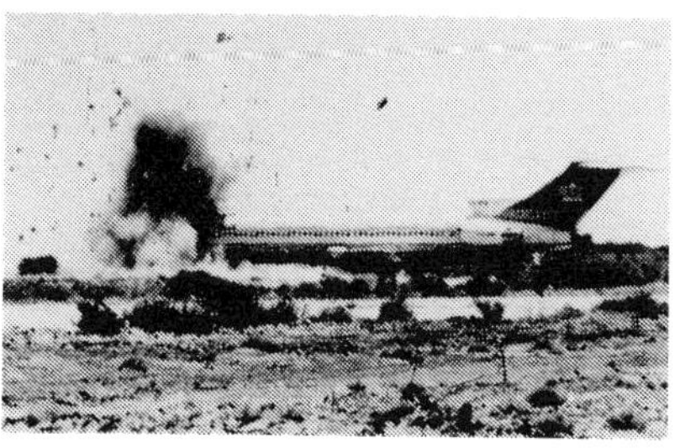

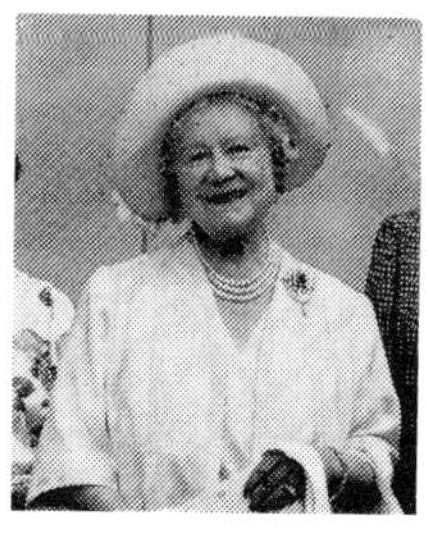

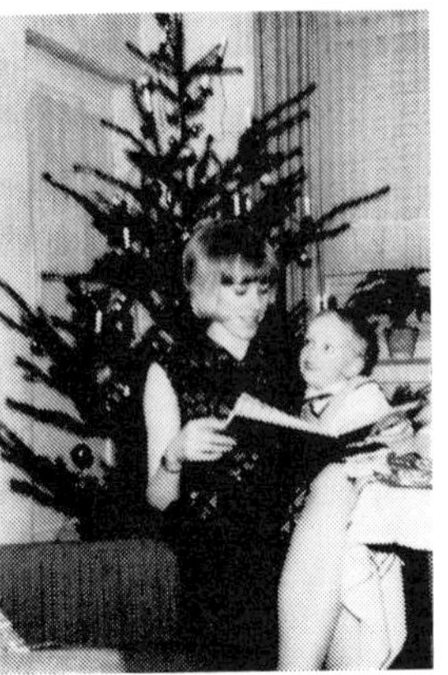

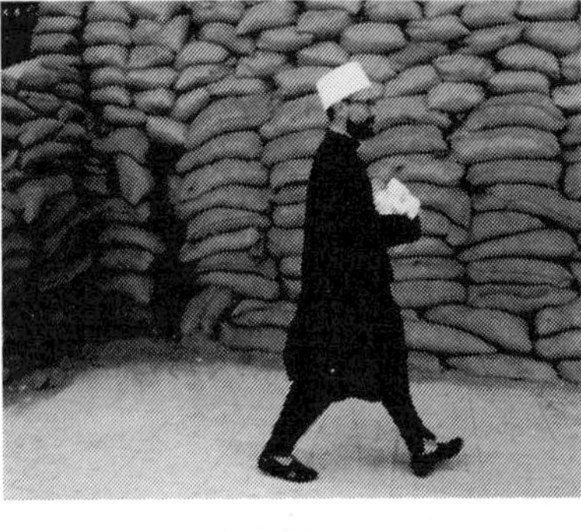

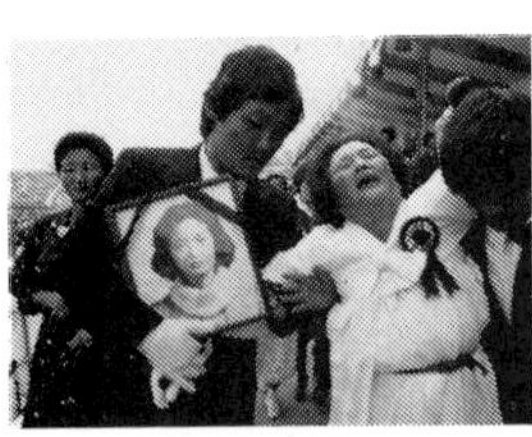

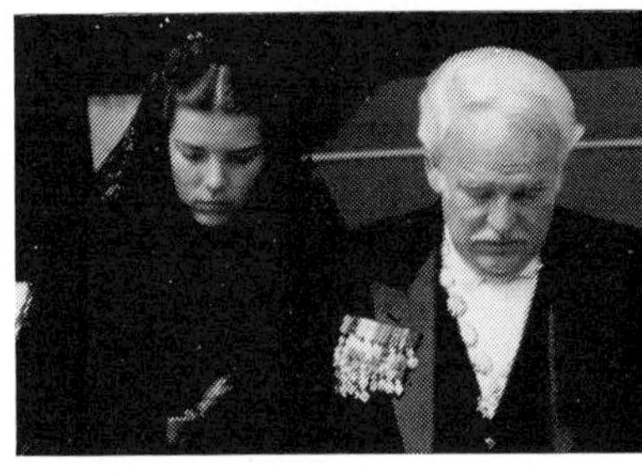

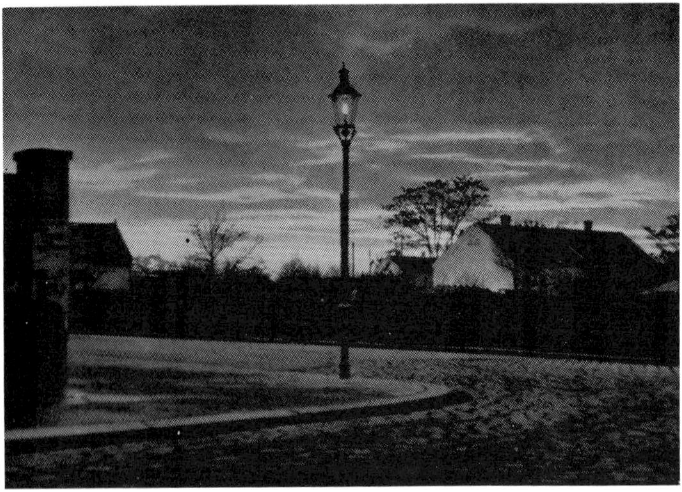

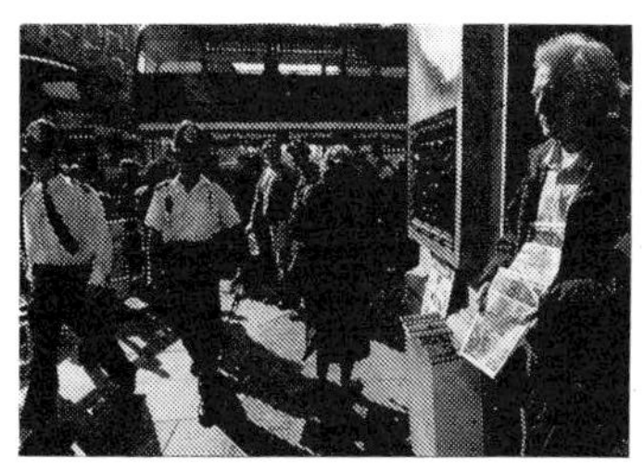

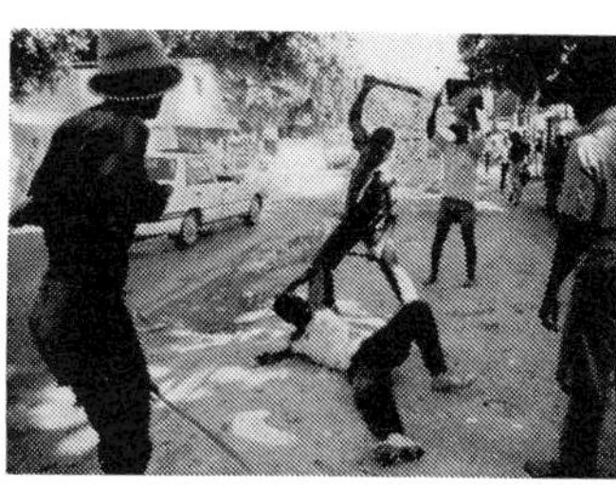

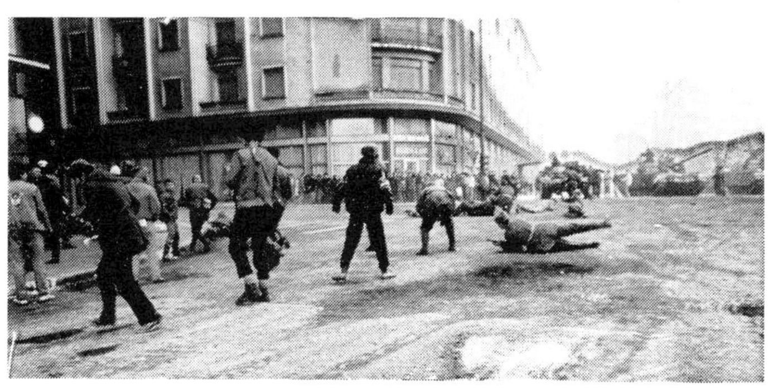

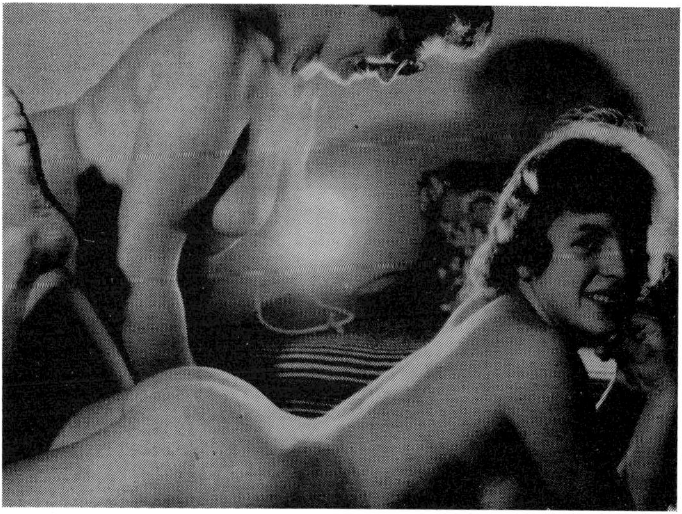

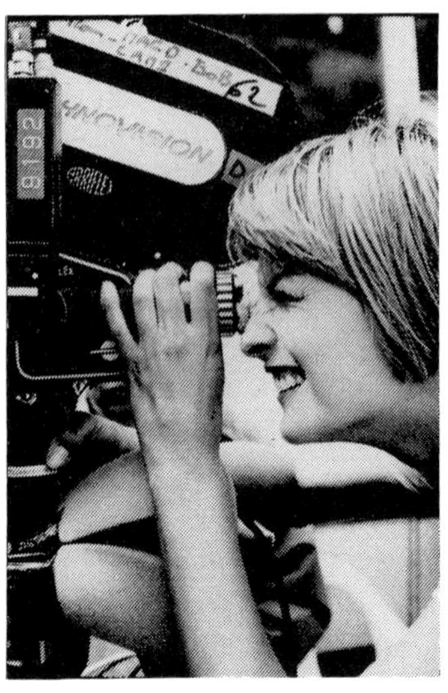

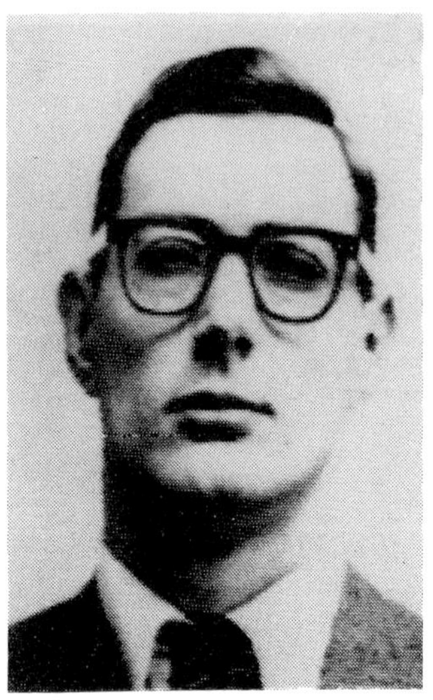

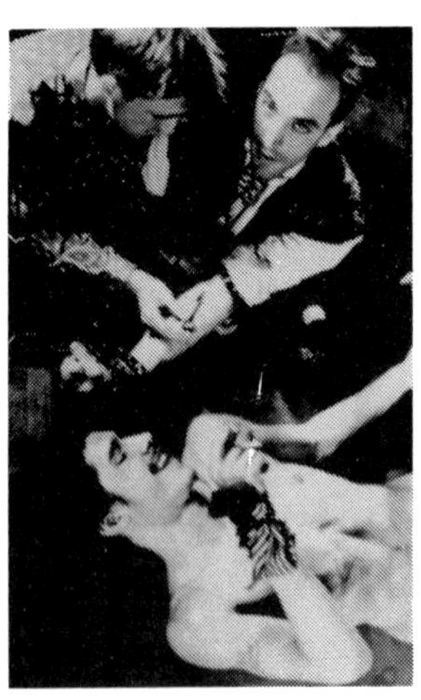

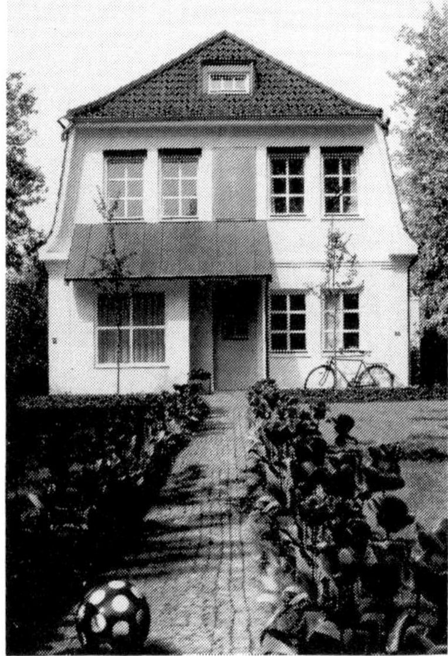

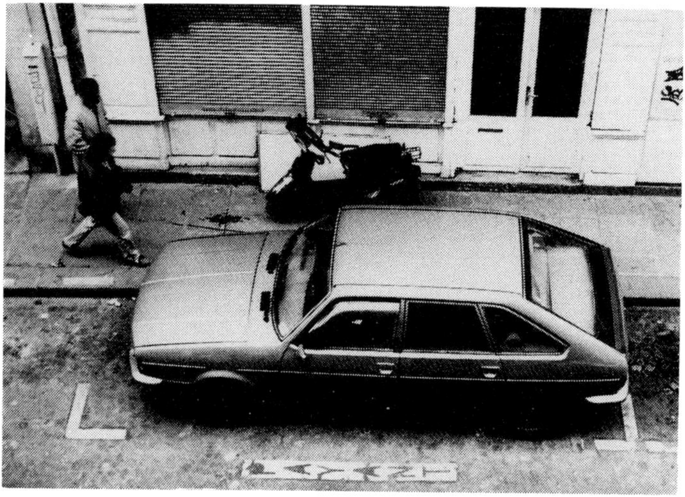

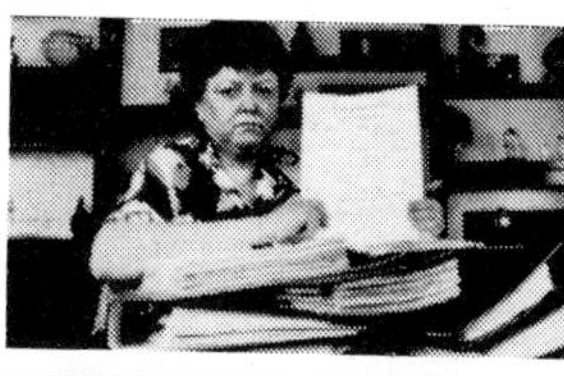

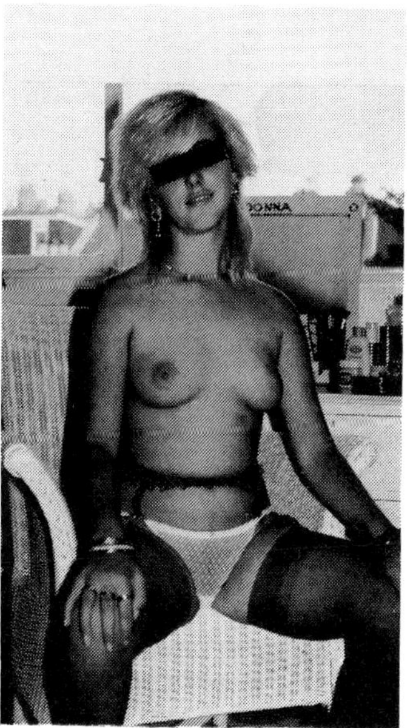

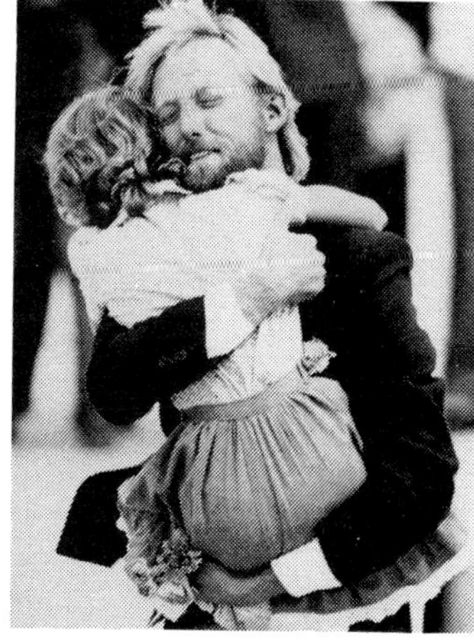

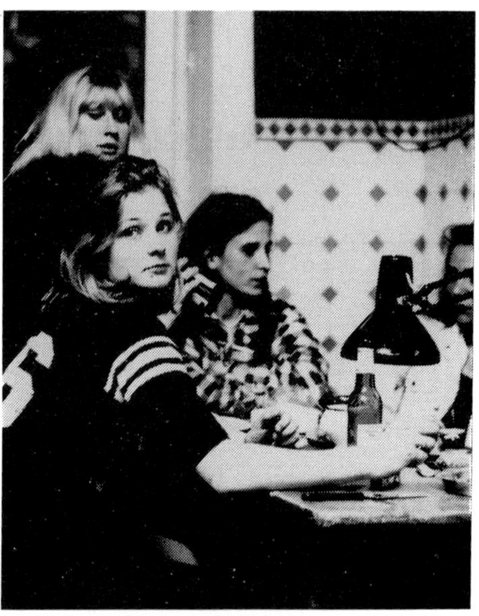
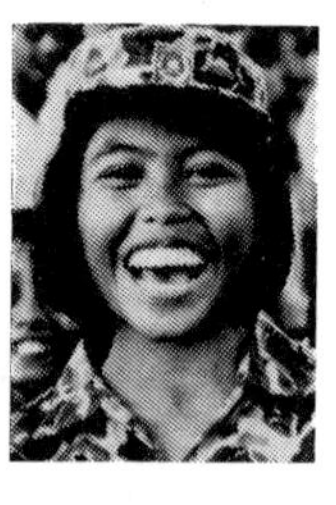
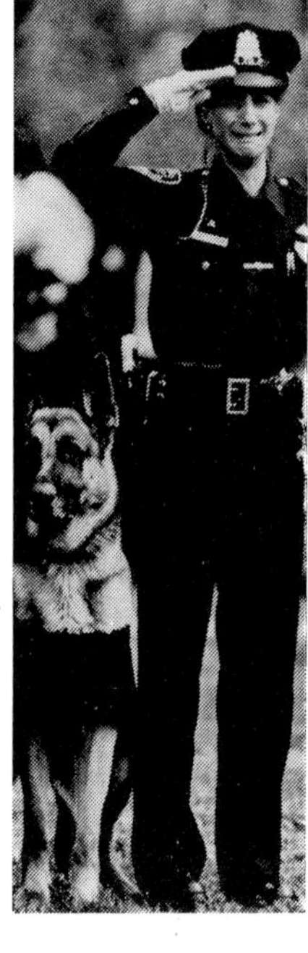
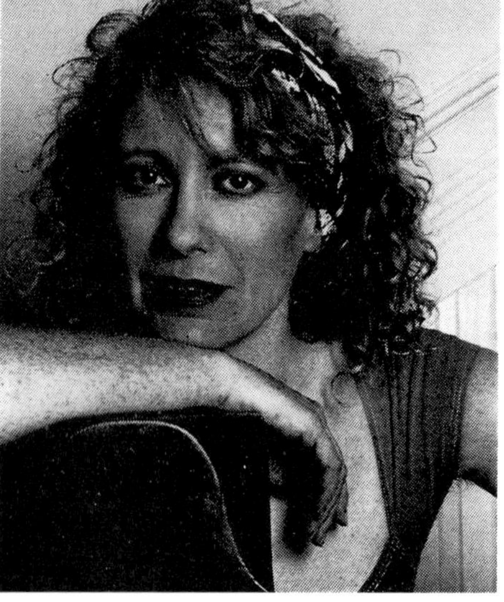
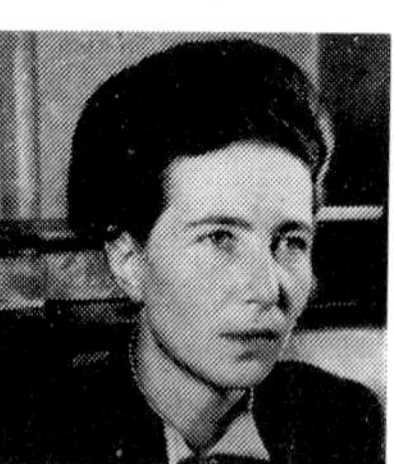

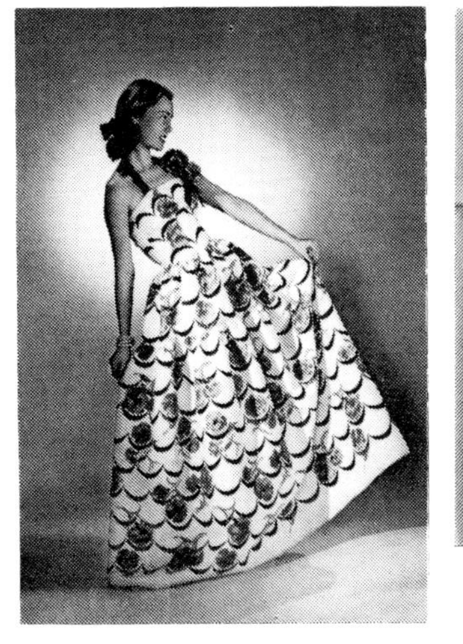
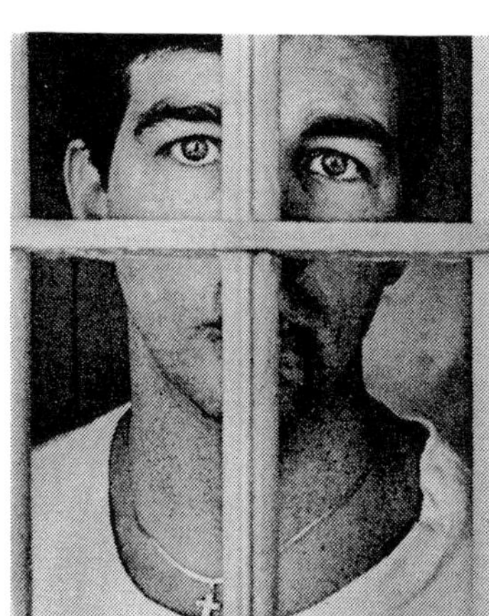
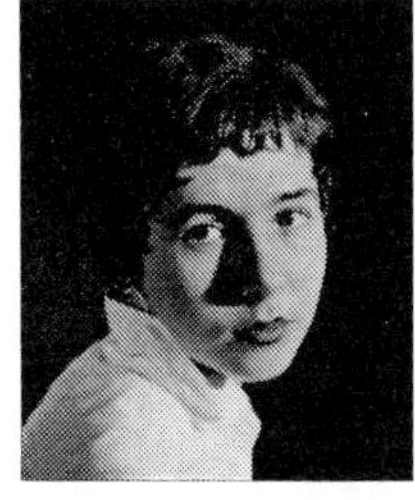
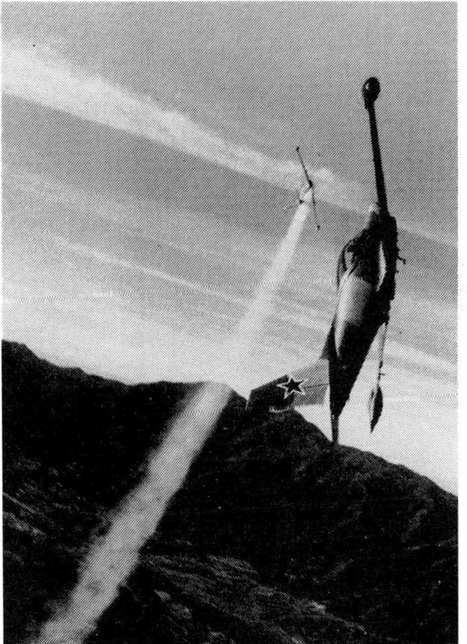
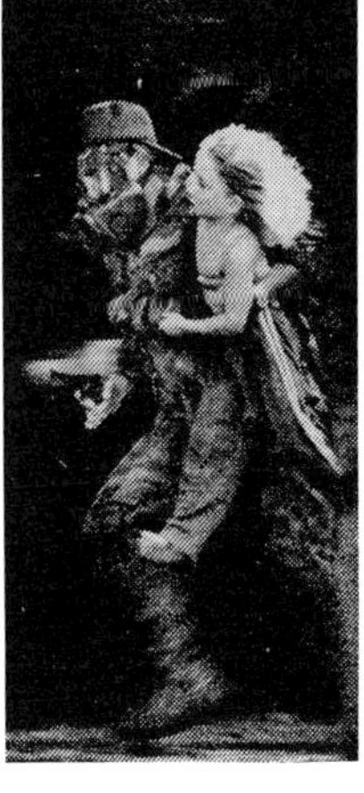

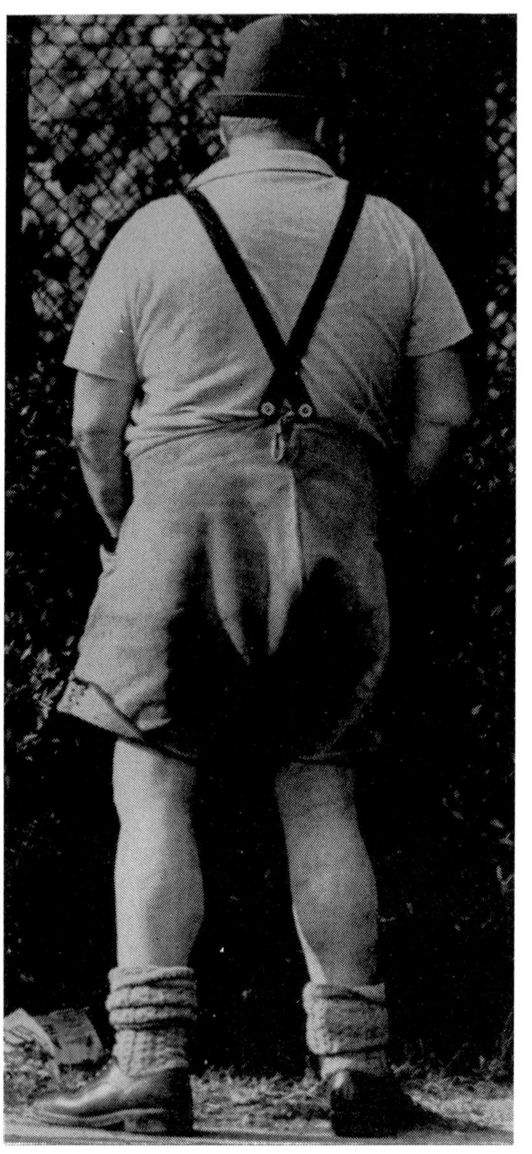

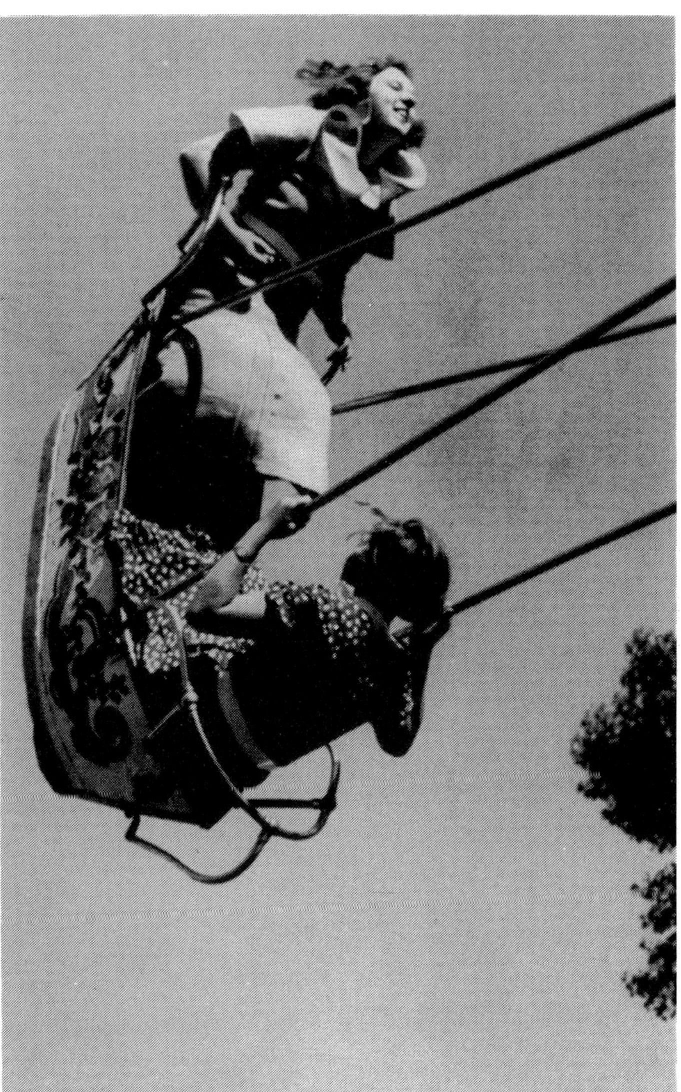

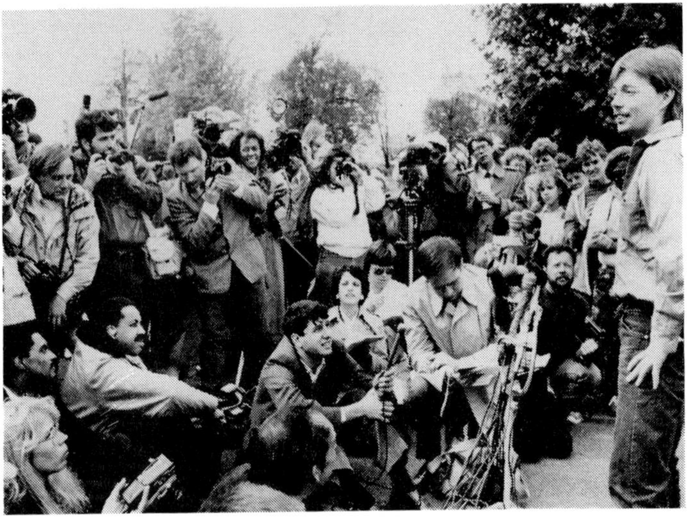

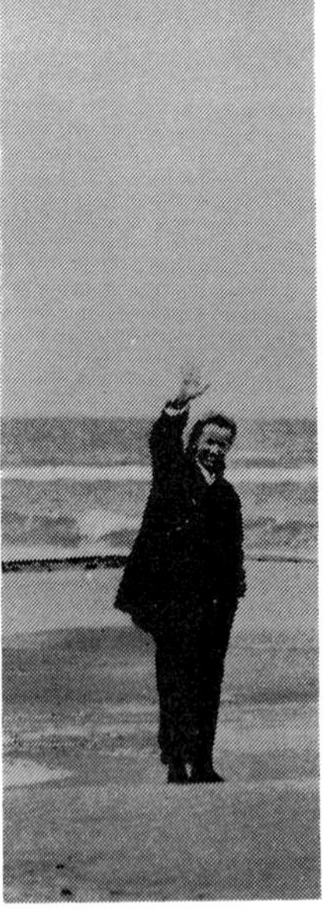

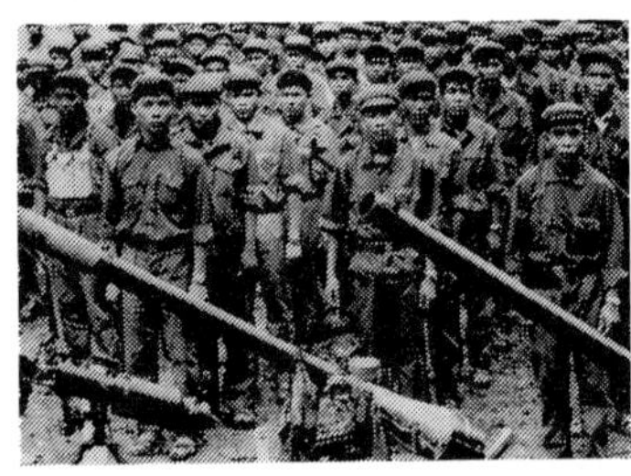

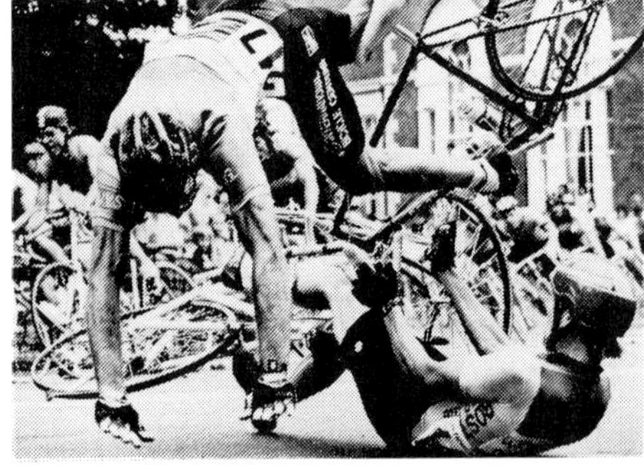

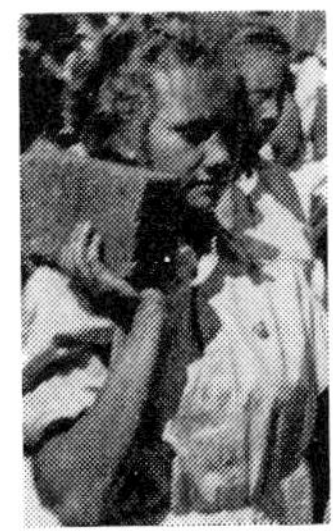
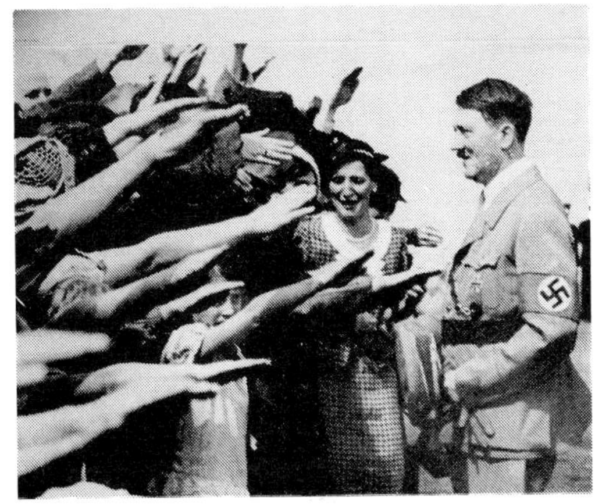
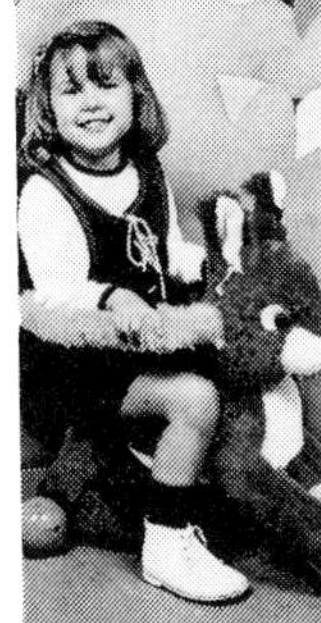
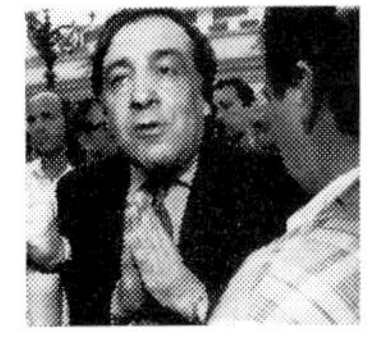
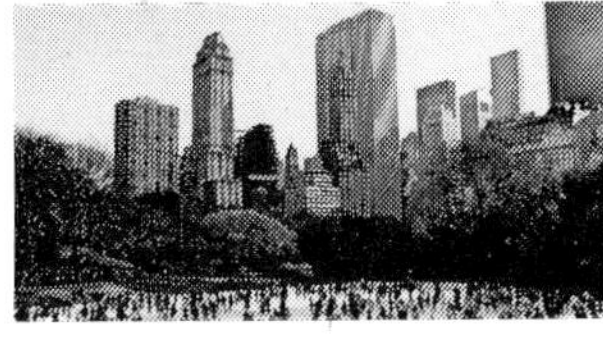

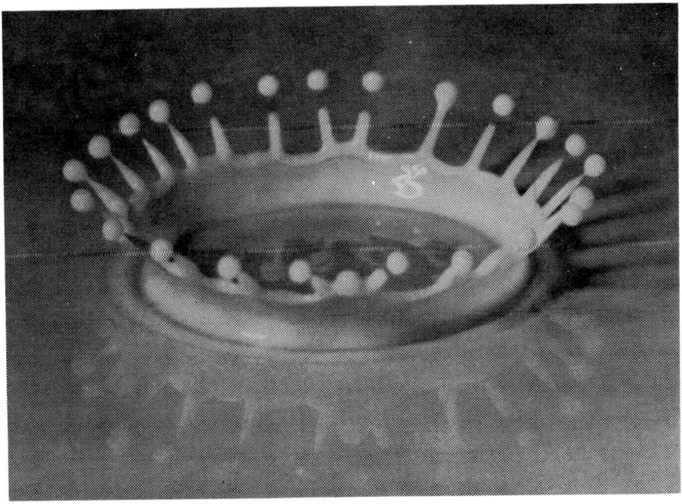

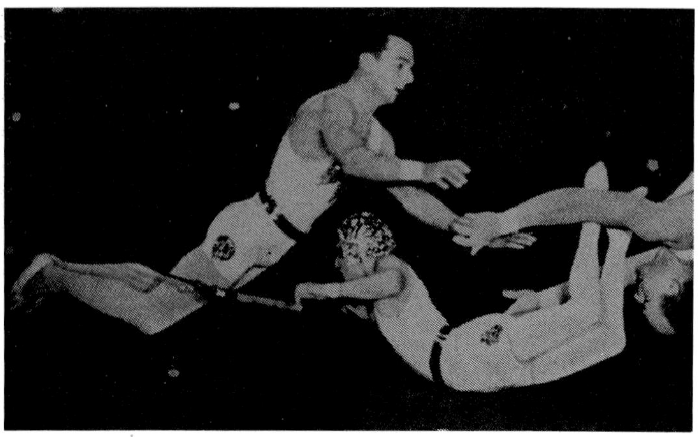

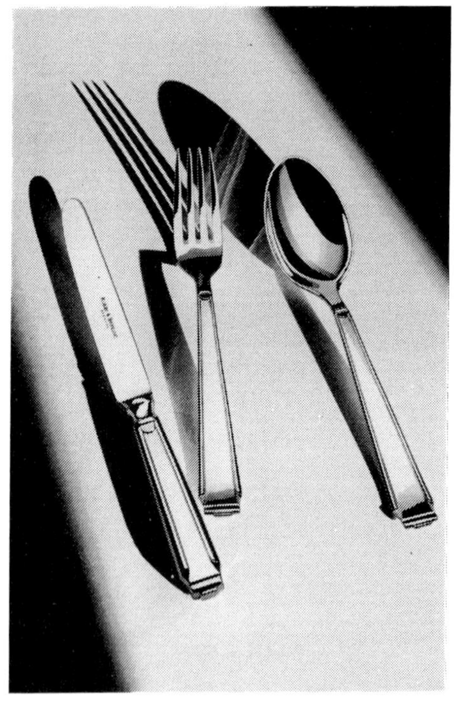

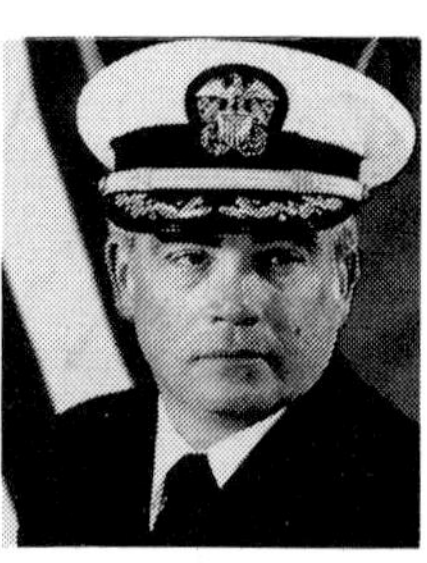

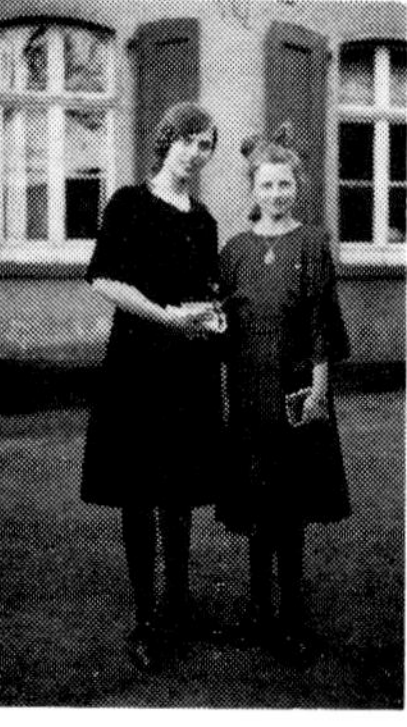

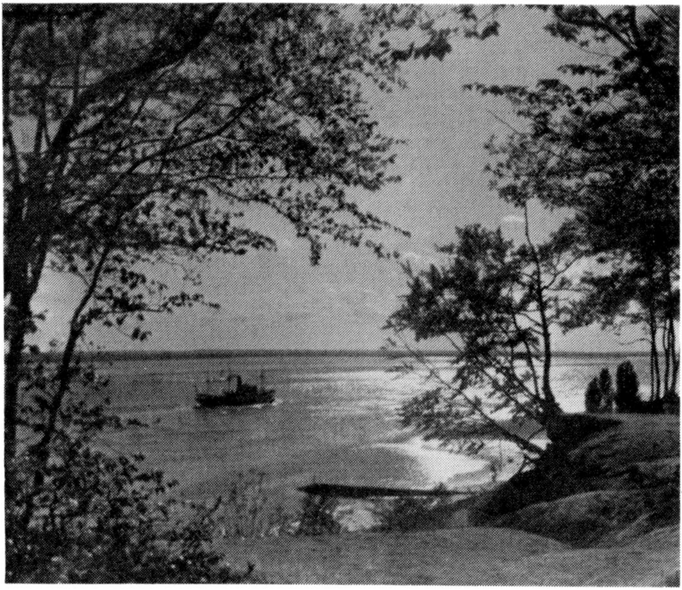

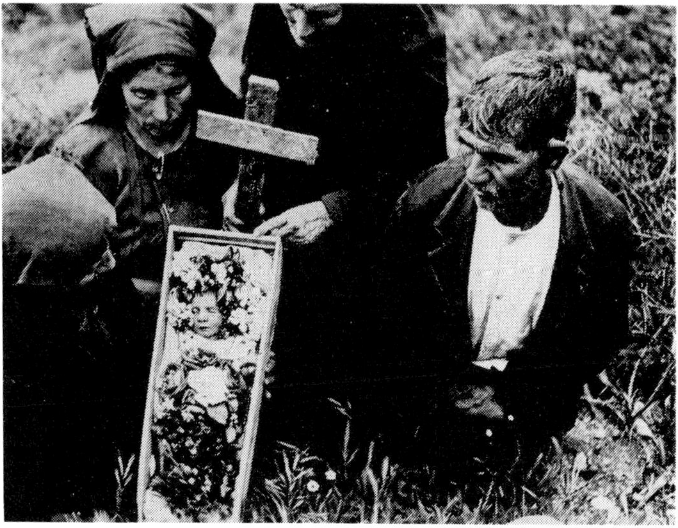

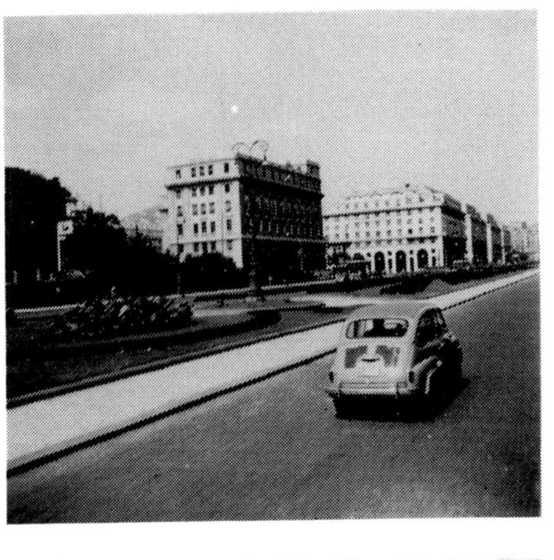
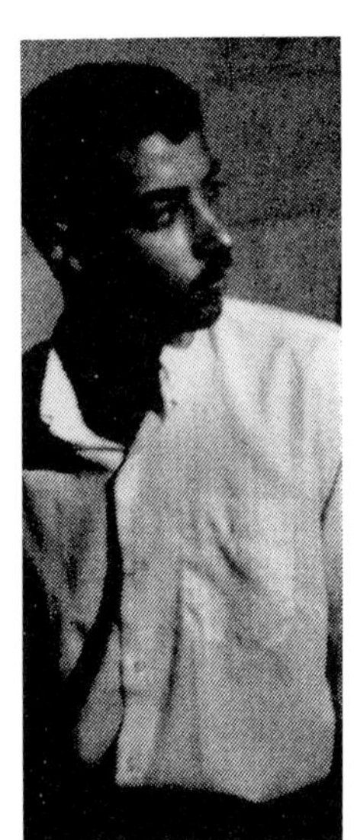
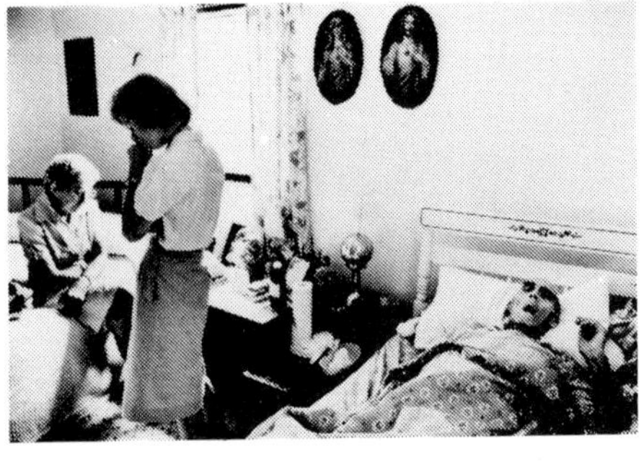
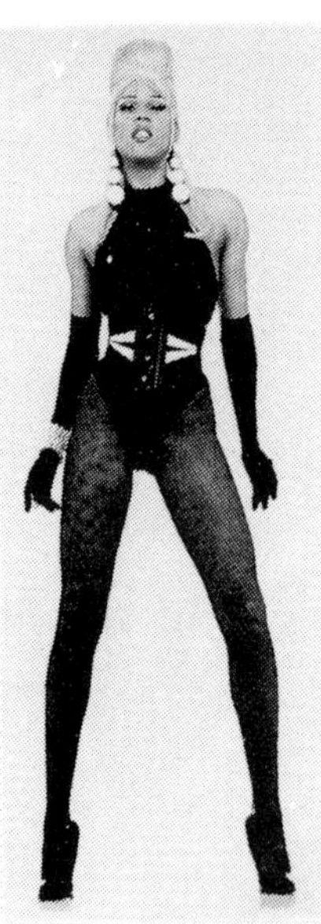
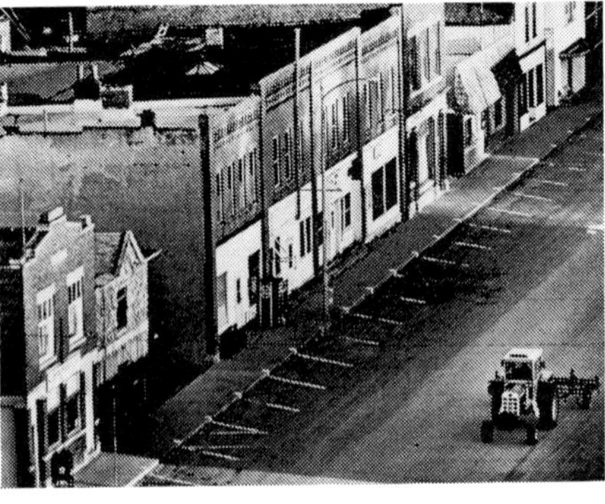

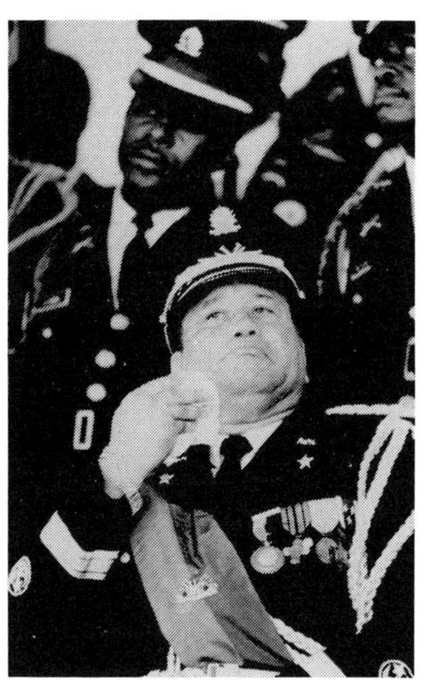

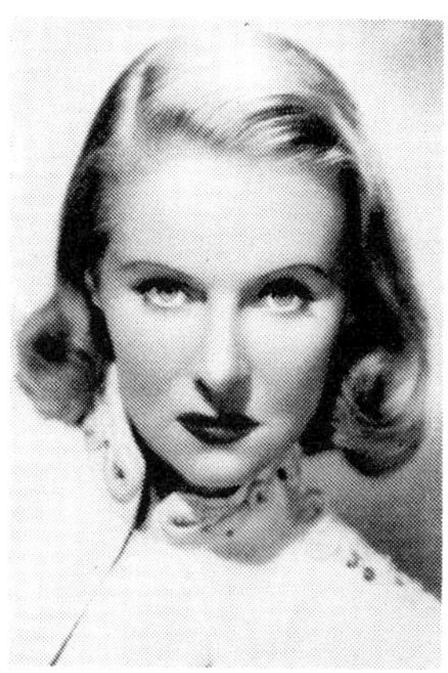

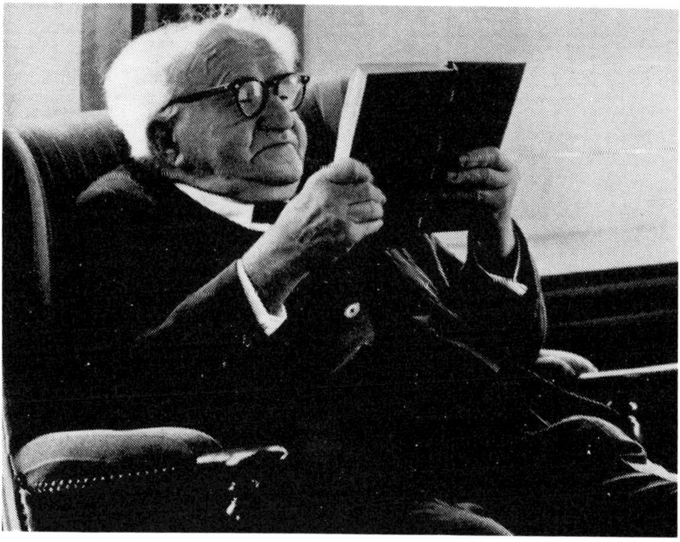

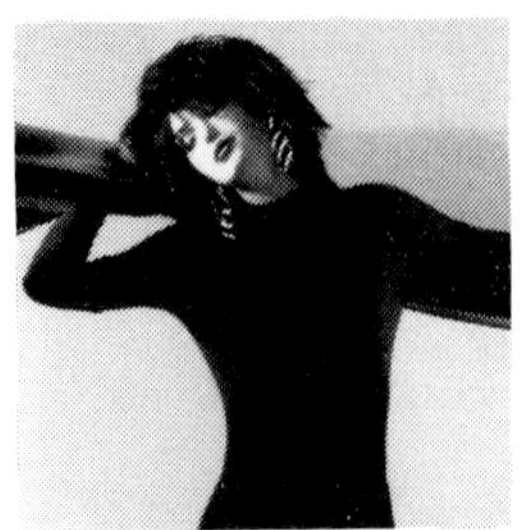

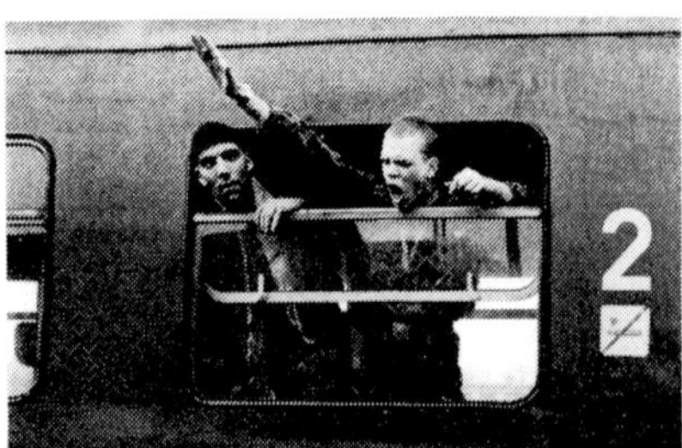
2

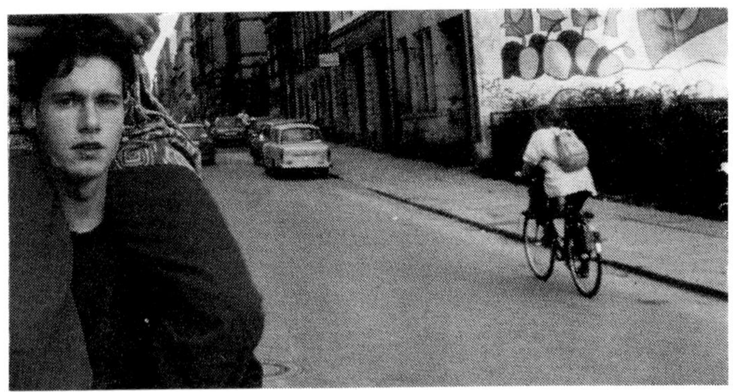

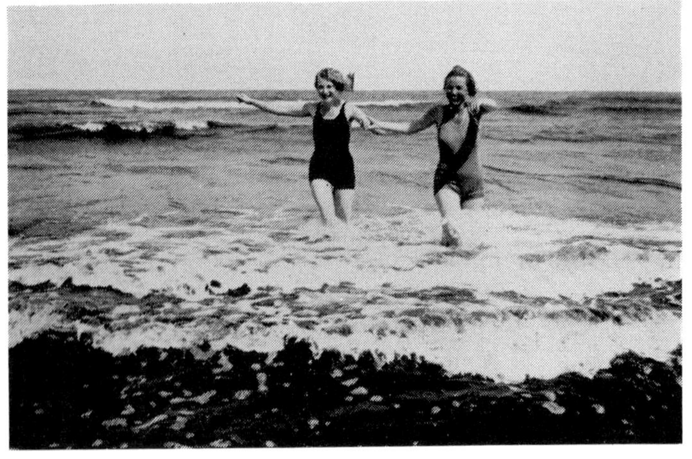

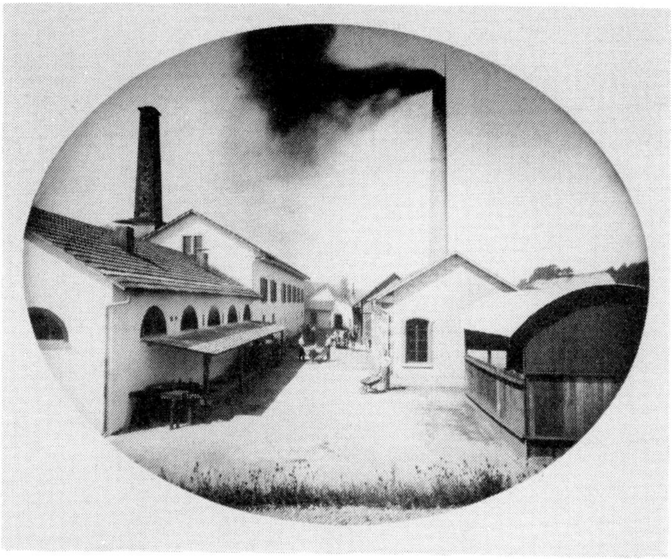

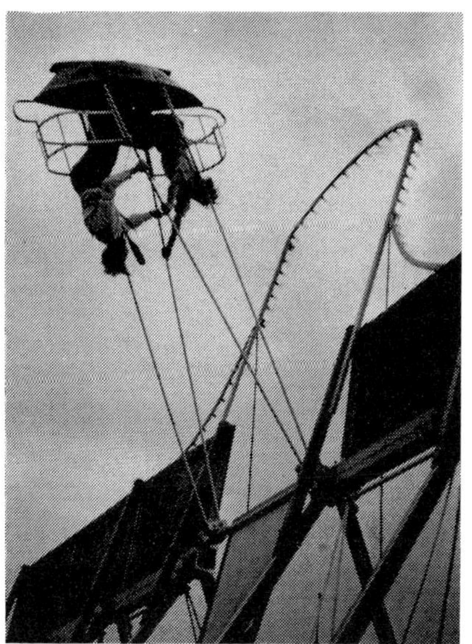

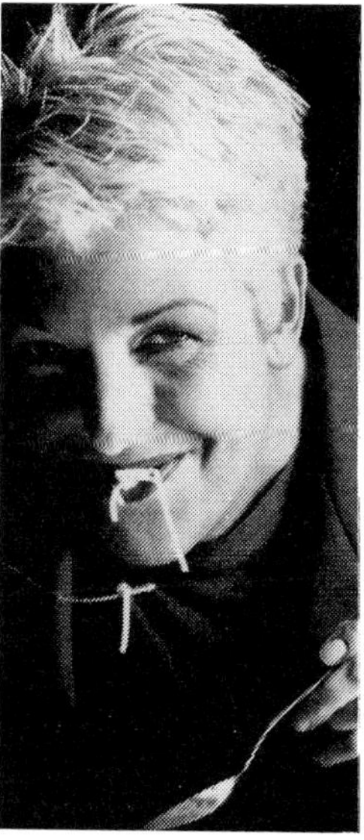

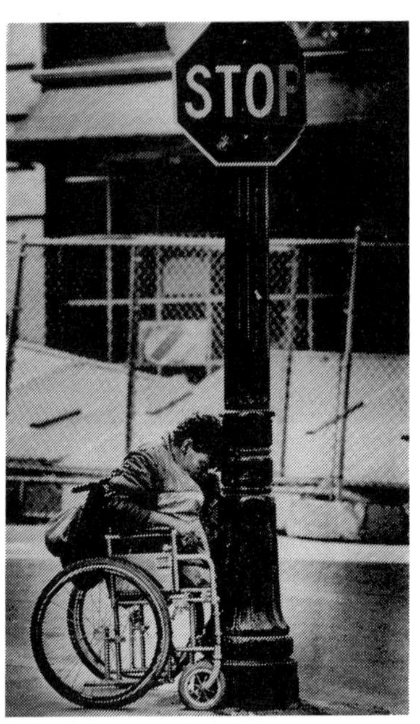
STOP

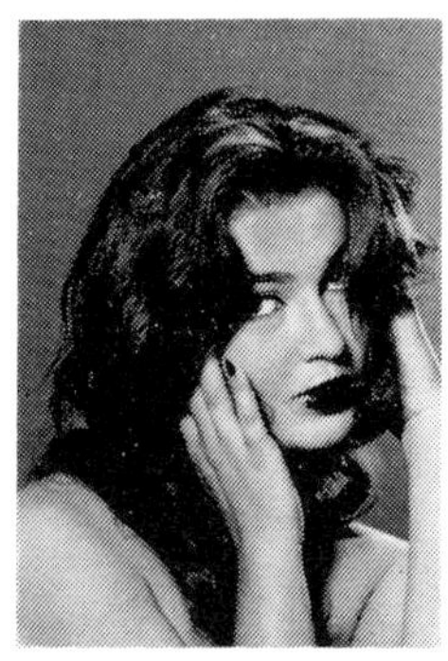

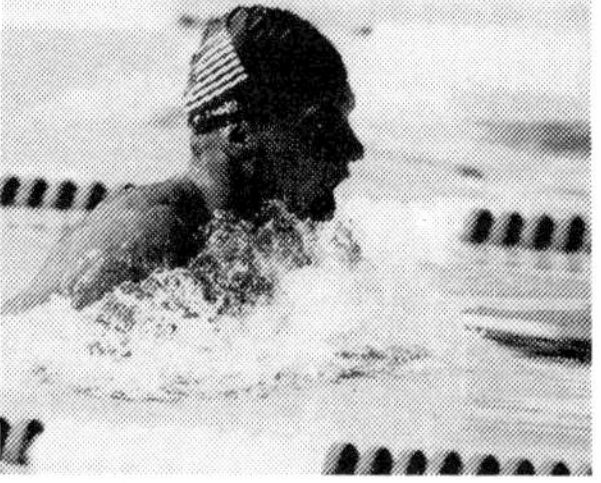

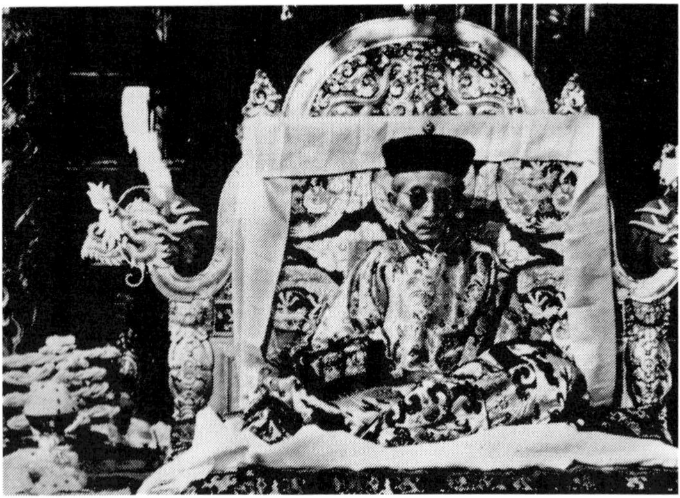

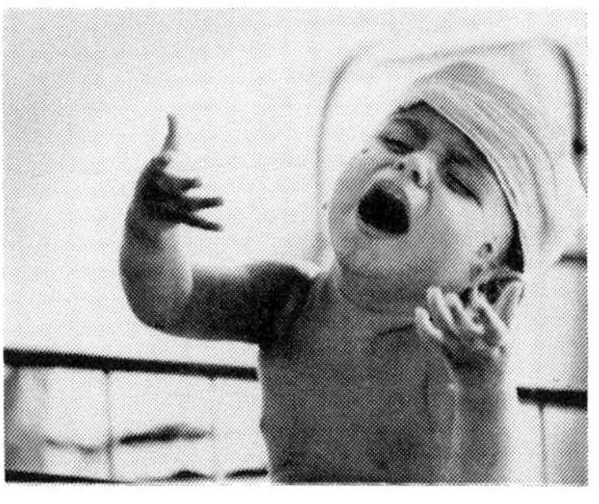

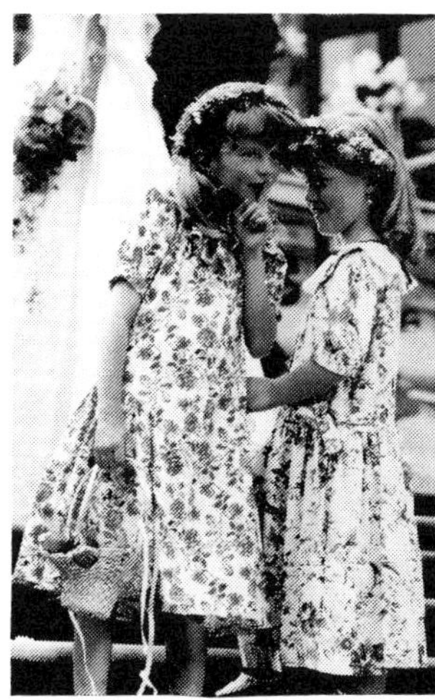

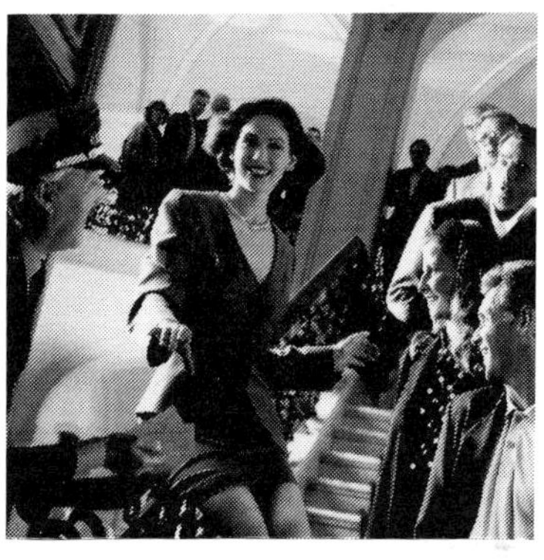

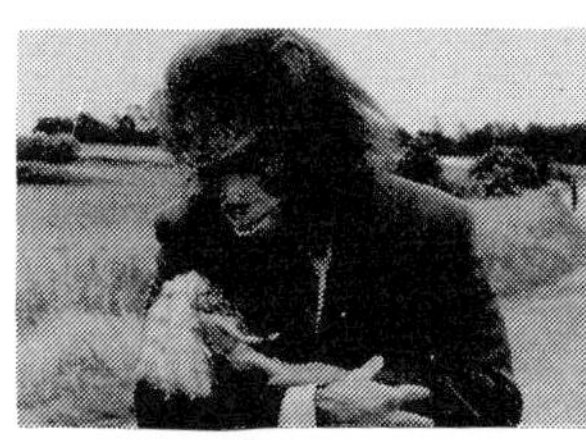

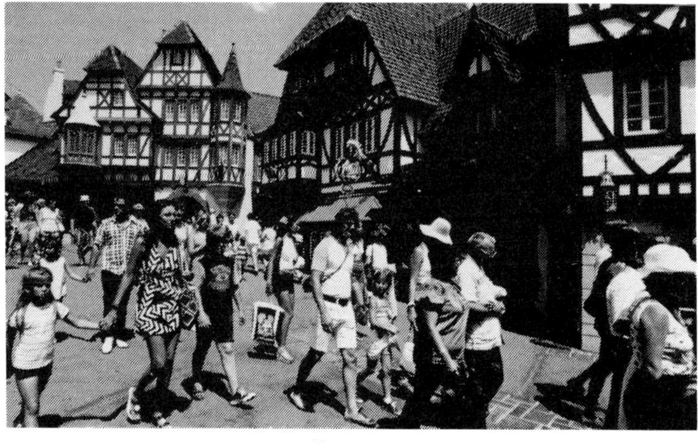

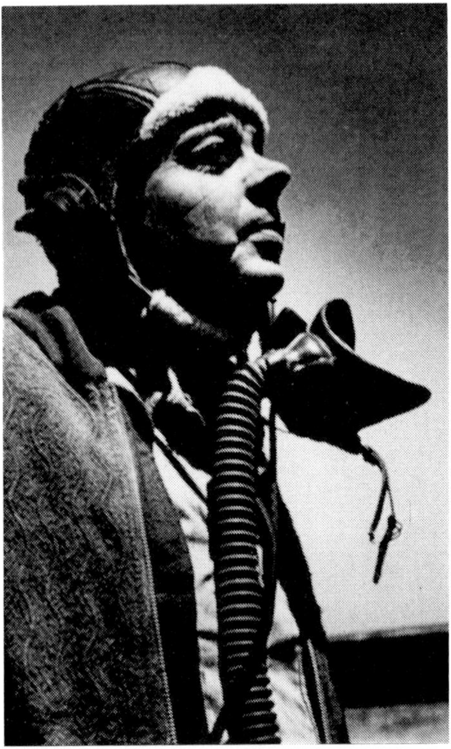

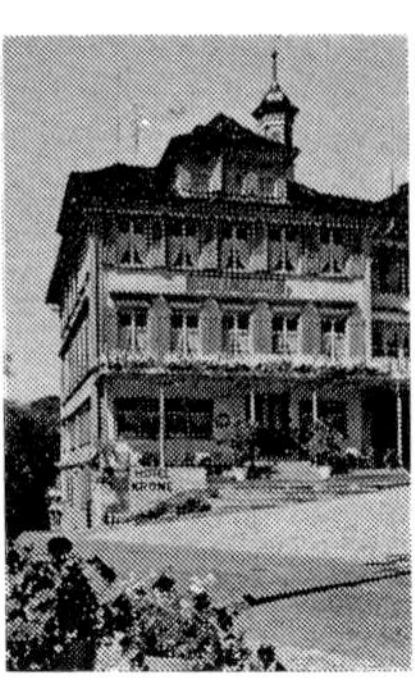
KRONE

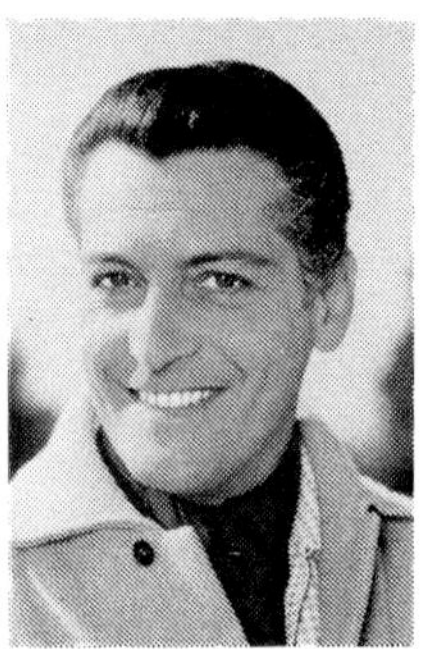

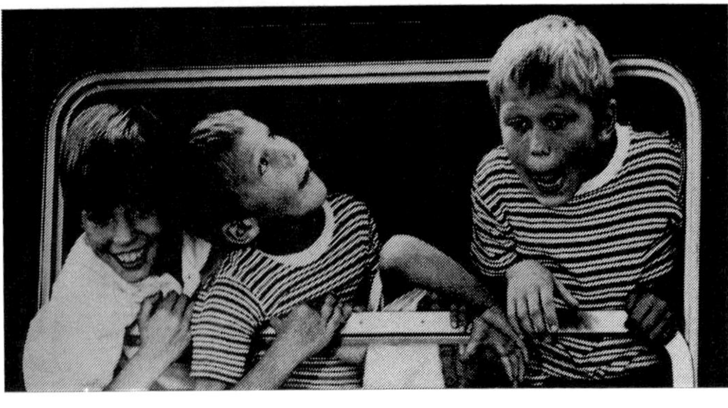

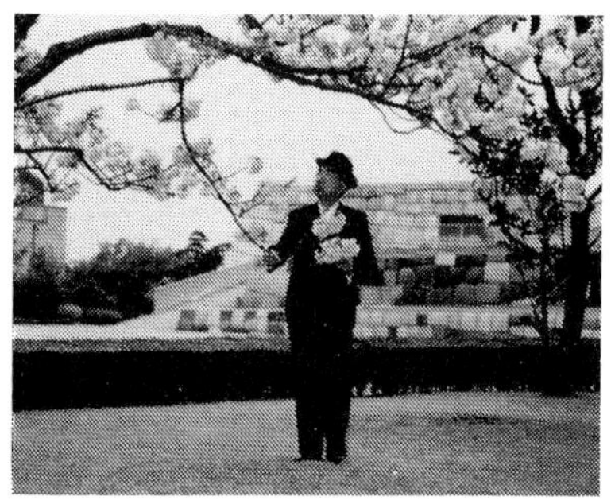

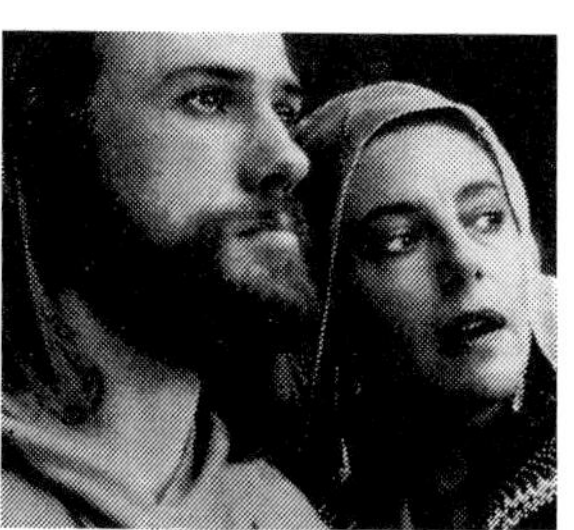

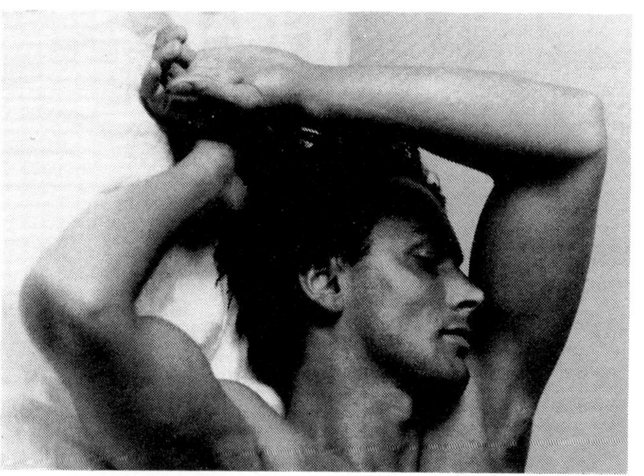

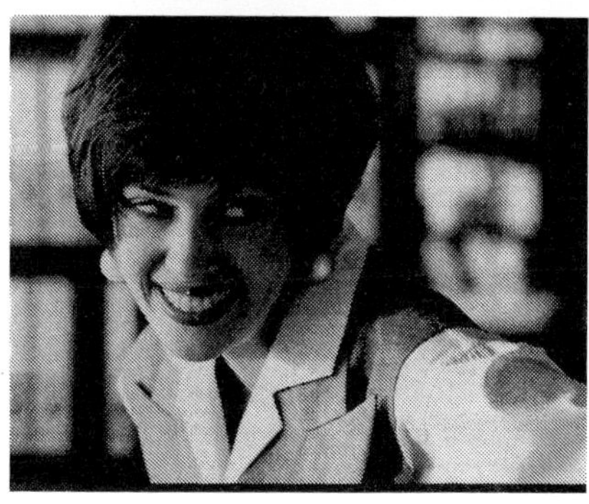

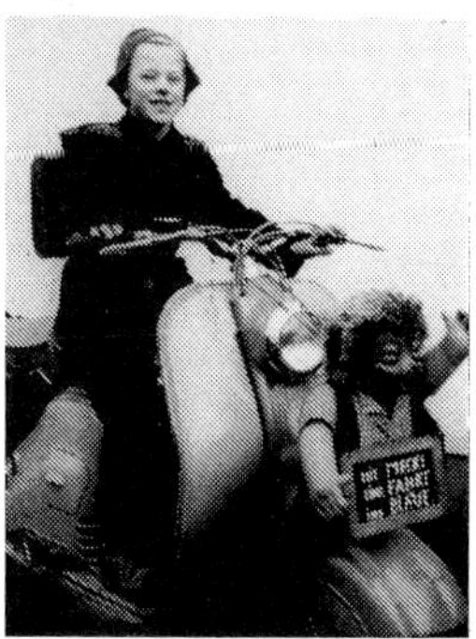

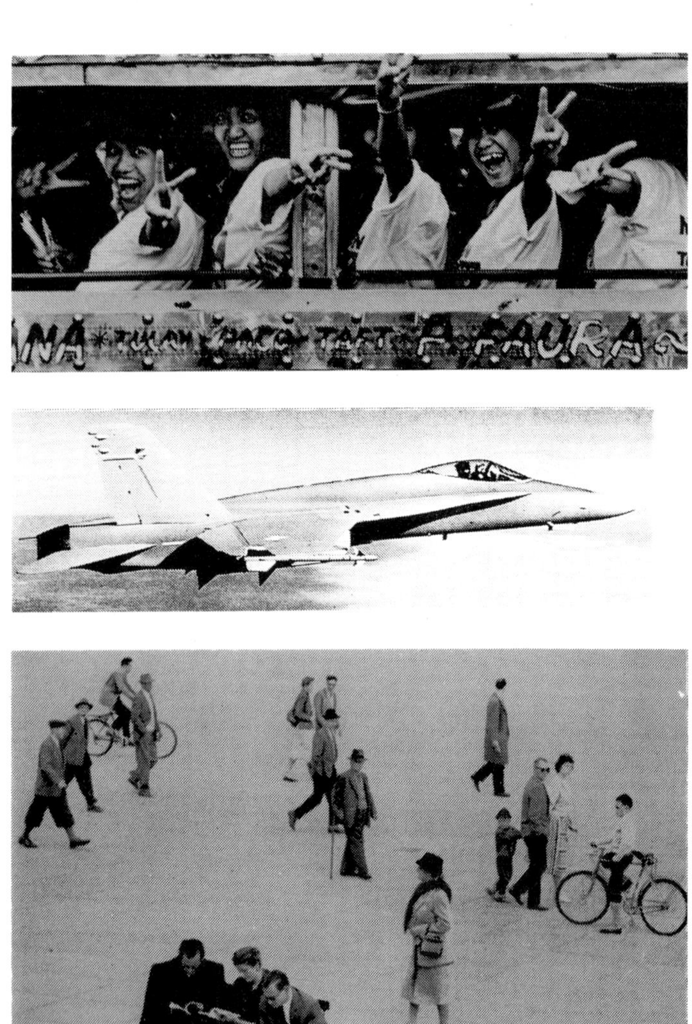

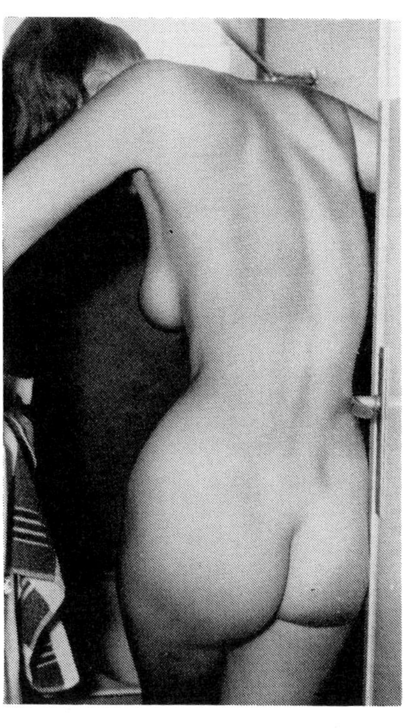
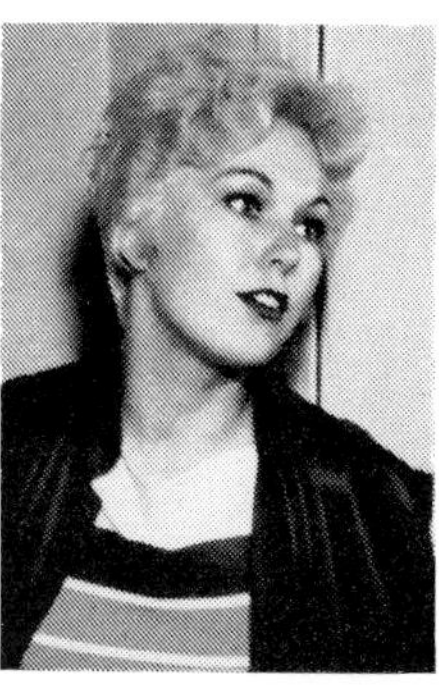
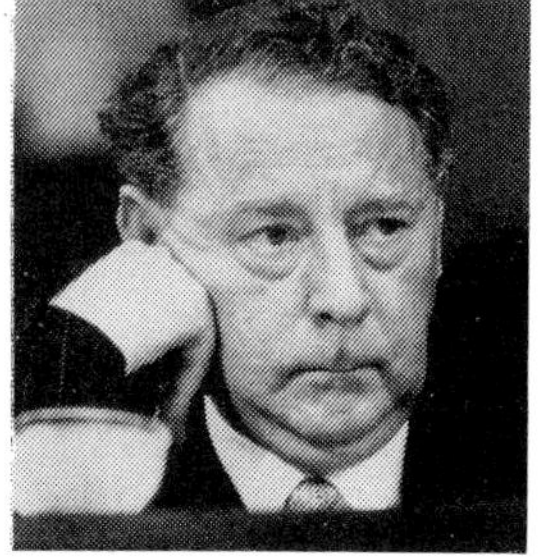
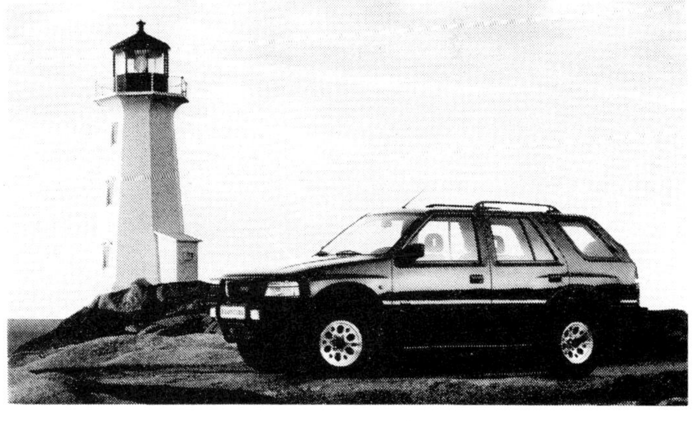

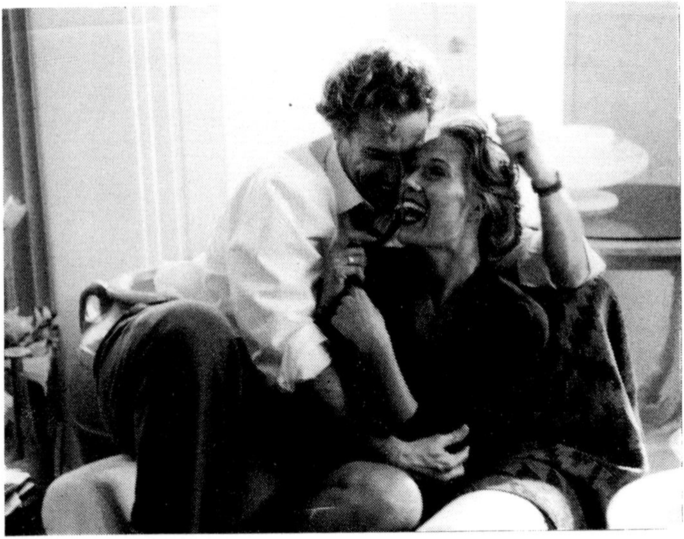

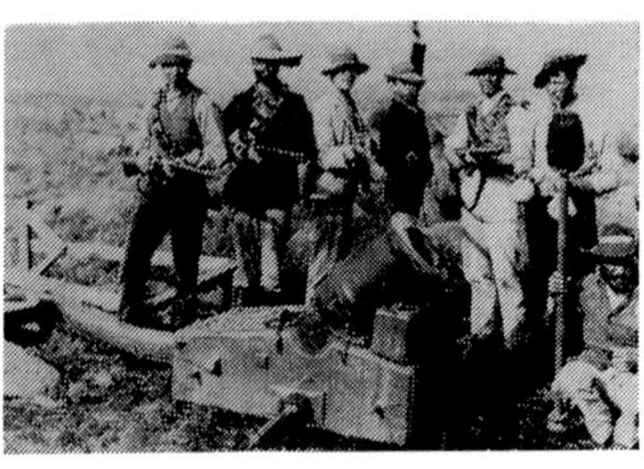

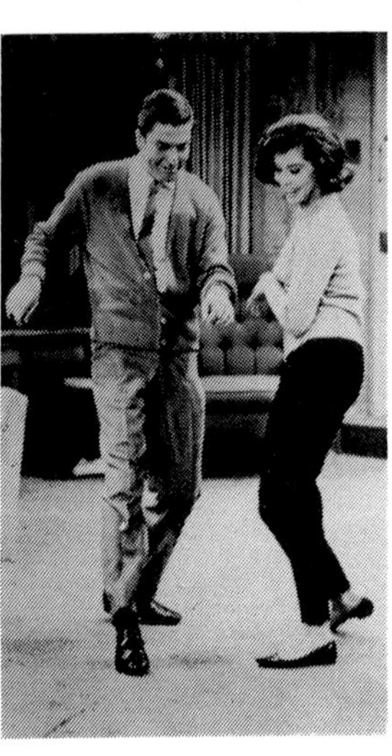

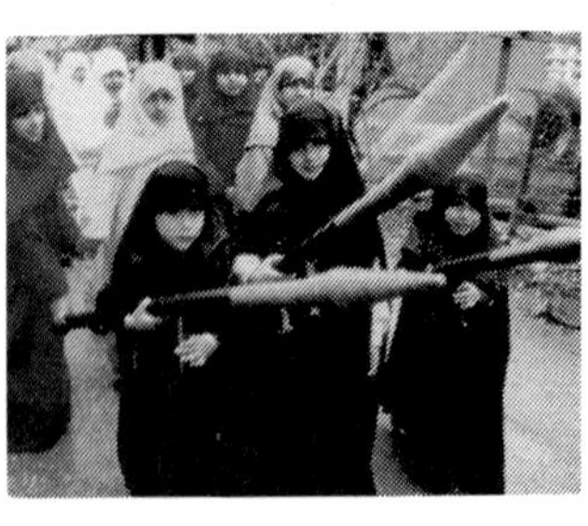

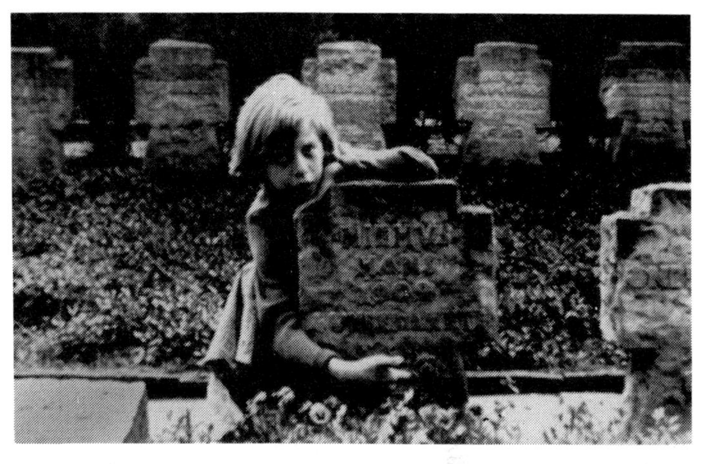

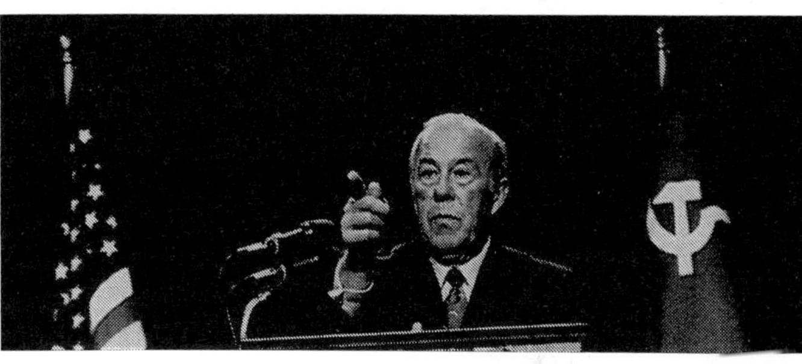

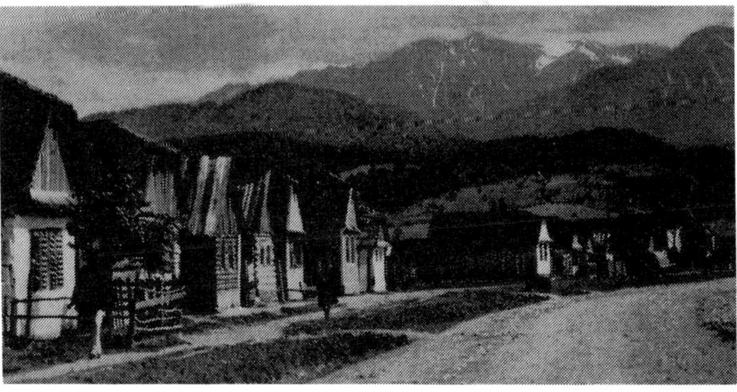

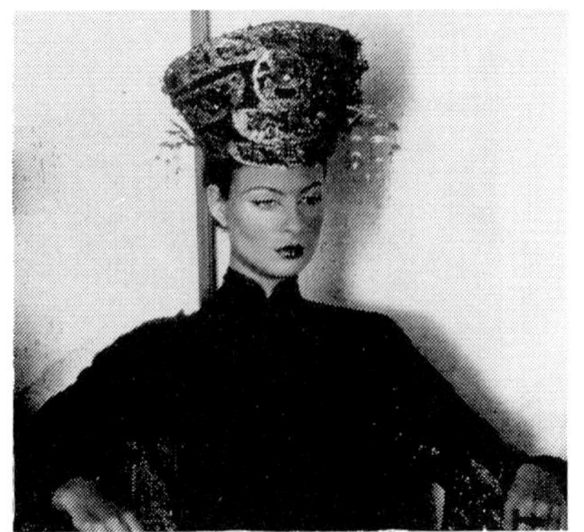

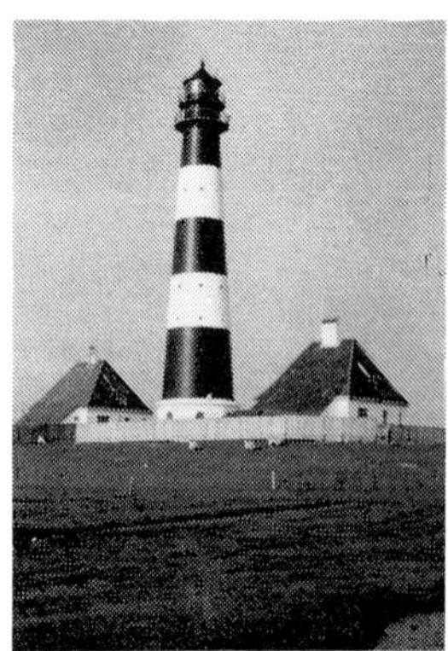

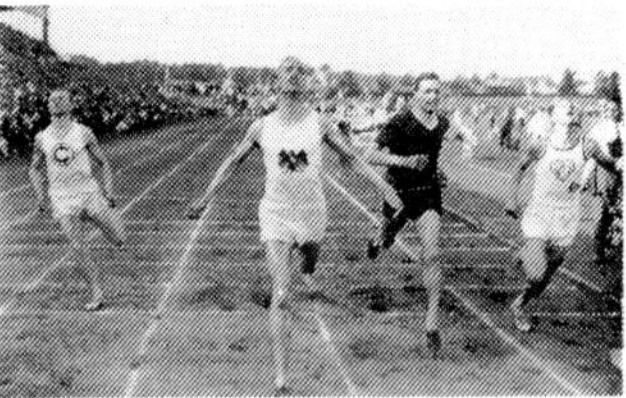

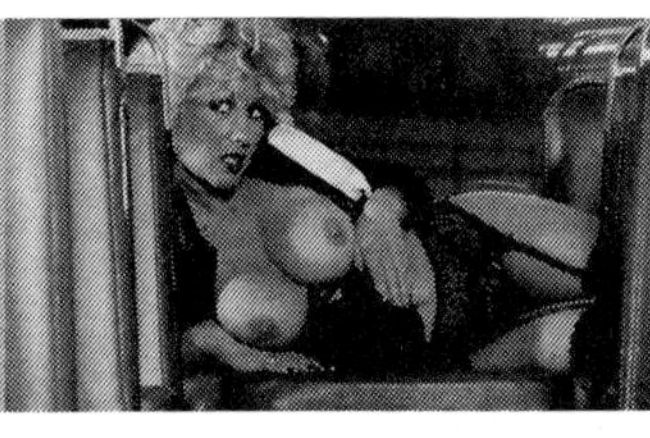

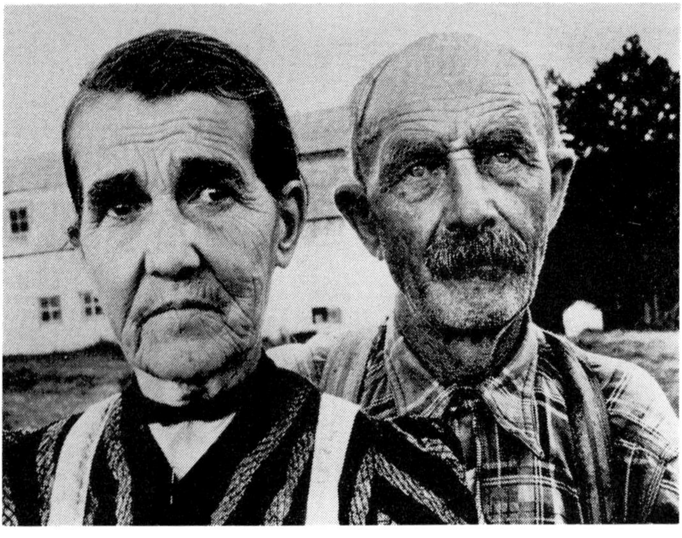

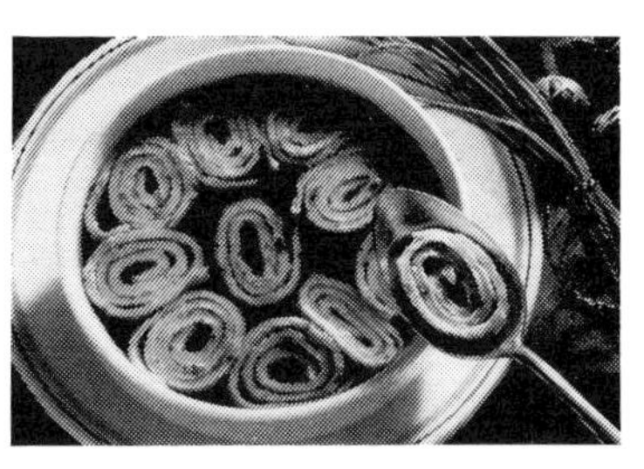

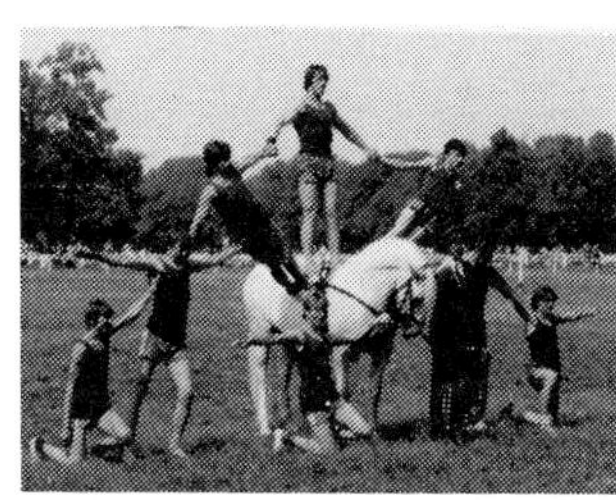

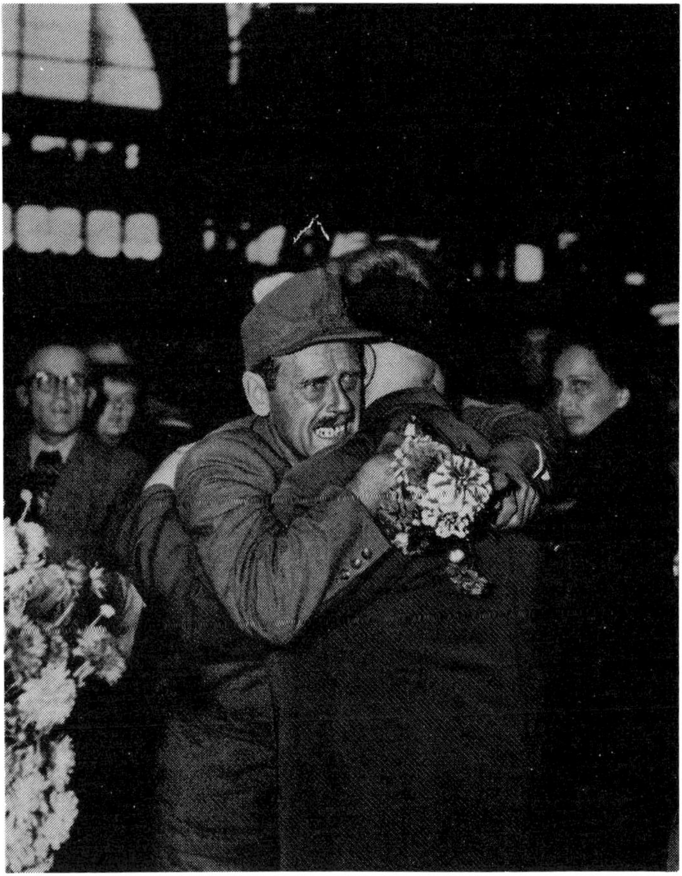

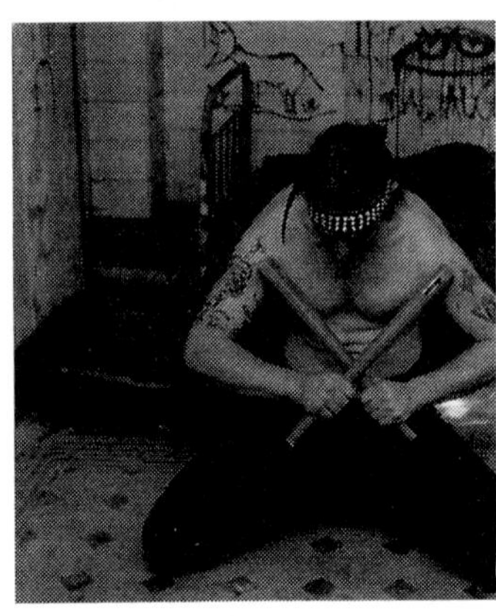

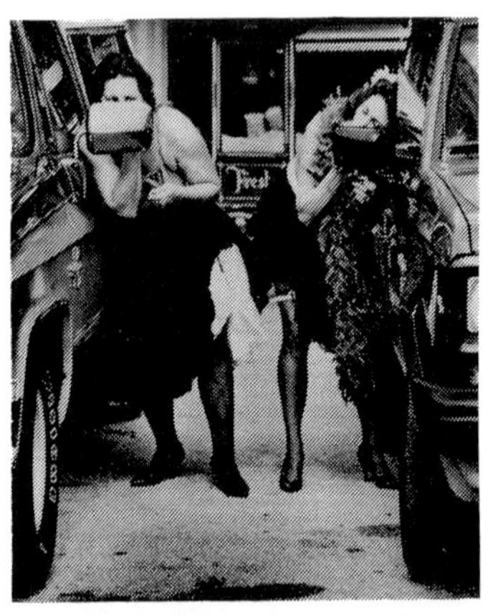

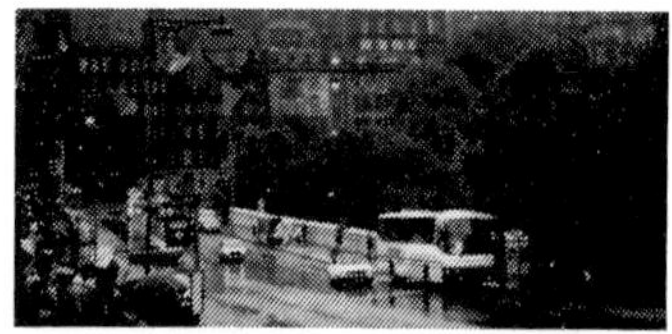

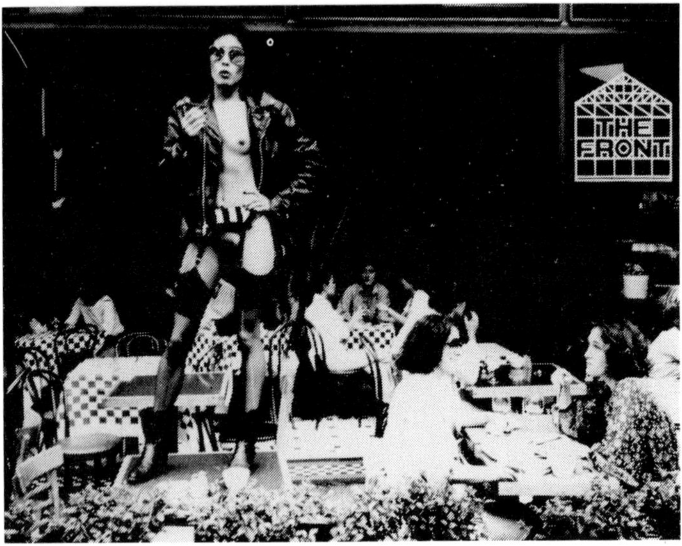

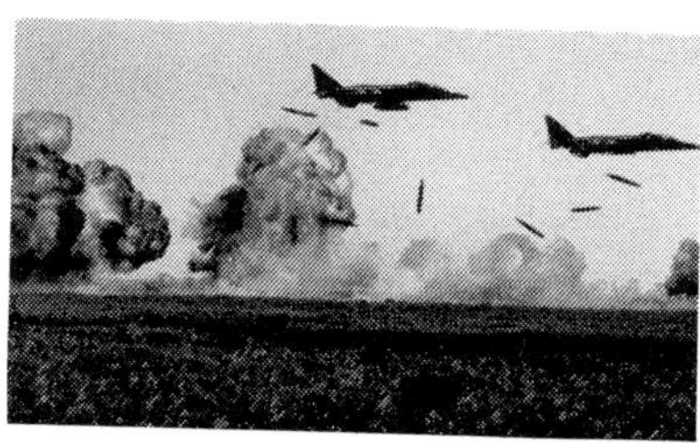

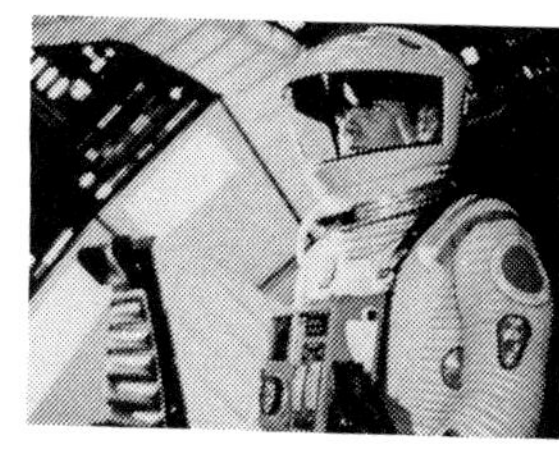

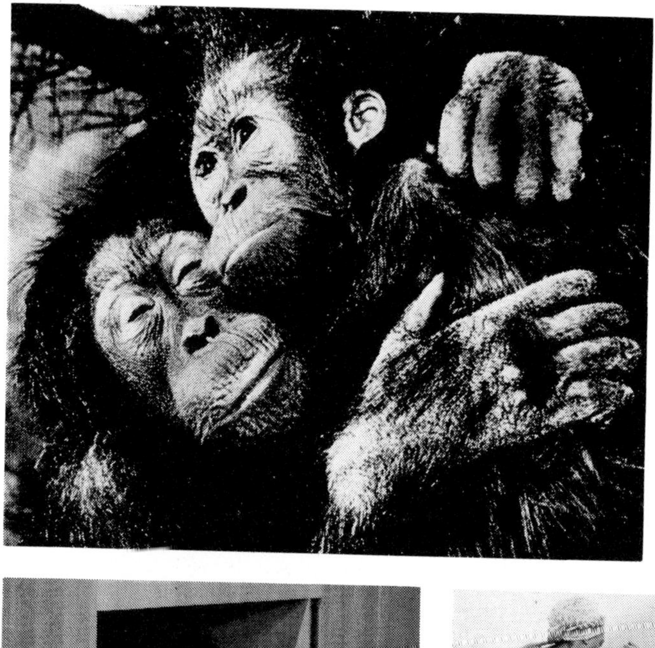

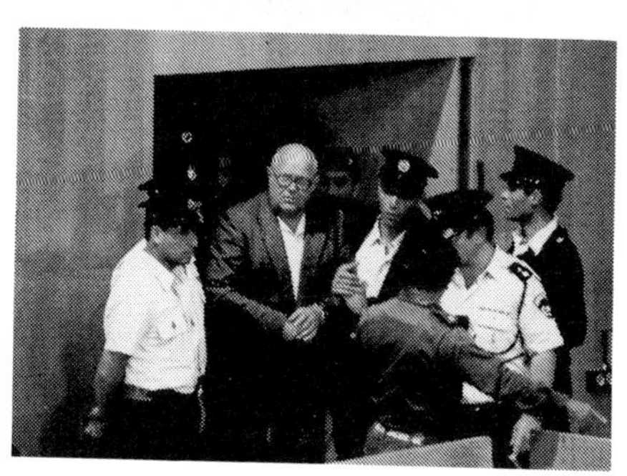

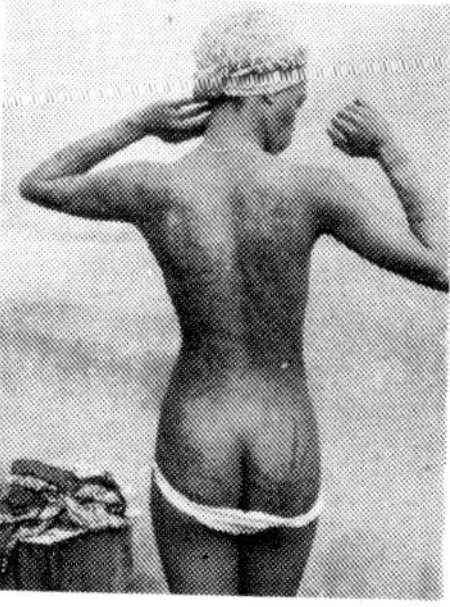

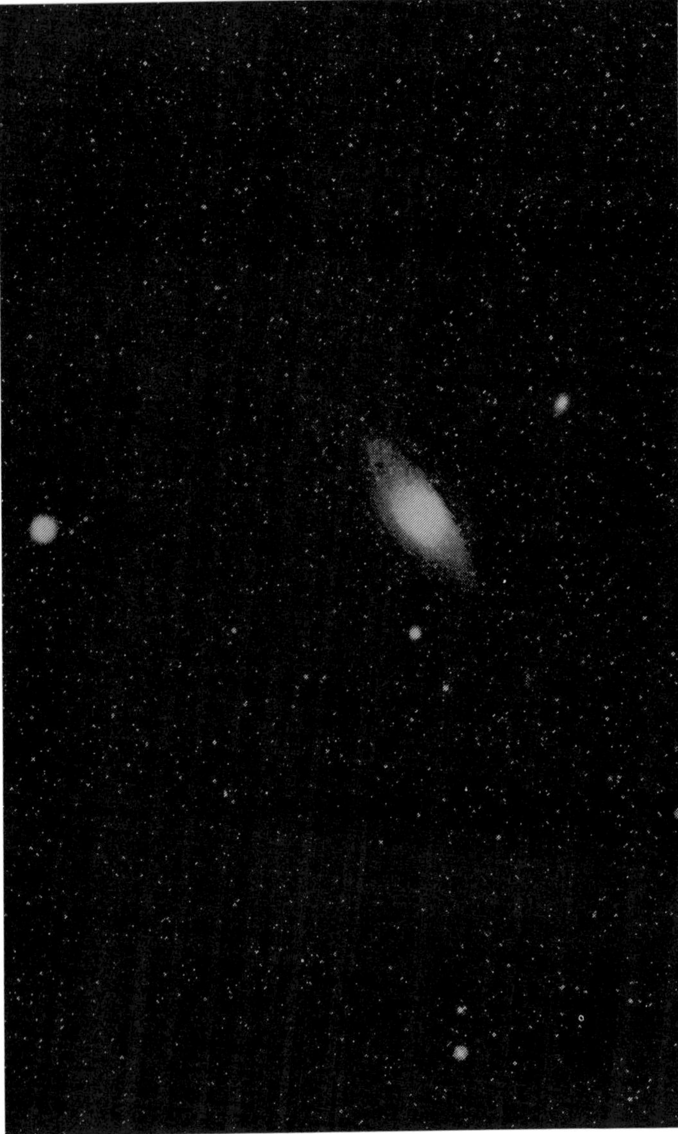

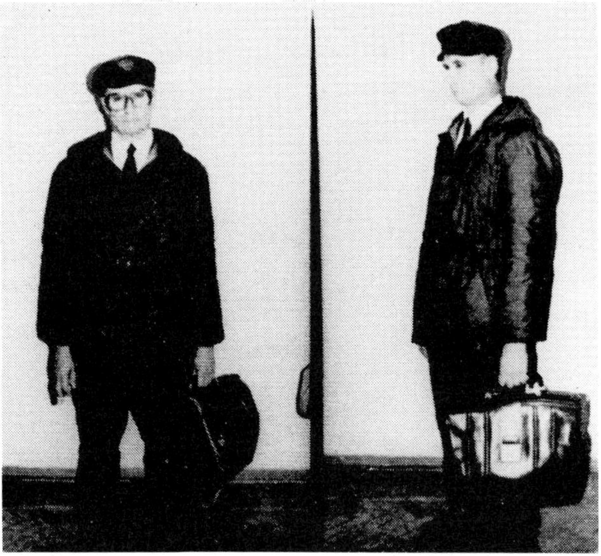

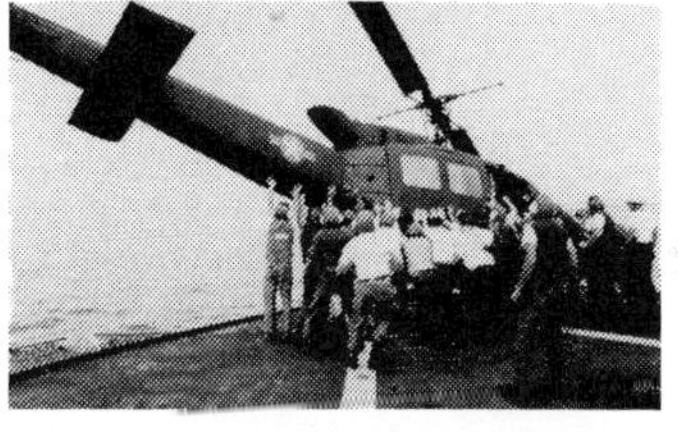

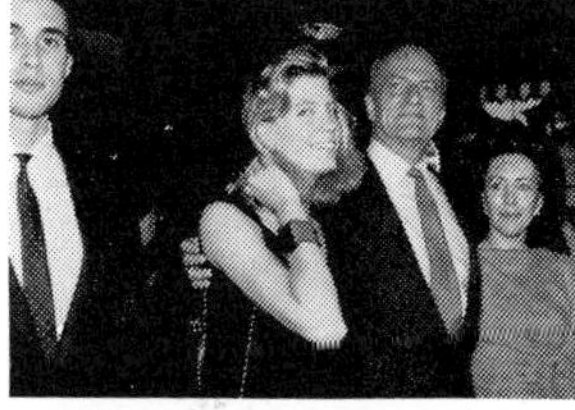

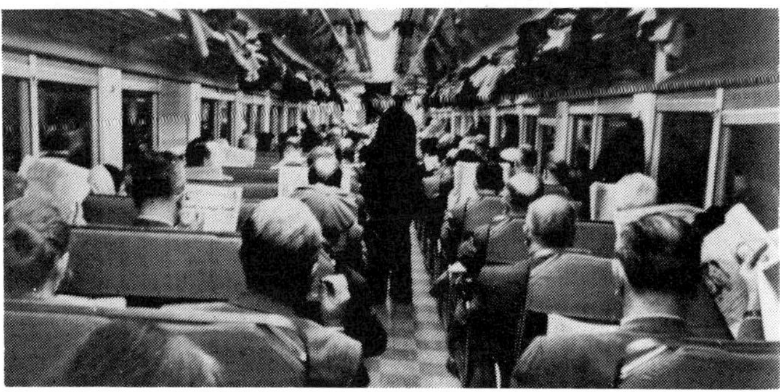

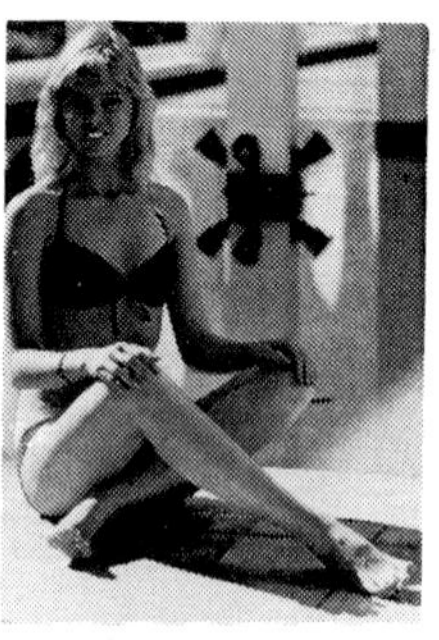

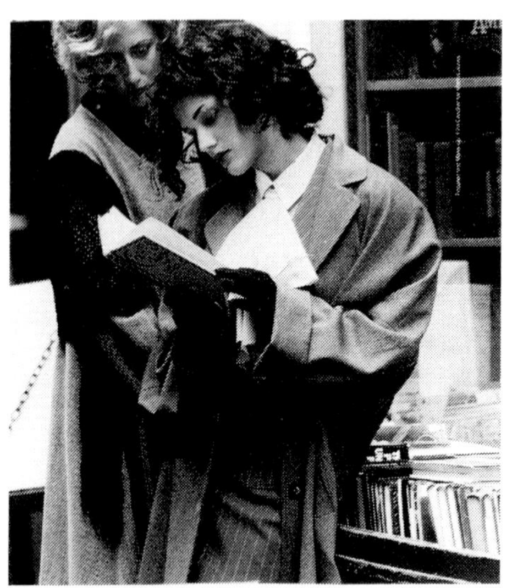

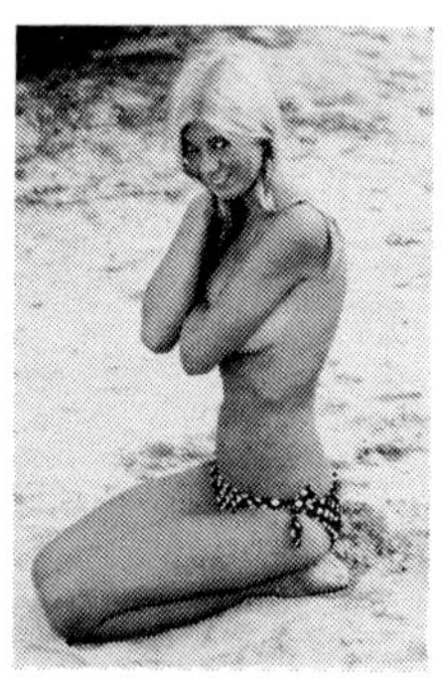

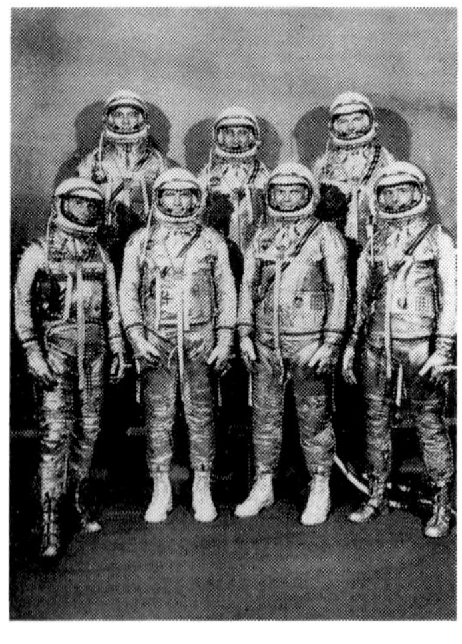

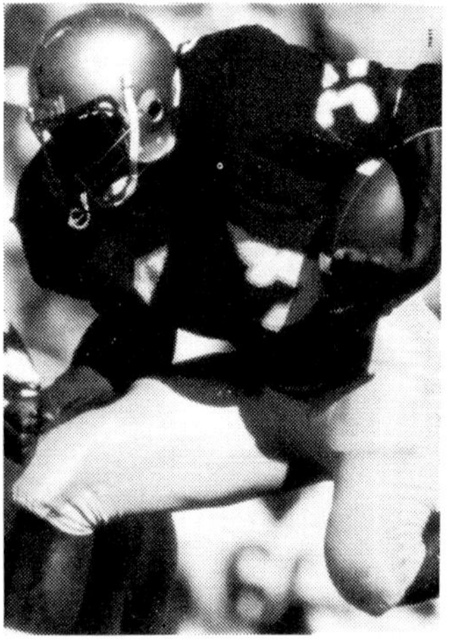

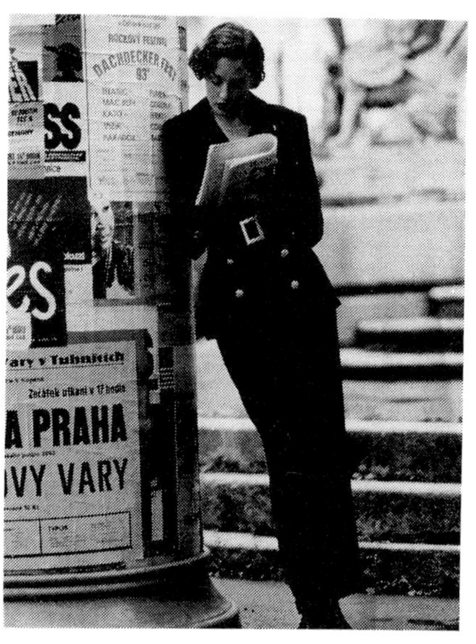
DACHDECKER FEST
93'
Vary v Tuhnicích
Začátek utkání v 17 hodin
A PRAHA
OVY VARY

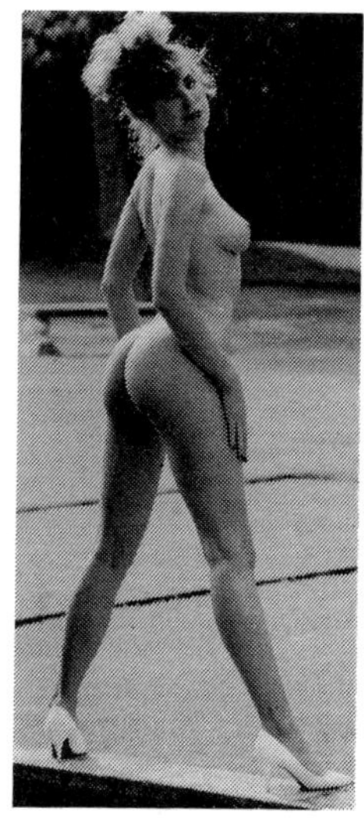

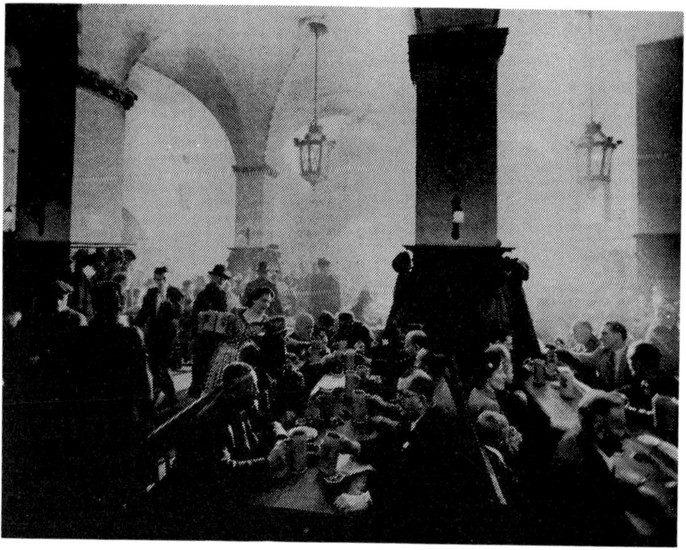

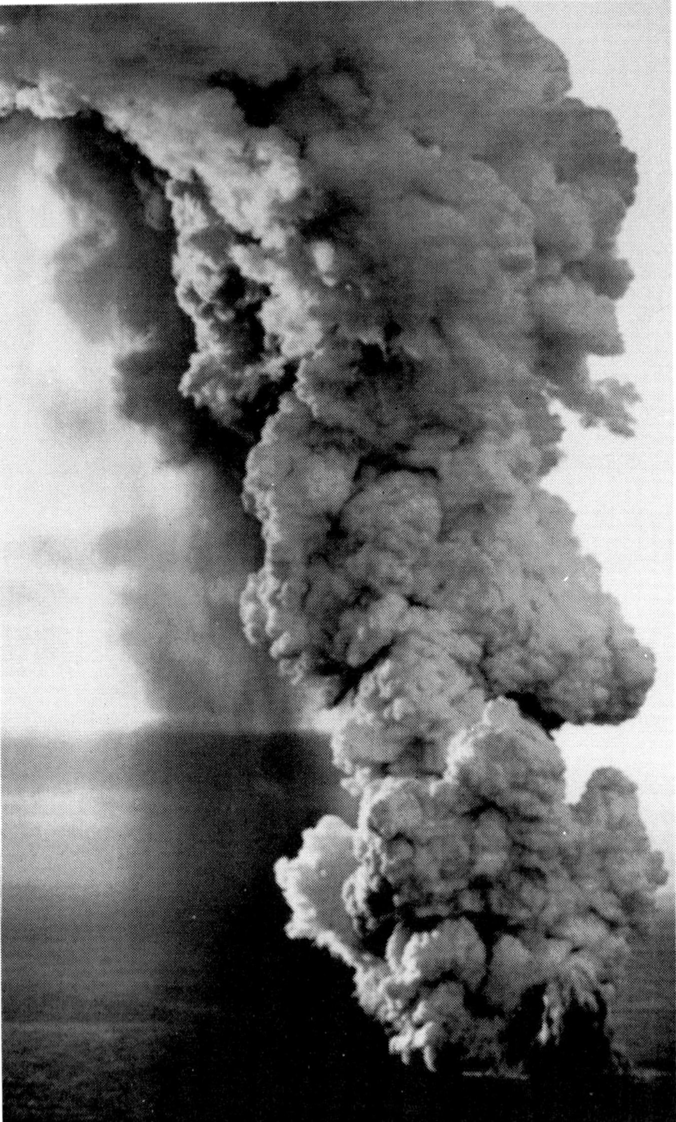

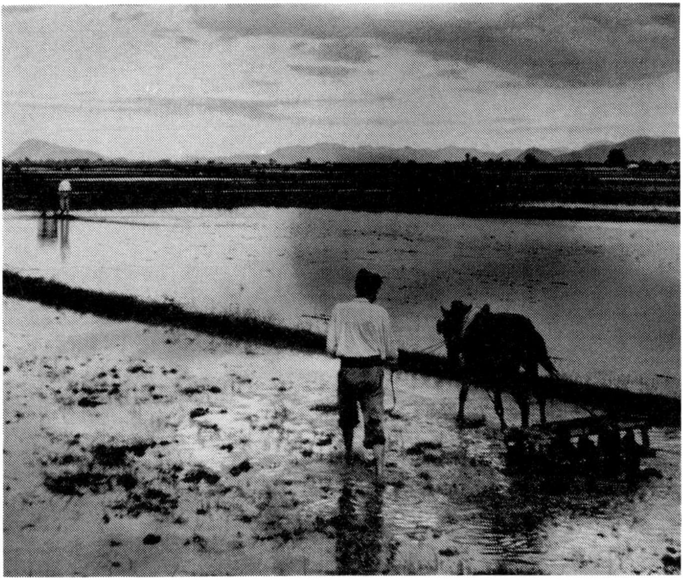

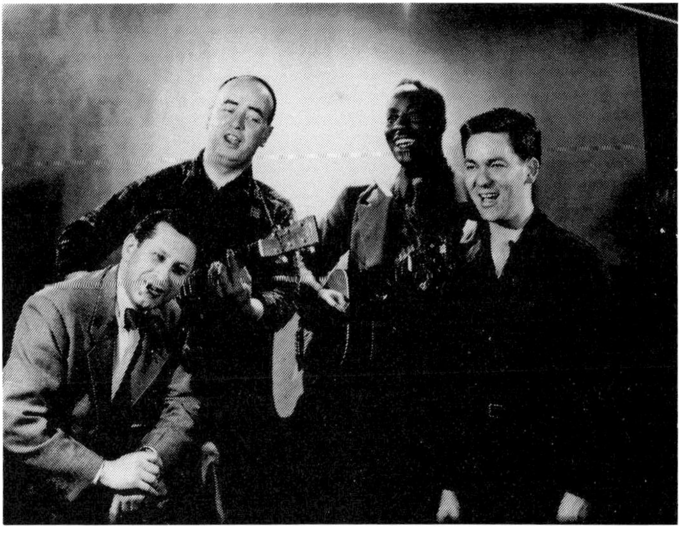

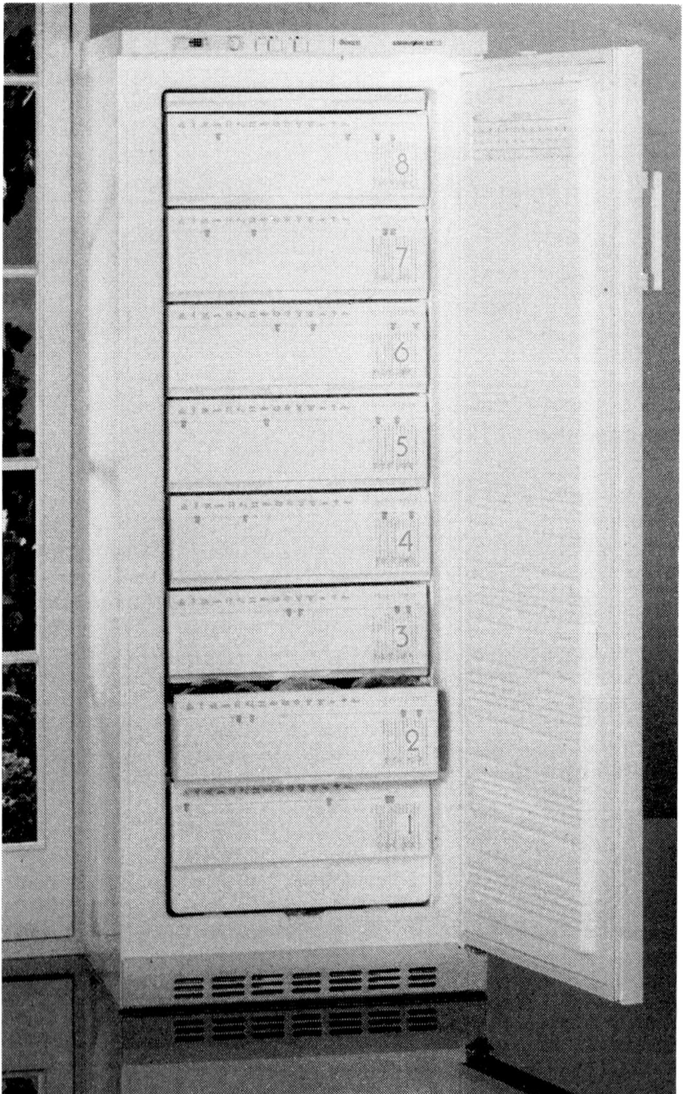

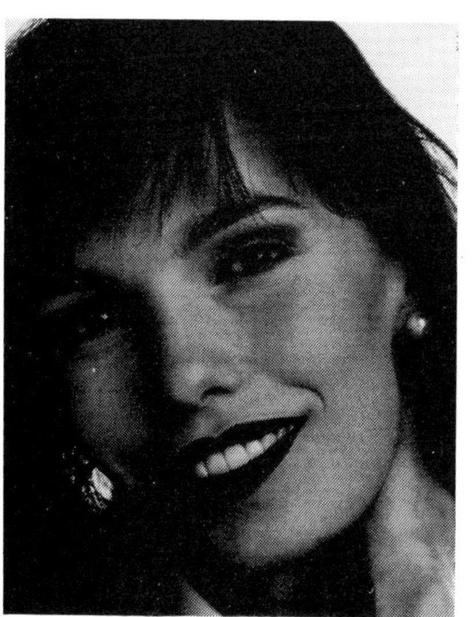

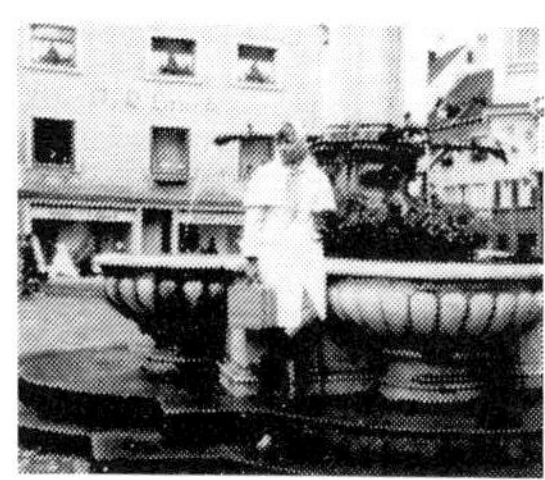

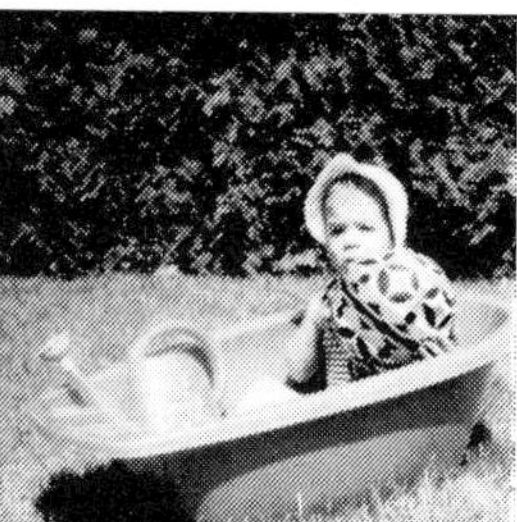

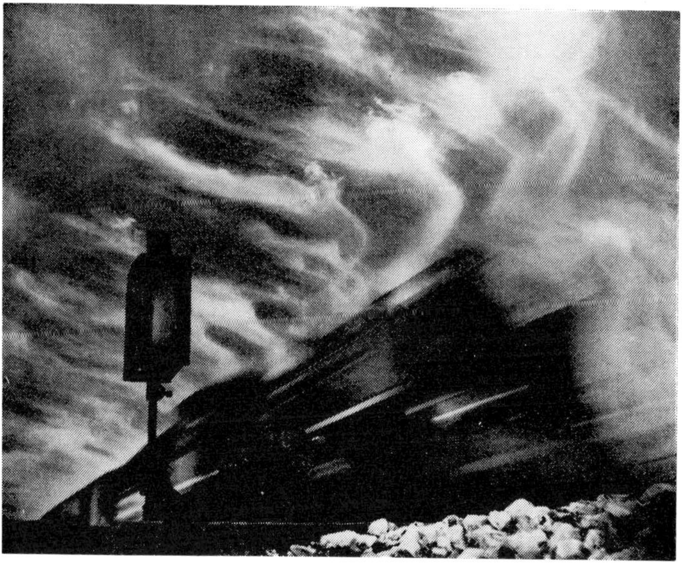

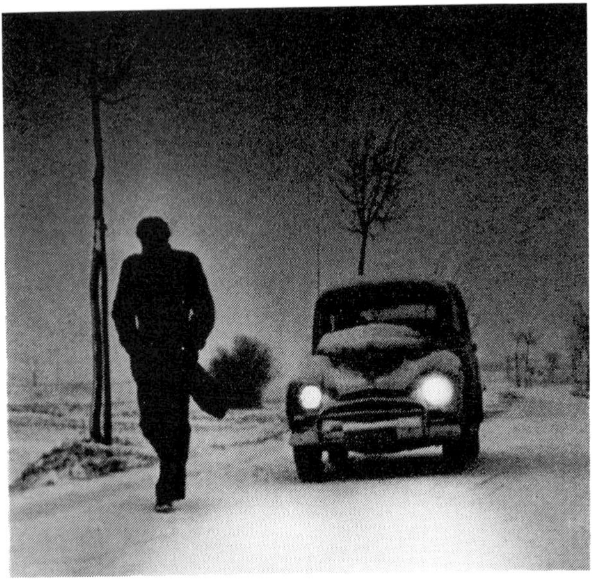

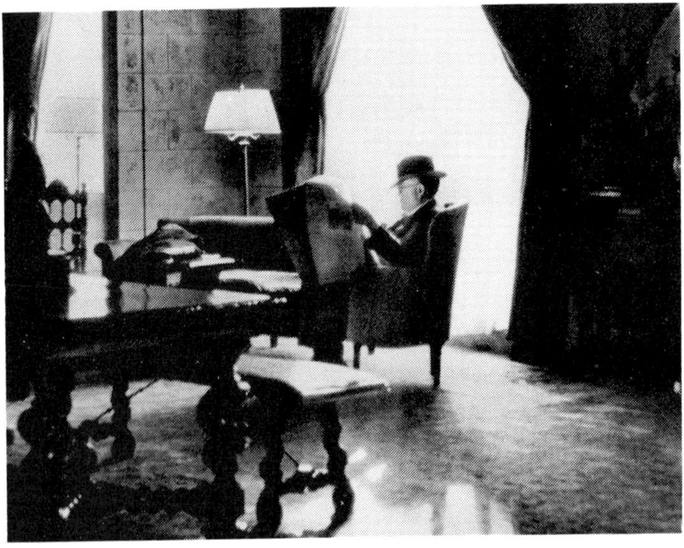

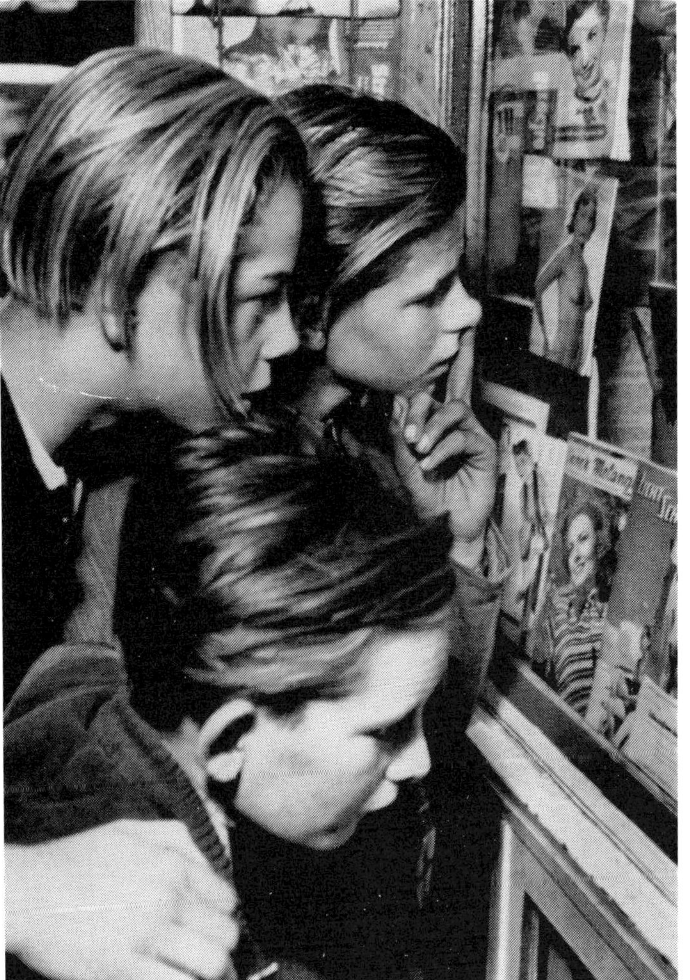

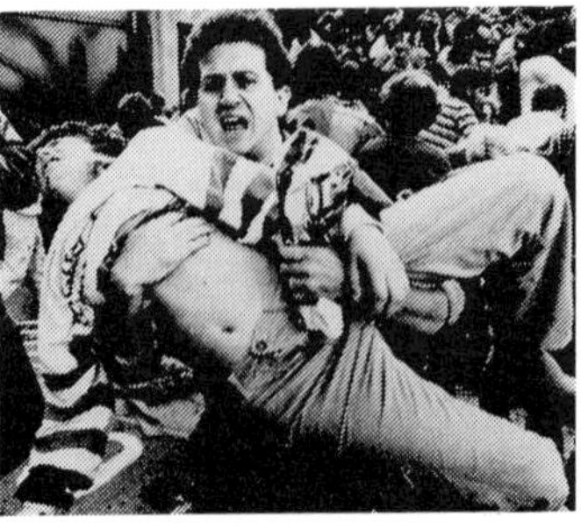

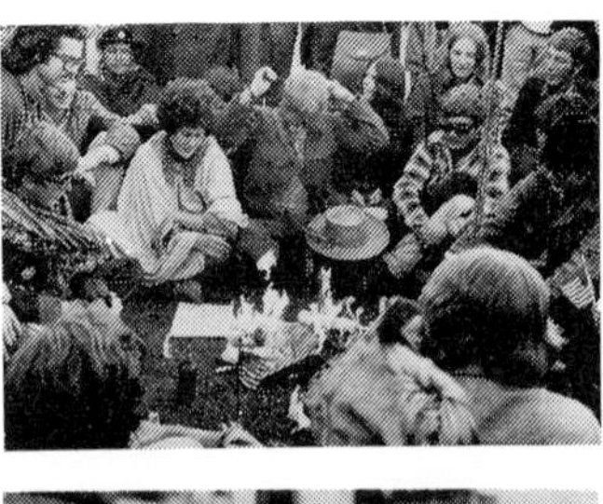

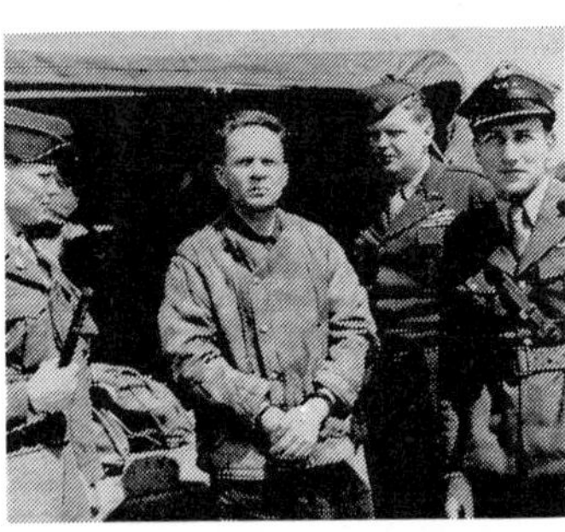

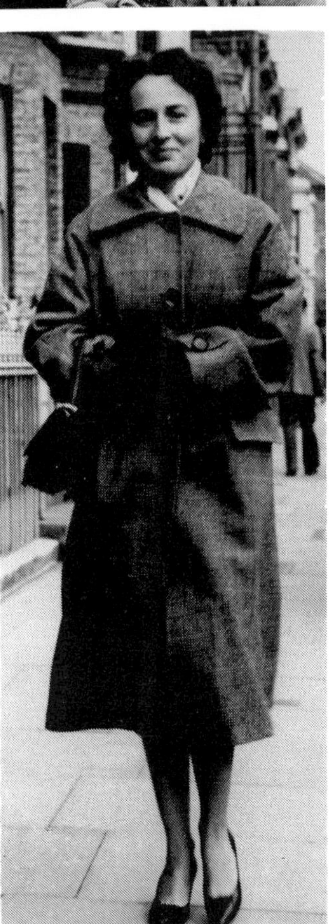

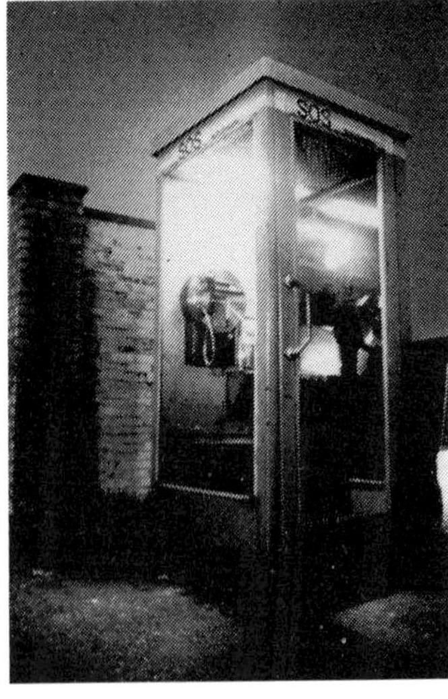

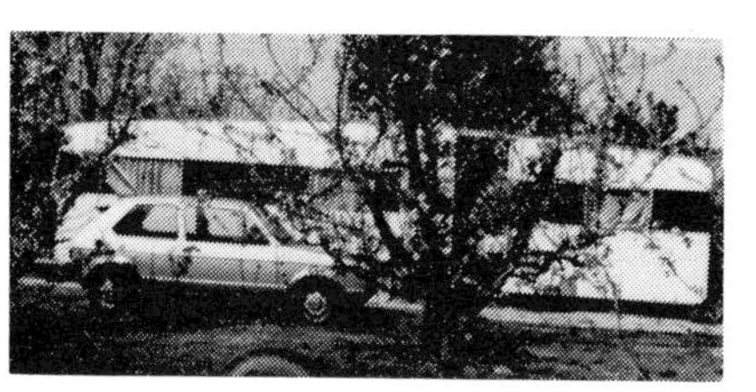

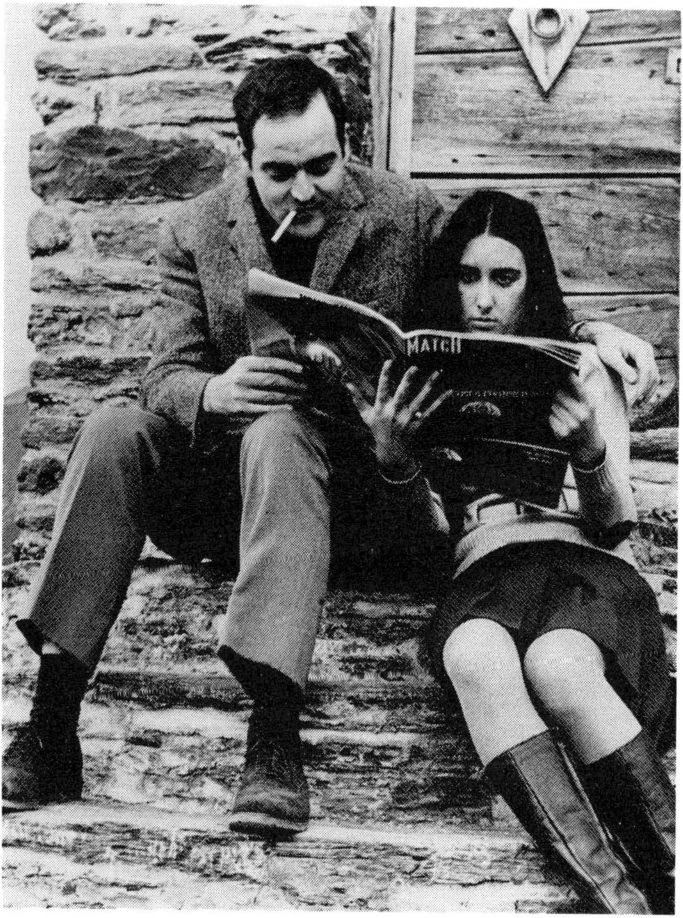

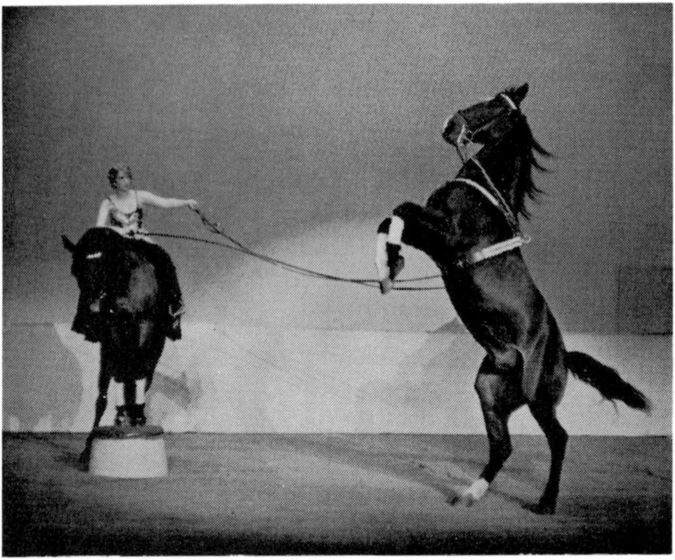

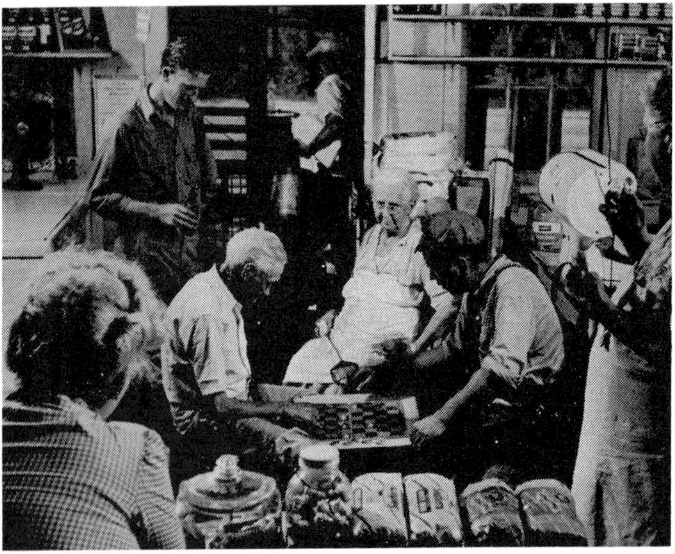

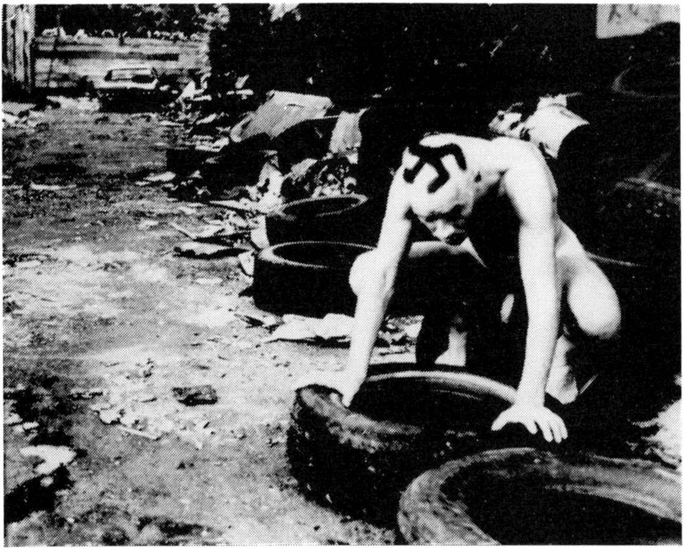

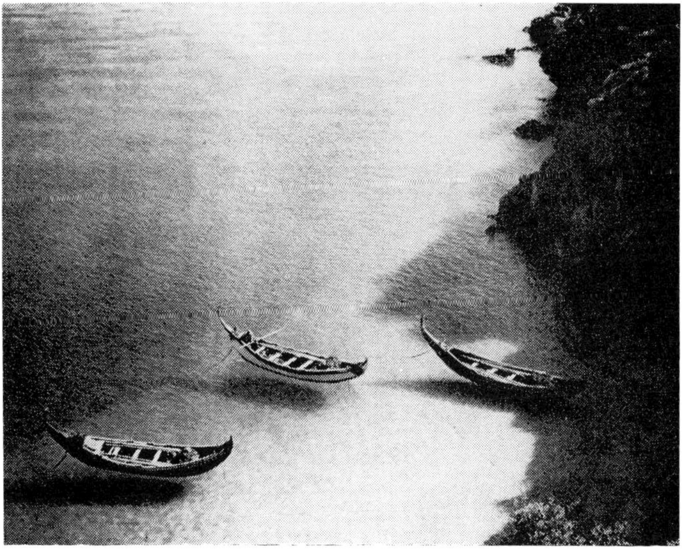

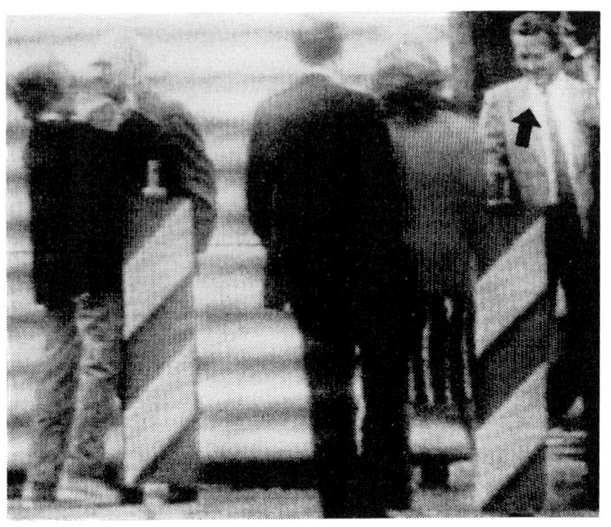

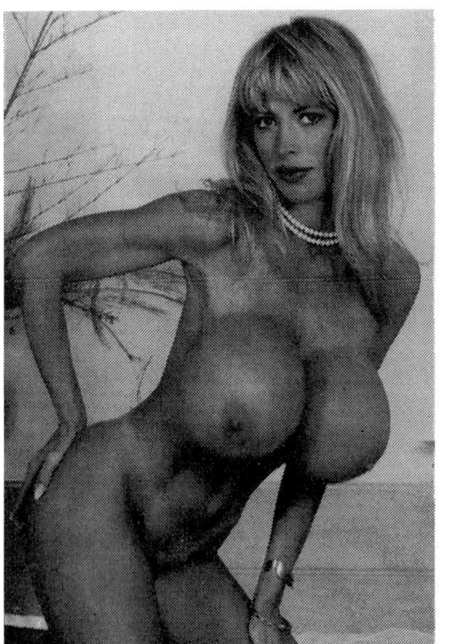

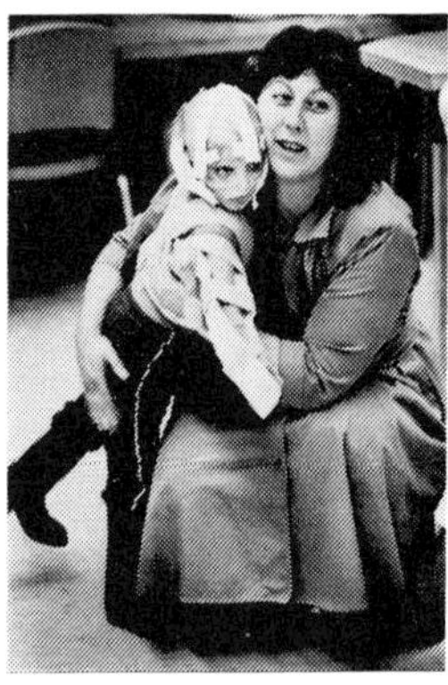

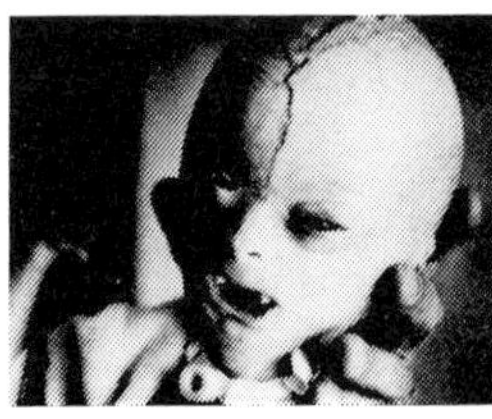

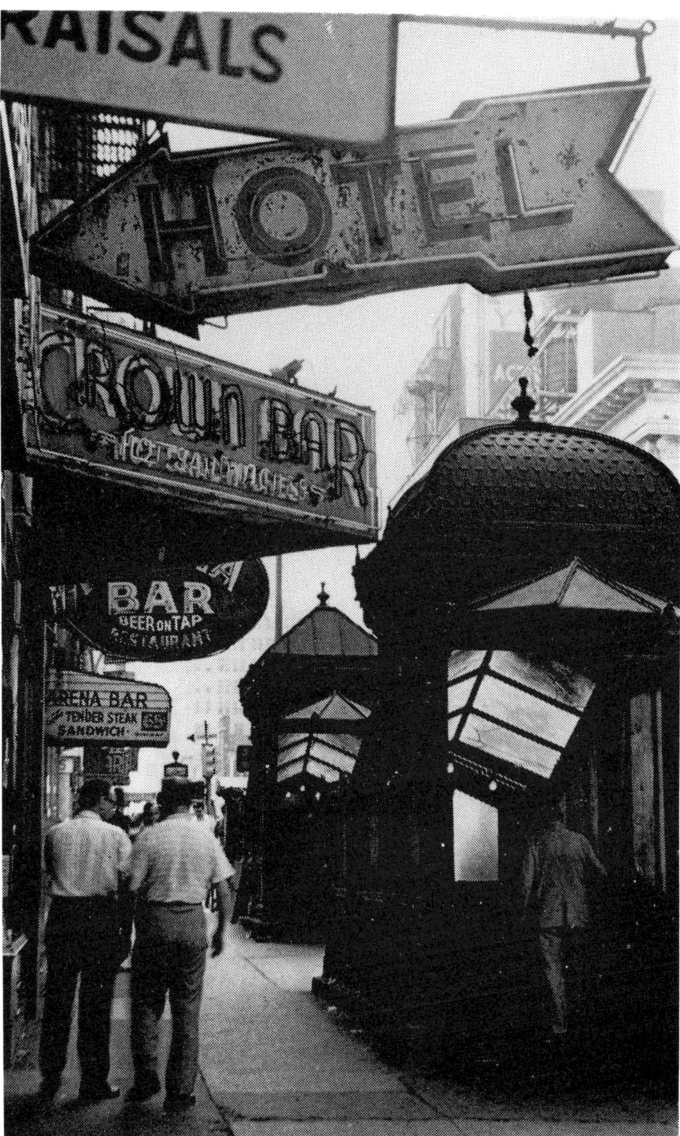

RAISALS
HOTEL
CROWN BAR
HOT SANDWICHES
BAR
BEER ON TAP
RESTAURANT
ARENA BAR
TENDER STEAK
SANDWICH

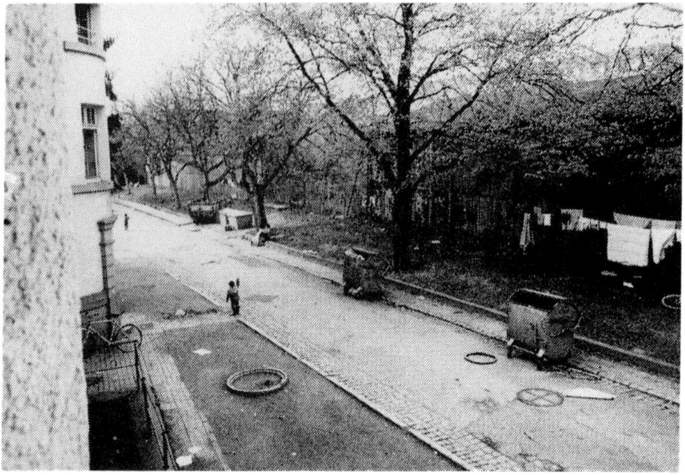

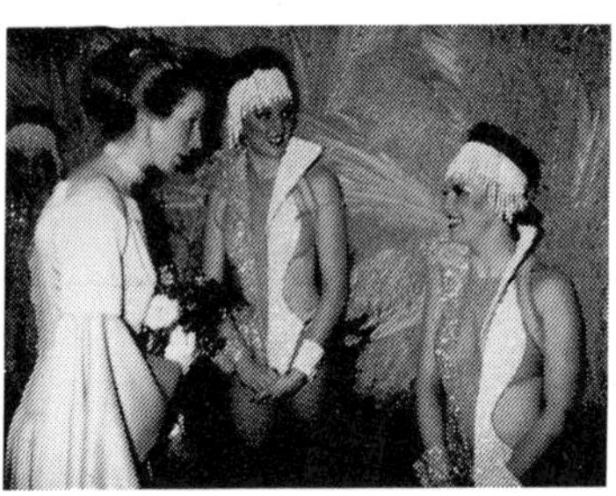

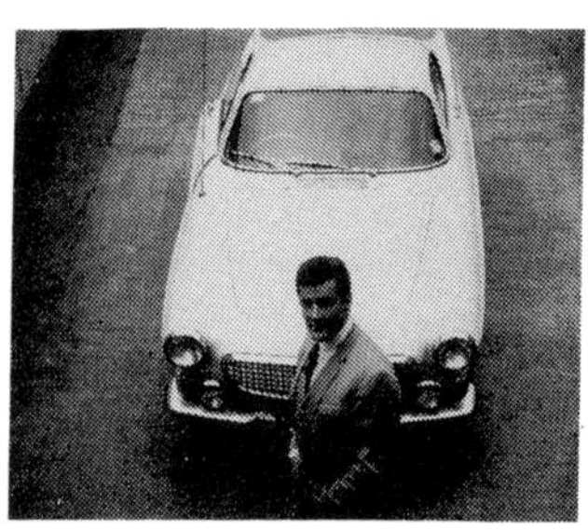

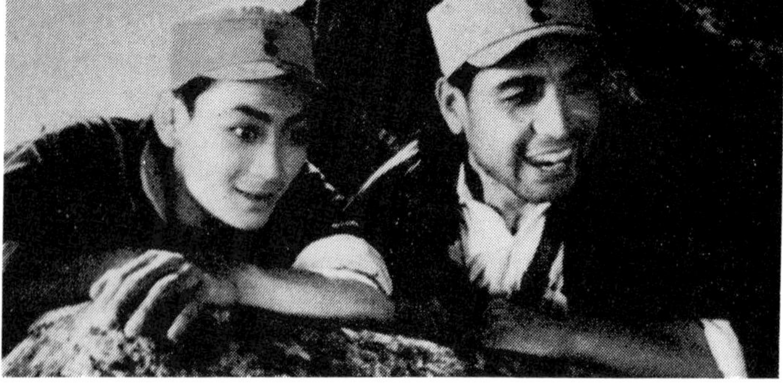

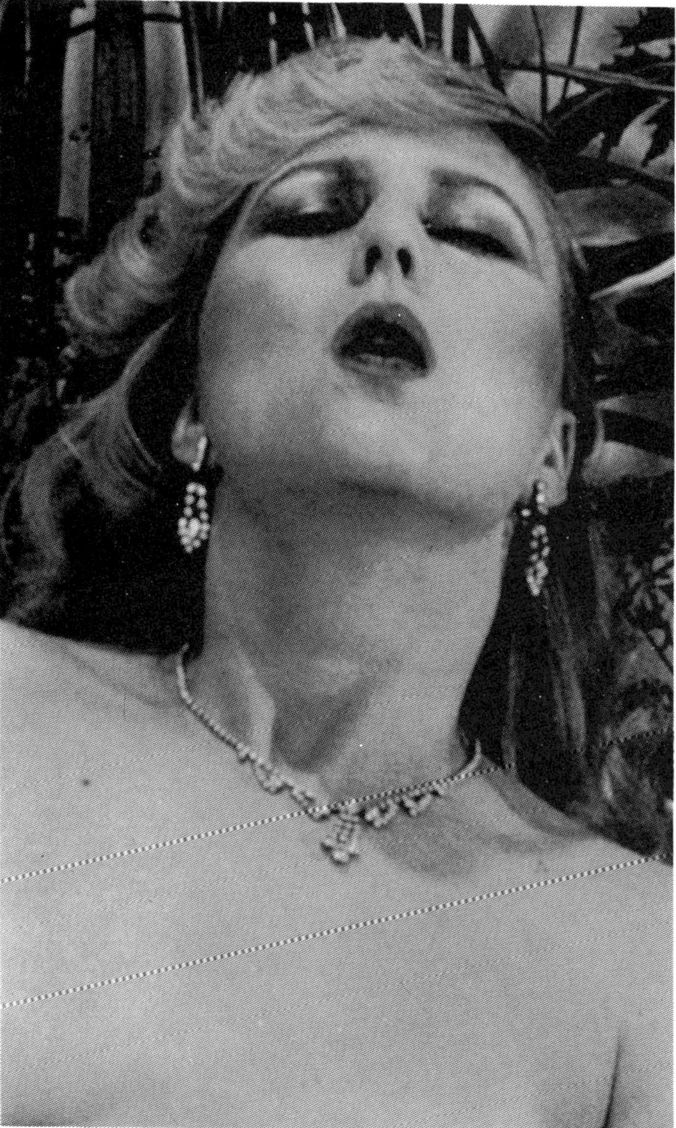

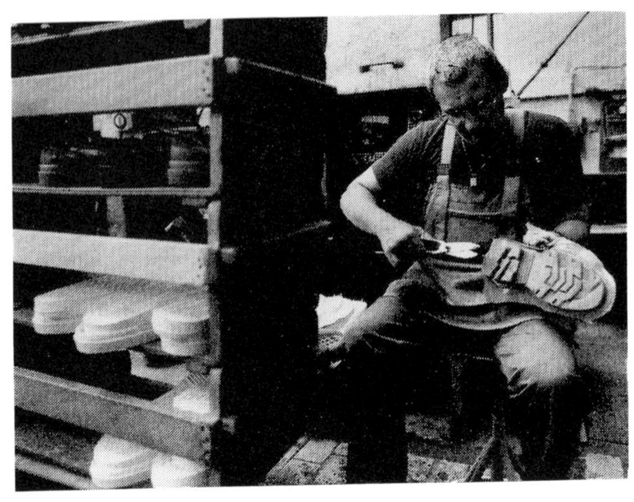

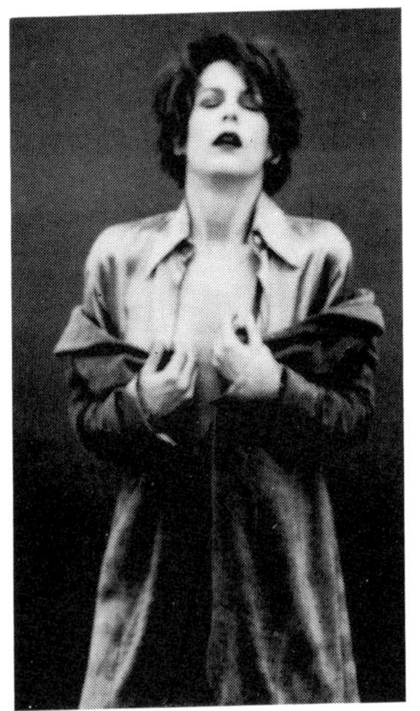

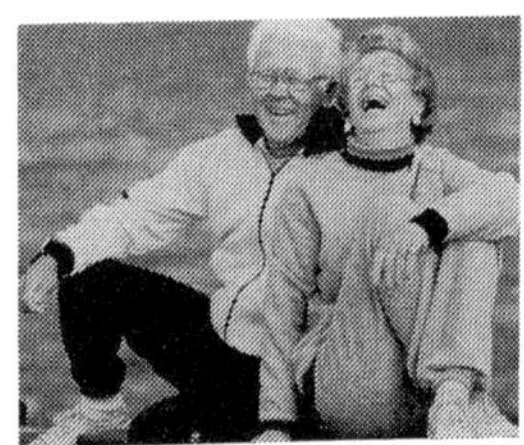

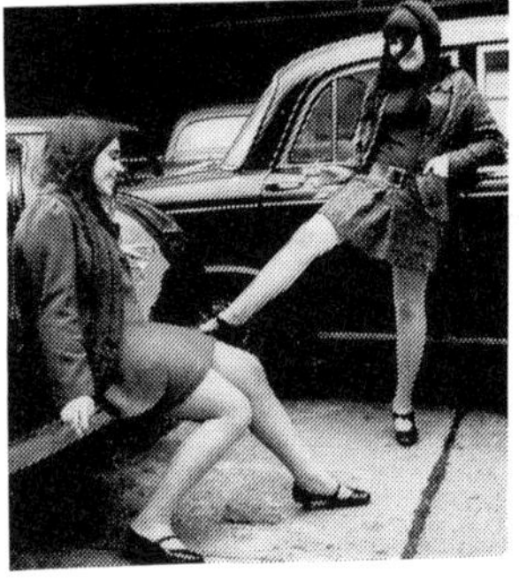

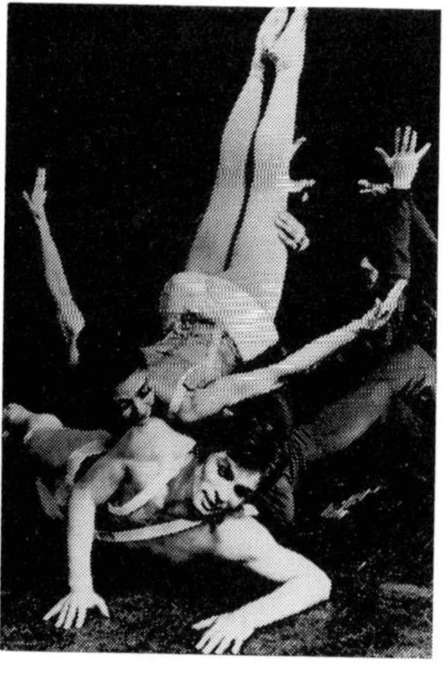

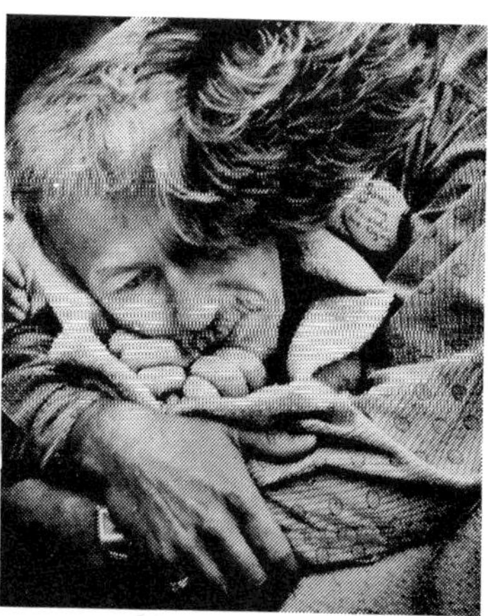

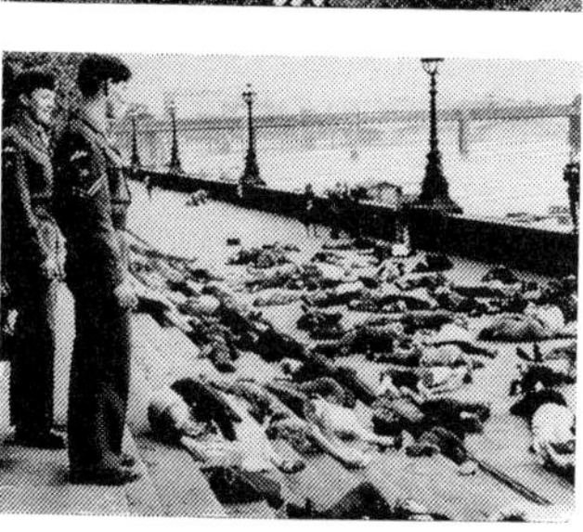

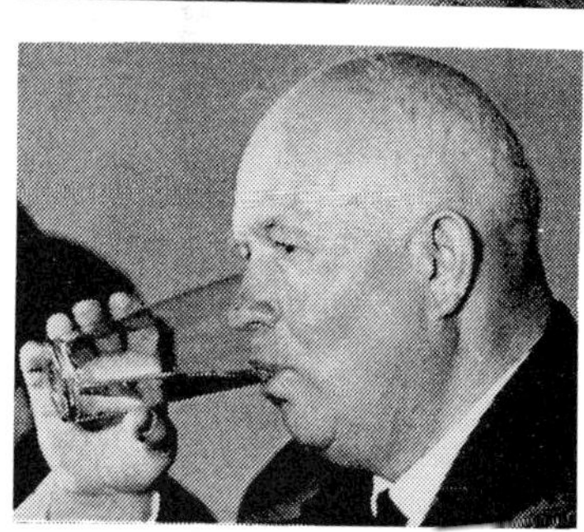

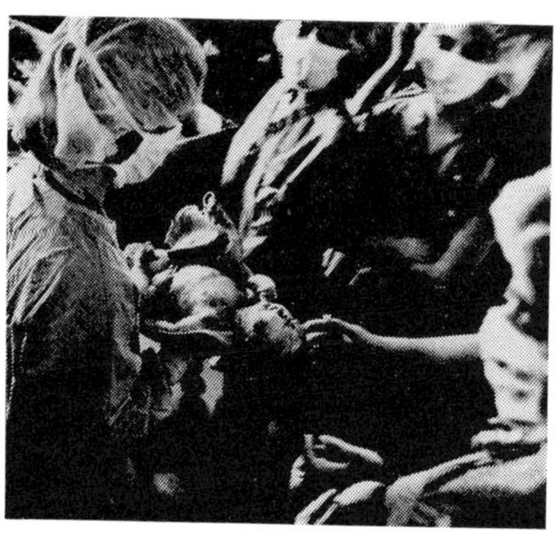

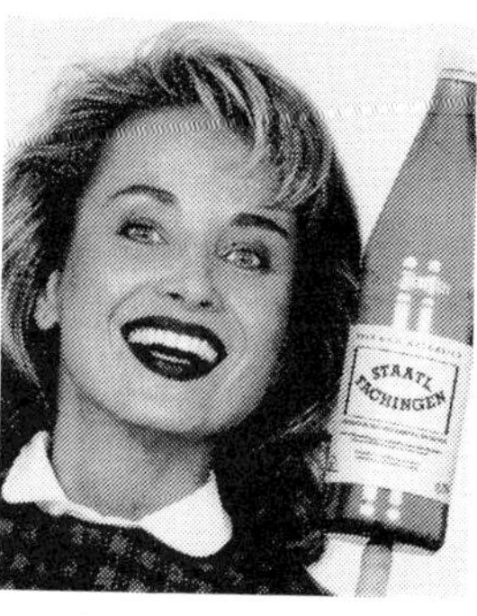
STAATL
FACHINGEN

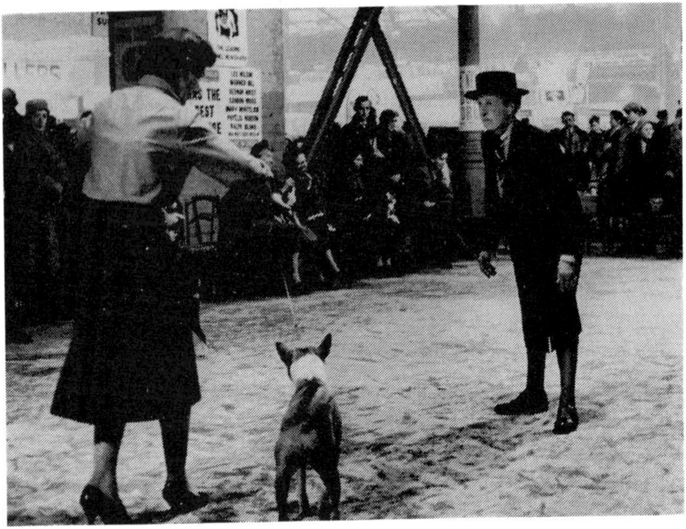

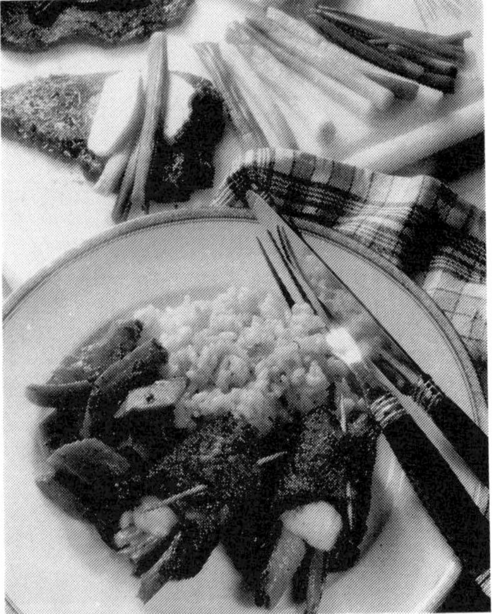

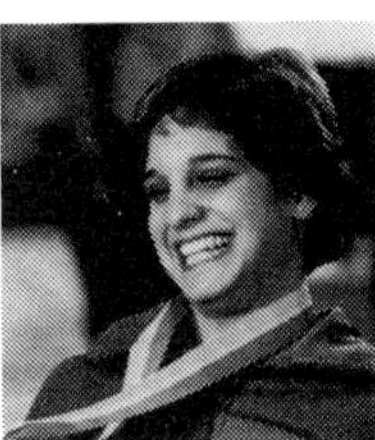

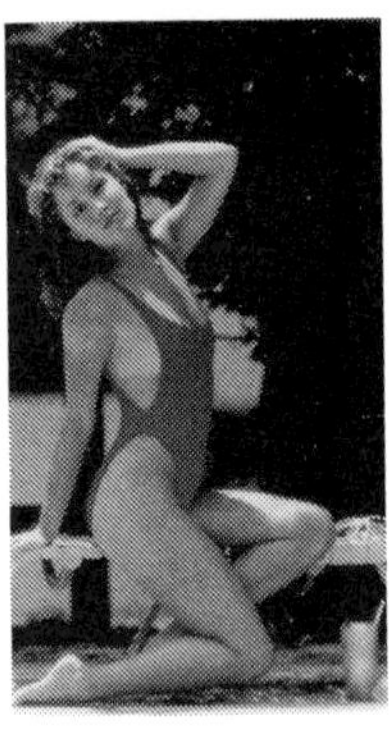

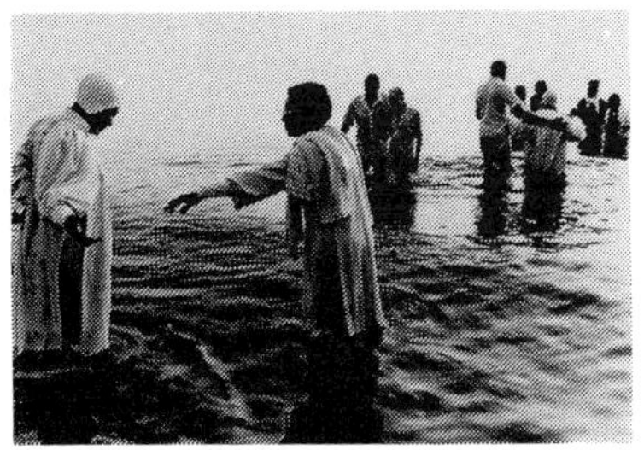
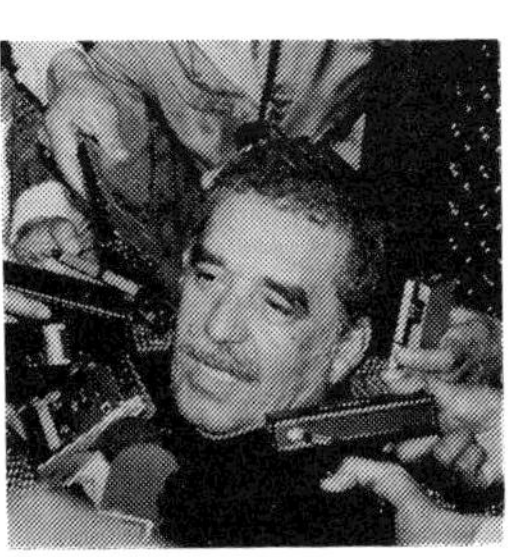
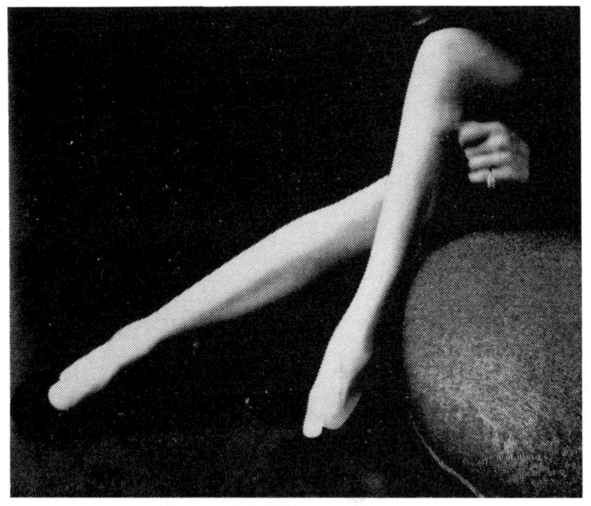
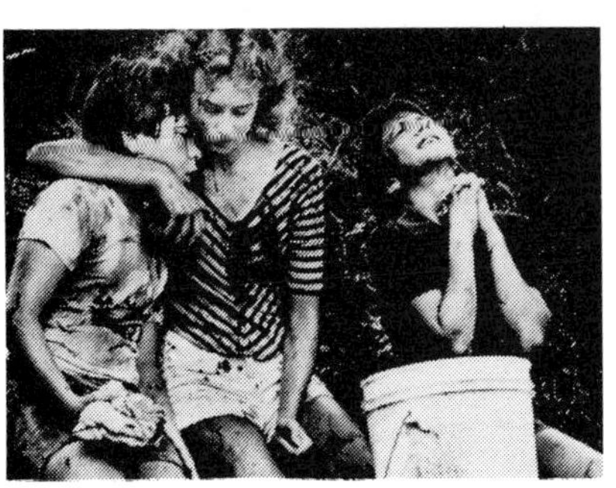
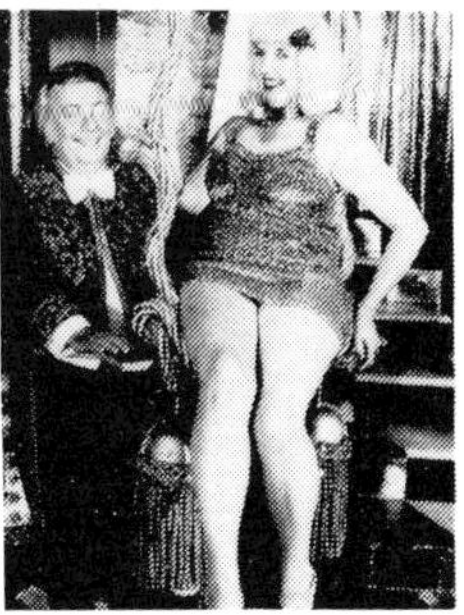

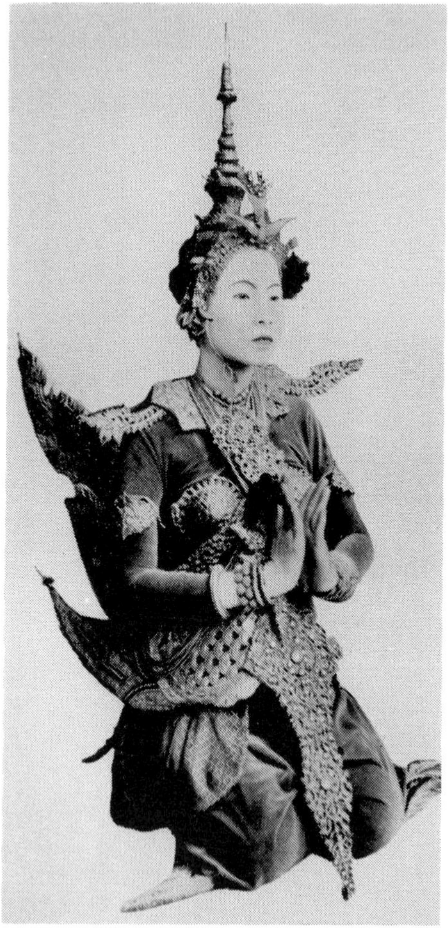

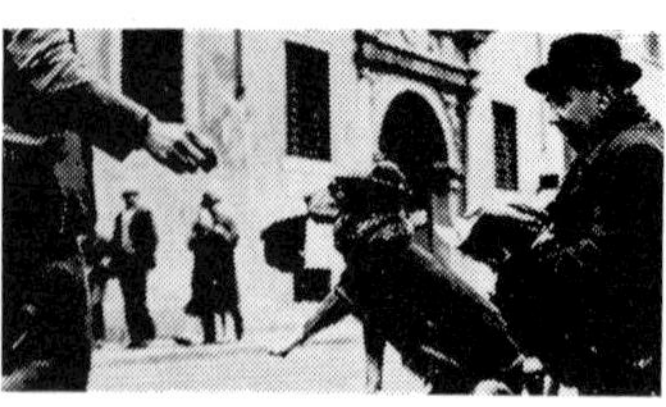
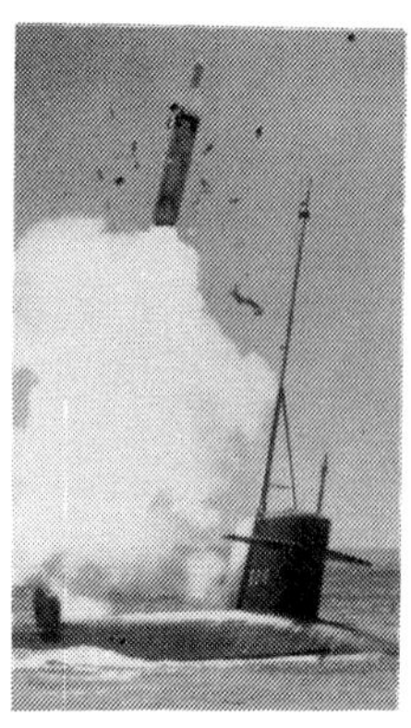
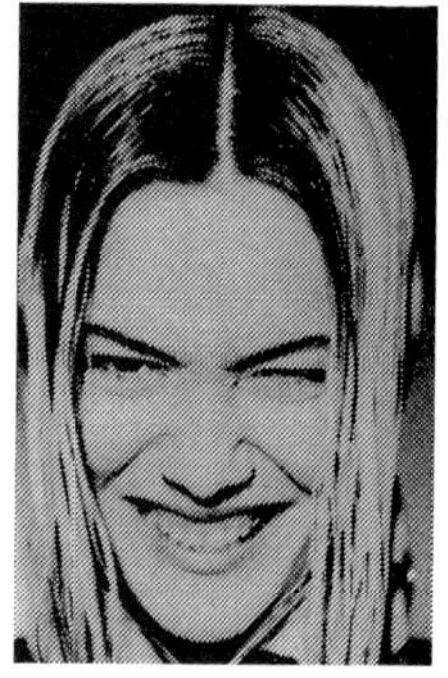
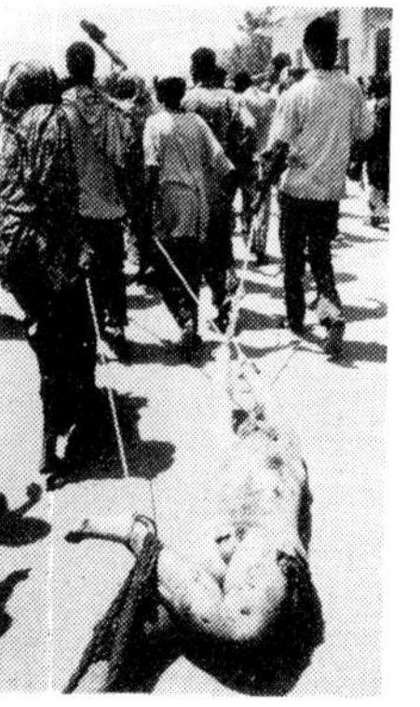

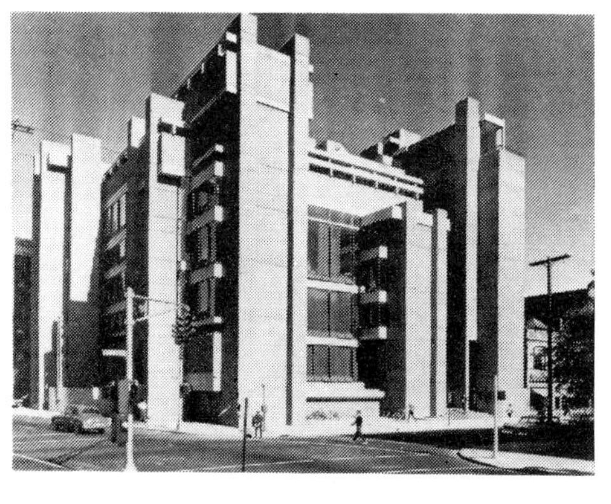

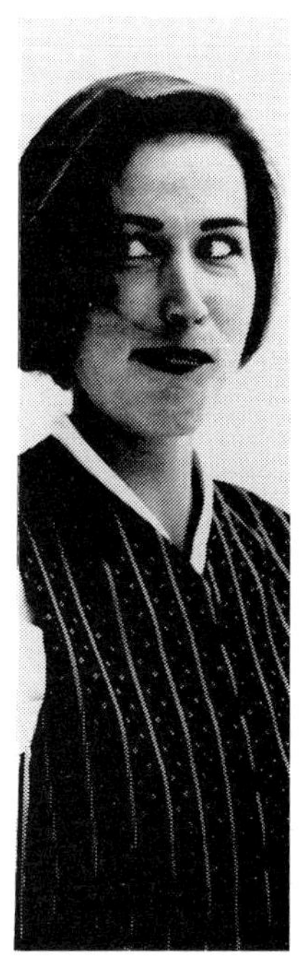

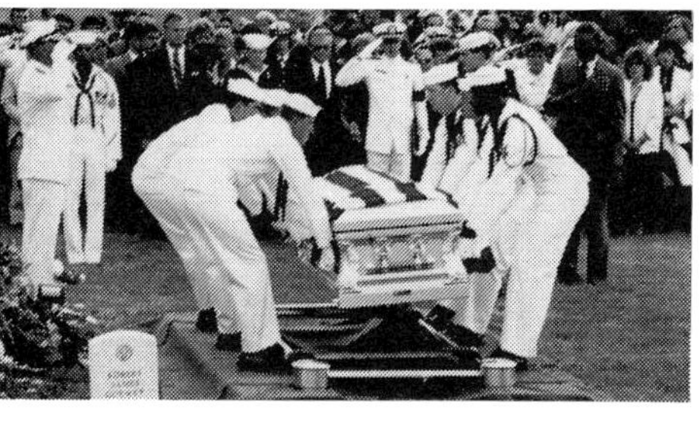

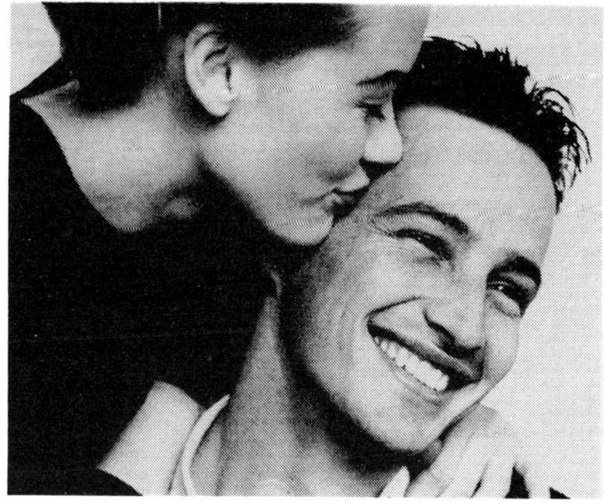

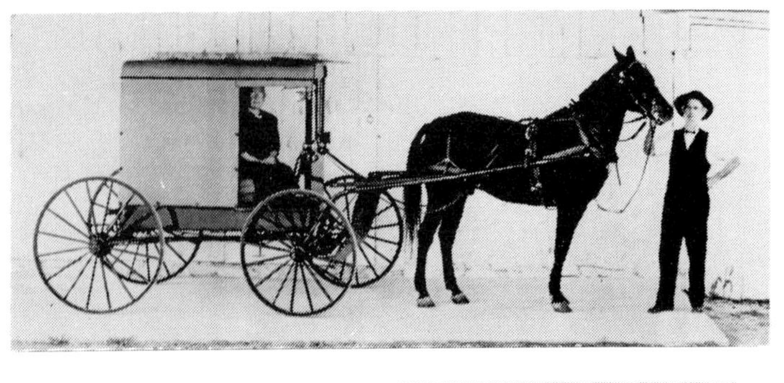

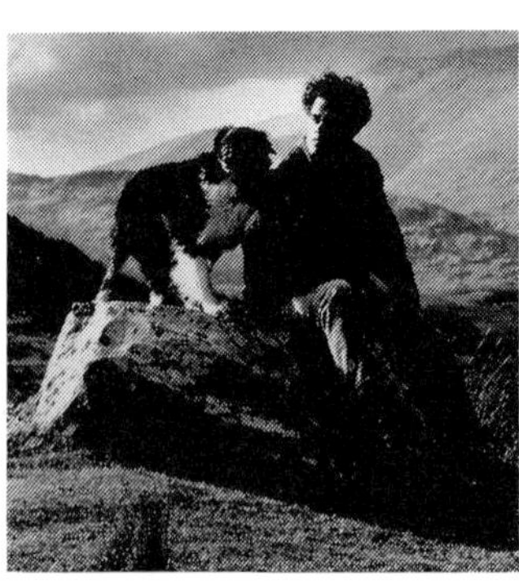

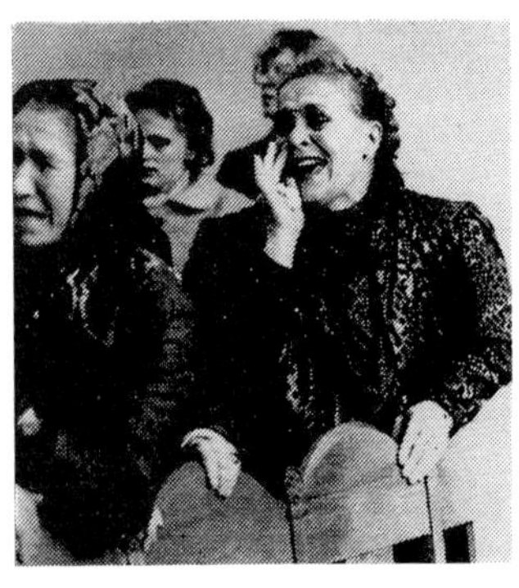

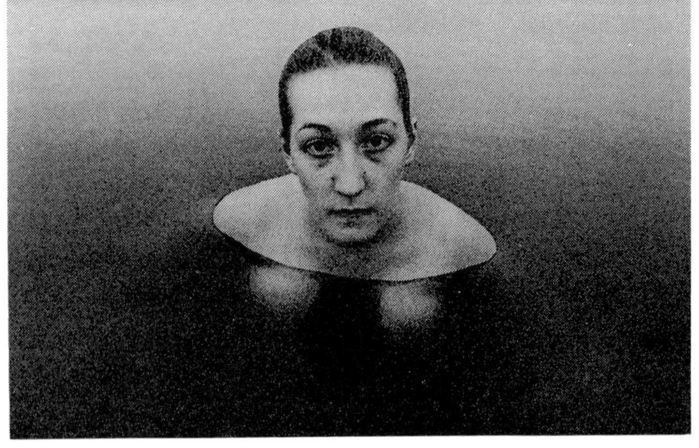

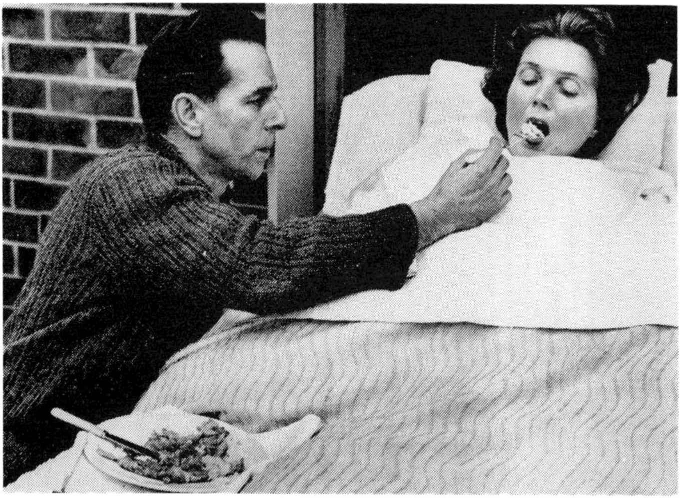

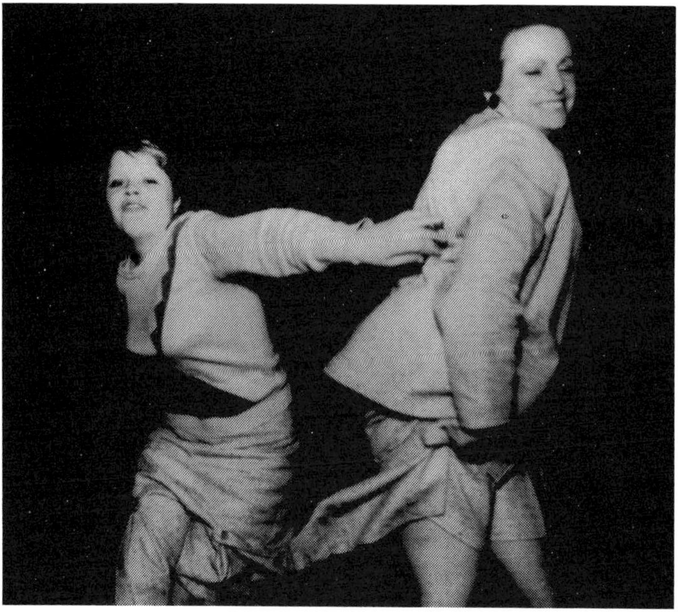

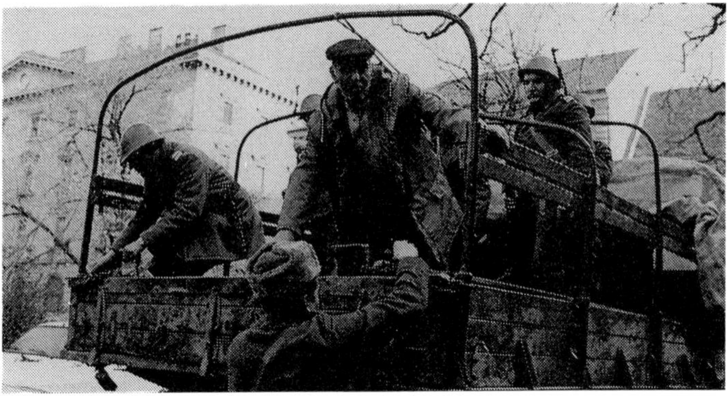

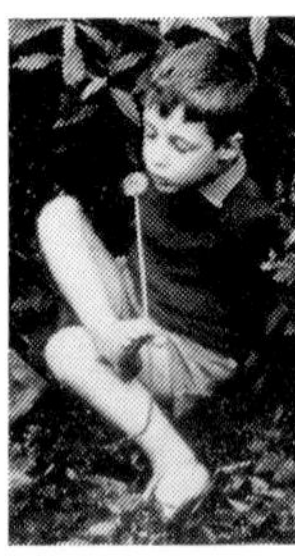

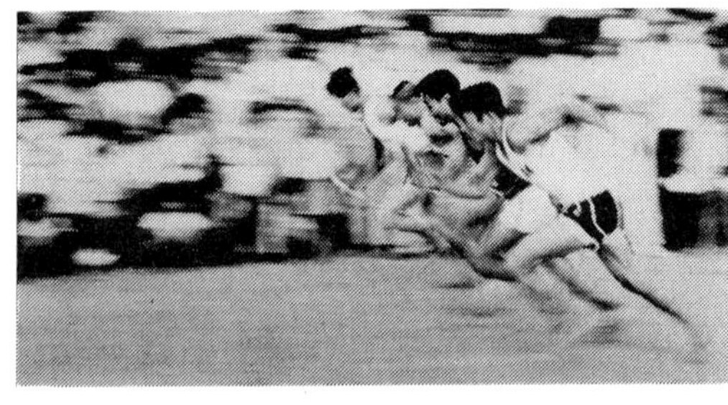

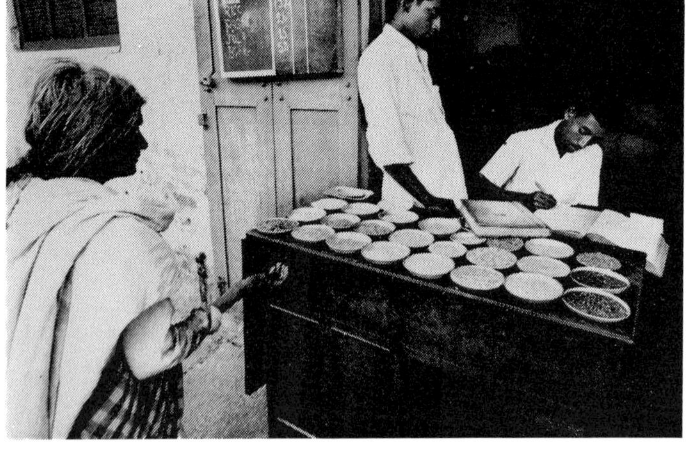

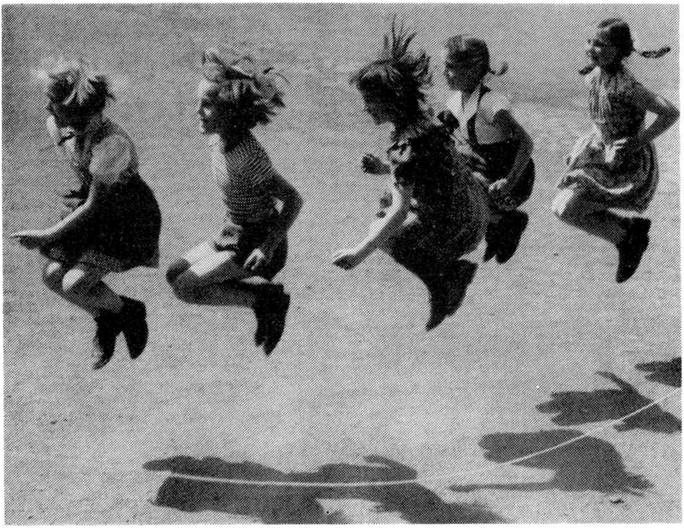

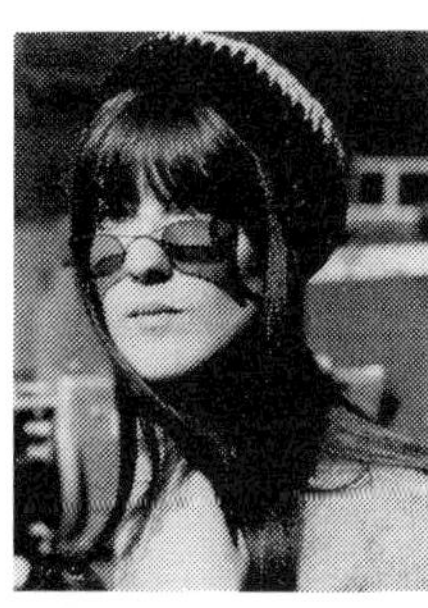

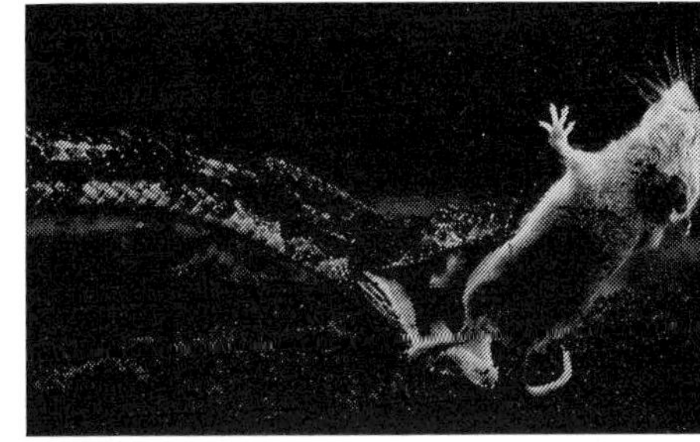

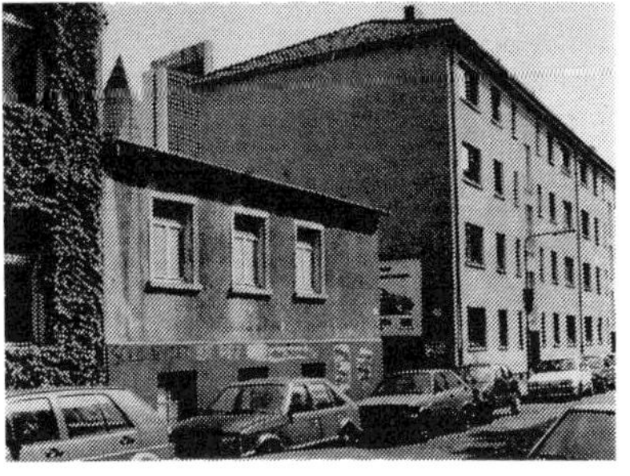

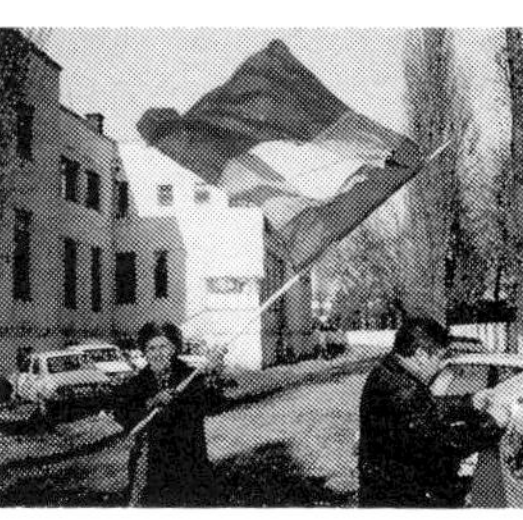

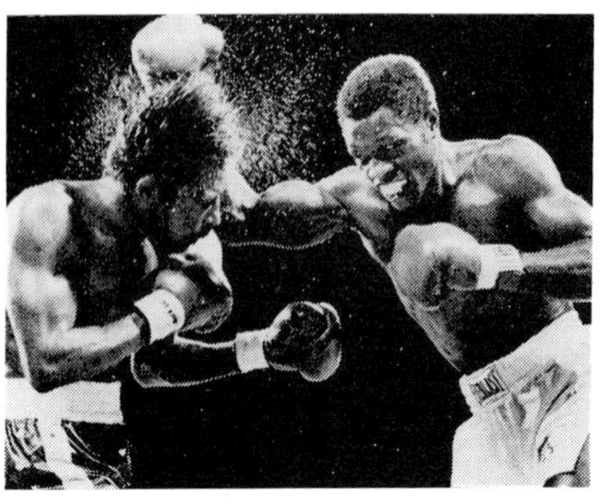

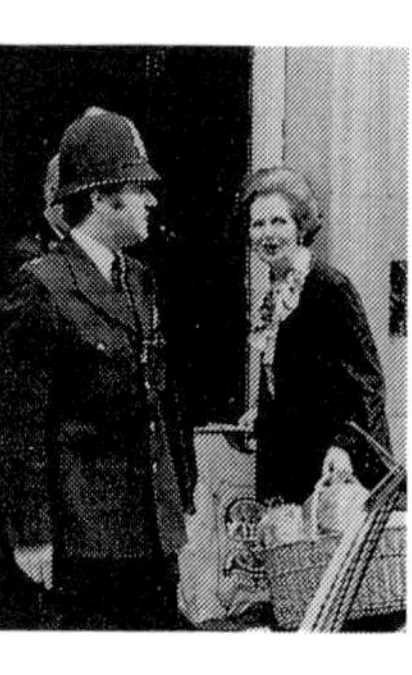

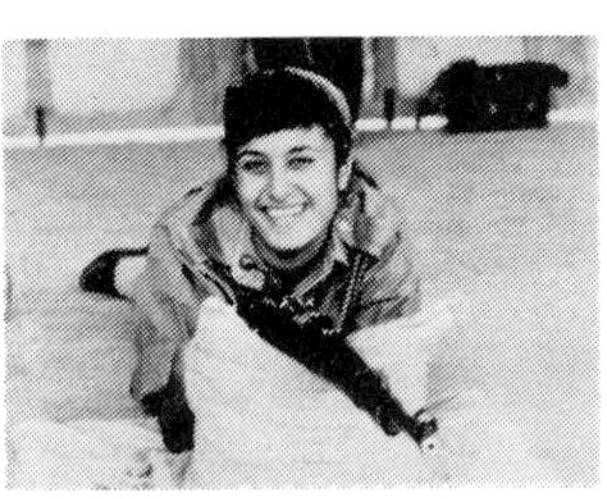

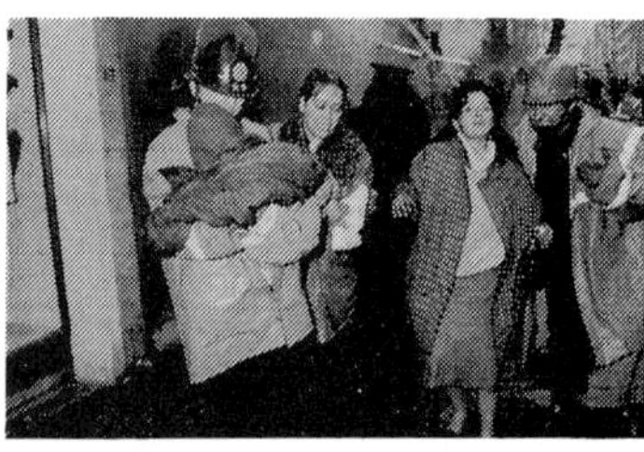

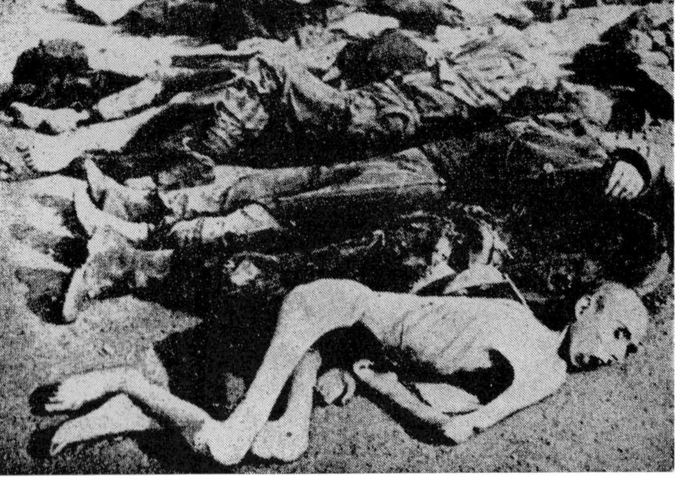

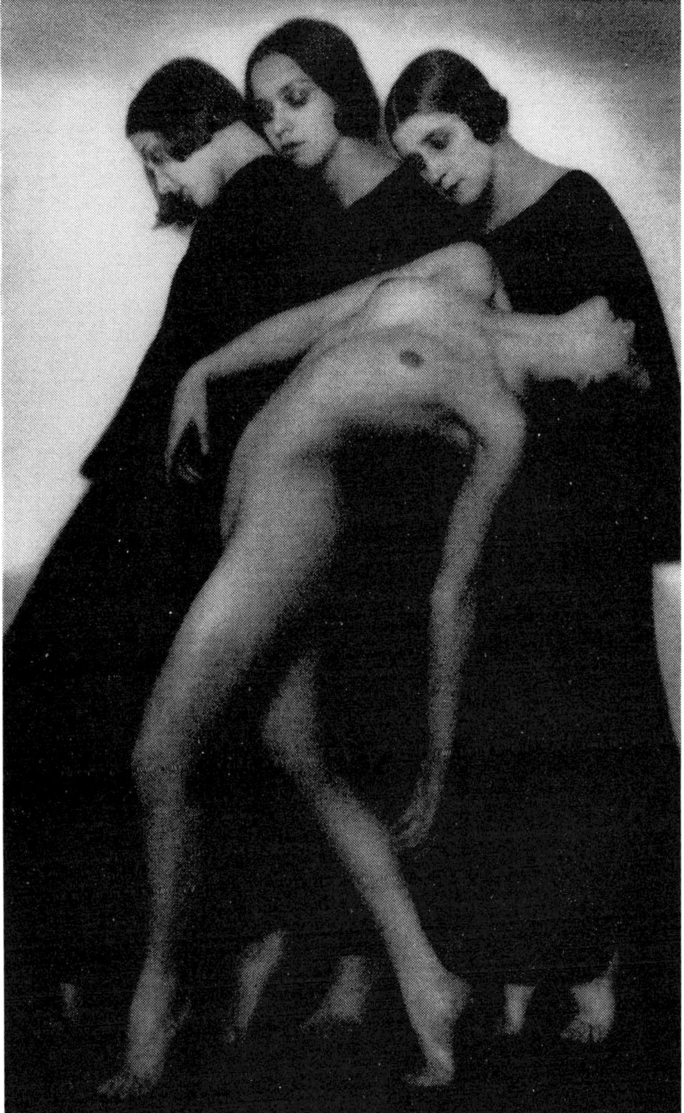

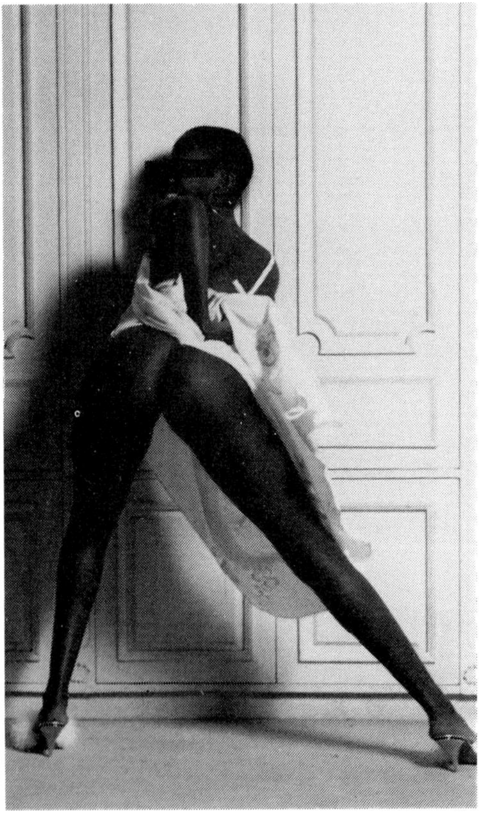

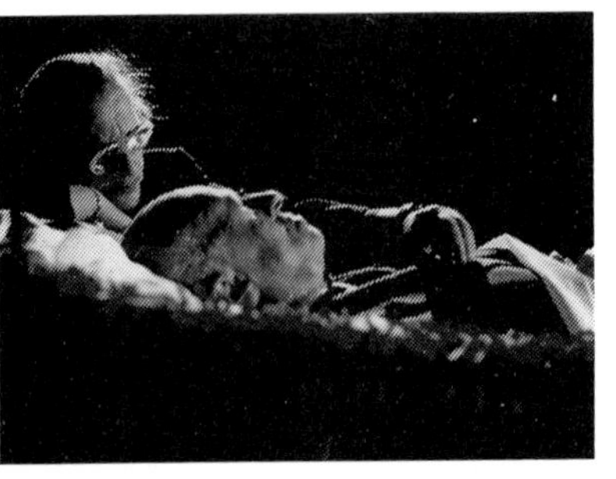
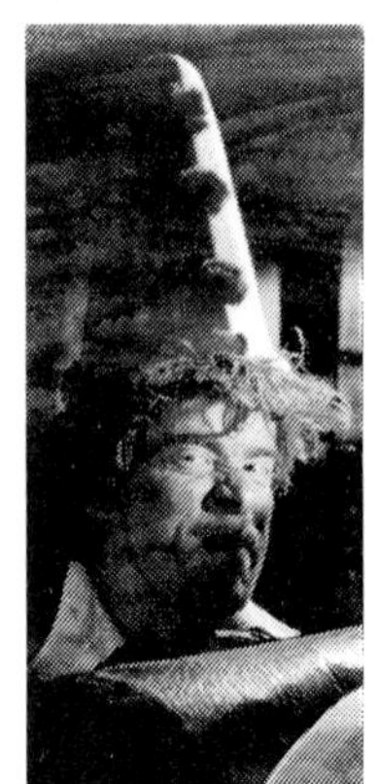
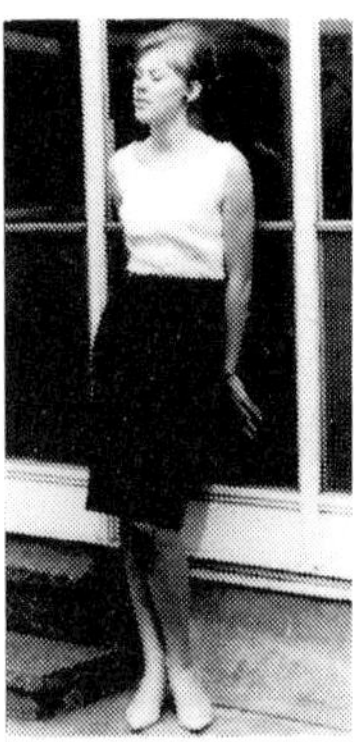
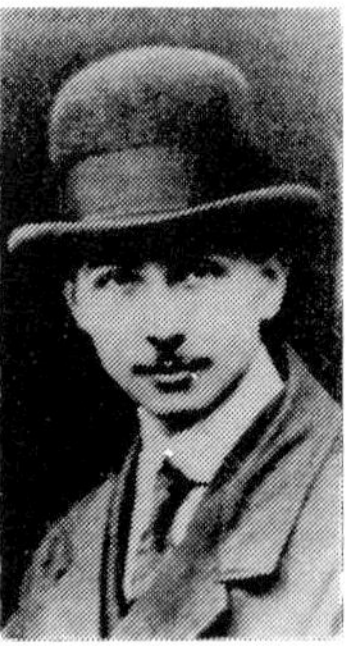

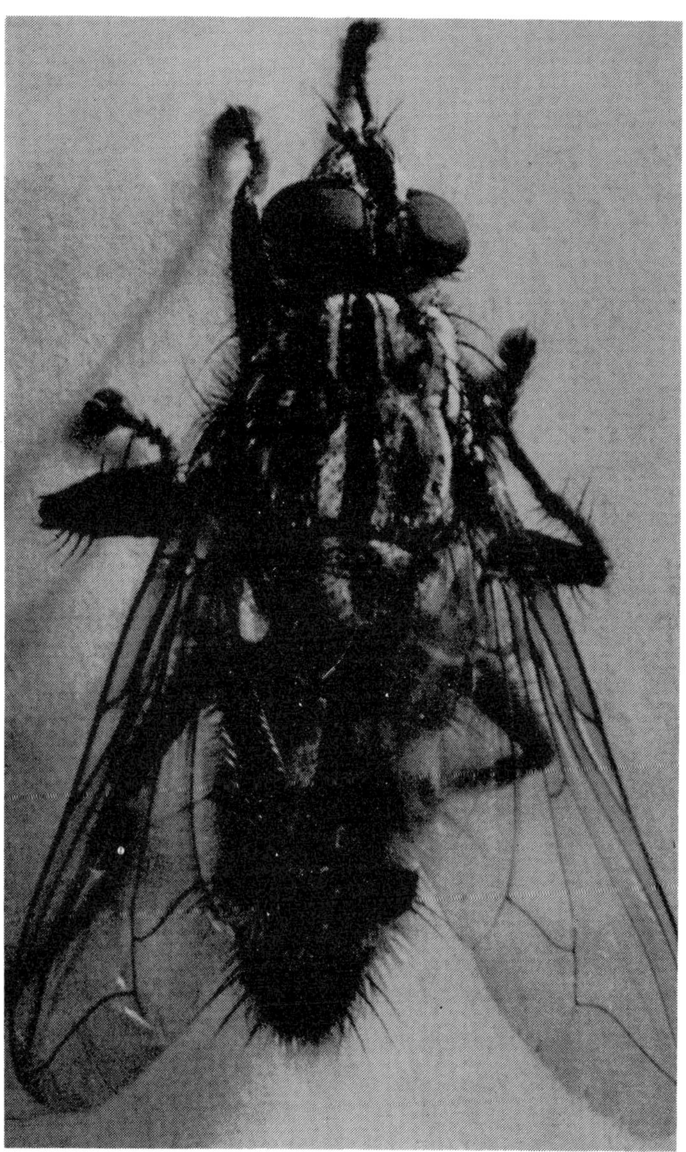

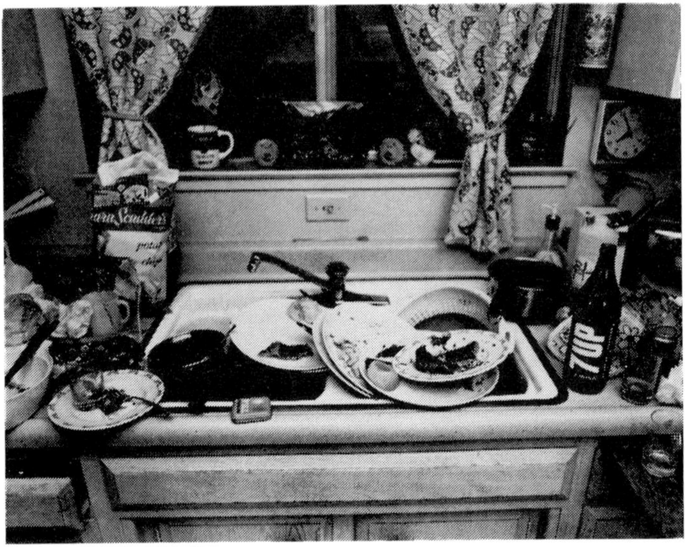

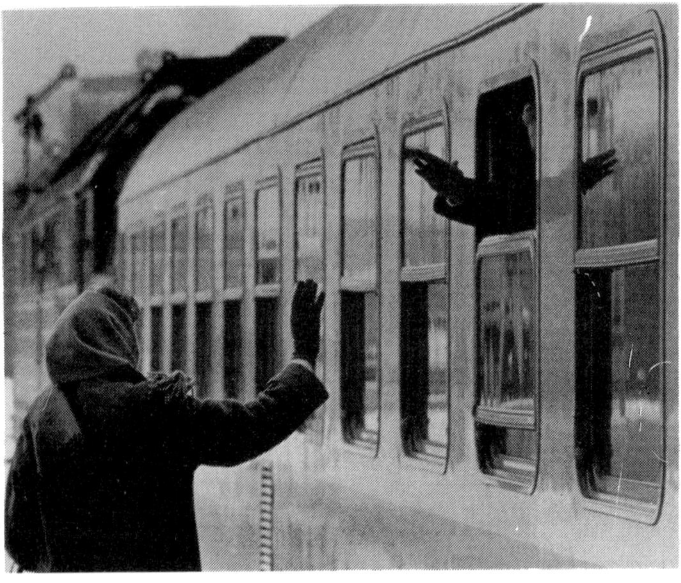

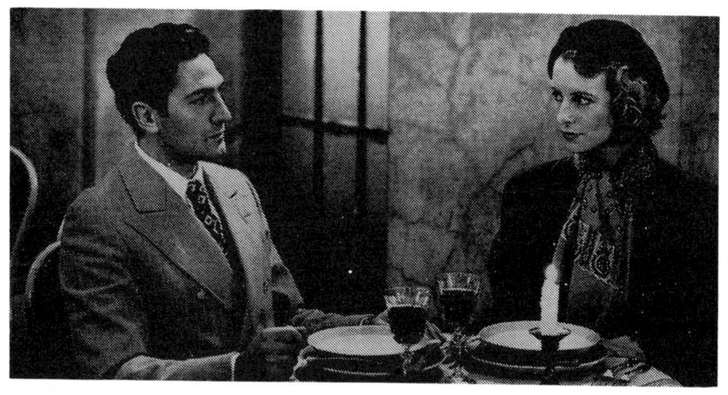

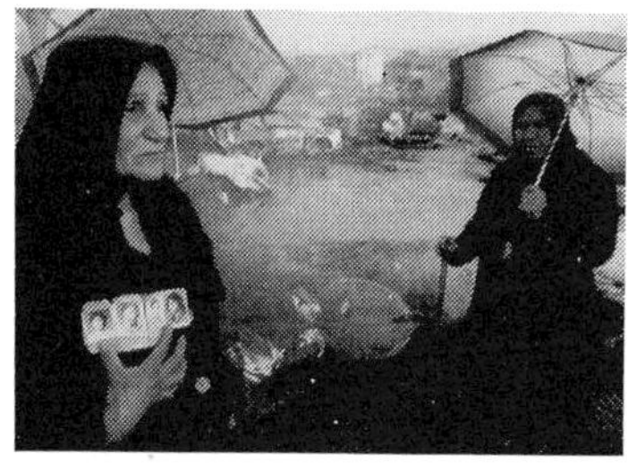

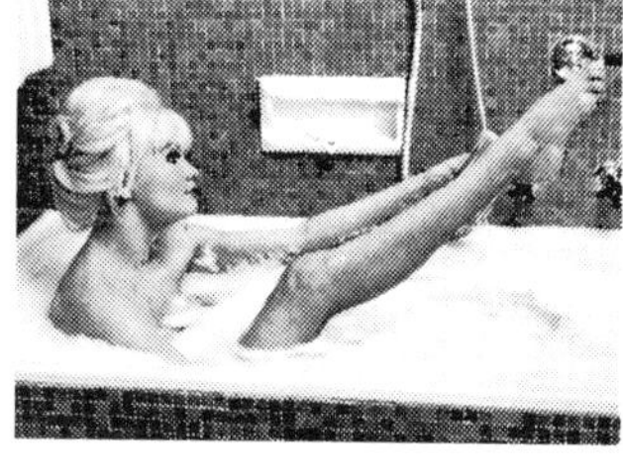

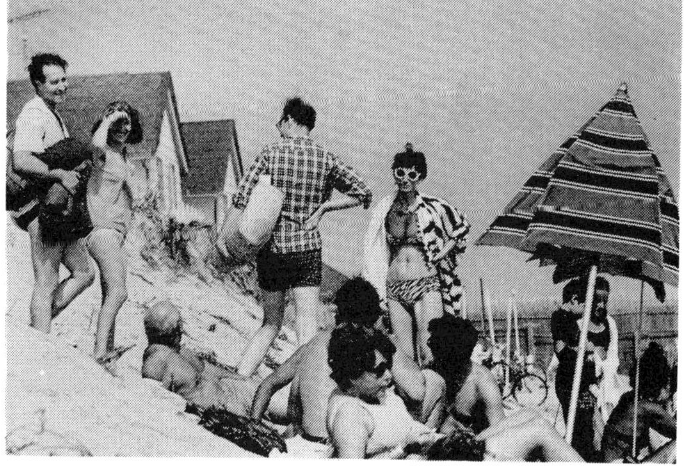

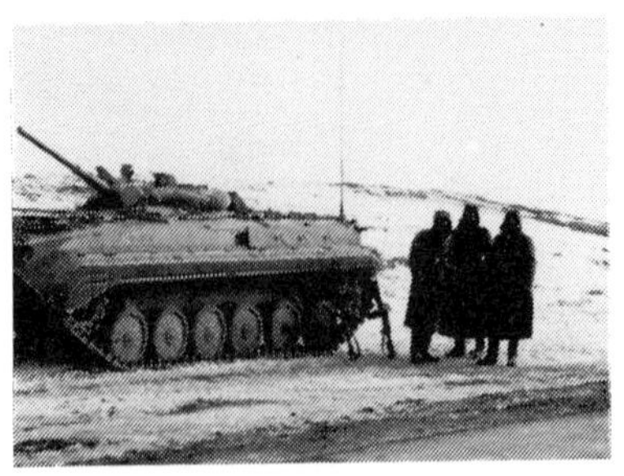
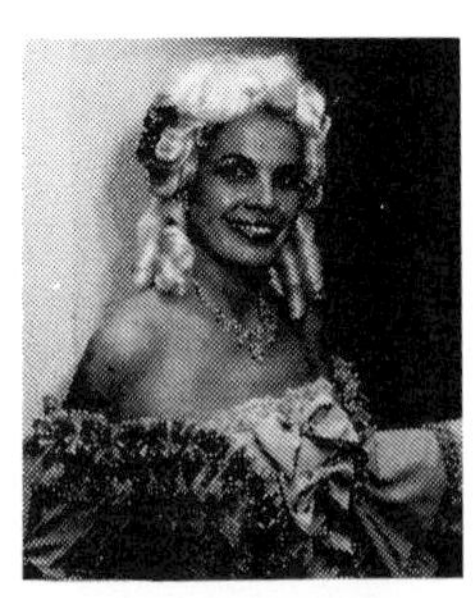
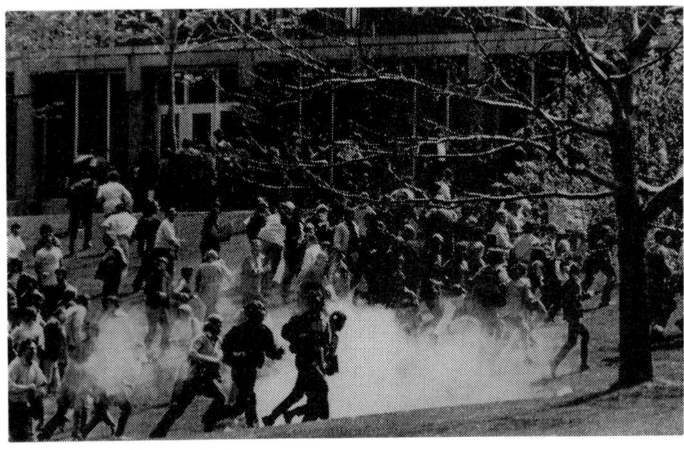
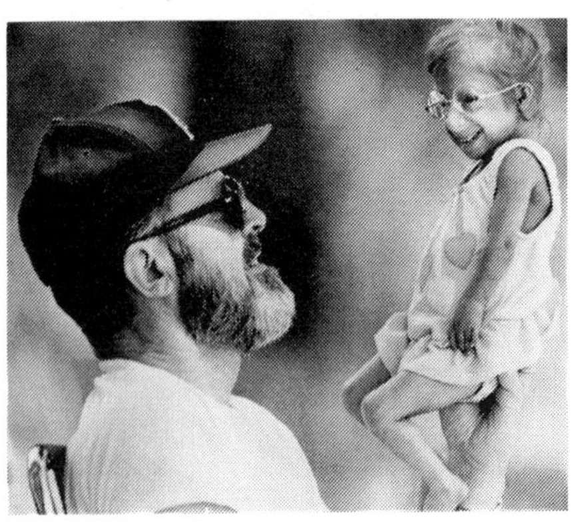
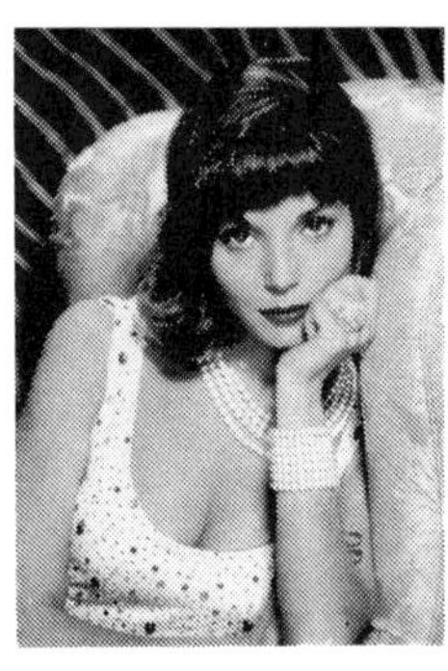

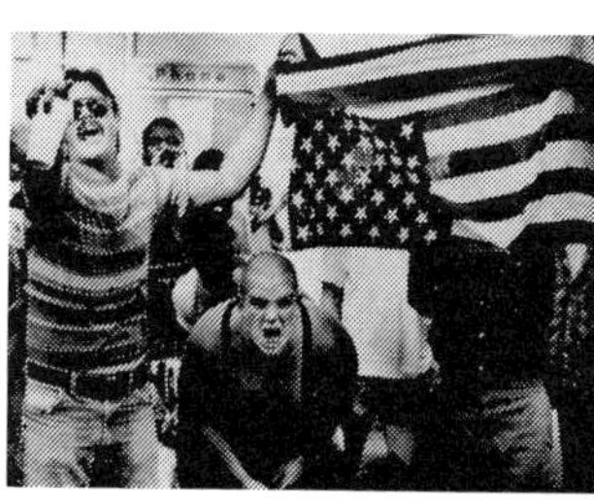

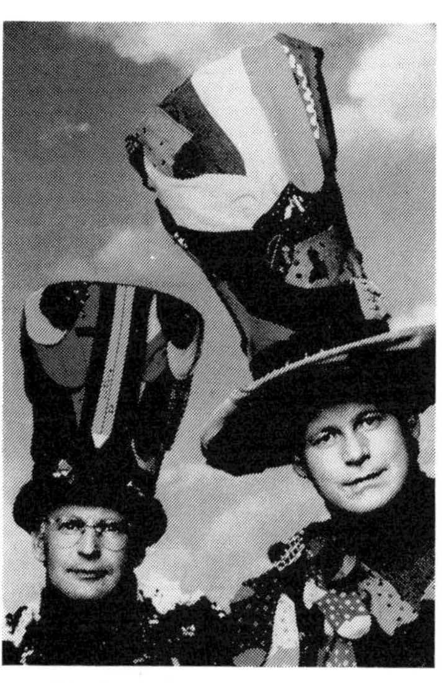

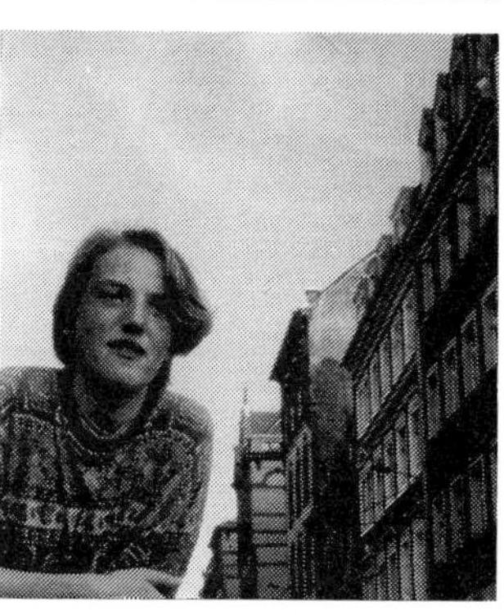

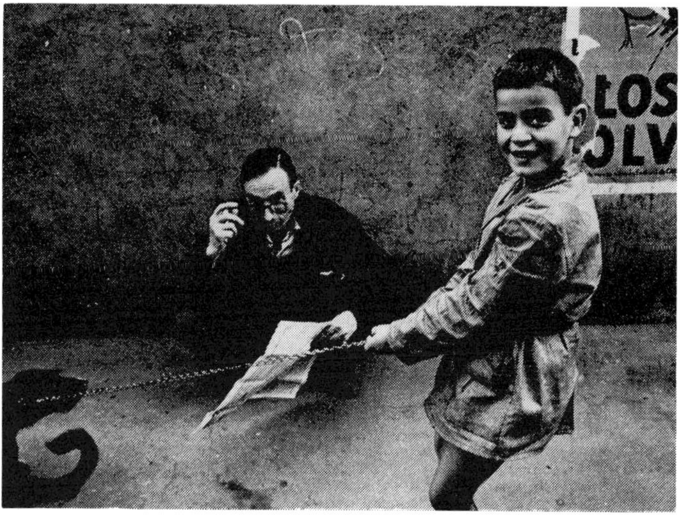

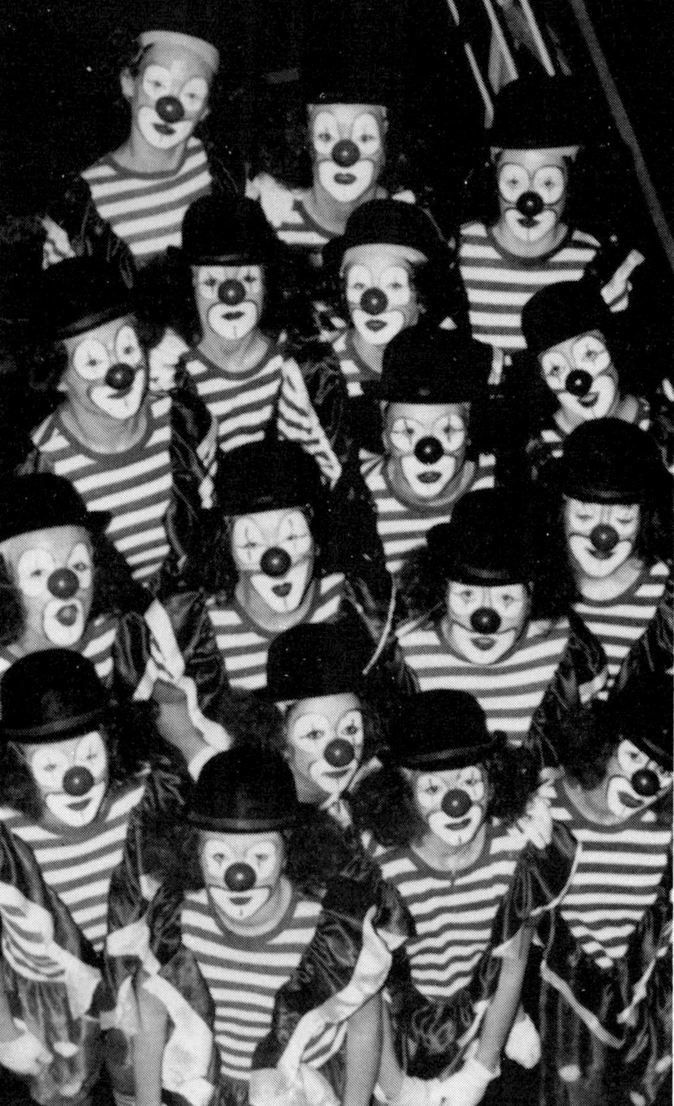

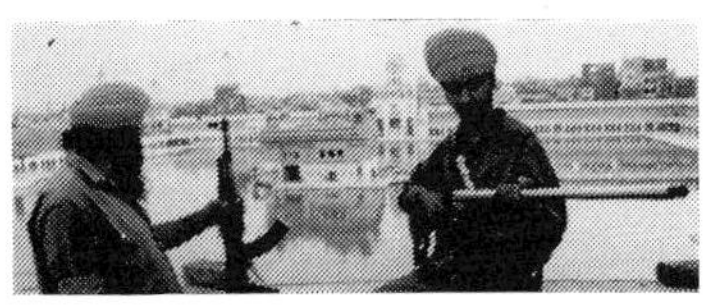
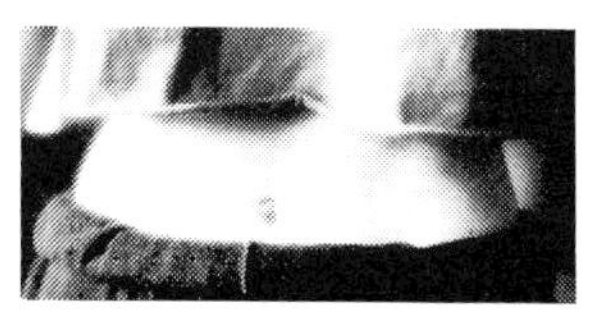
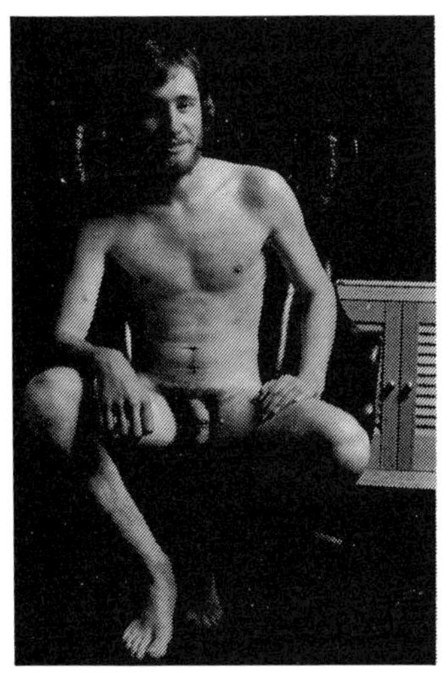
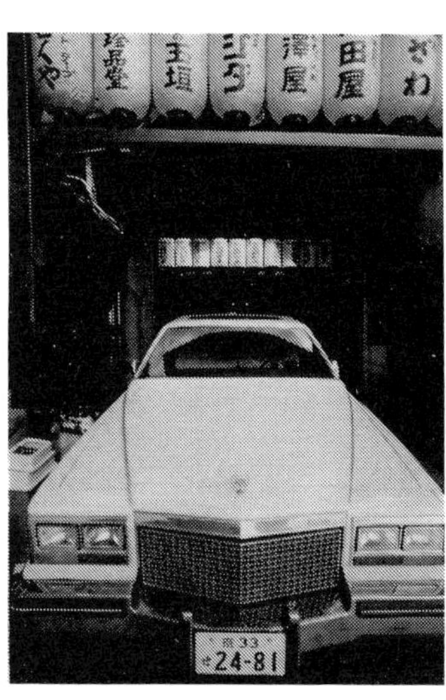
24-81
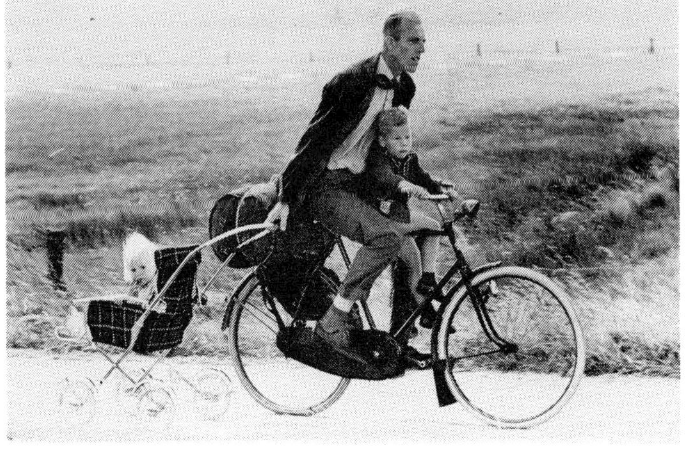

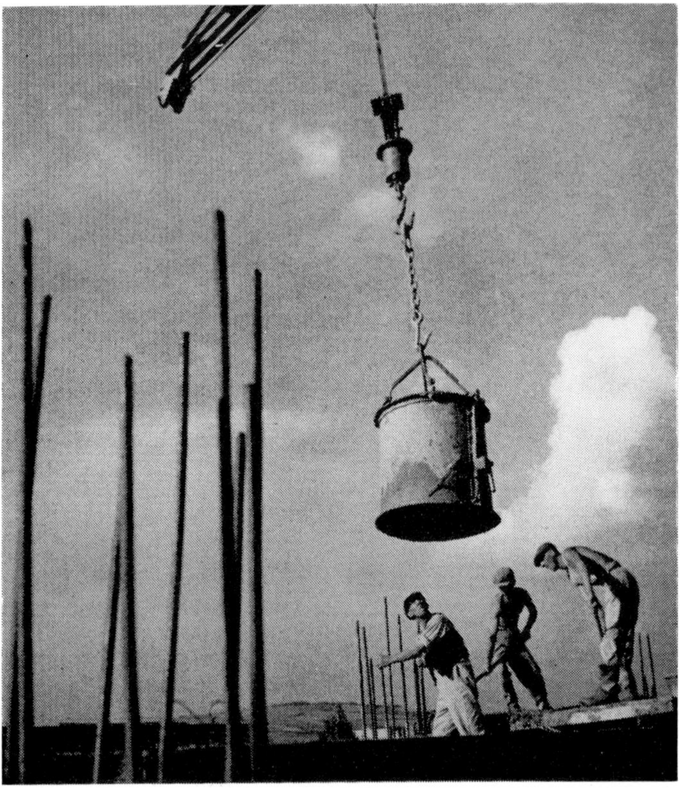

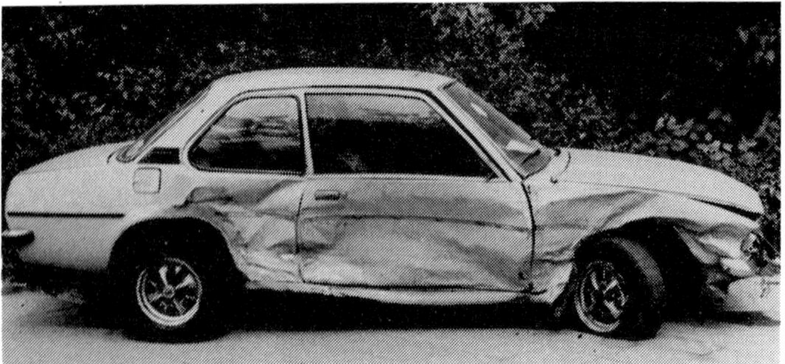

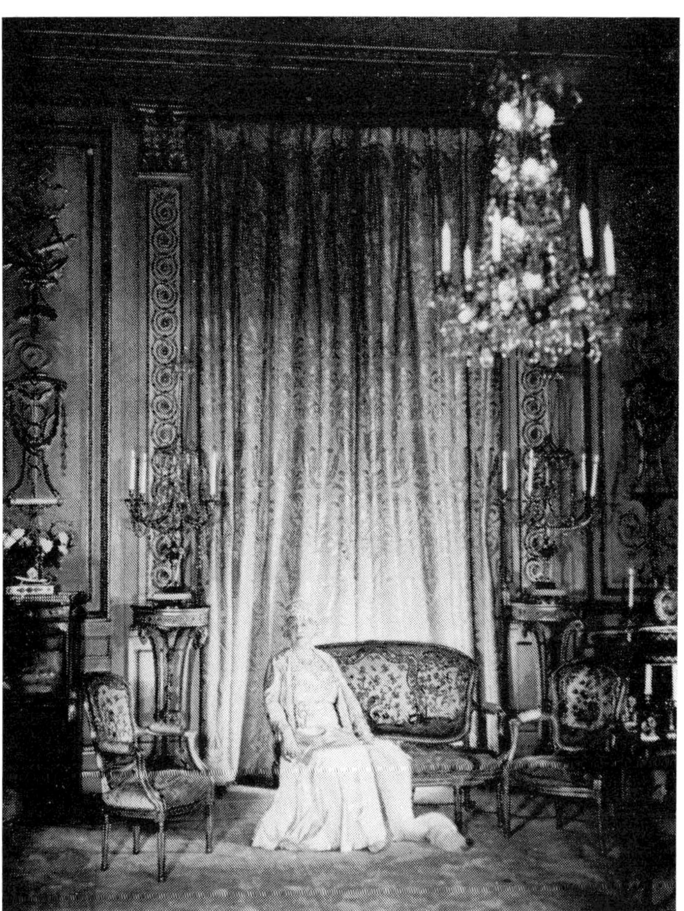

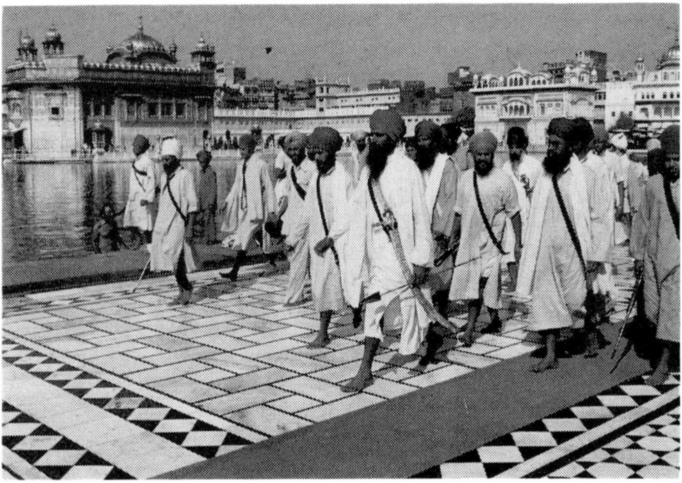

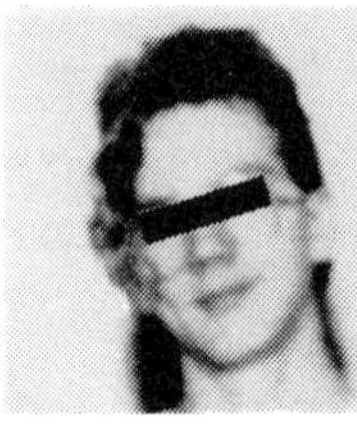

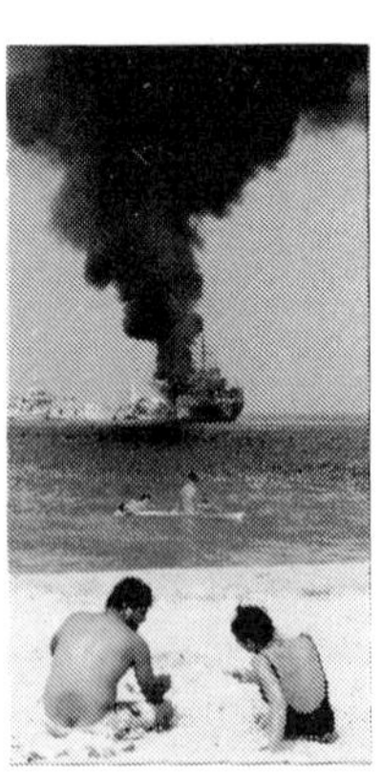

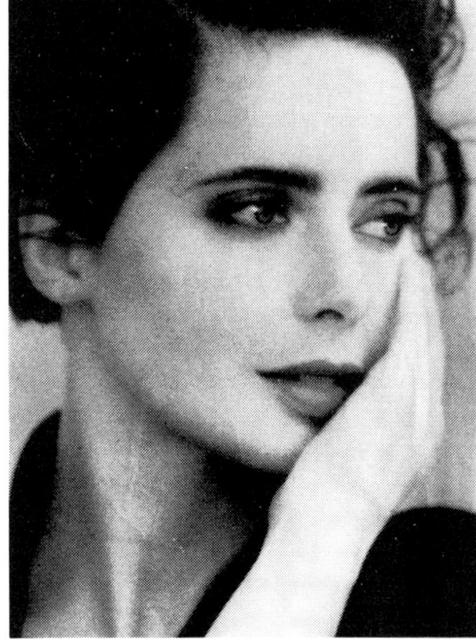

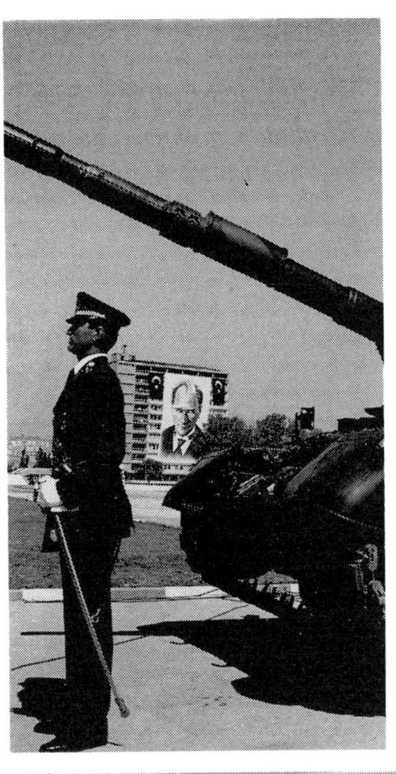

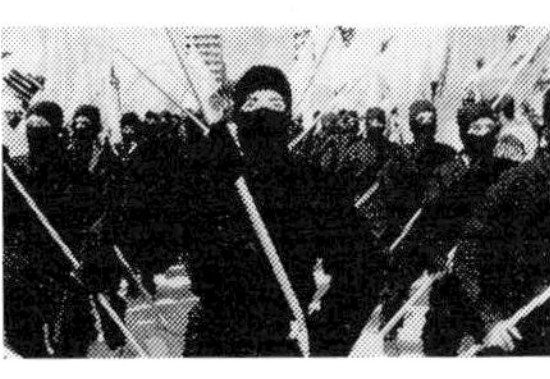

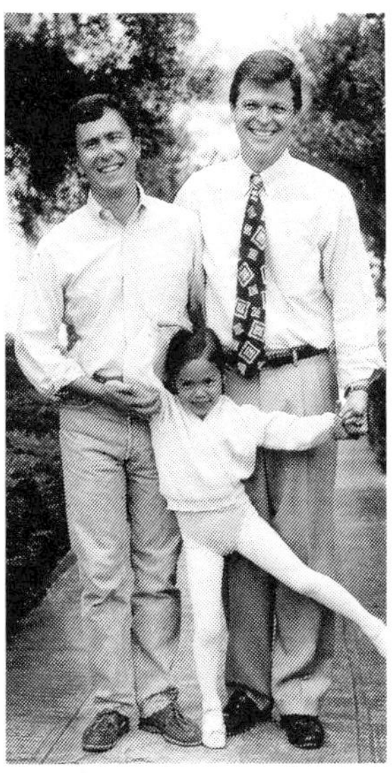

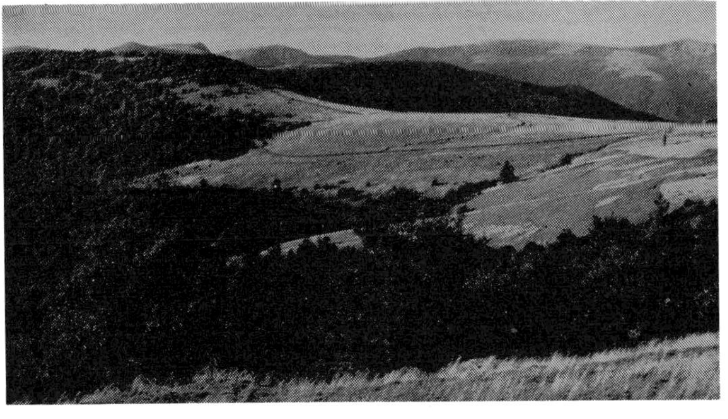

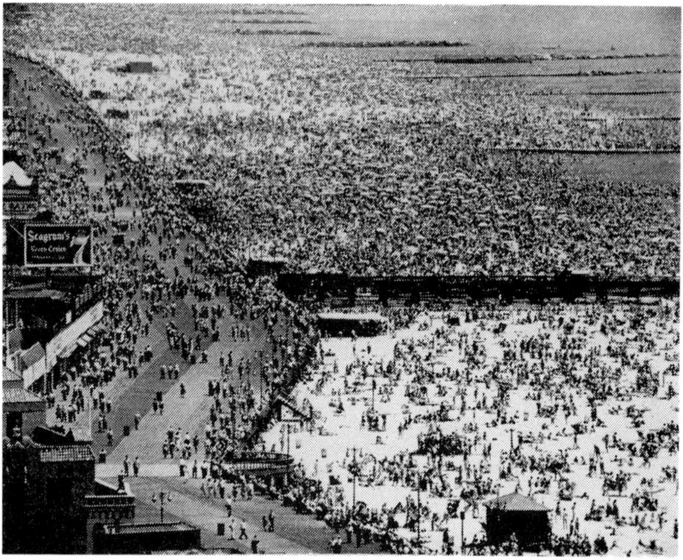

Seagram's
Seven Crown
7

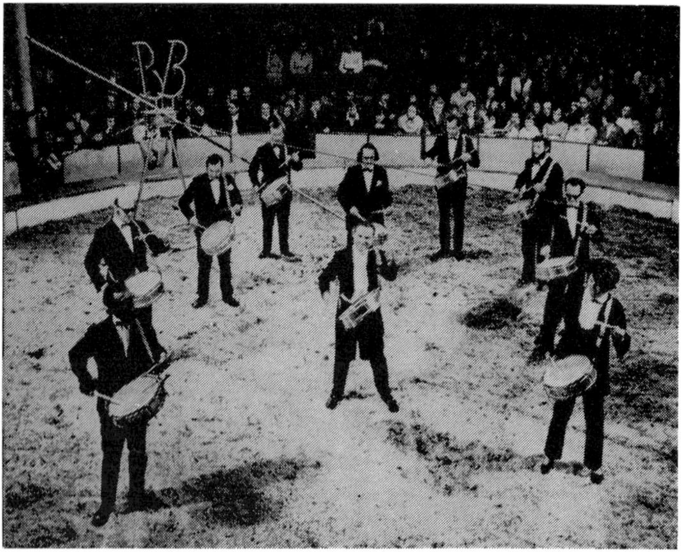

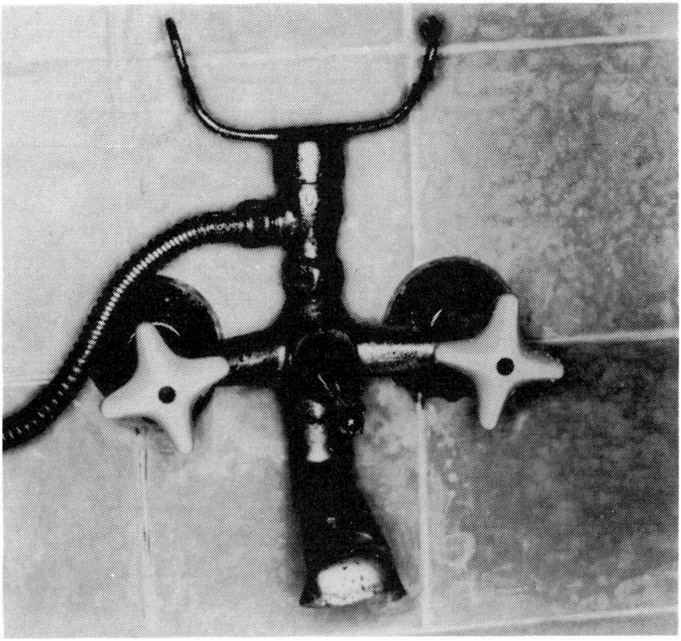

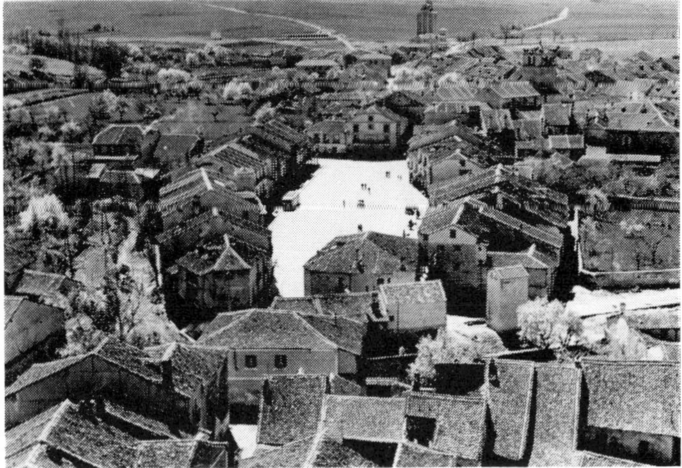

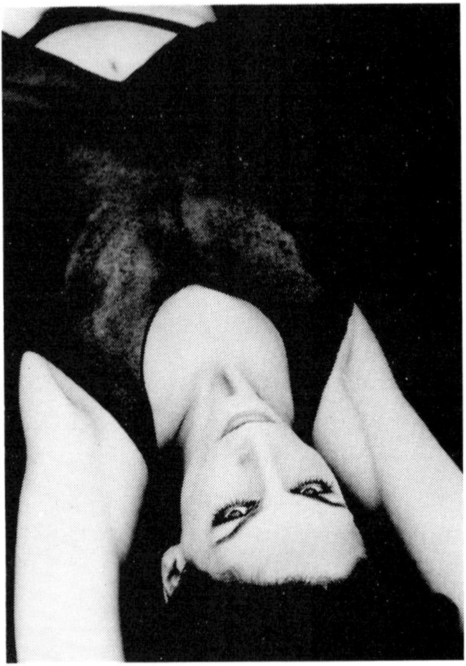

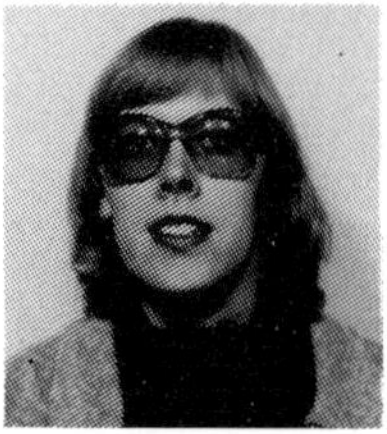

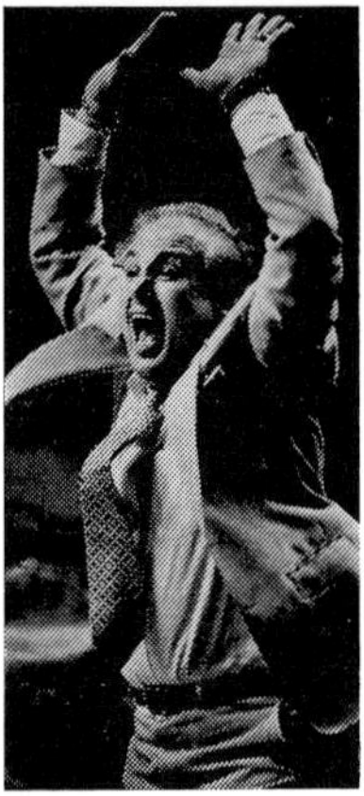

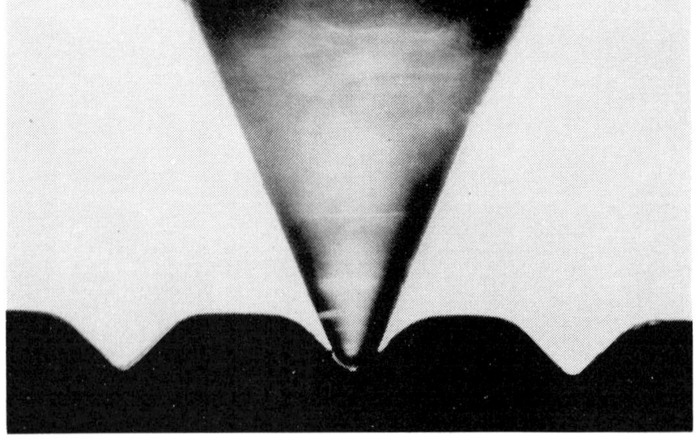

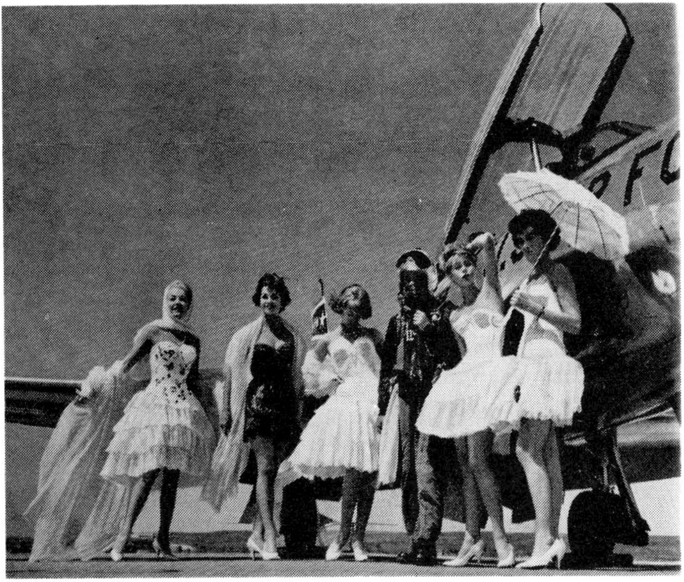

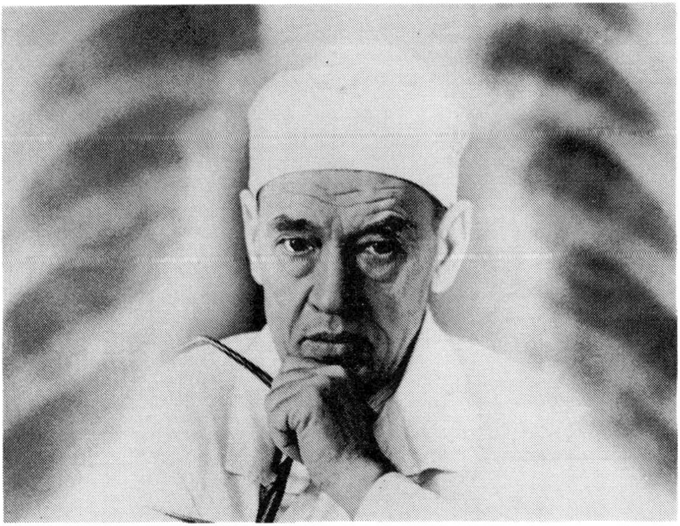

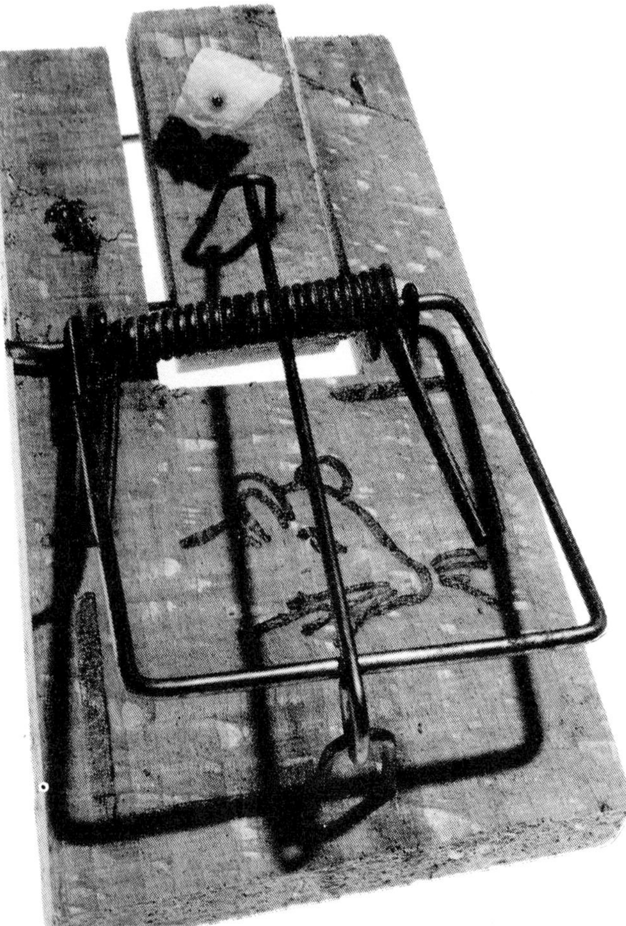

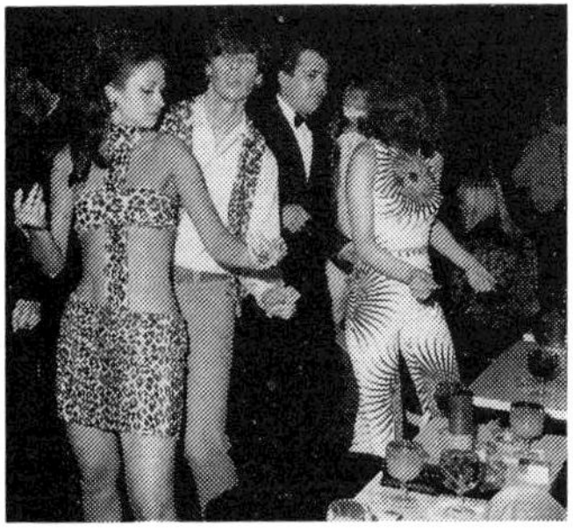
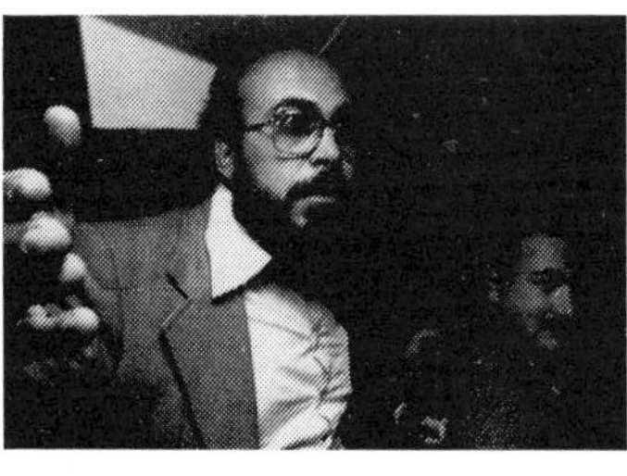
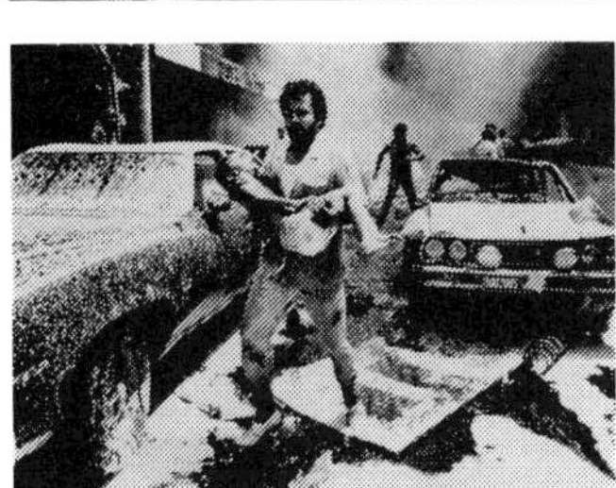
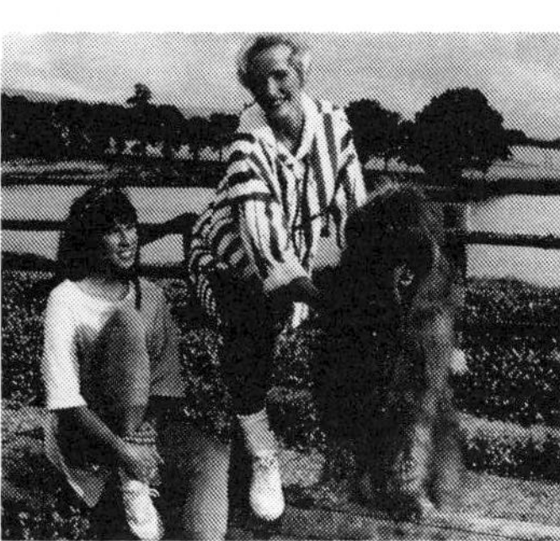
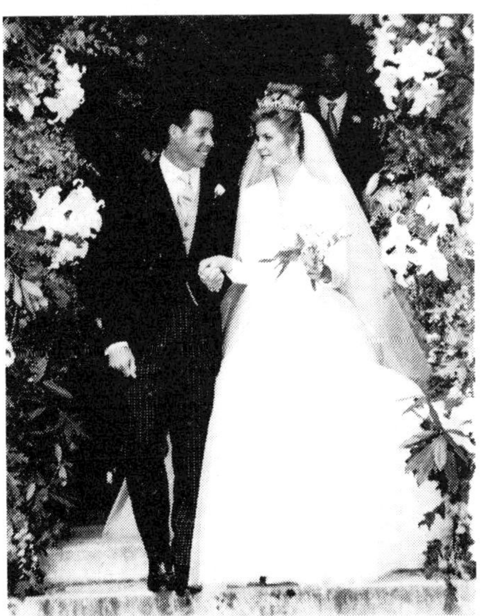
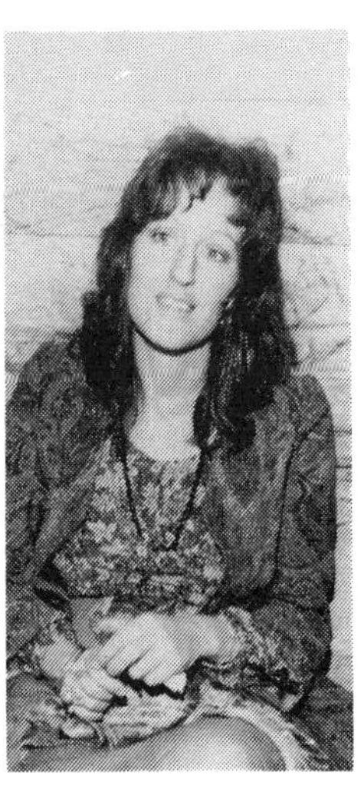

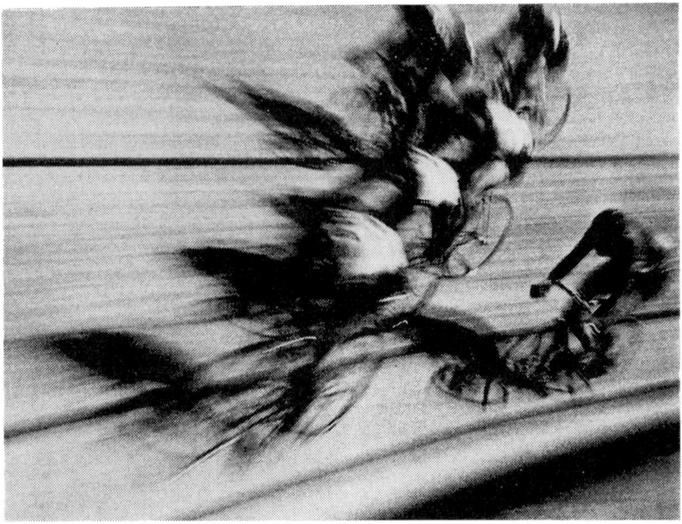

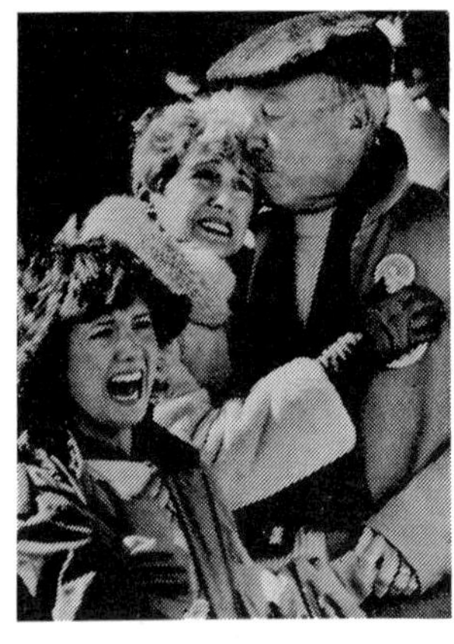

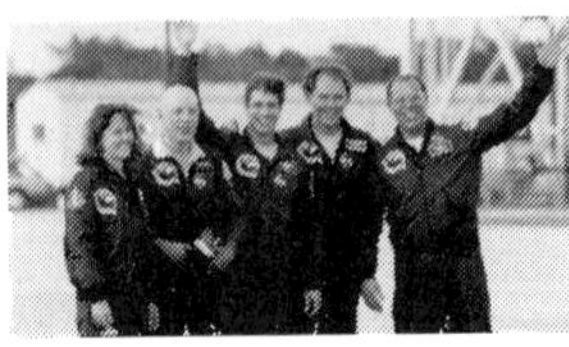

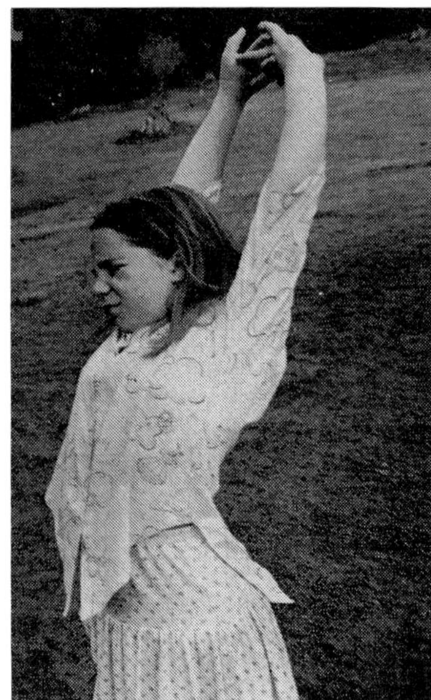

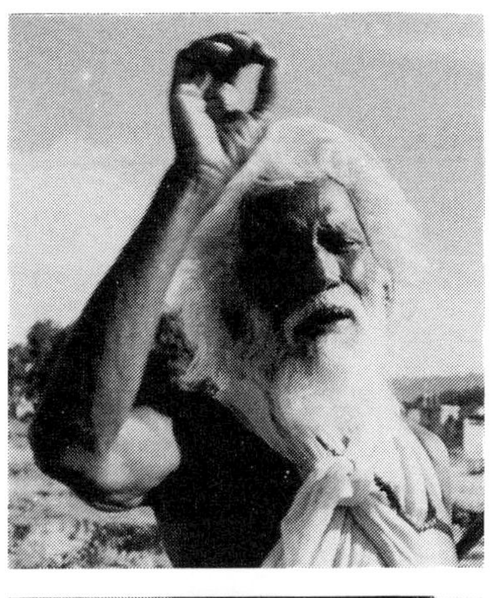
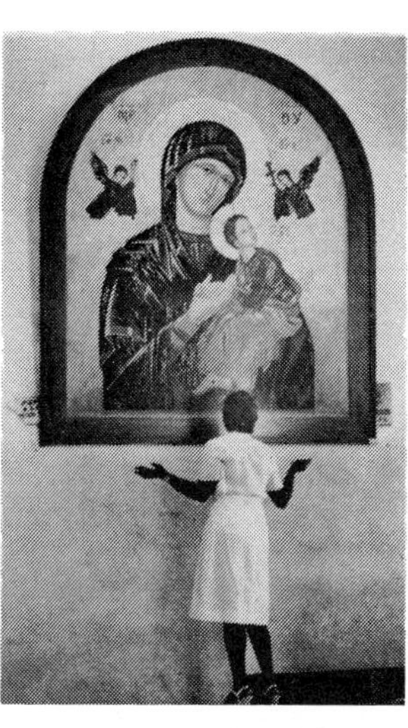
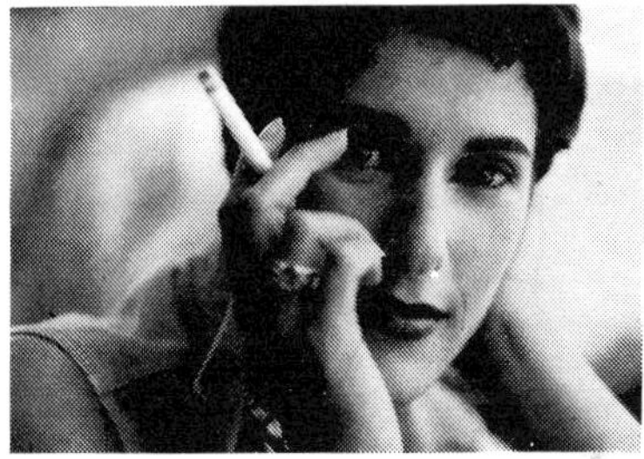
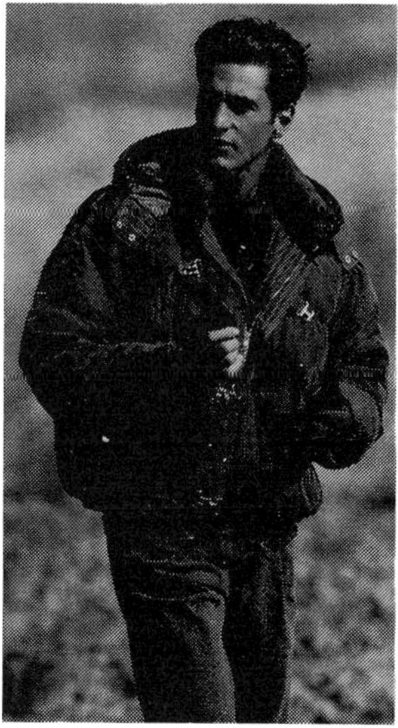
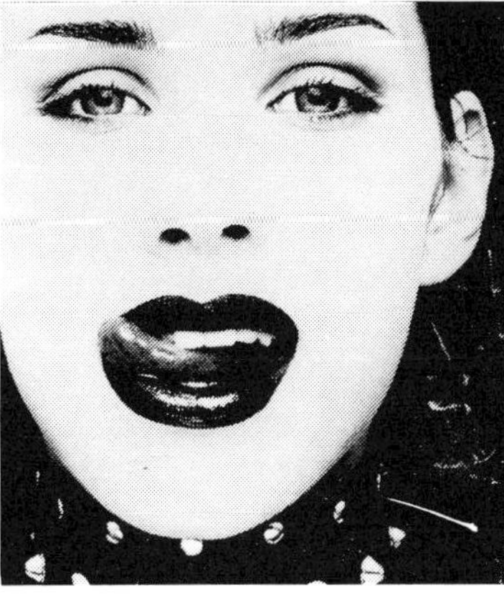

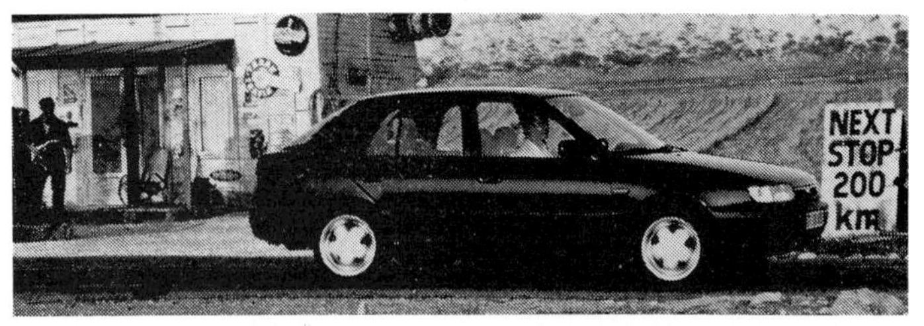
NEXT
STOP
200
km

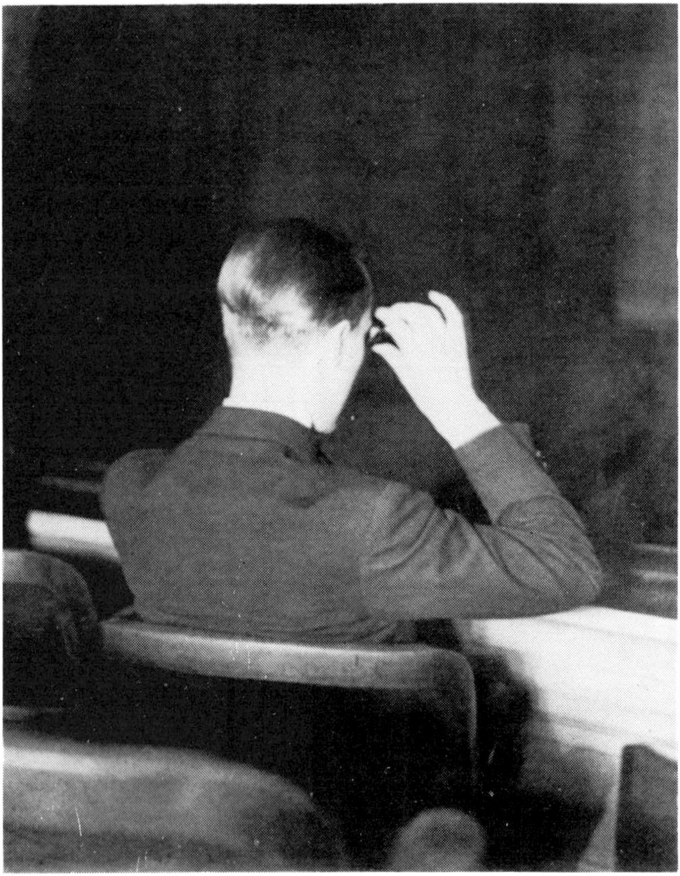

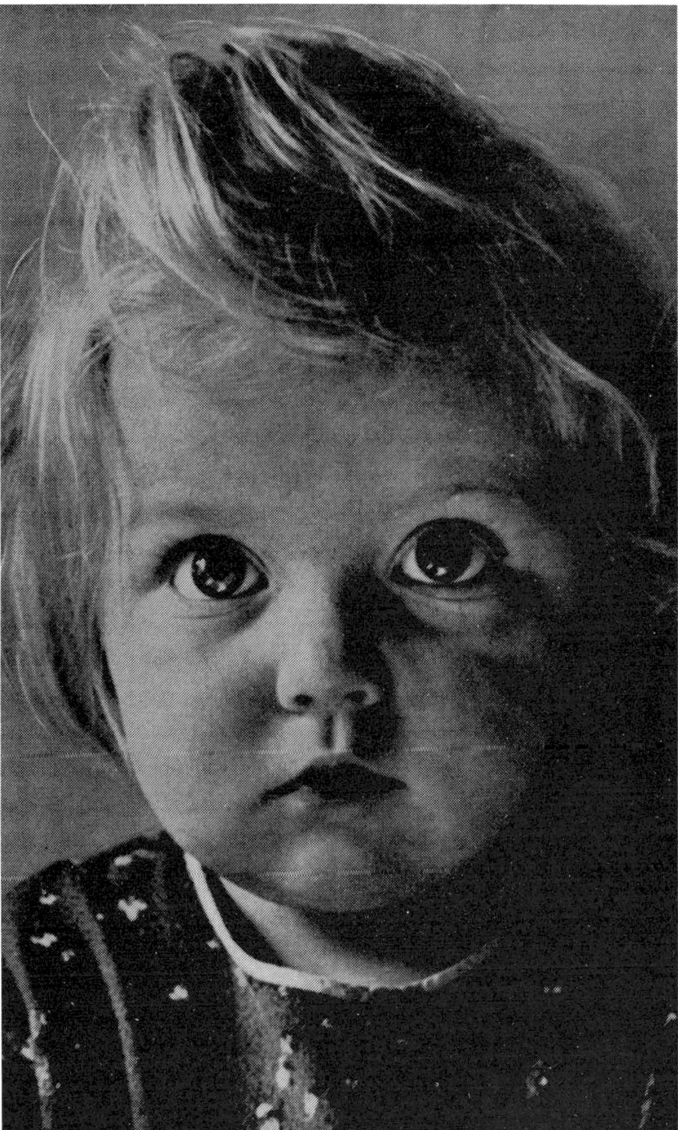

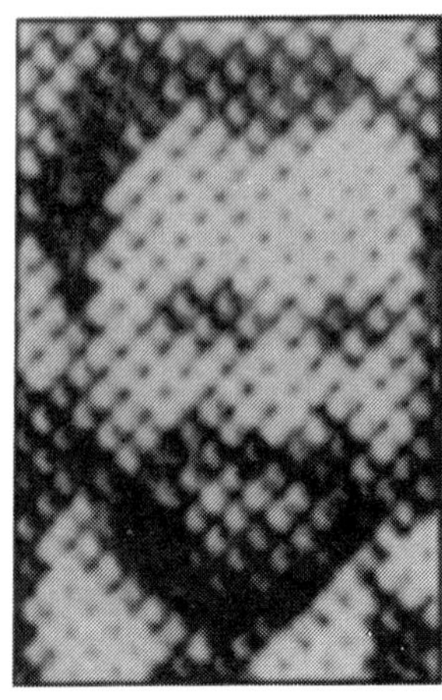

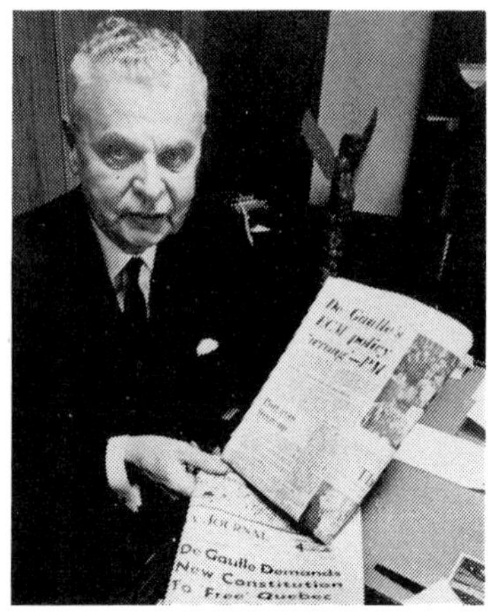
De Gaulle Demands
New Constitution

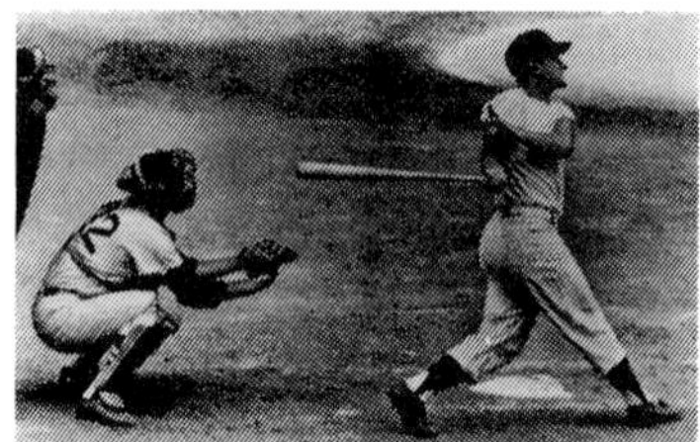

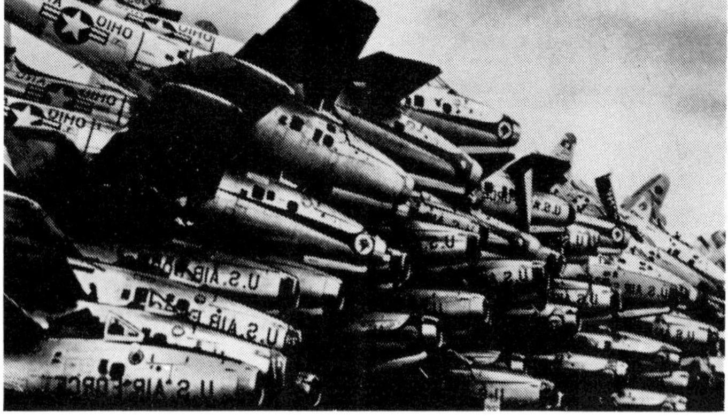
OHIO

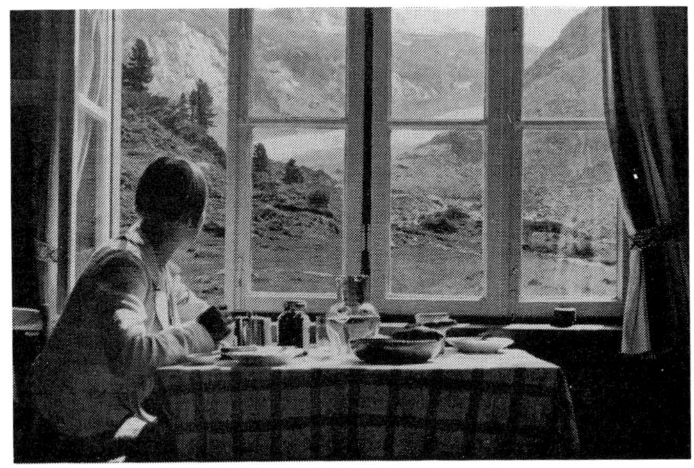

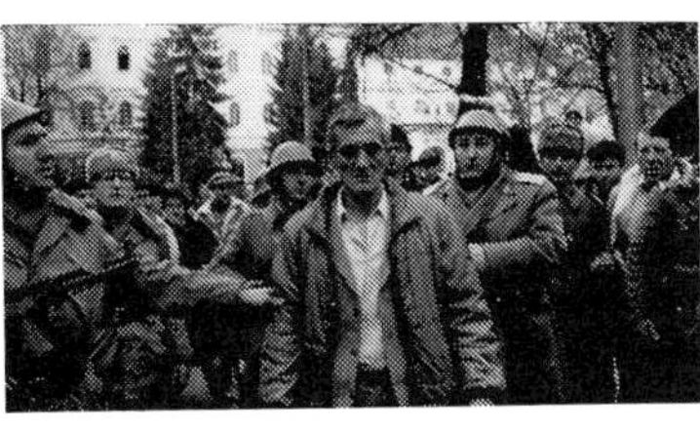

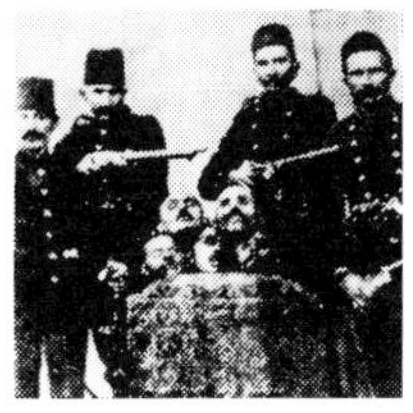

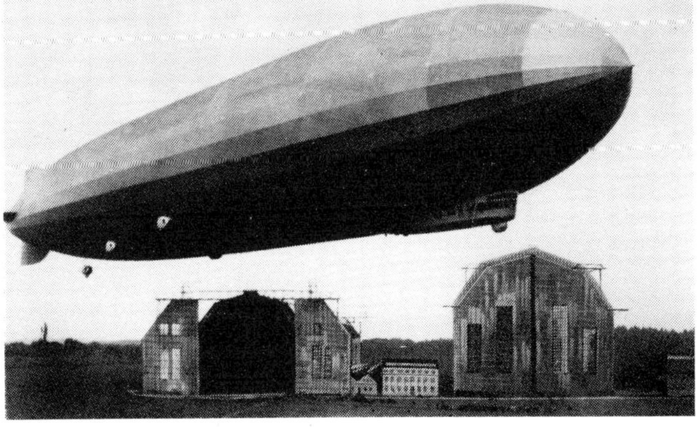

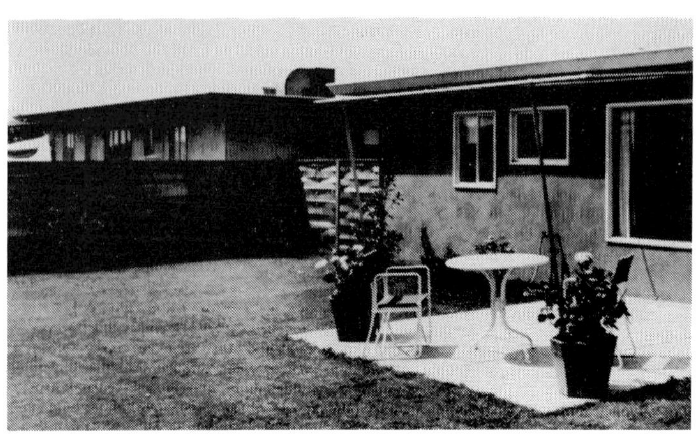

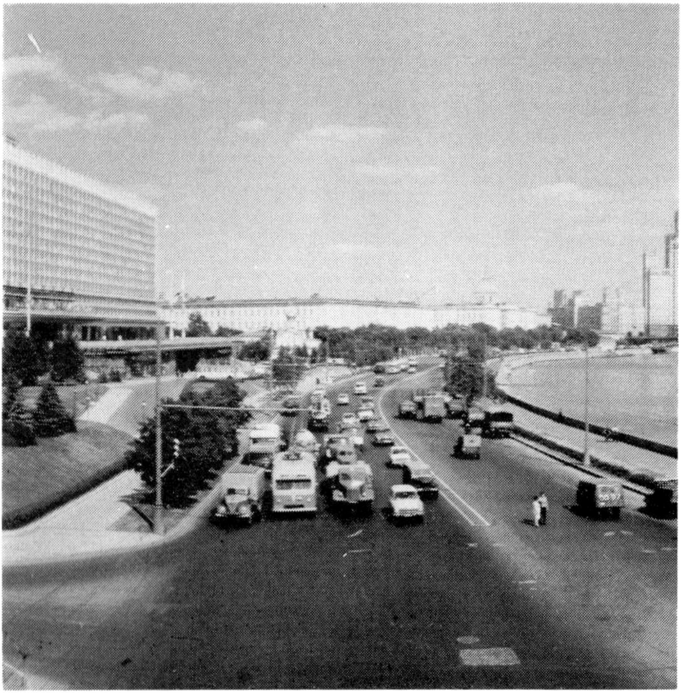

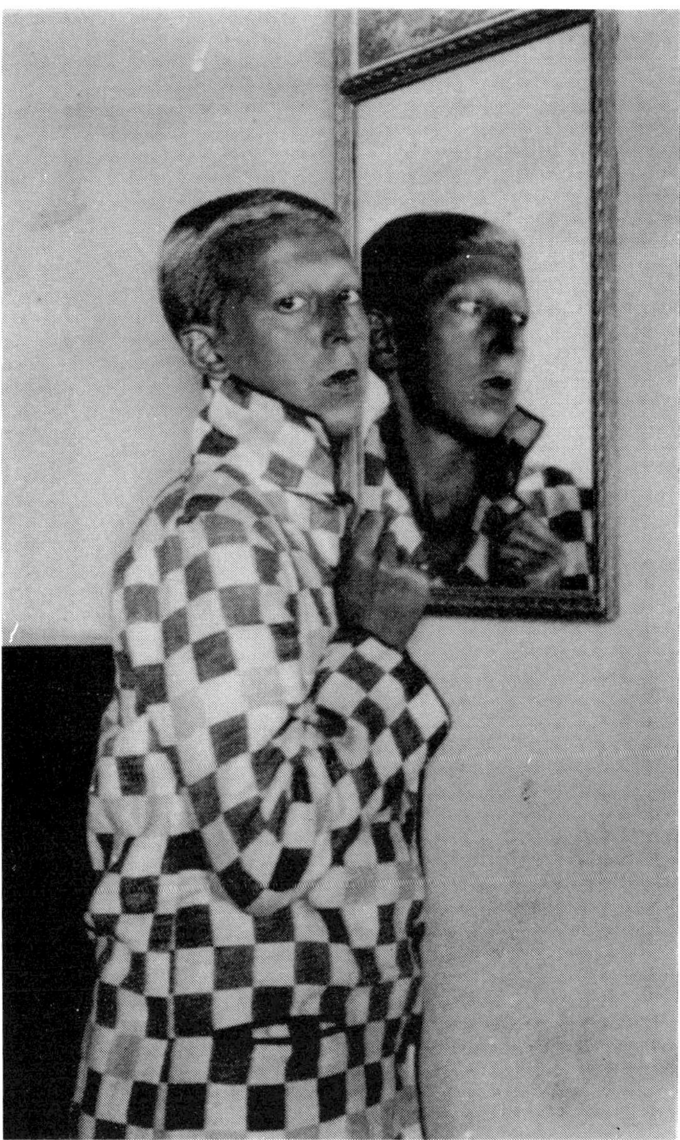

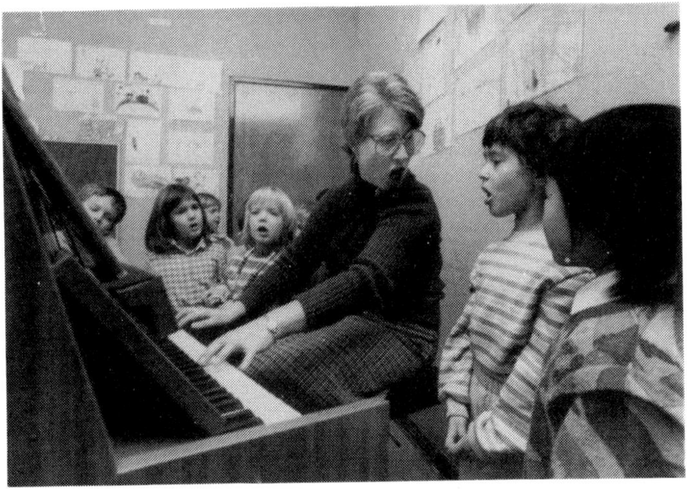

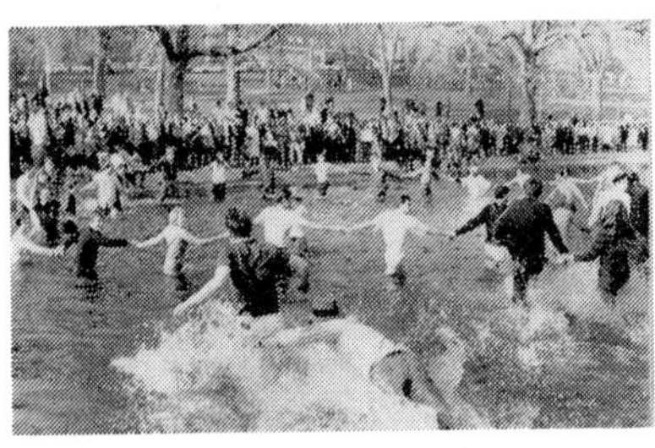

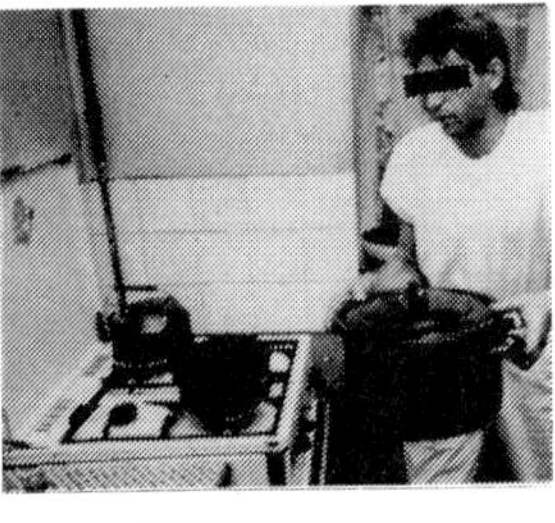

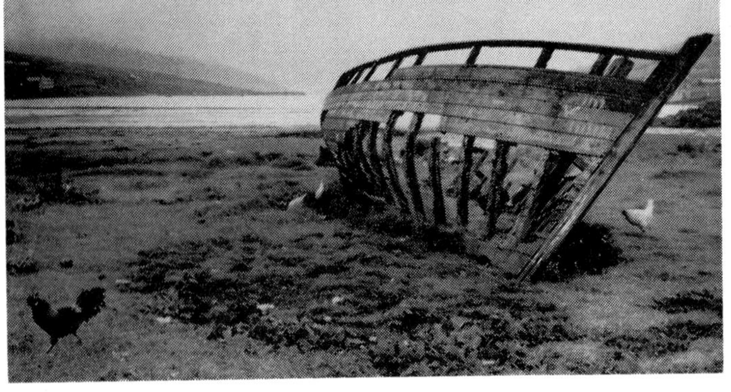

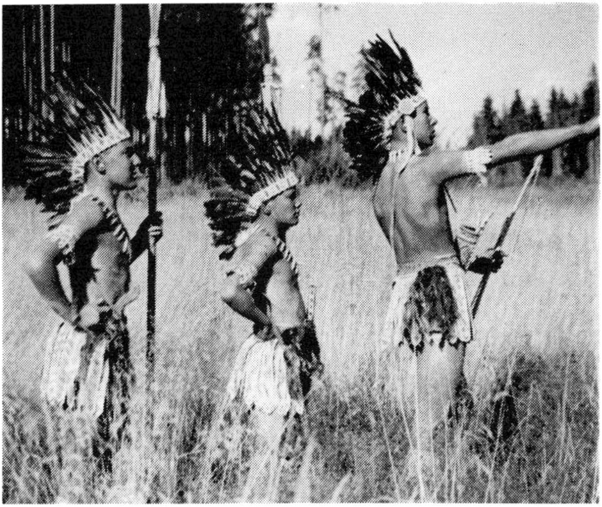

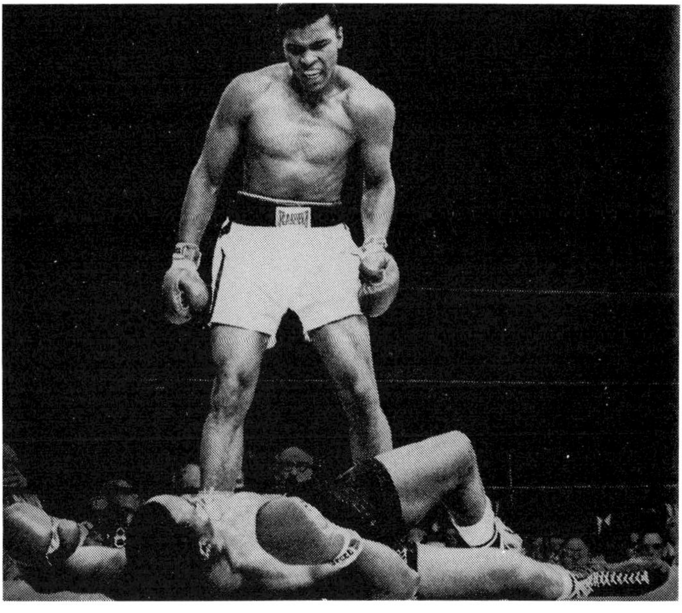

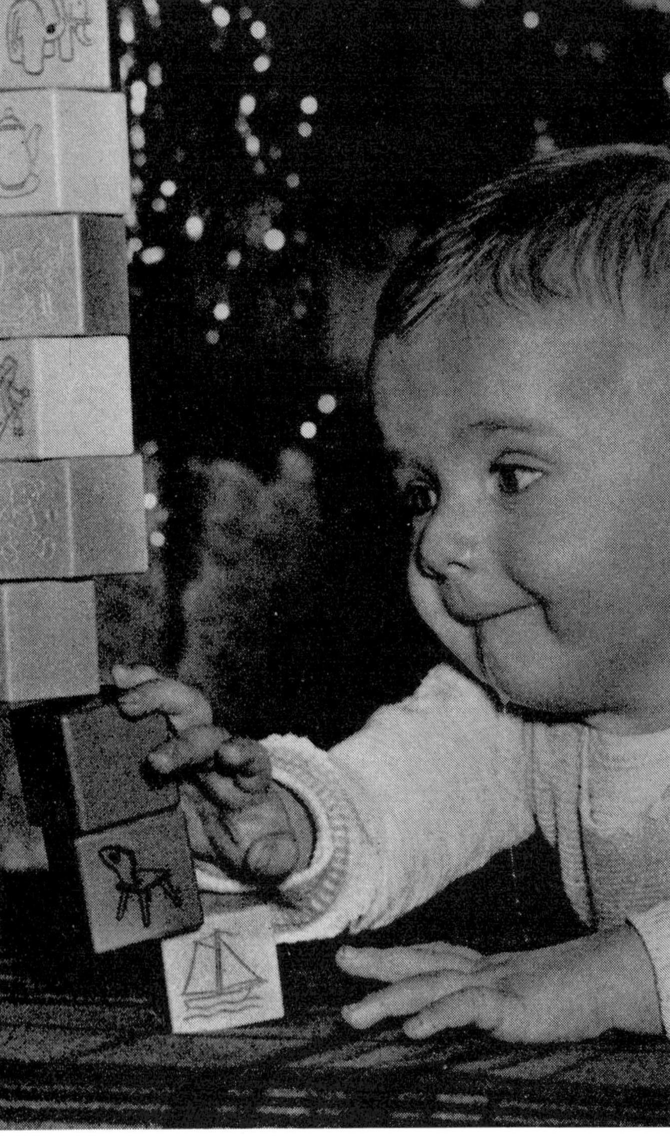

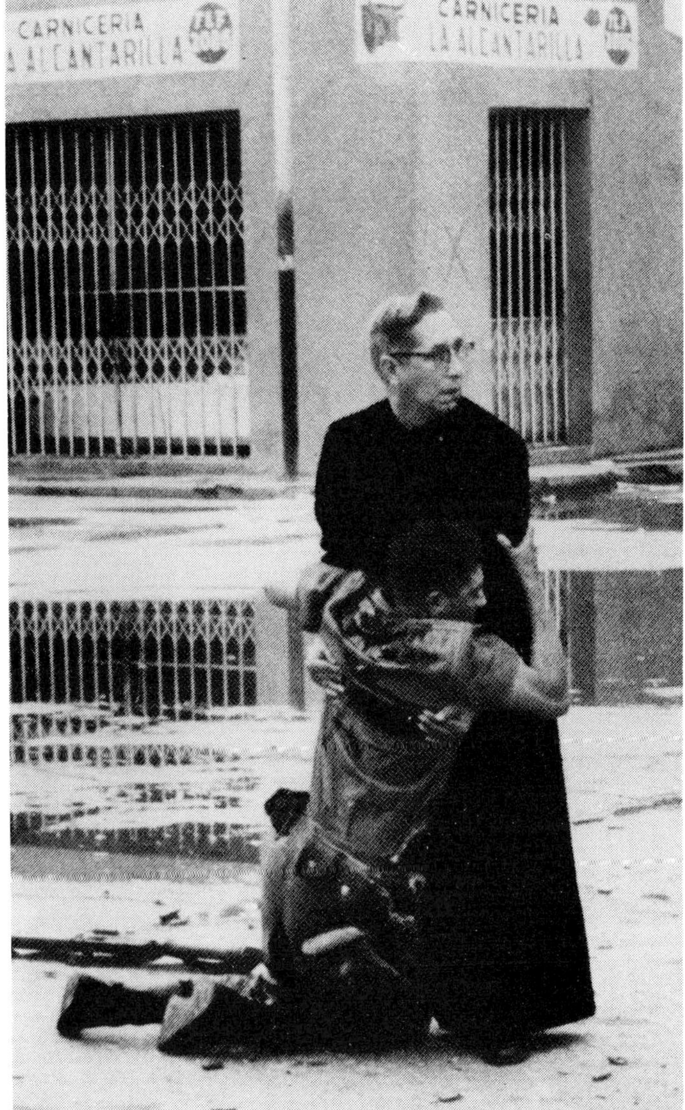
CARNICERIA
A ALCANTARILLA
CARNICERIA
LA ALCANTARILLA

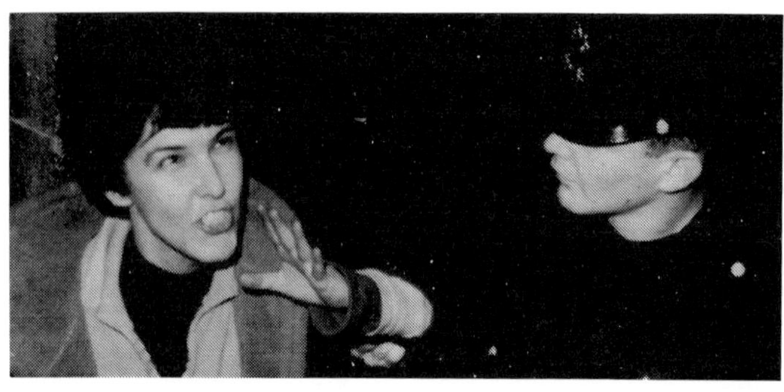

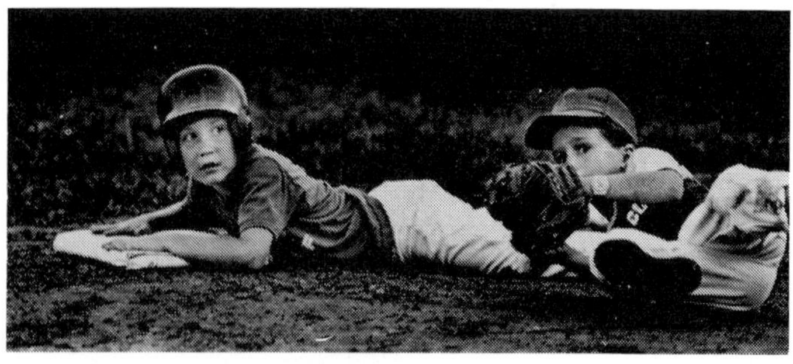

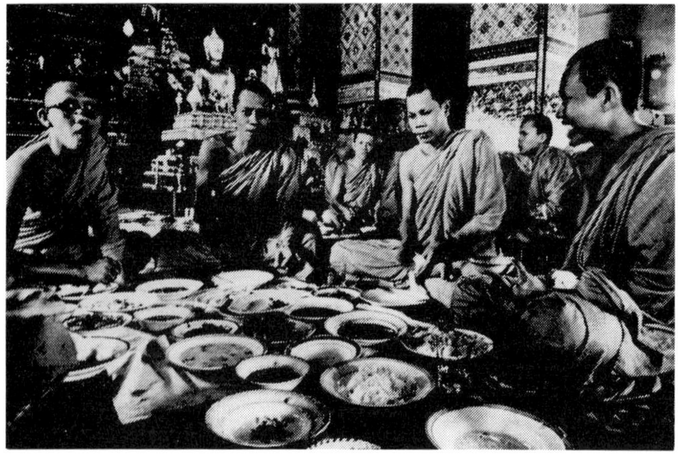

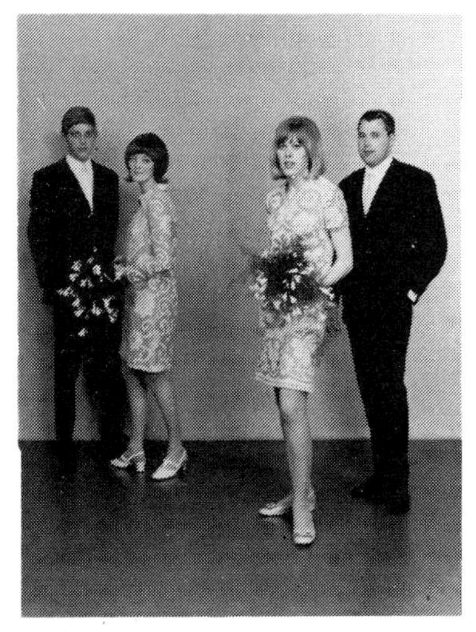

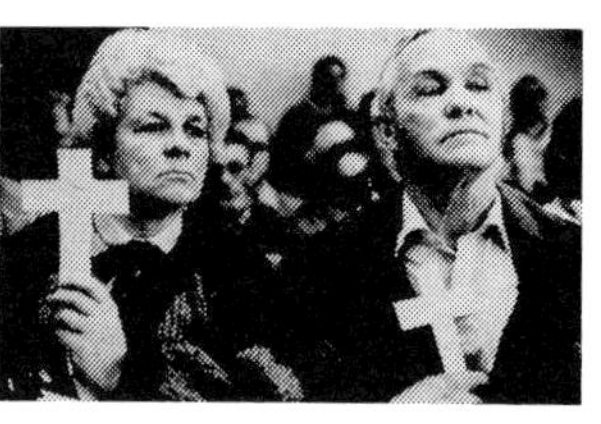

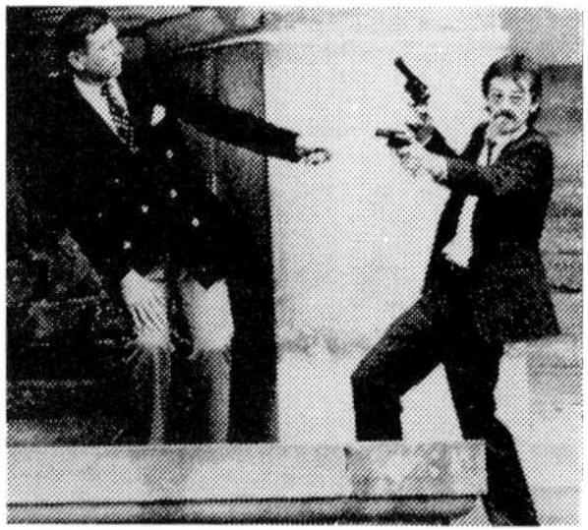

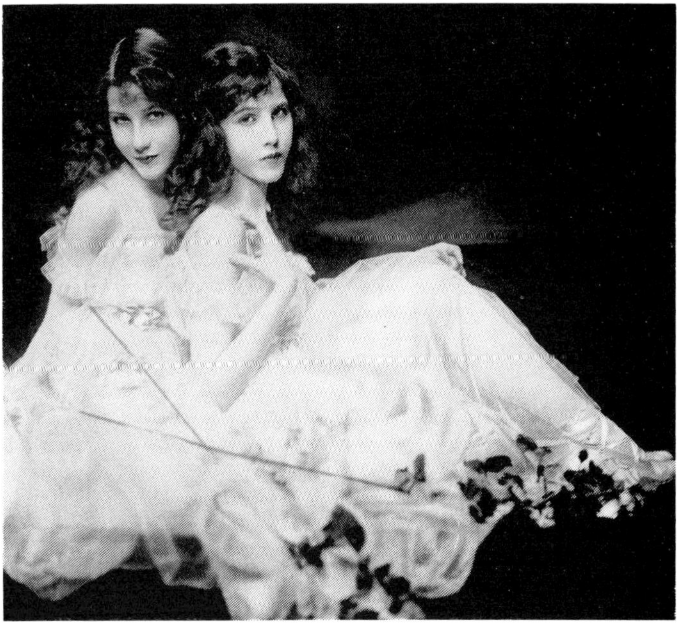

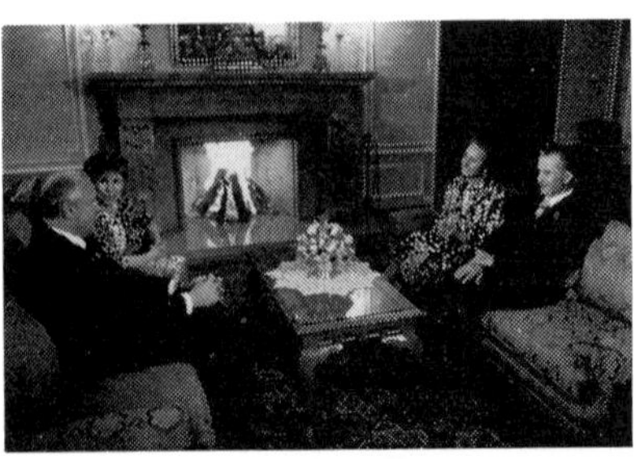
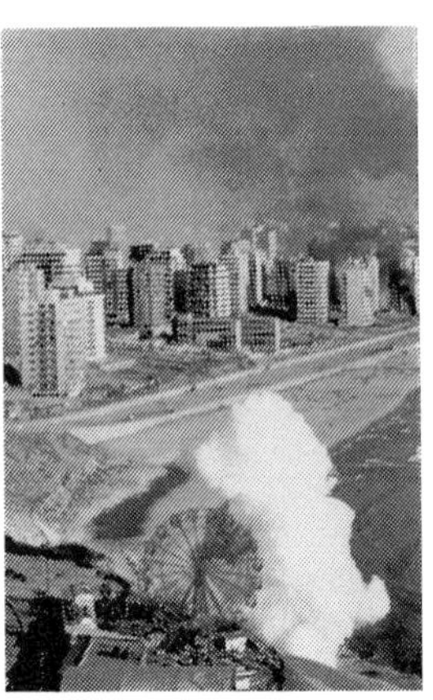
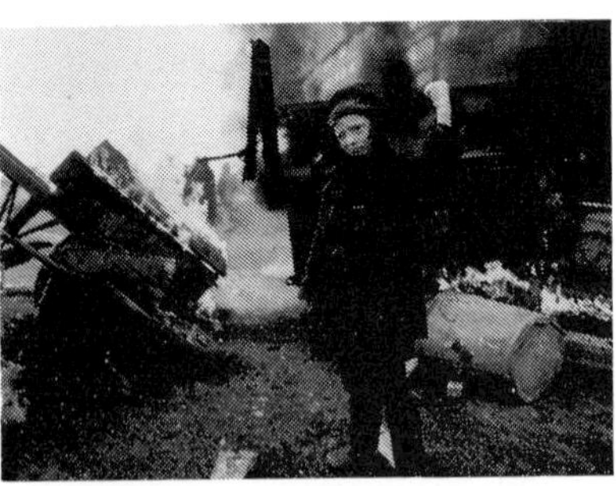
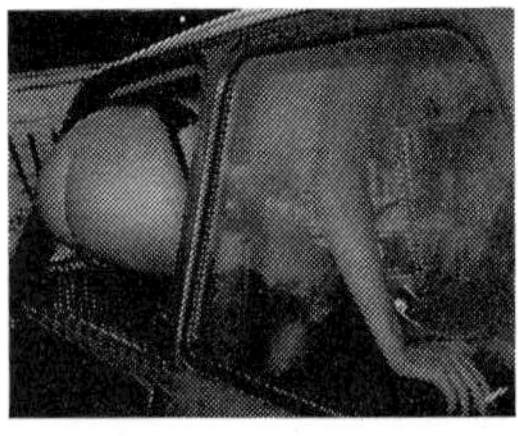
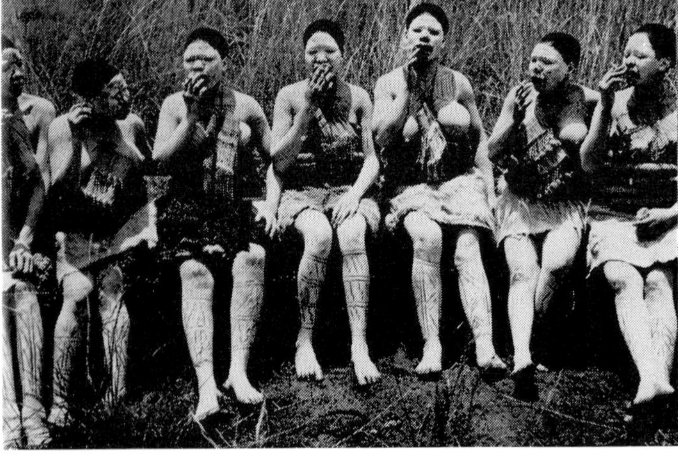

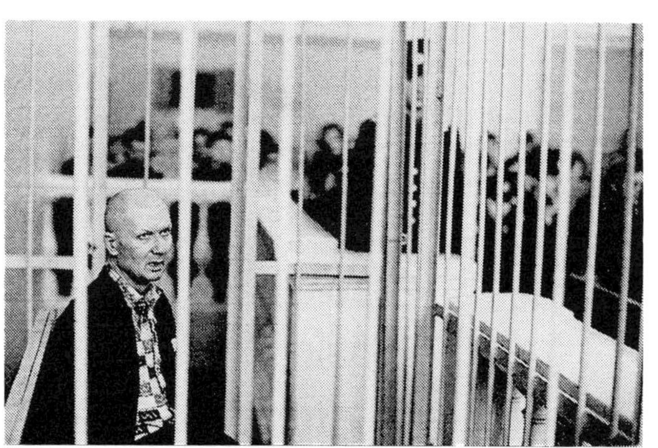

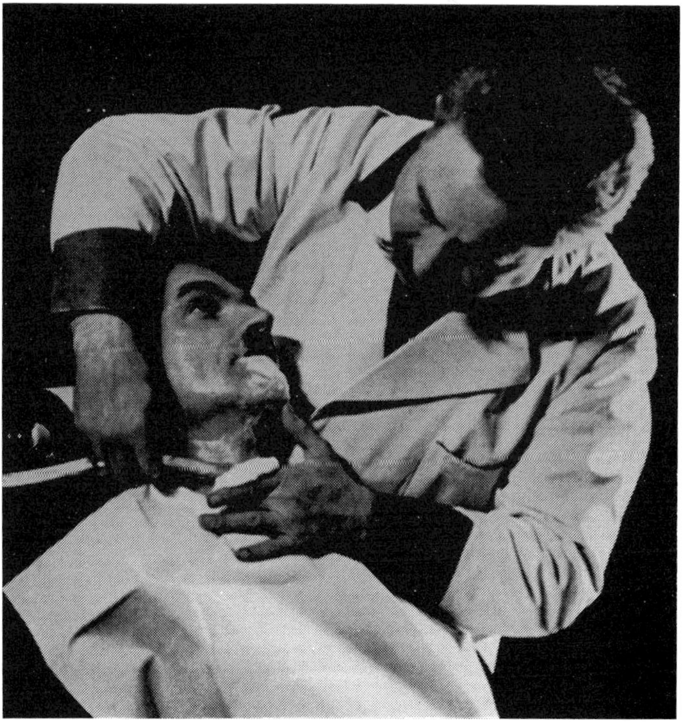

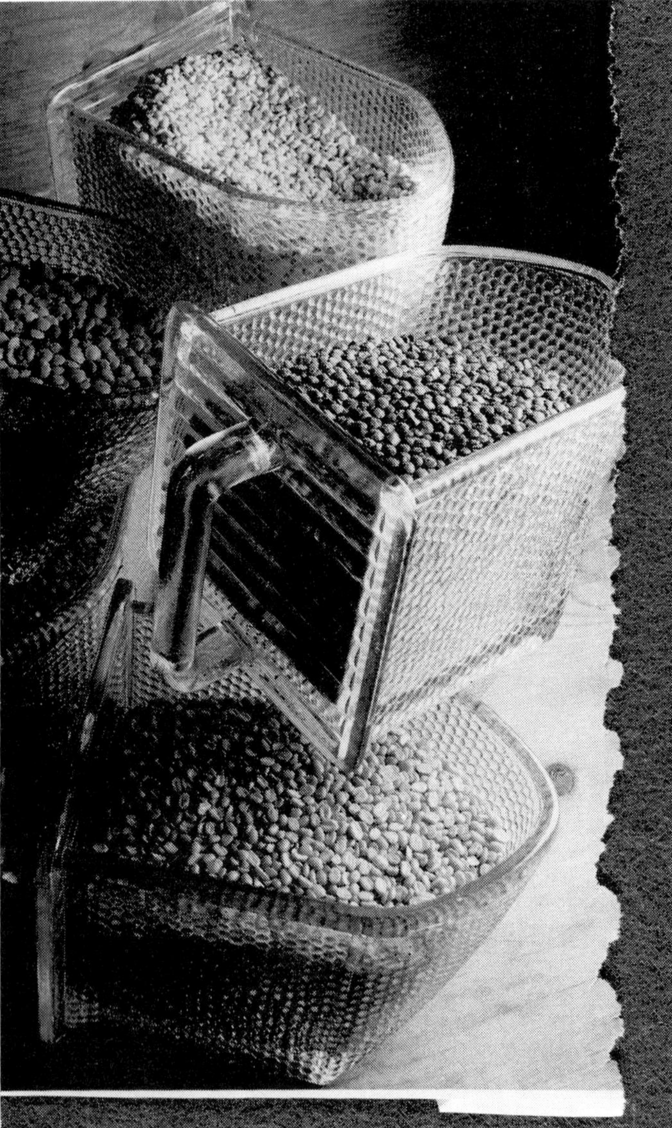

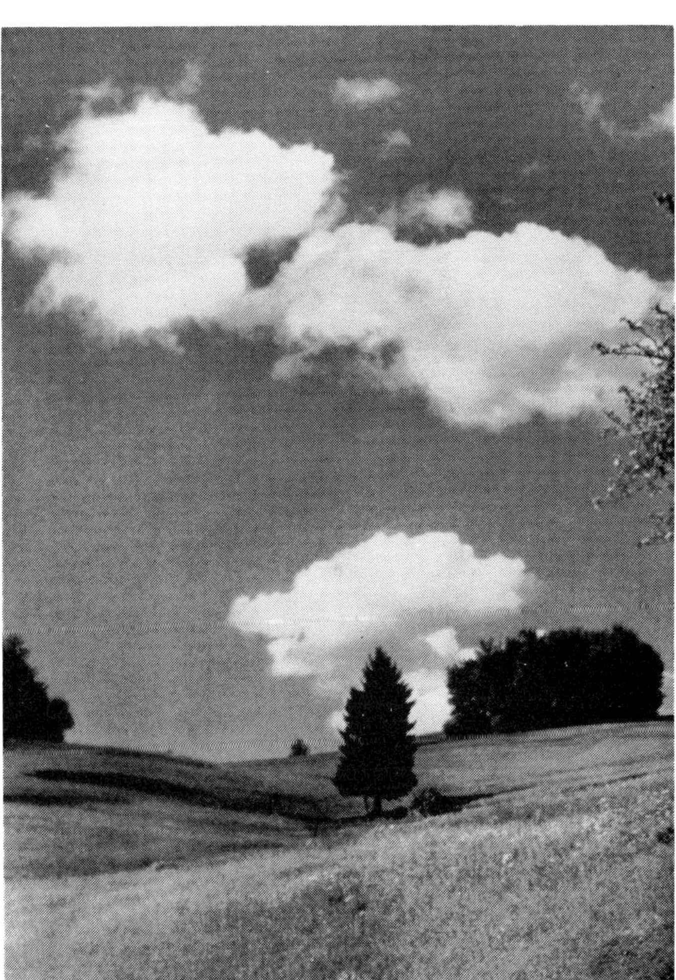

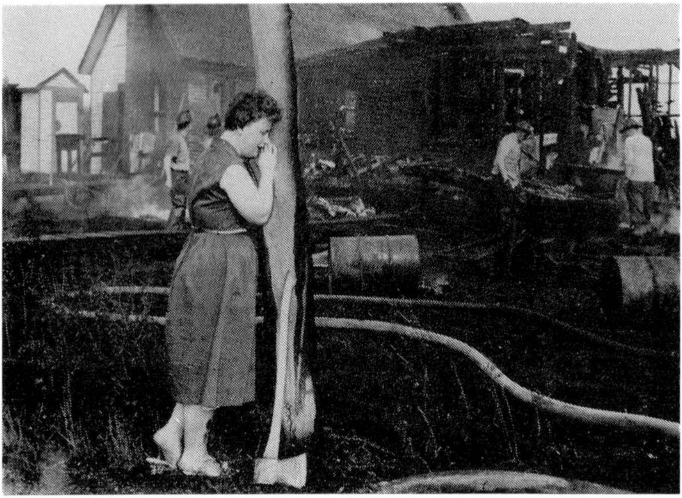

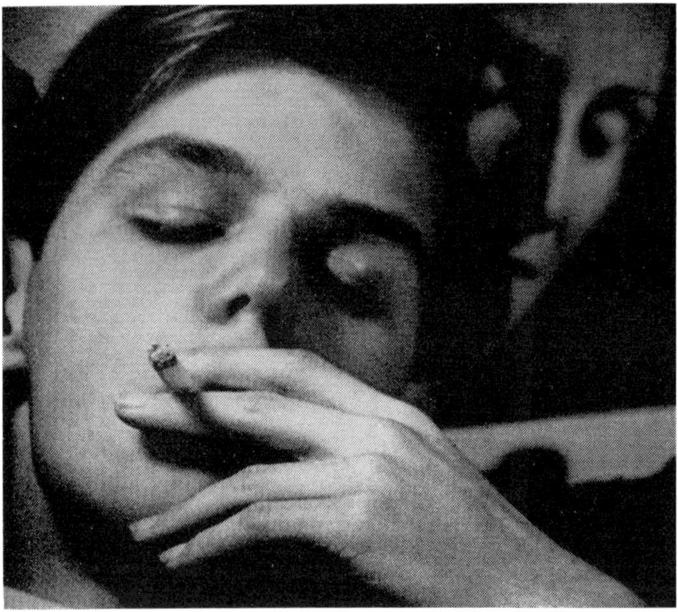

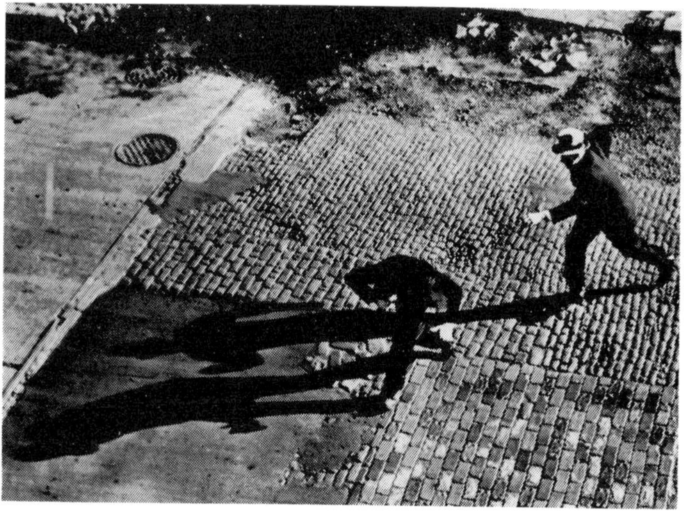

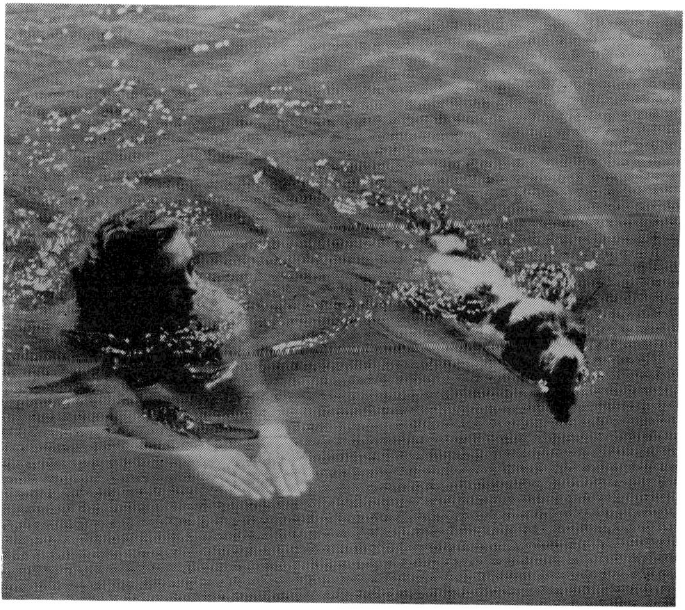

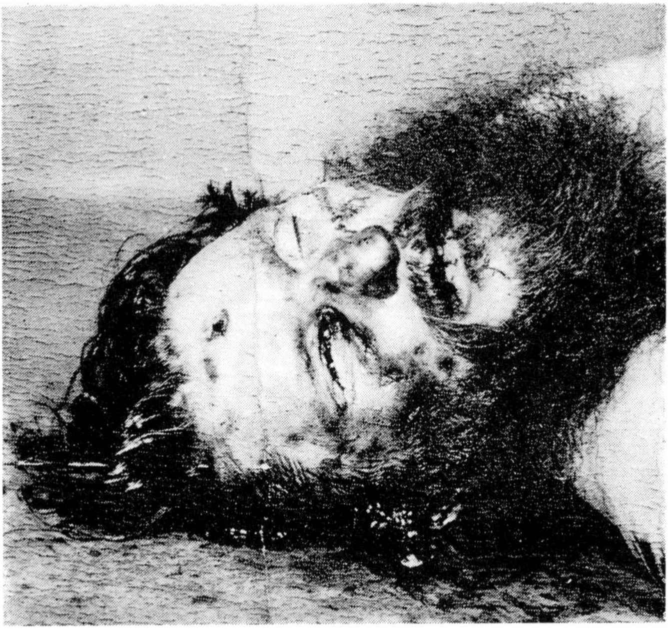

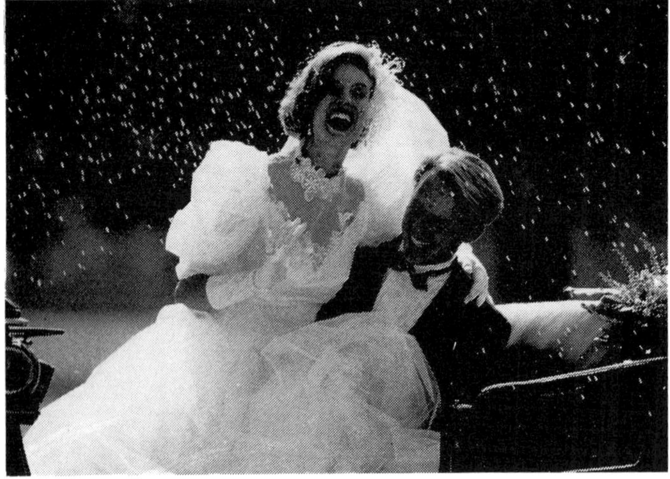

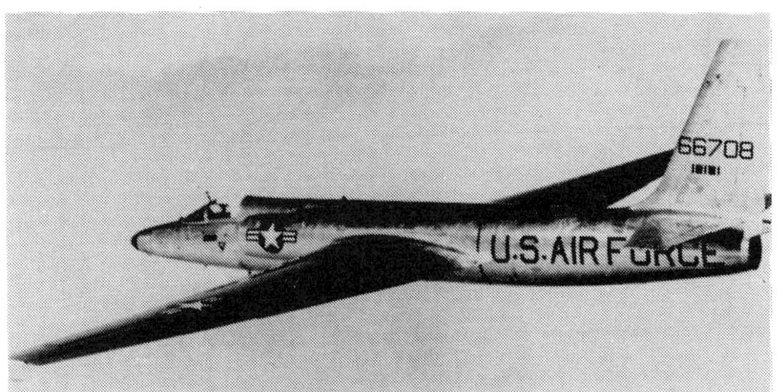
66708
U.S. AIR FORCE

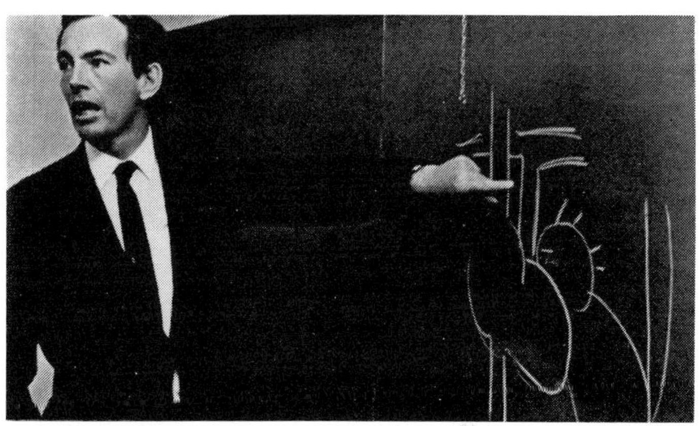

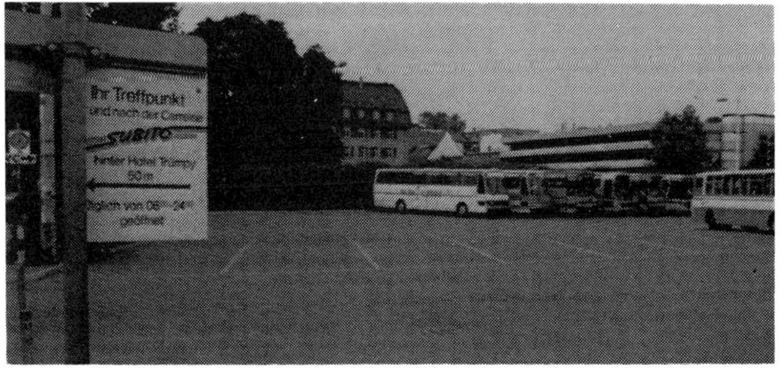
Ihr Treffpunkt
SUBITO
hinter Hotel Trümpy
50 m
geöffnet

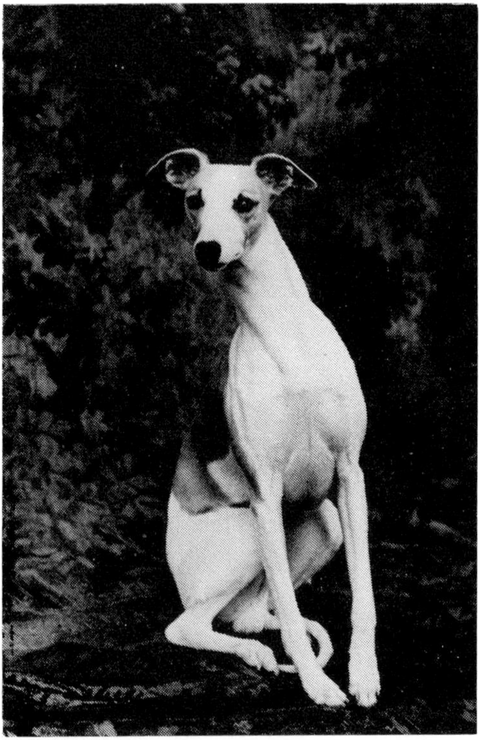

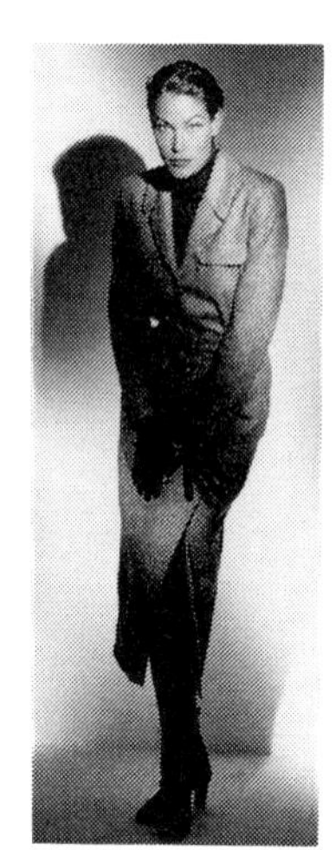

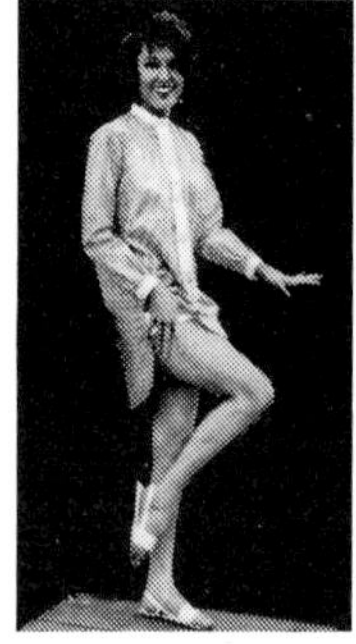

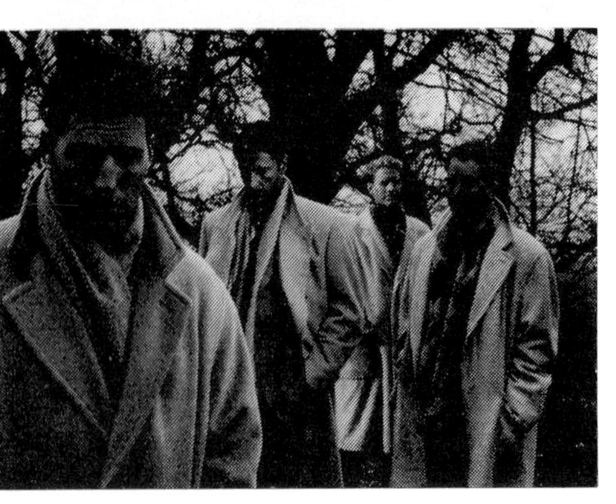

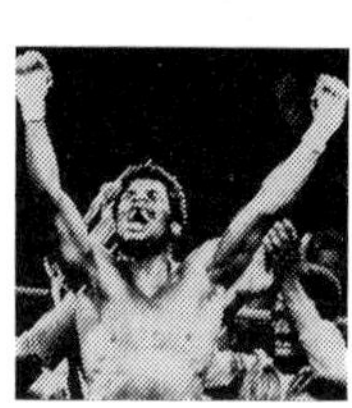

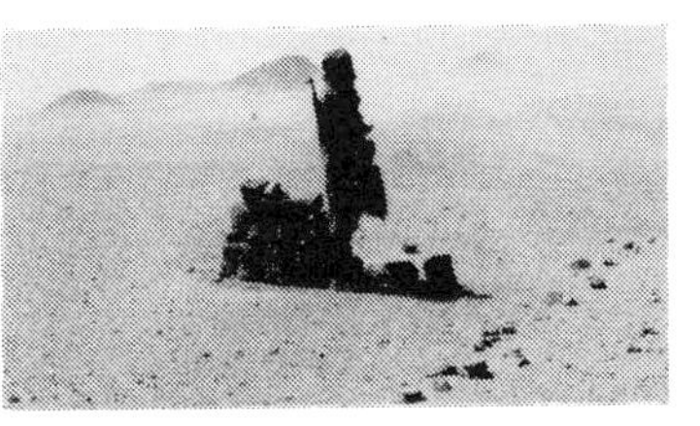

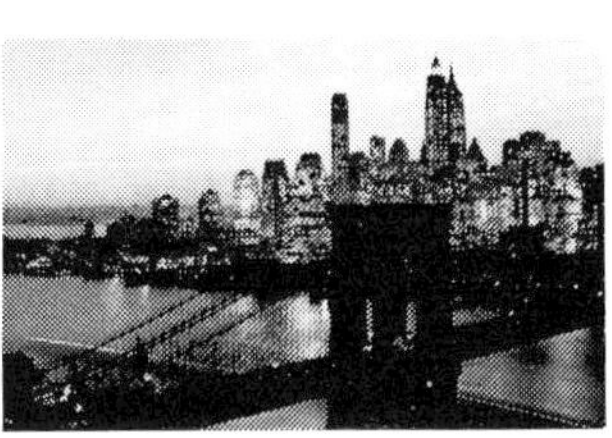

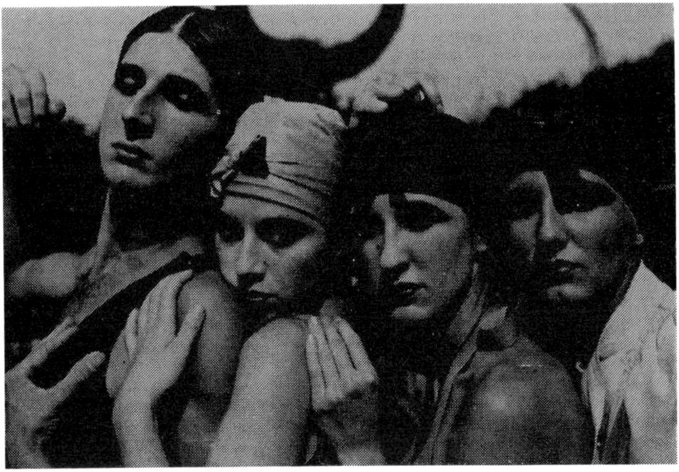

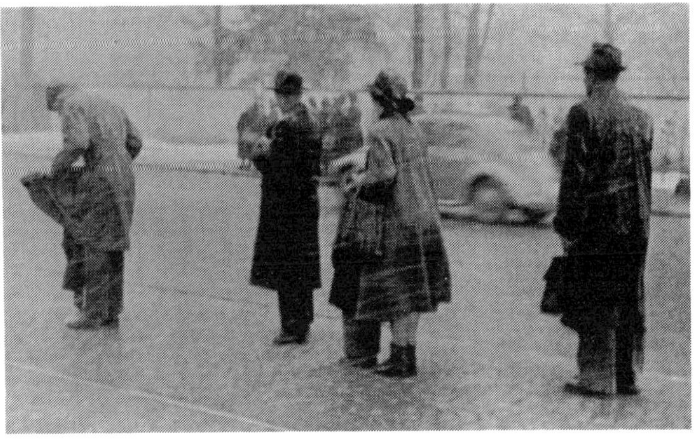

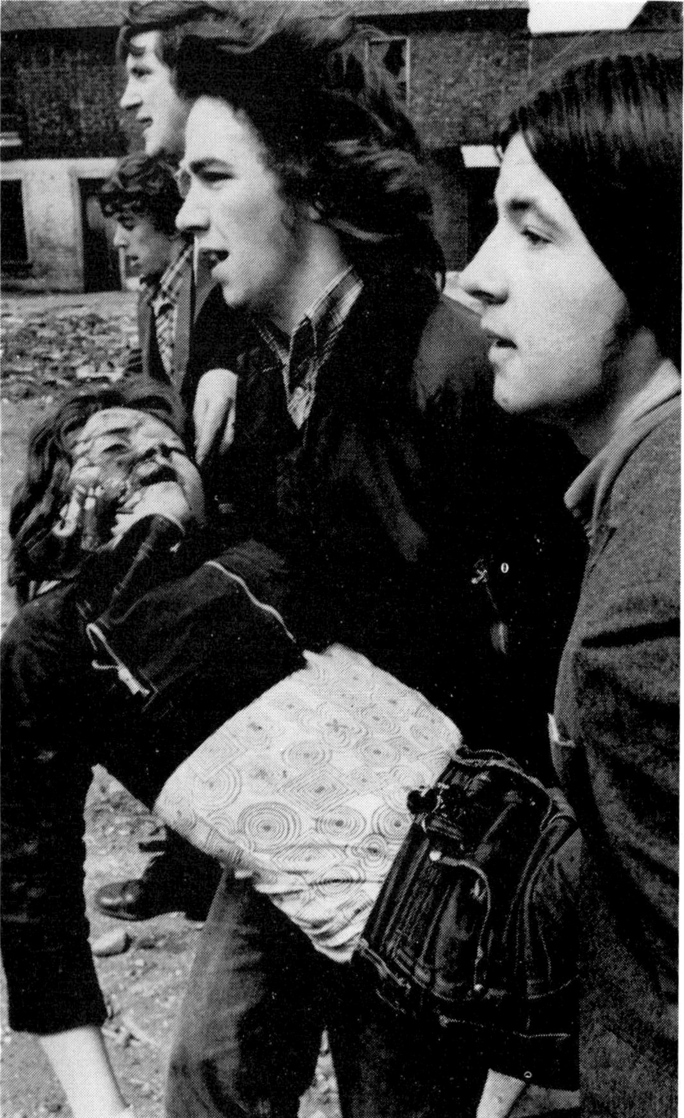

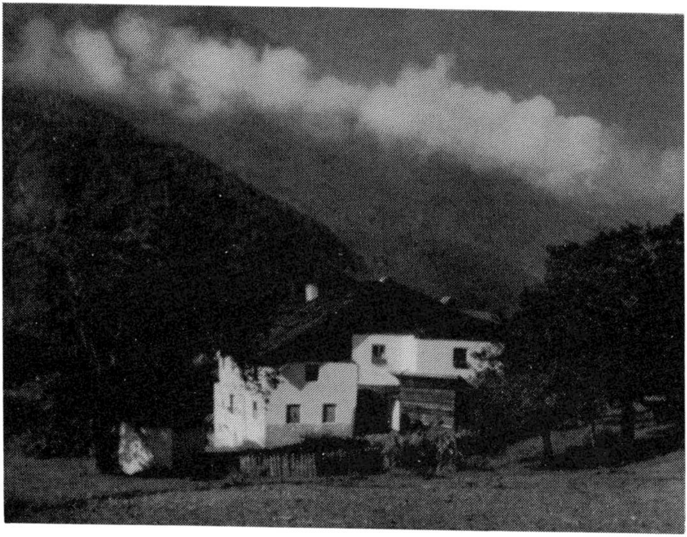

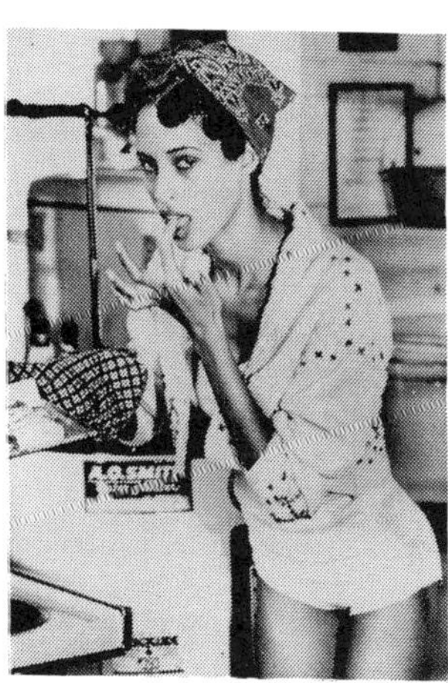

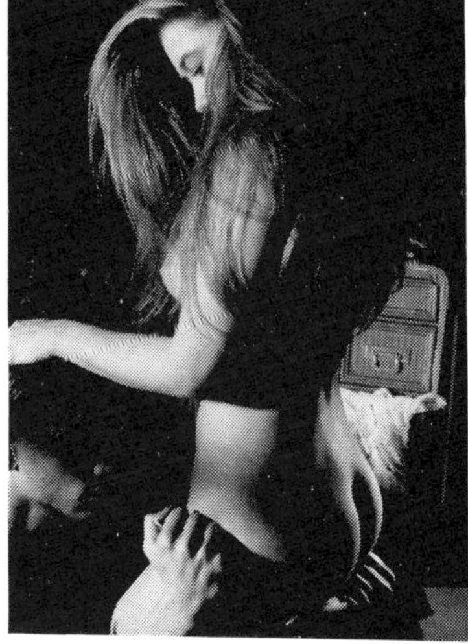

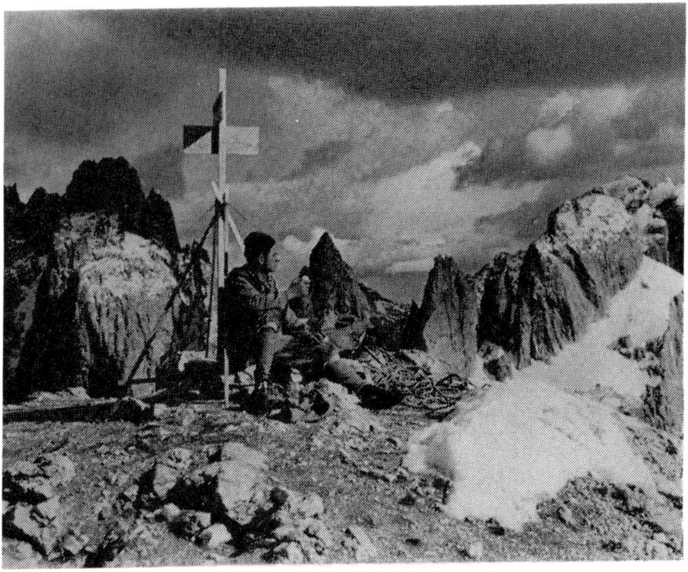

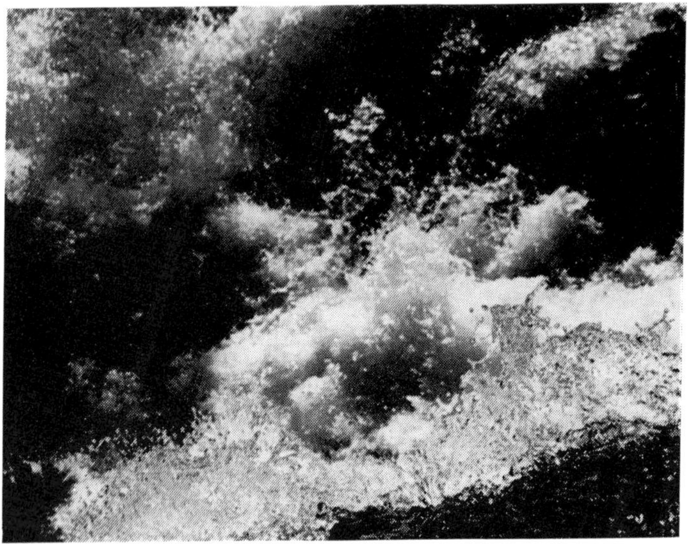

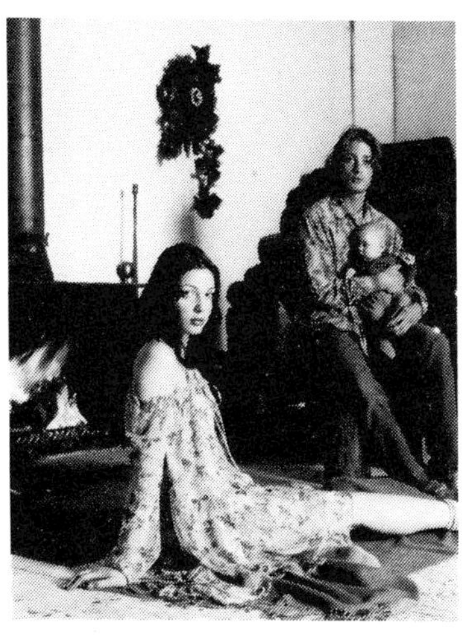

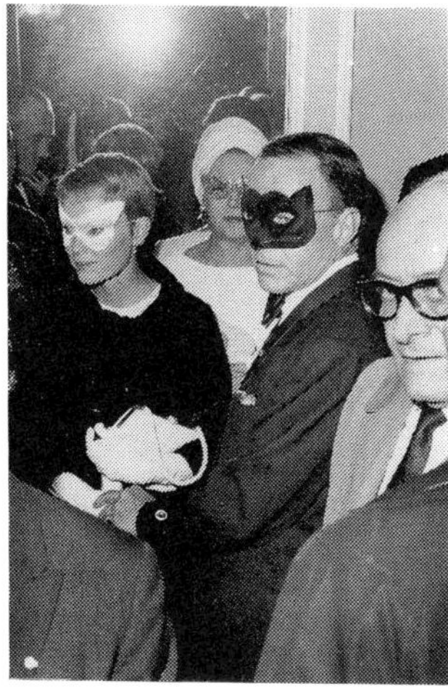

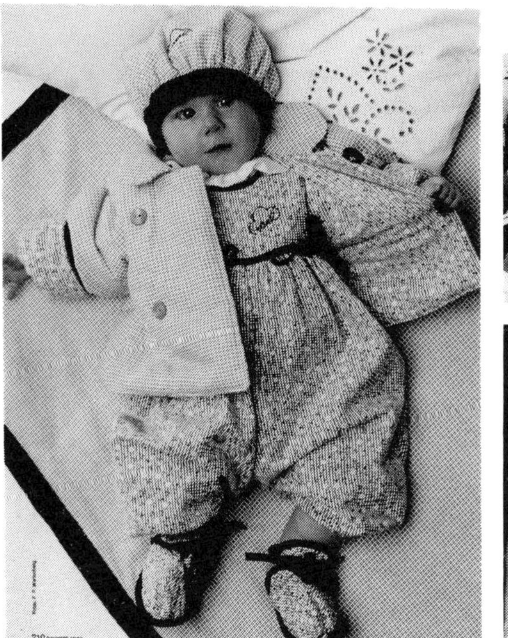

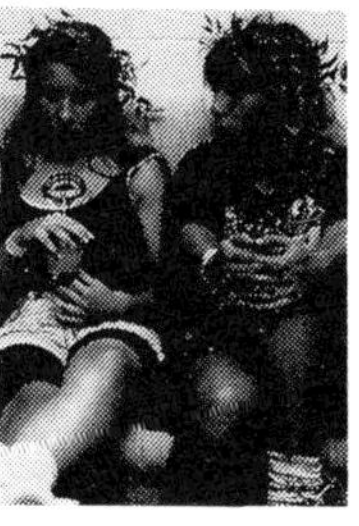

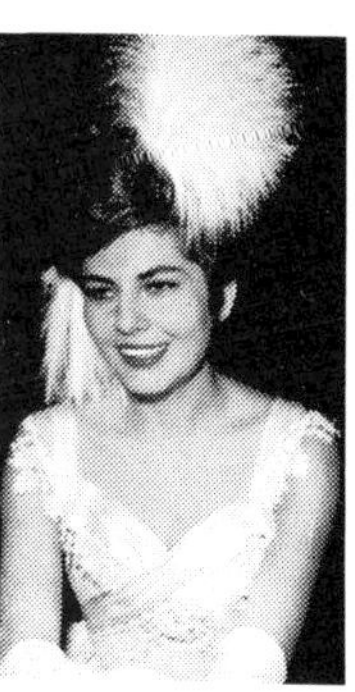

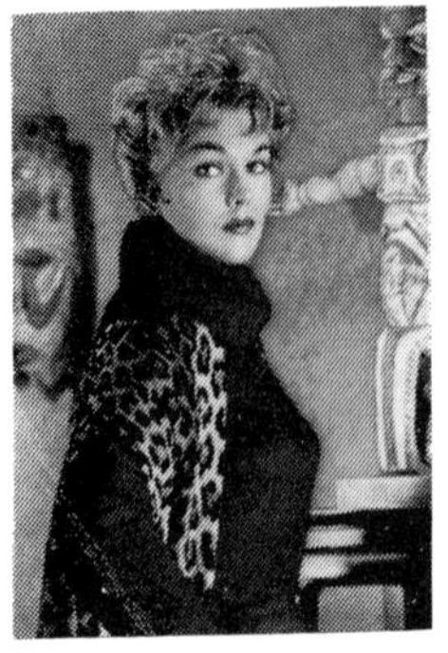

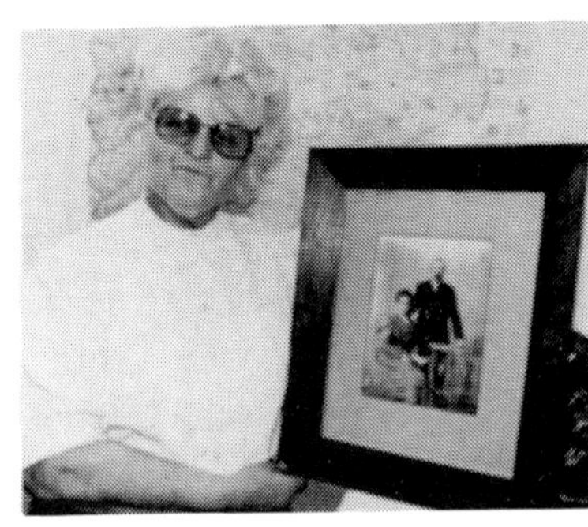

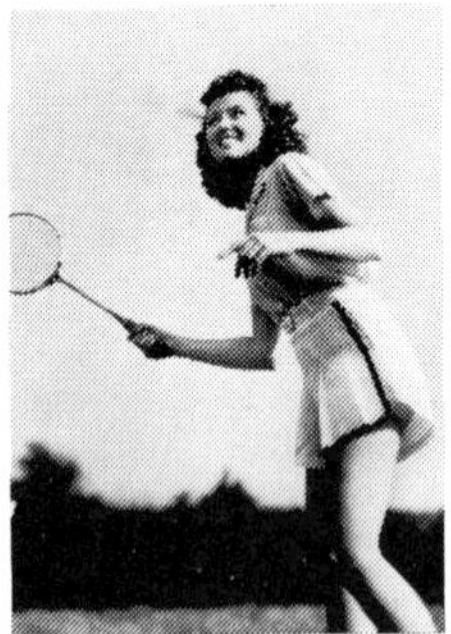

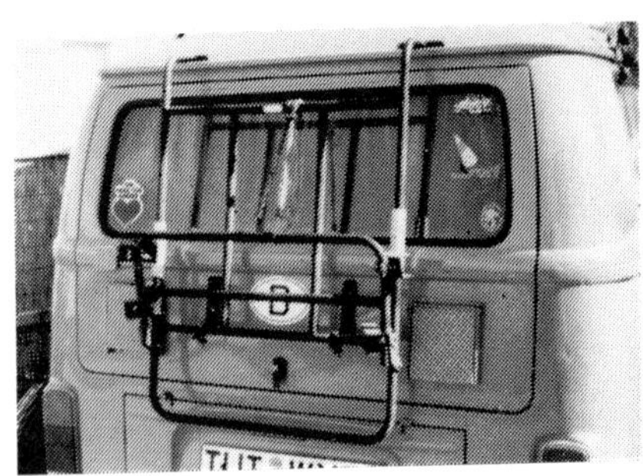

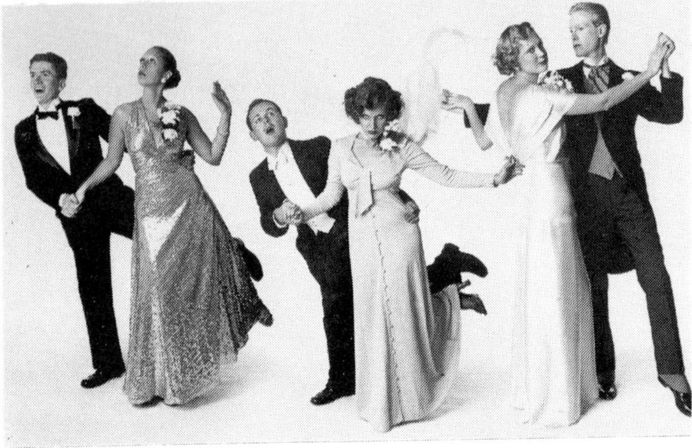

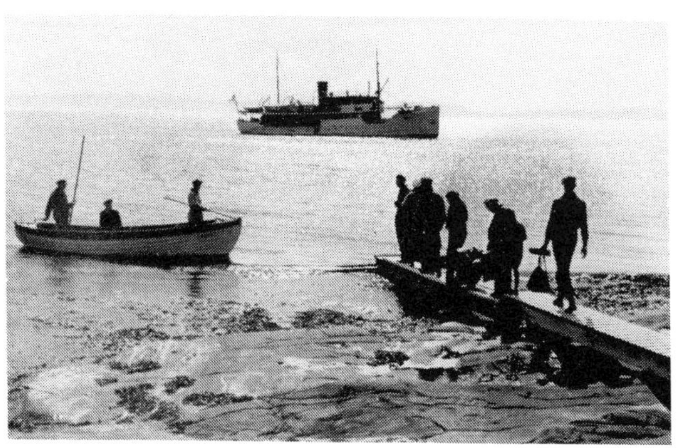

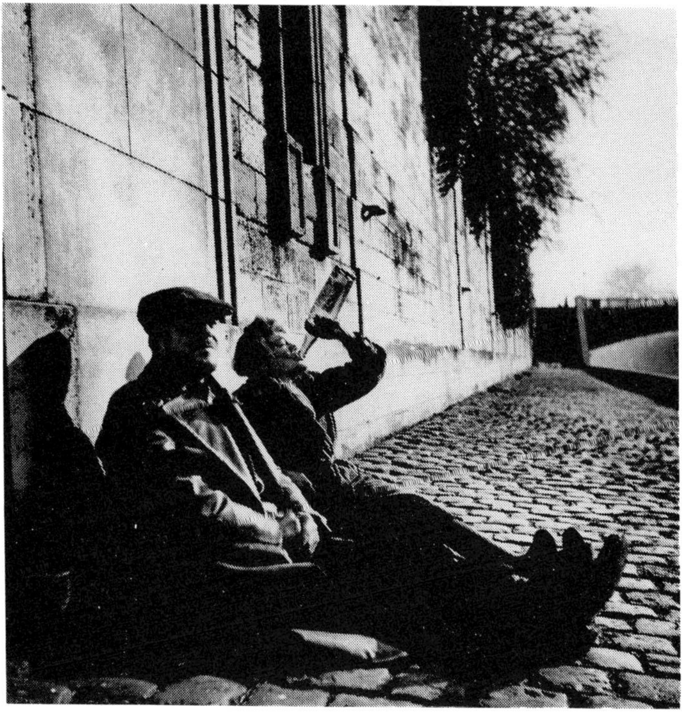

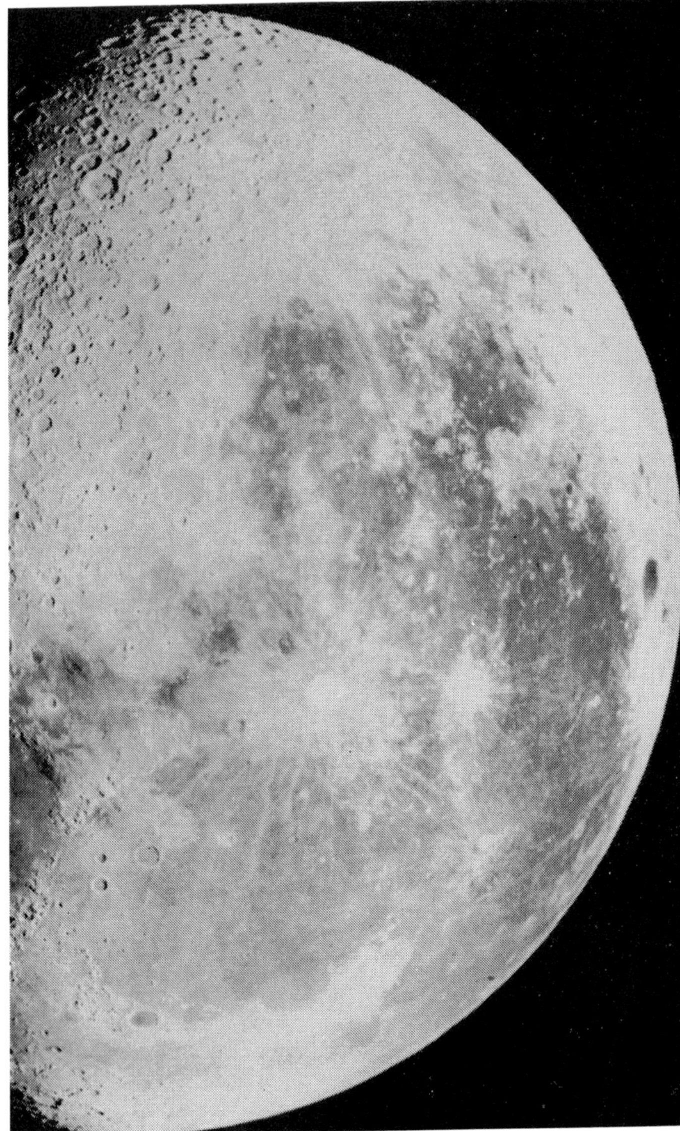

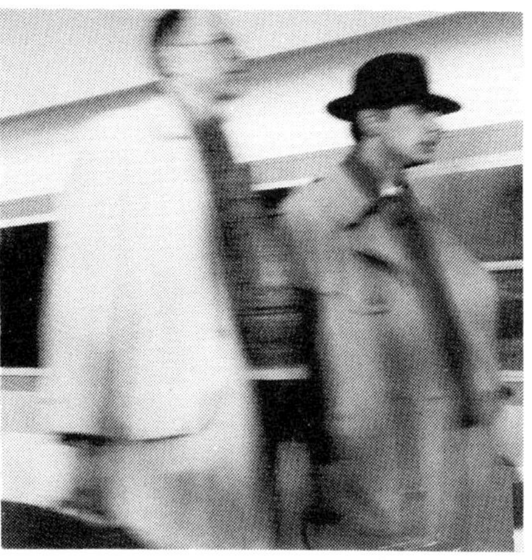

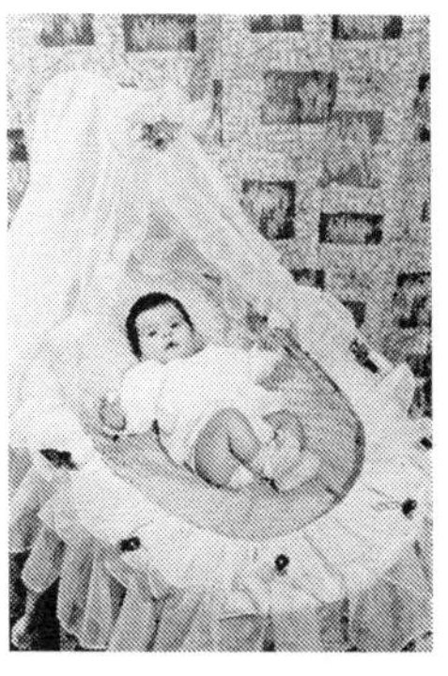

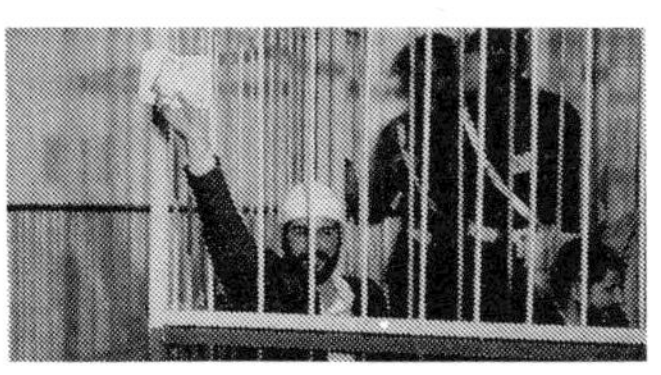

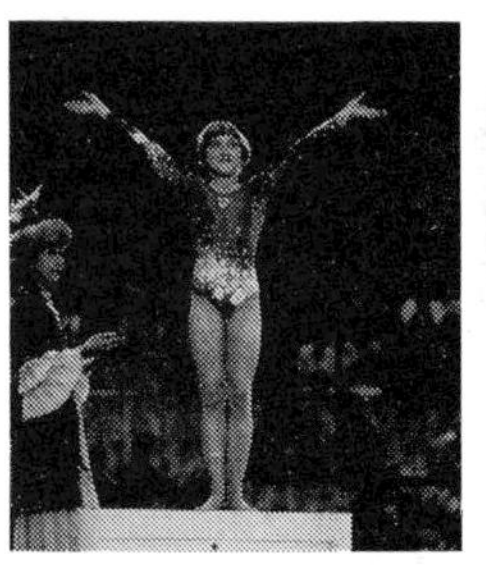

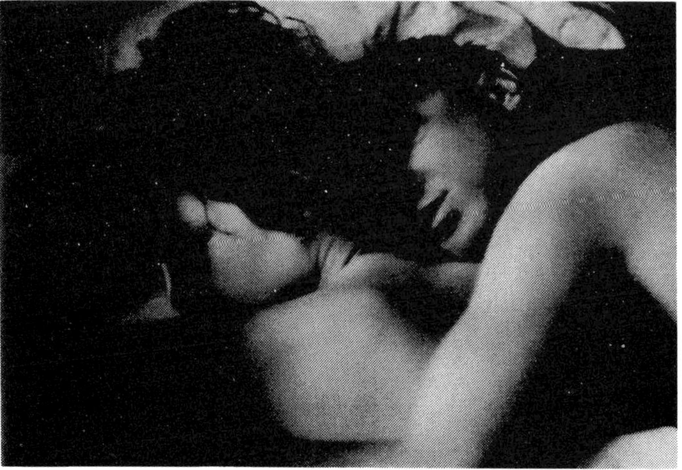

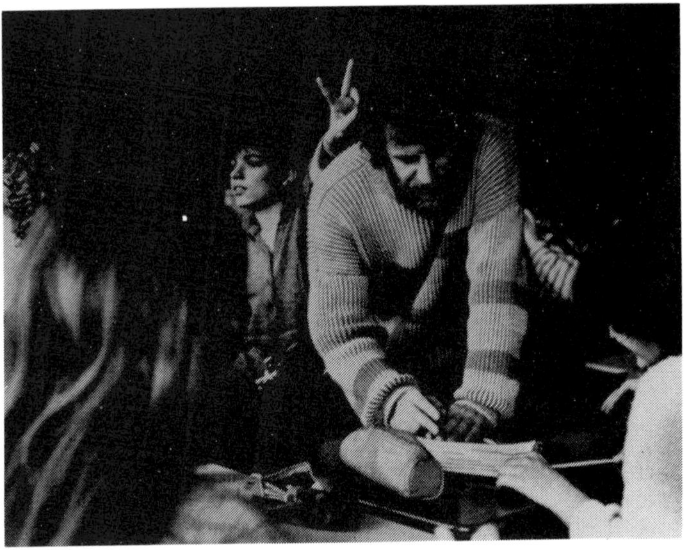

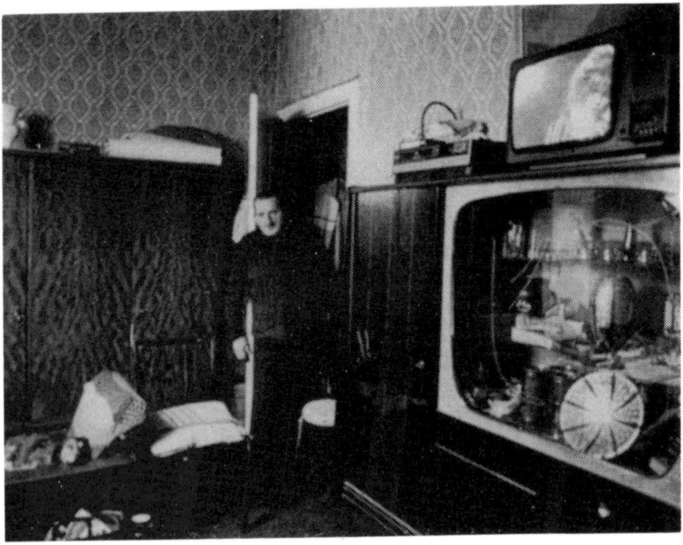

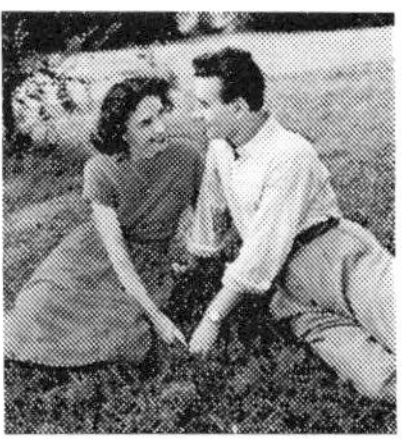
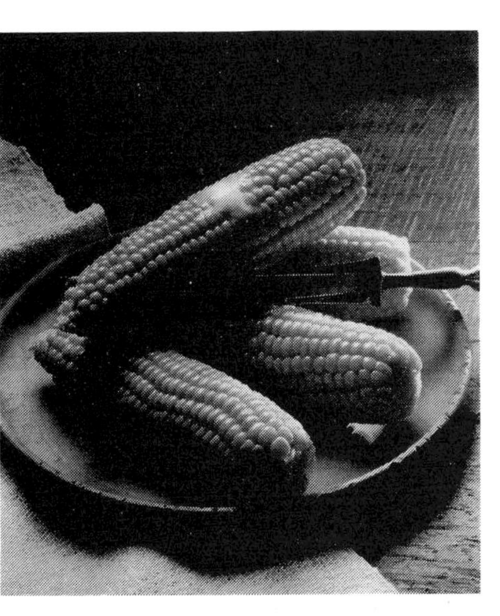
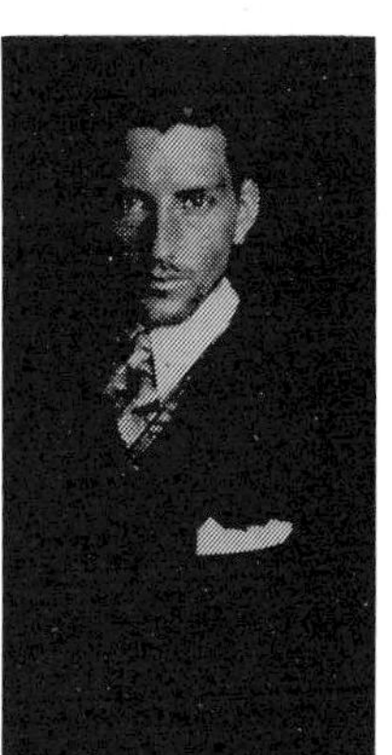
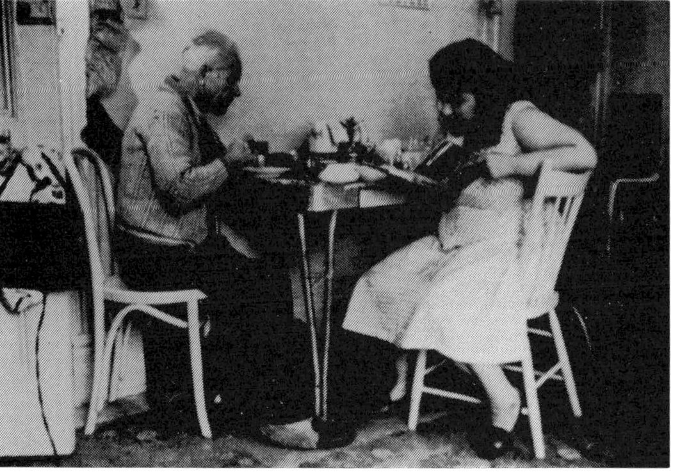

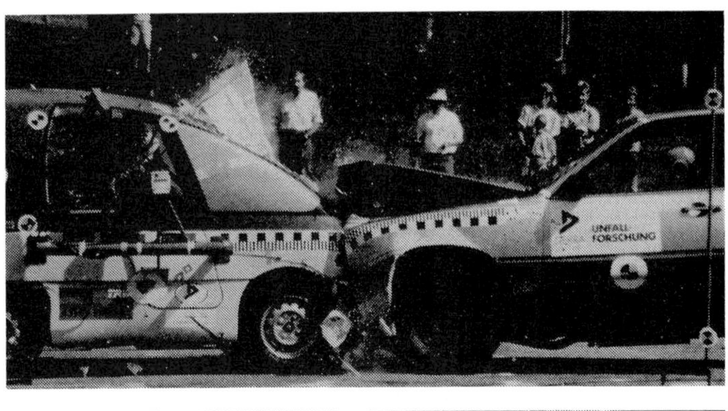
UNFALL
FORSCHUNG

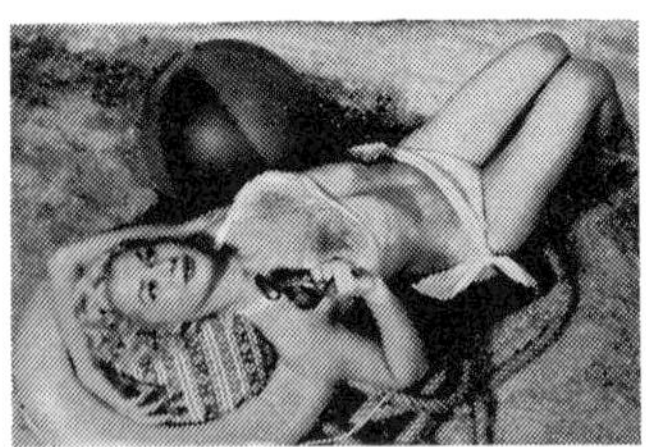

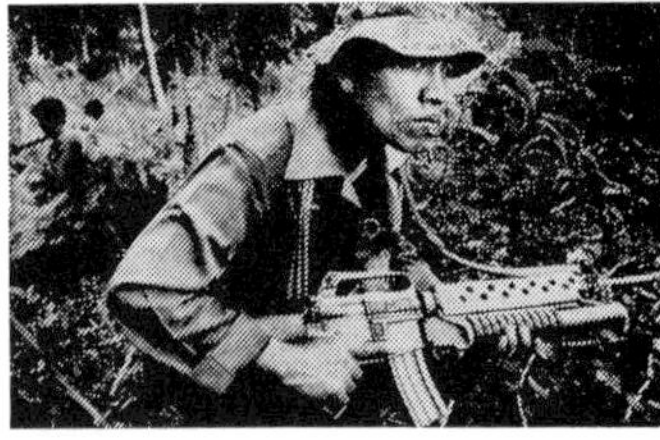

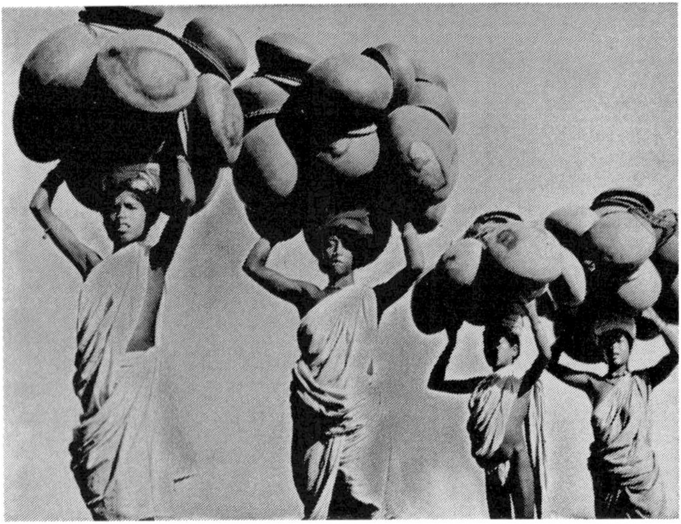

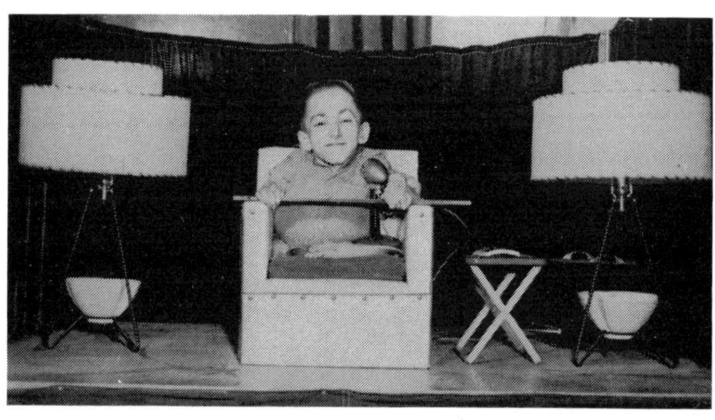

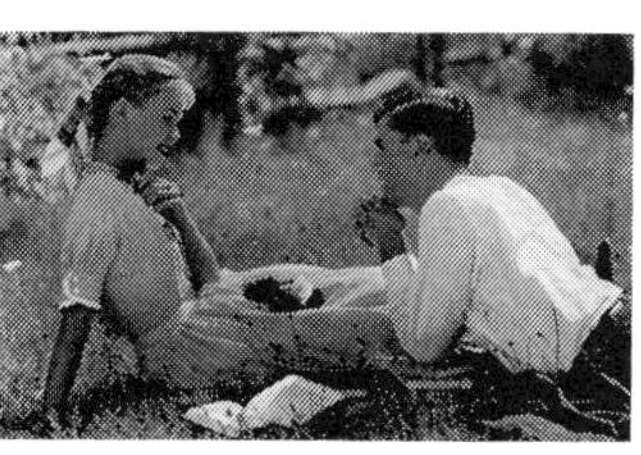

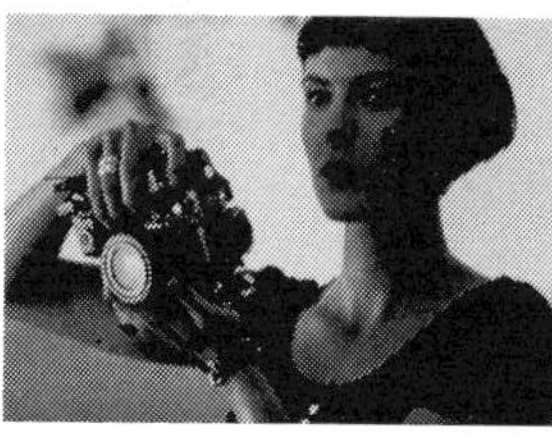

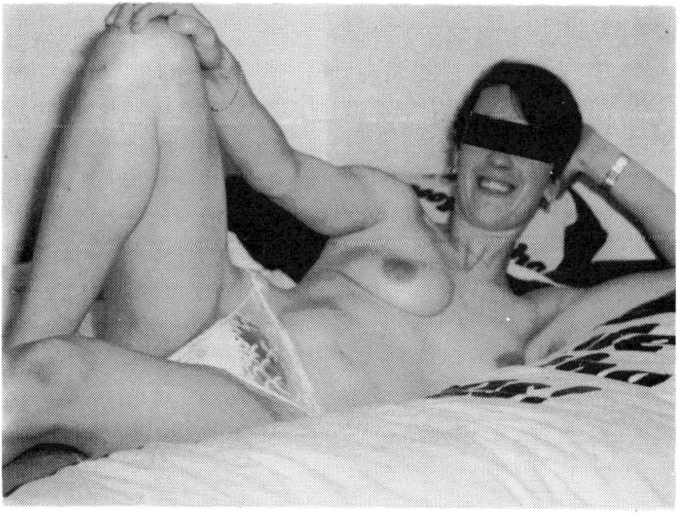

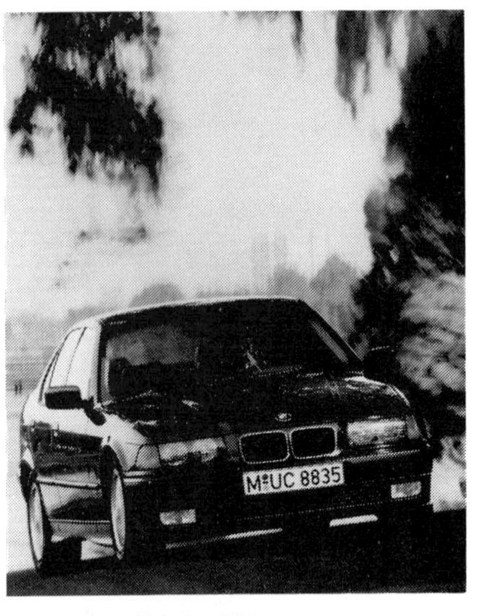
M UC 8835

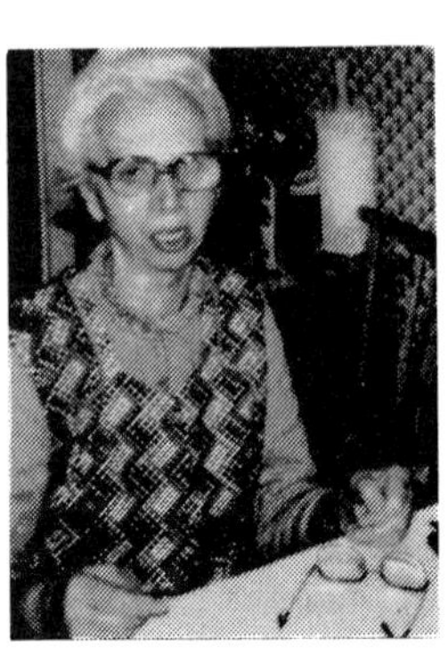

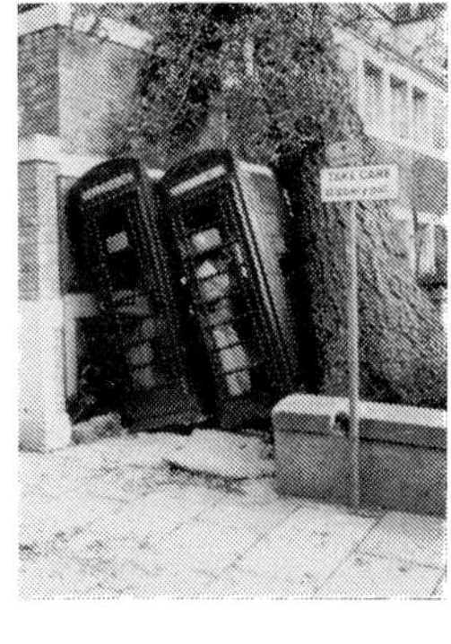

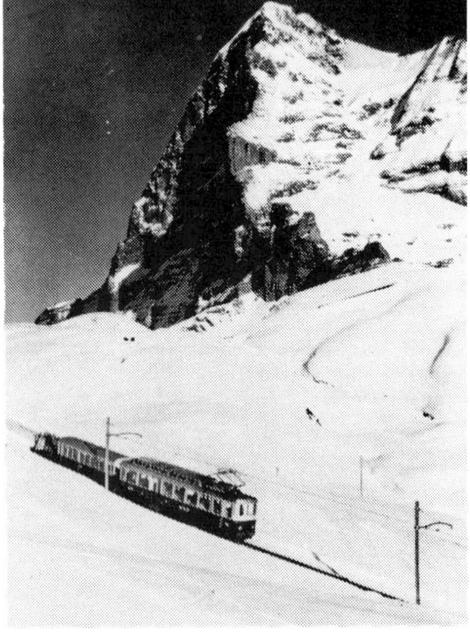

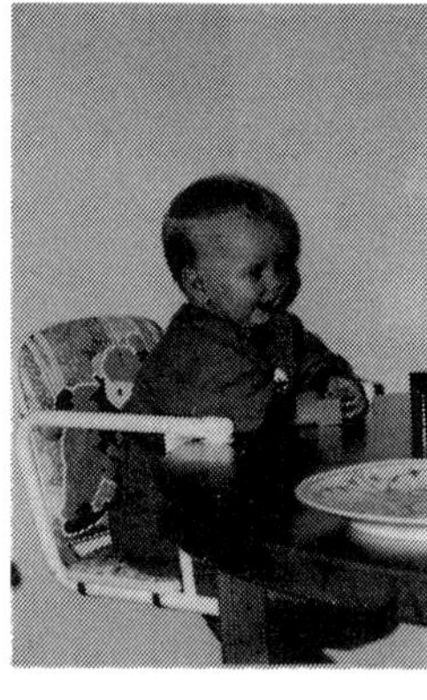

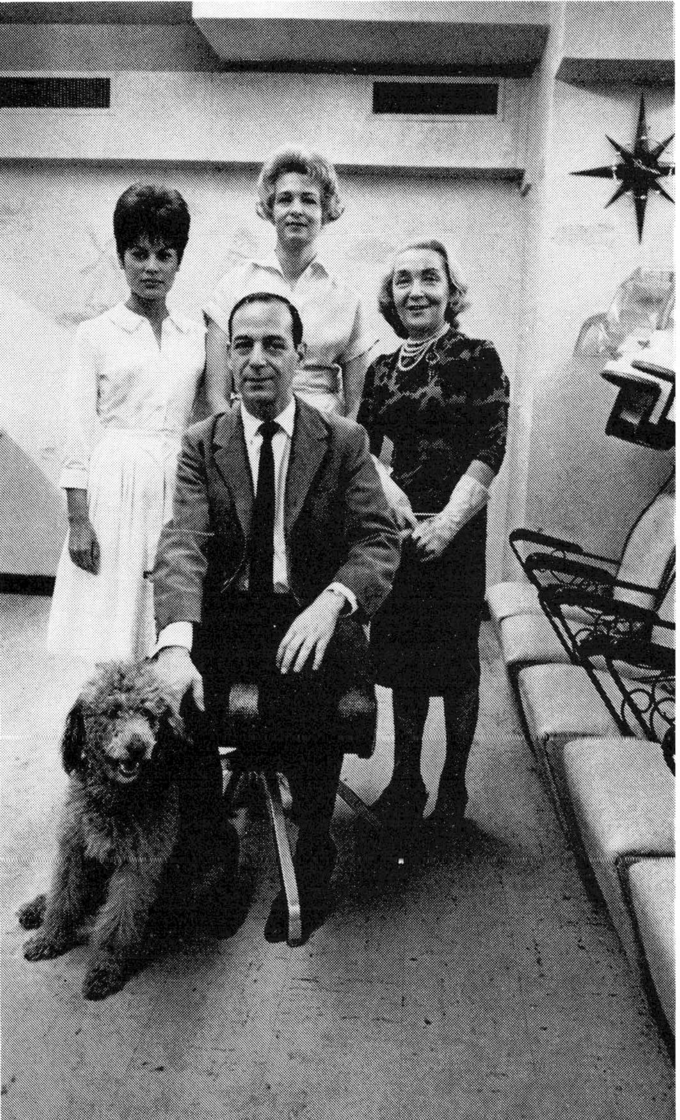

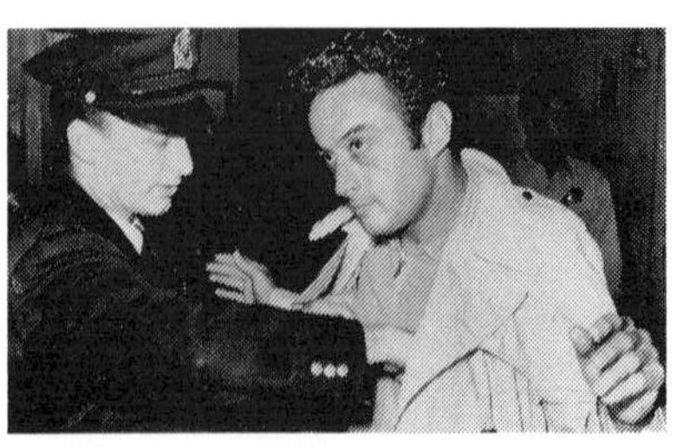

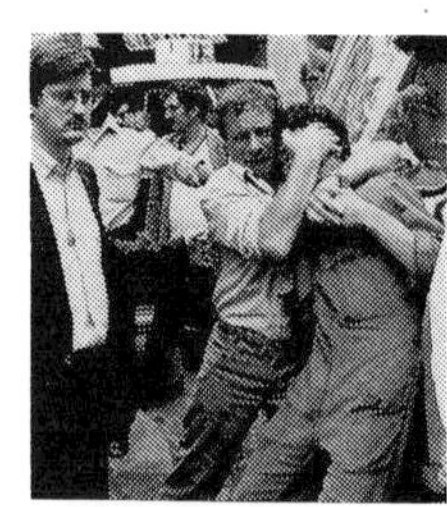

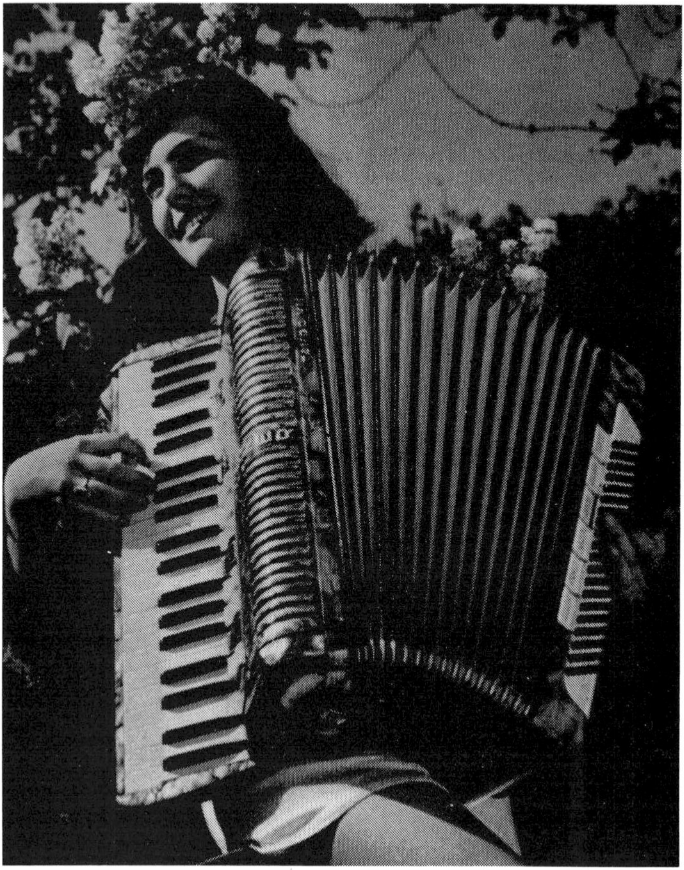

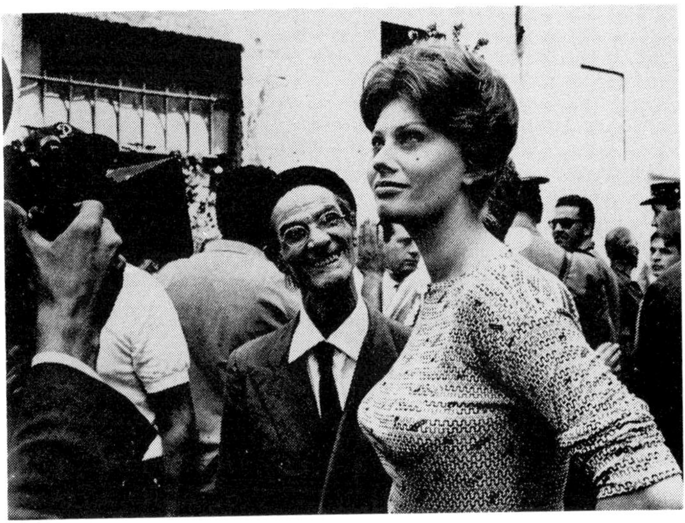

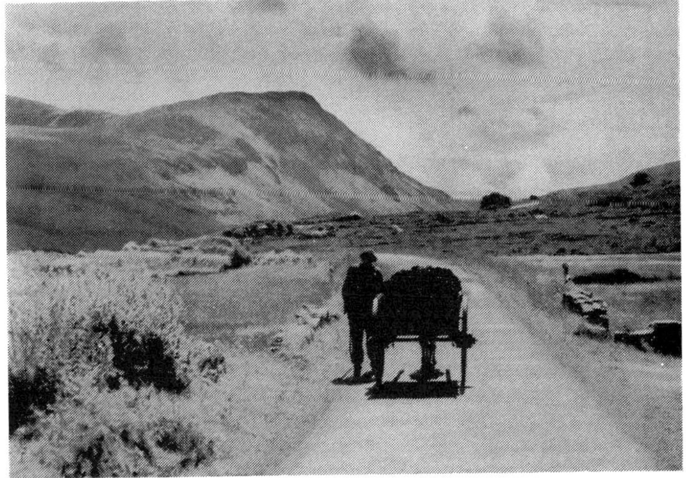

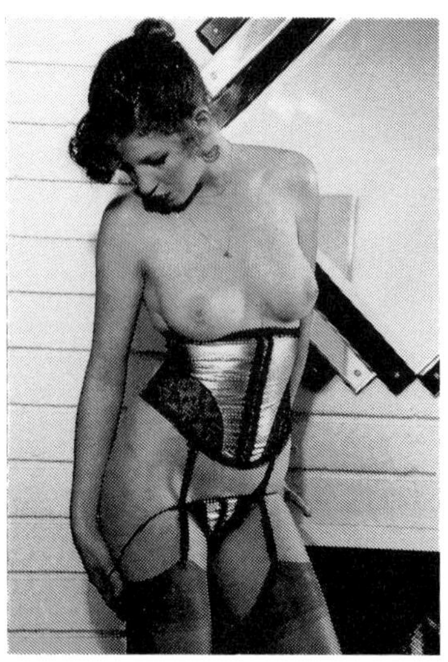

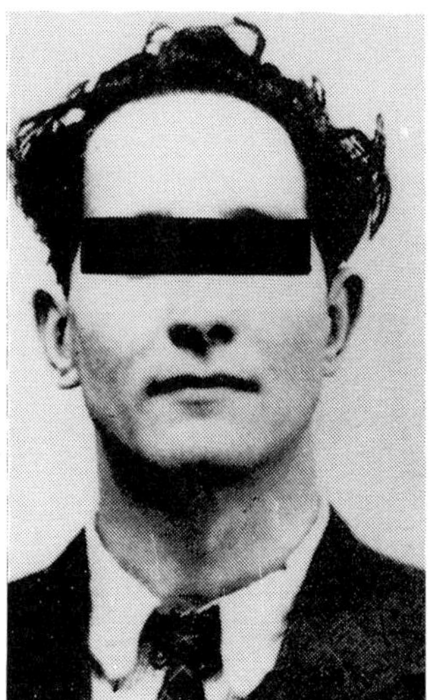

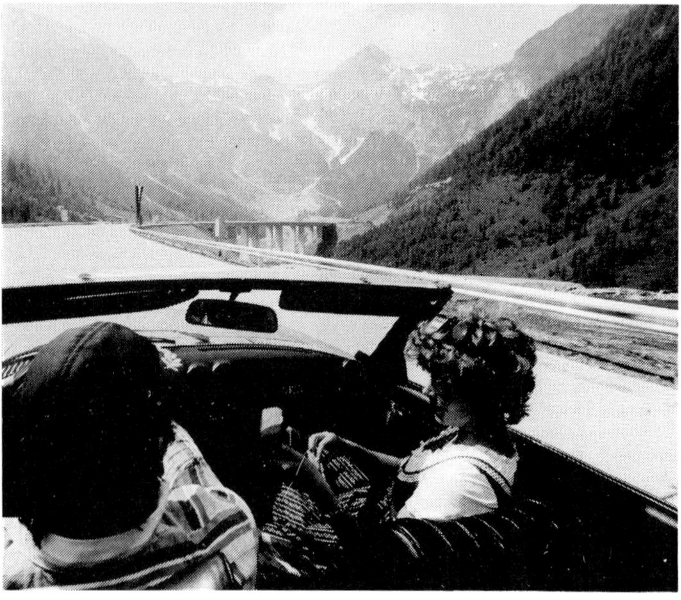

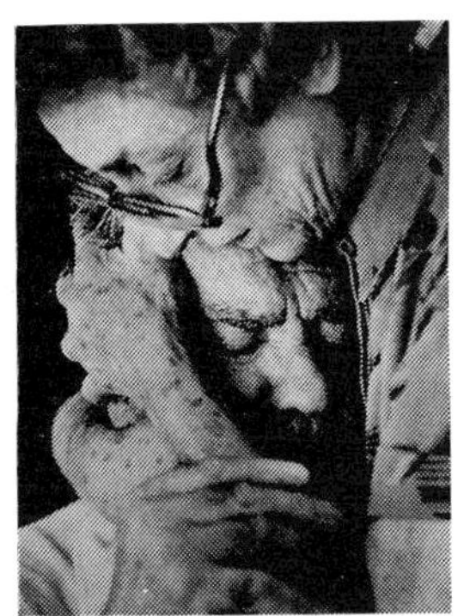

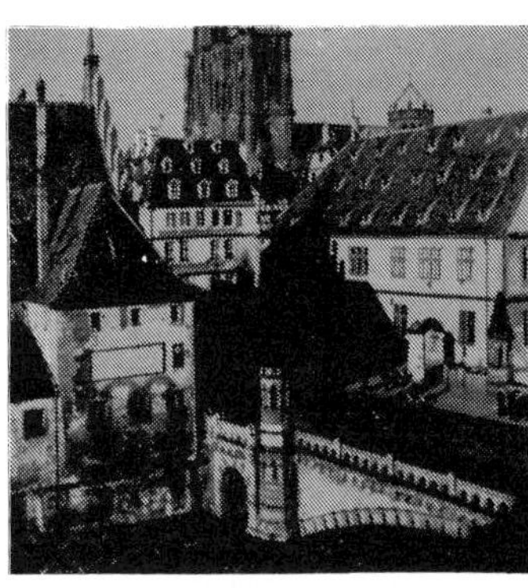

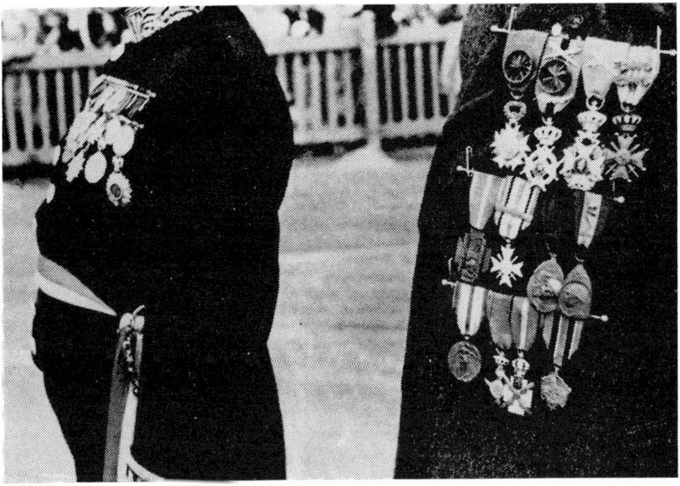

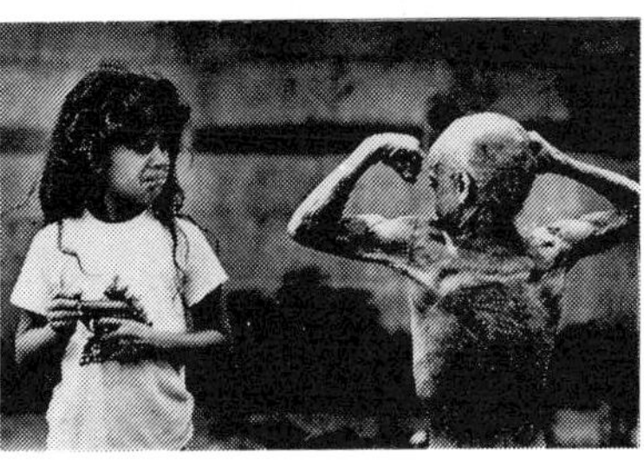

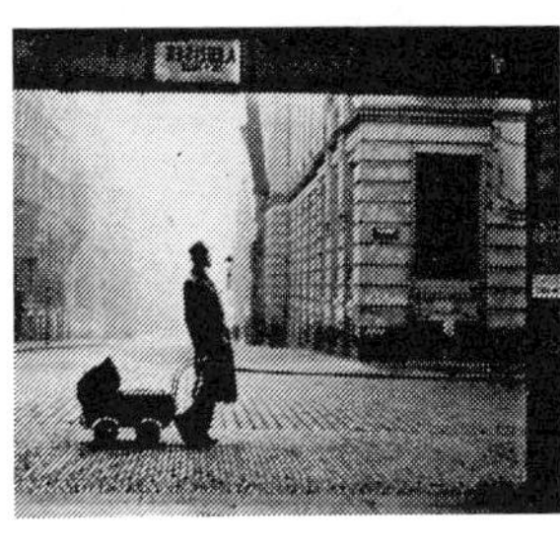

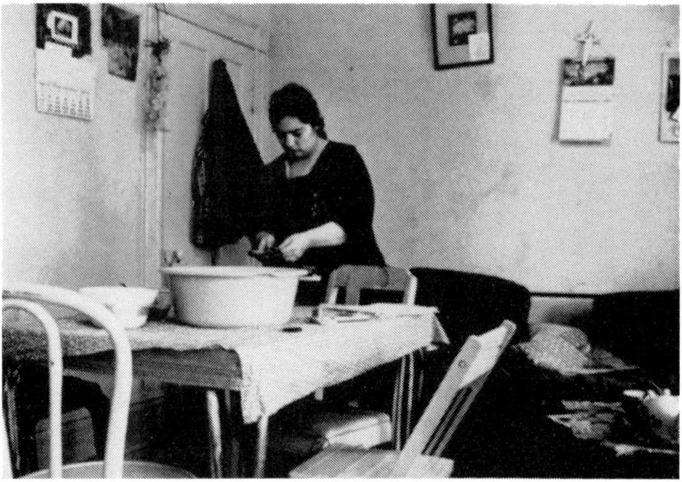

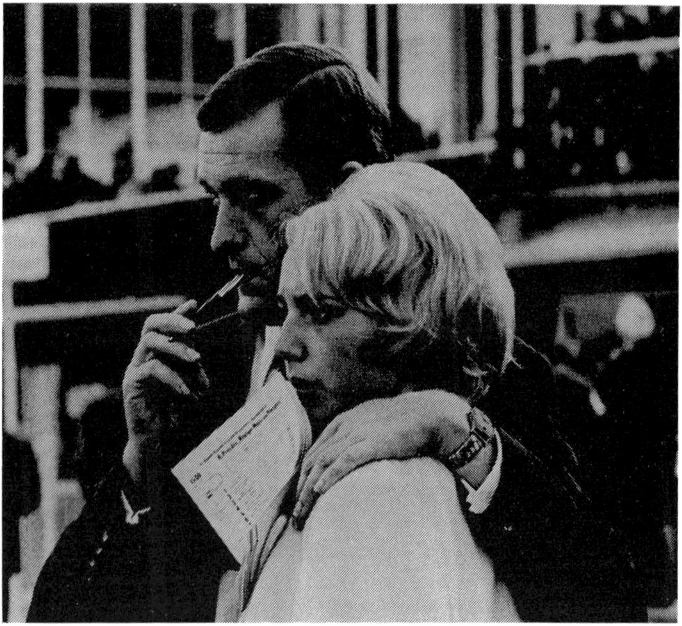

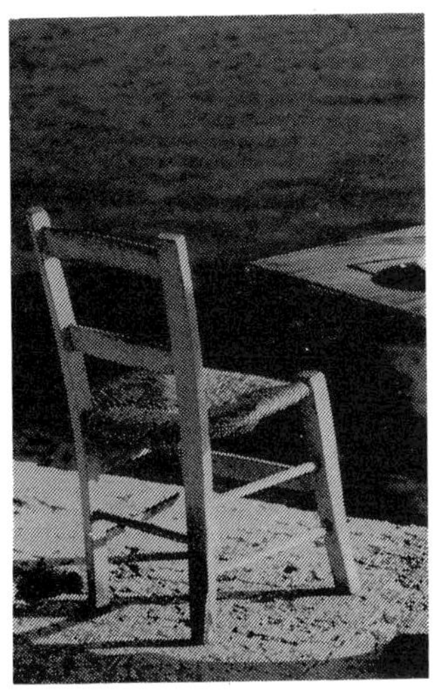
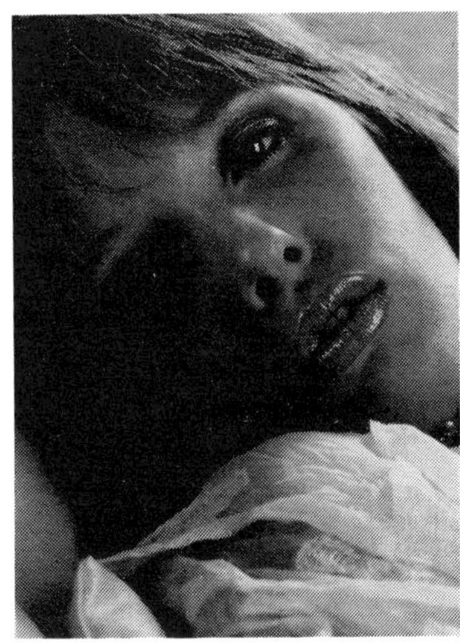
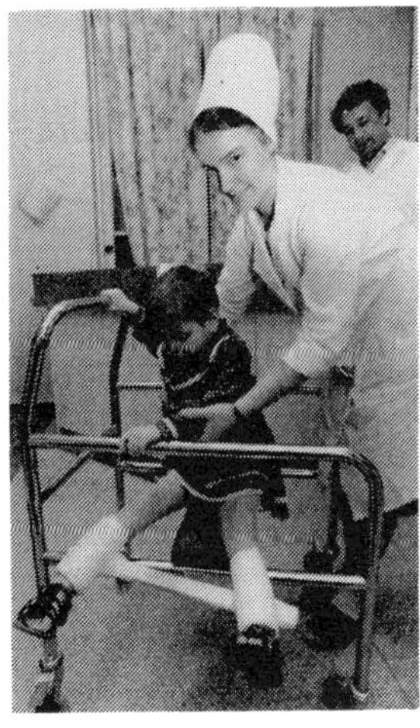
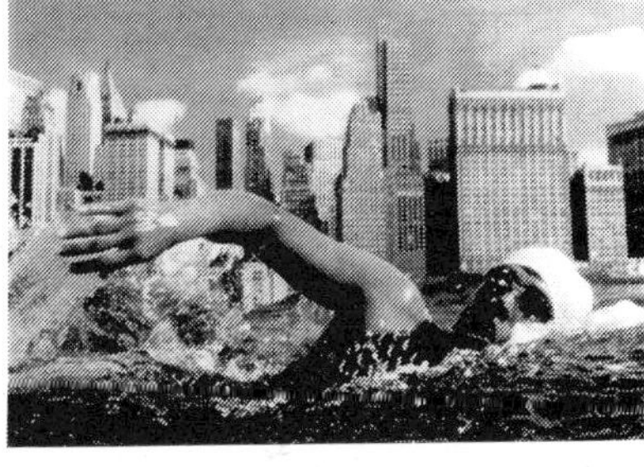
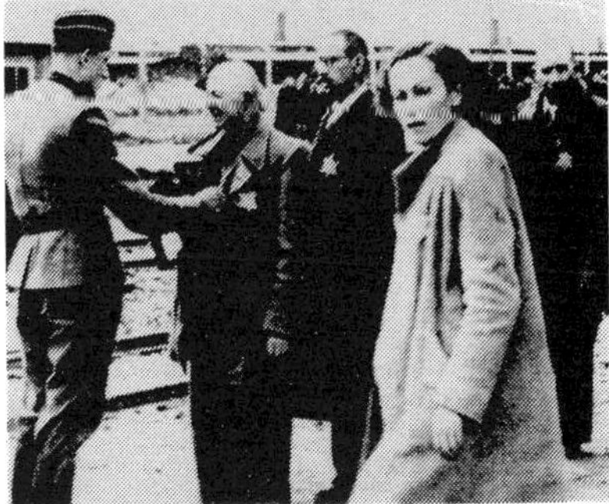

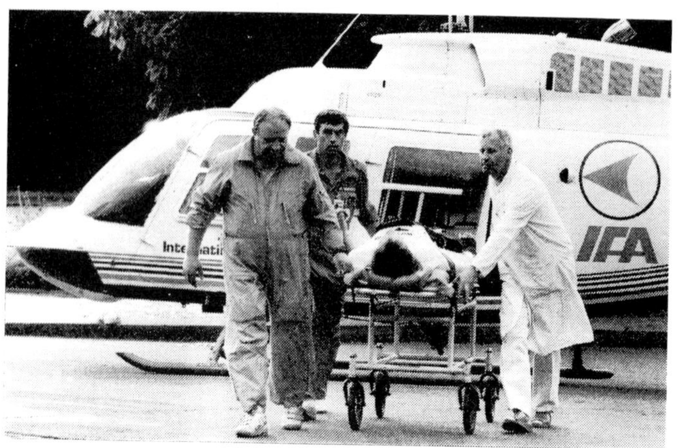
IFA

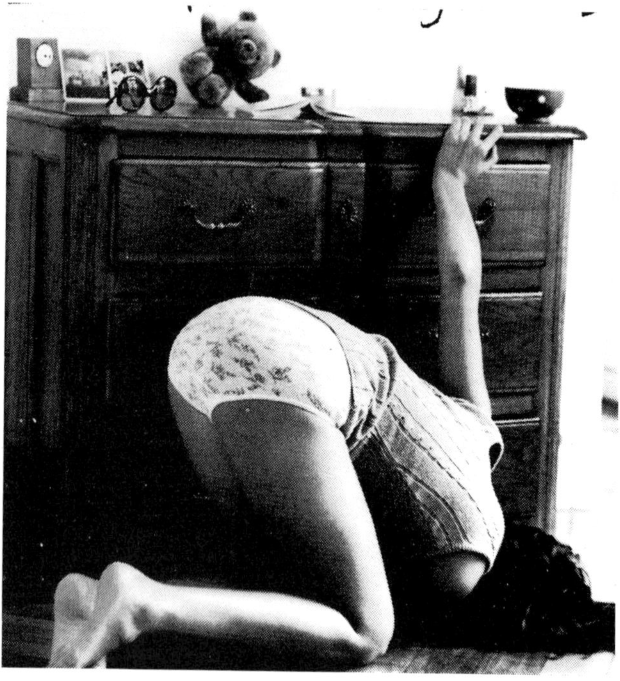

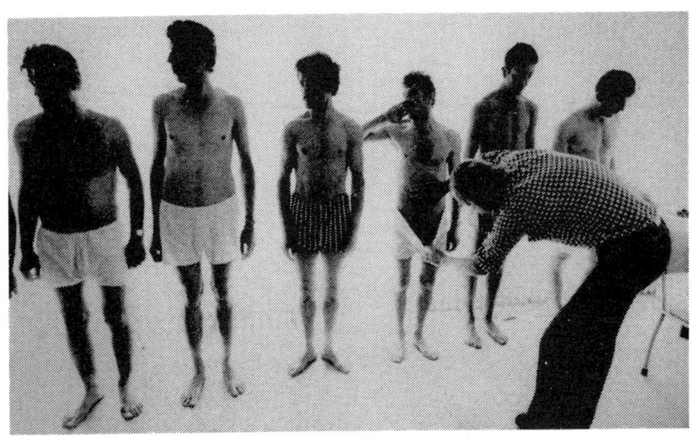

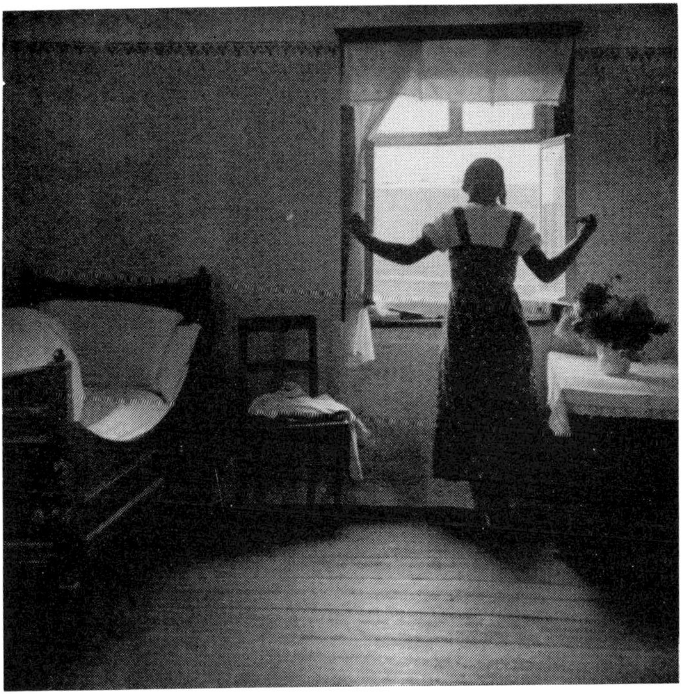

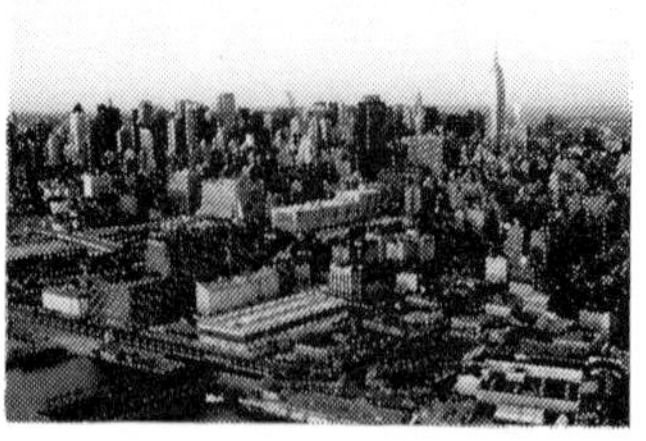

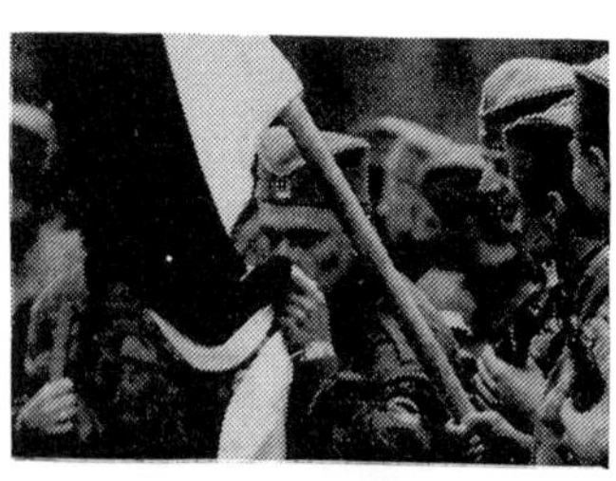

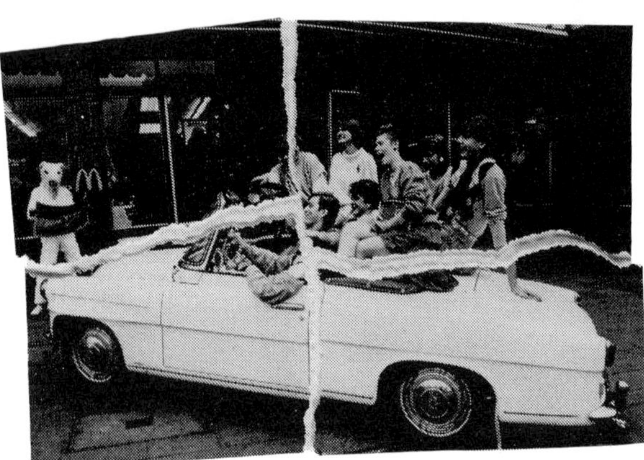

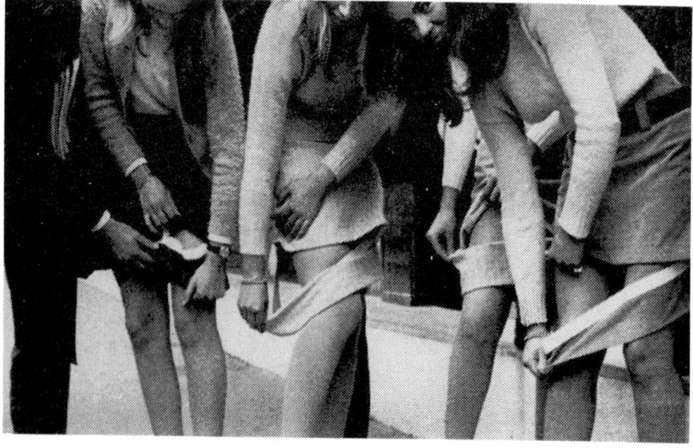

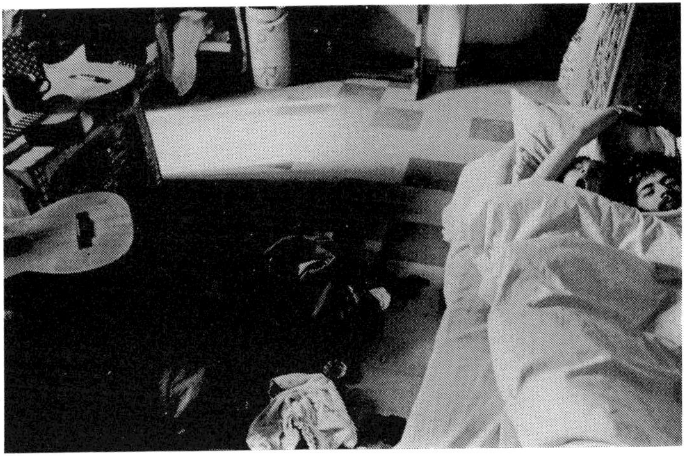

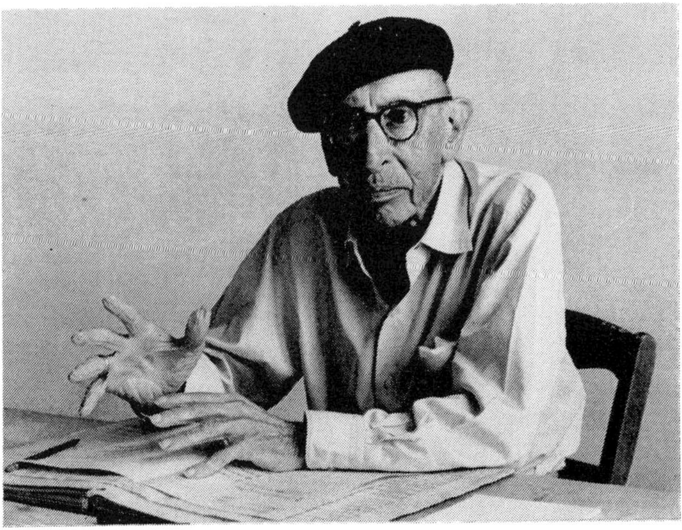

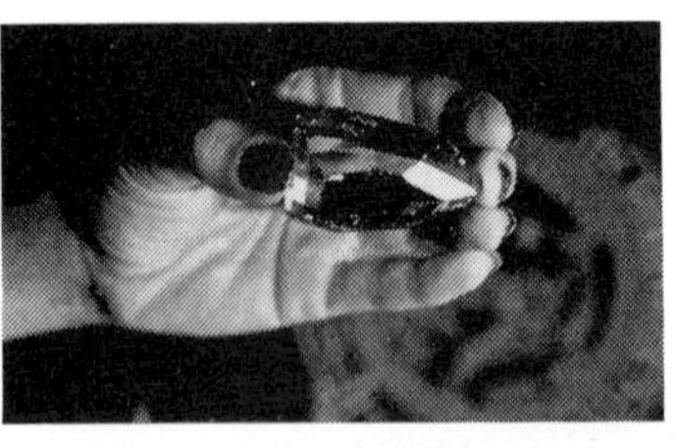

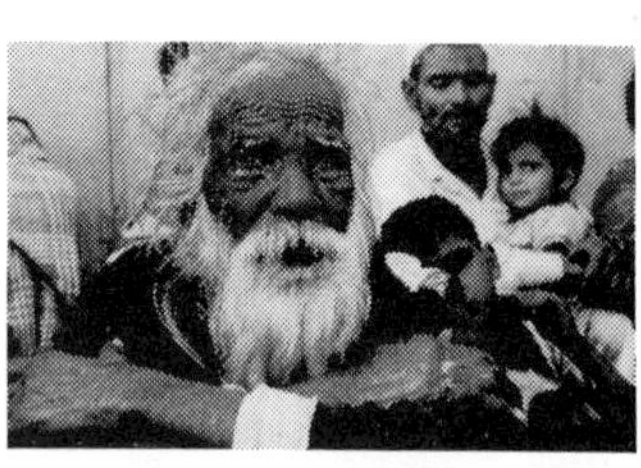

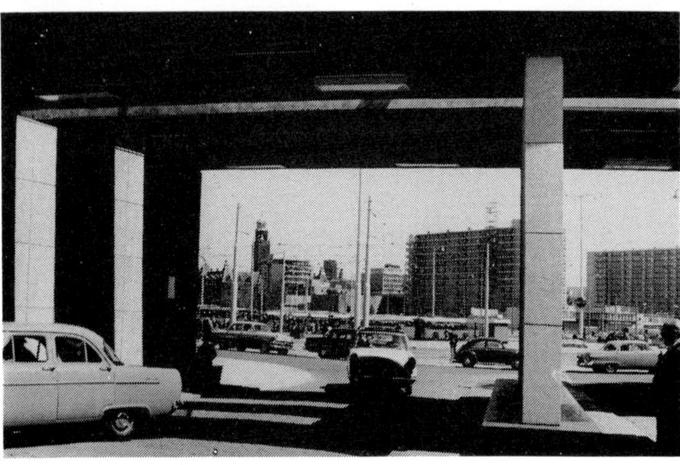

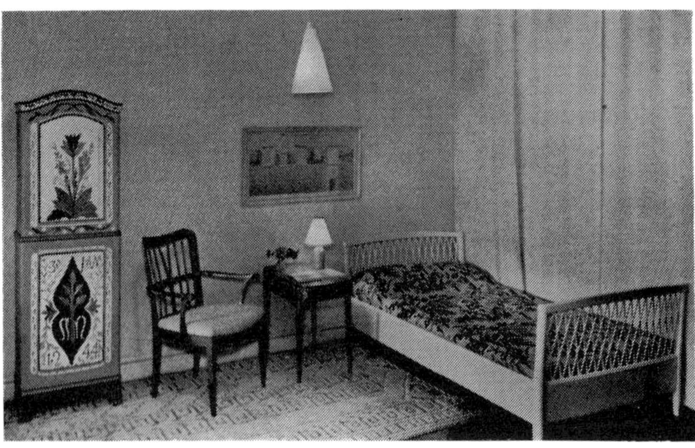

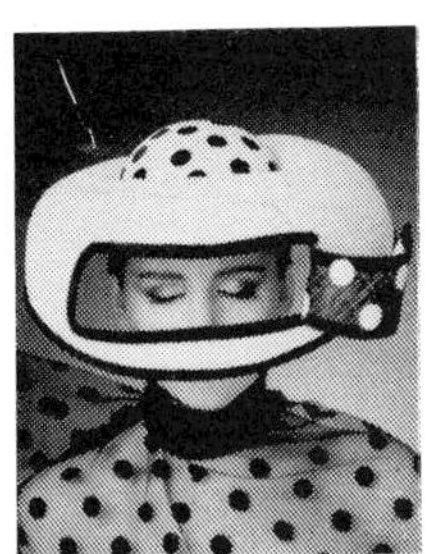

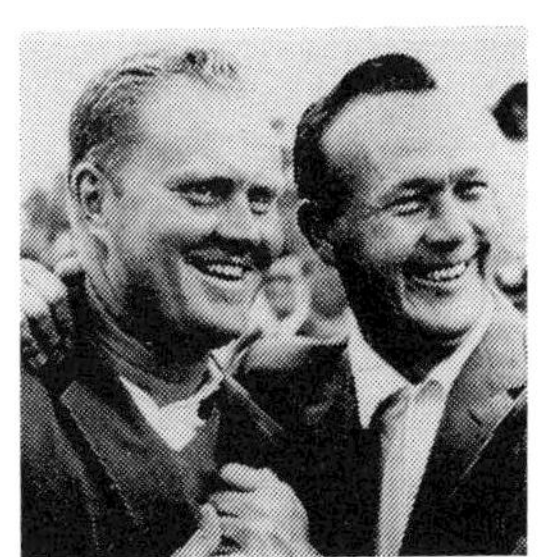

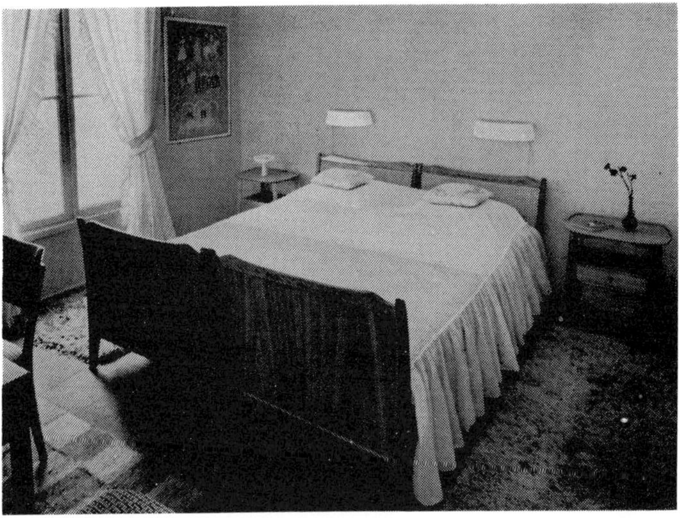

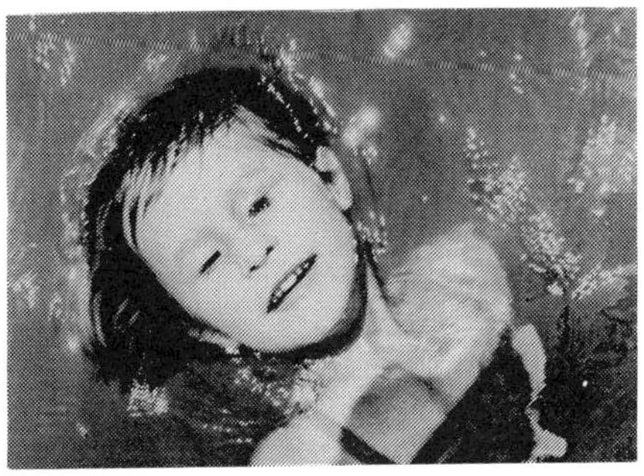

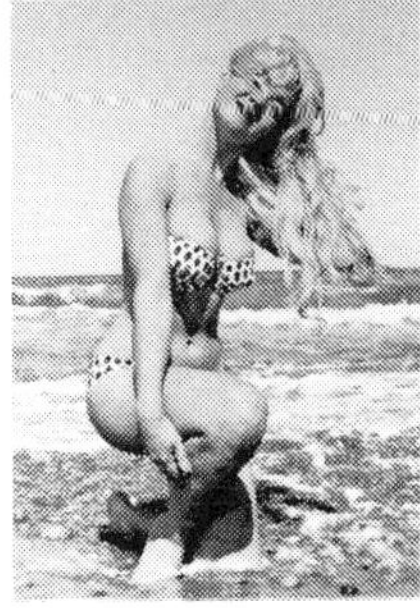

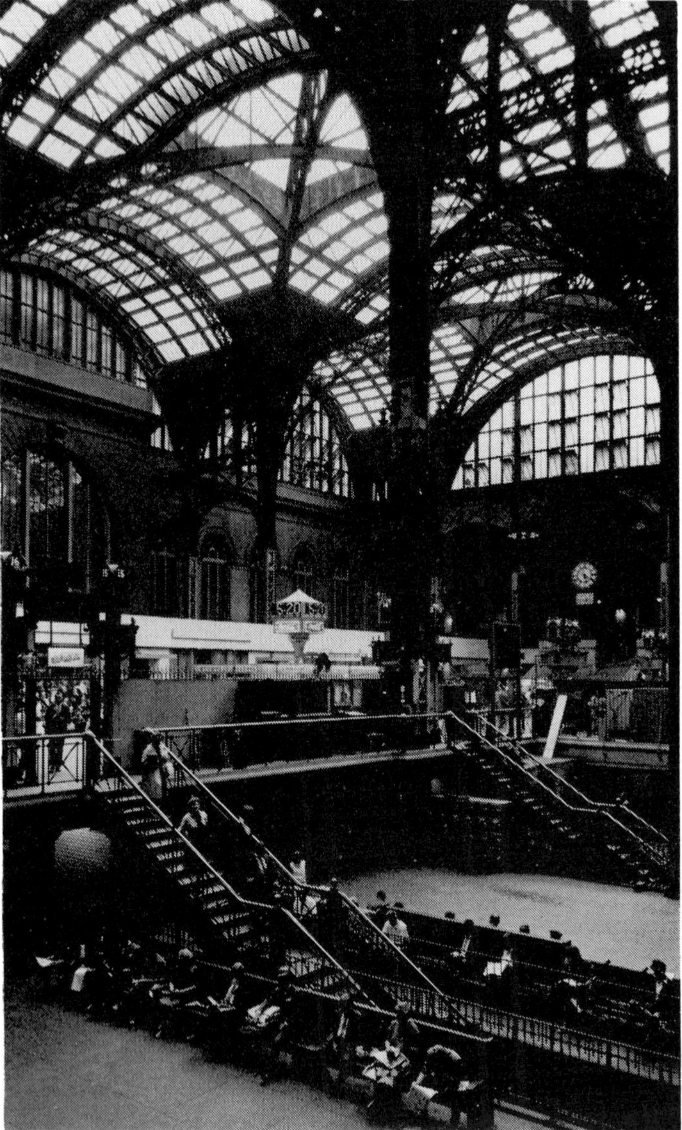

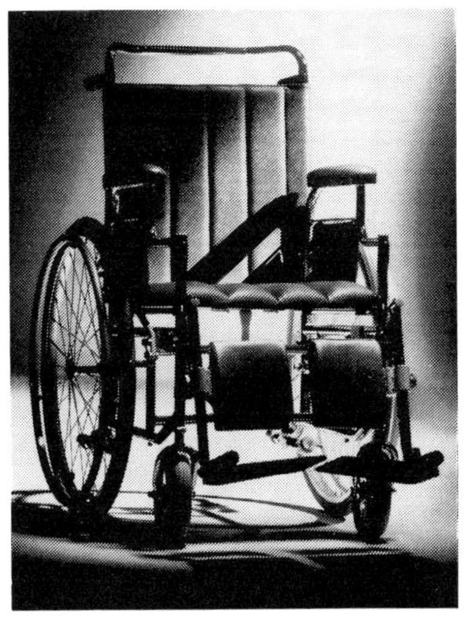

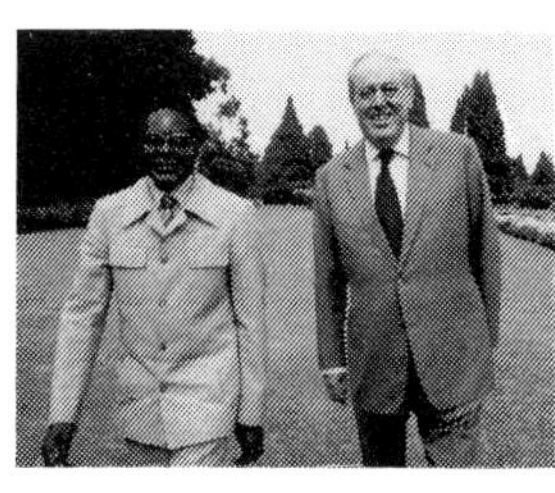

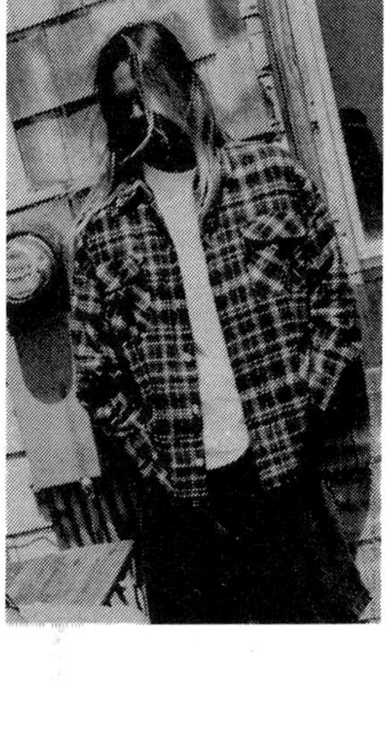

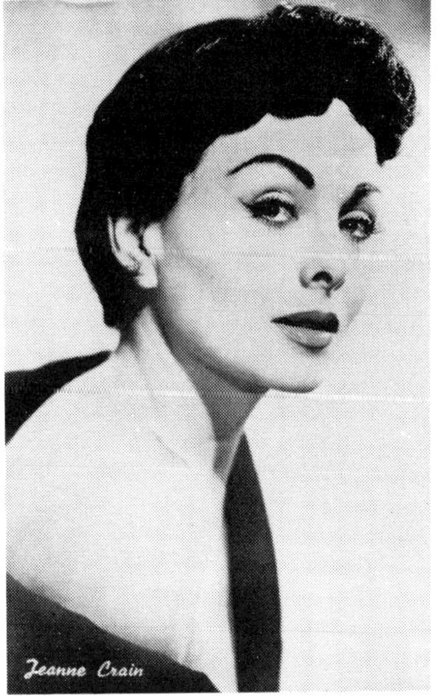
Jeanne Crain

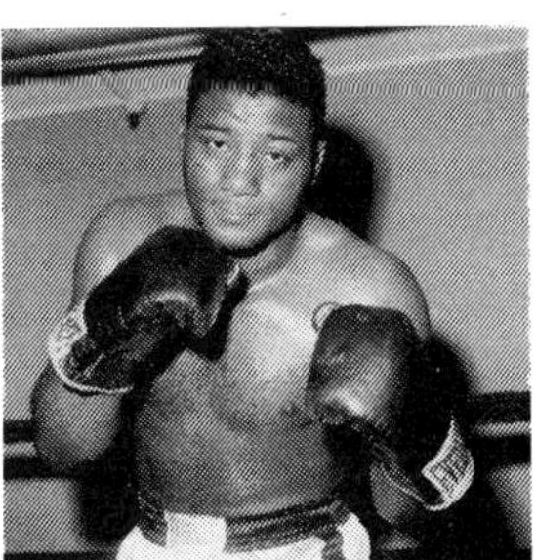

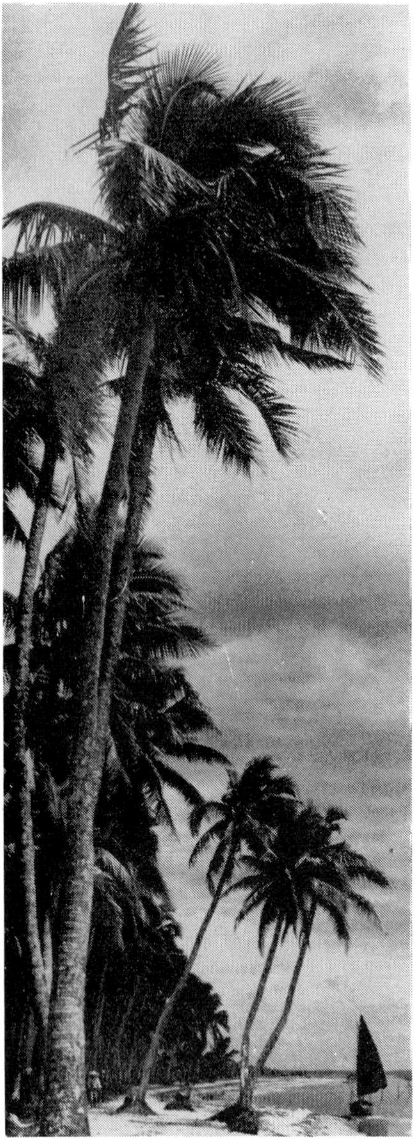

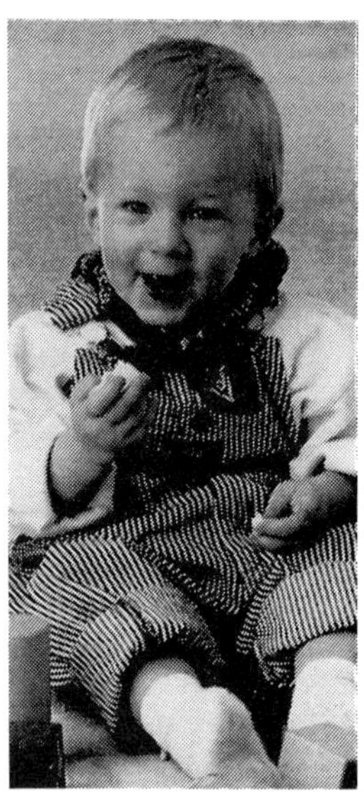

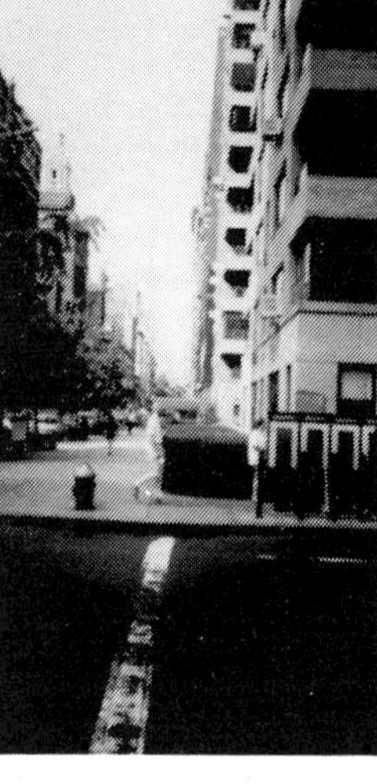

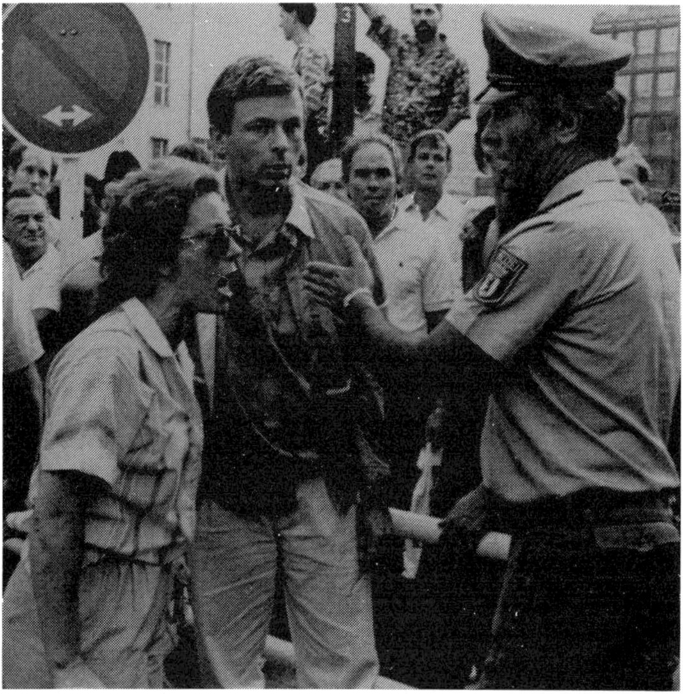

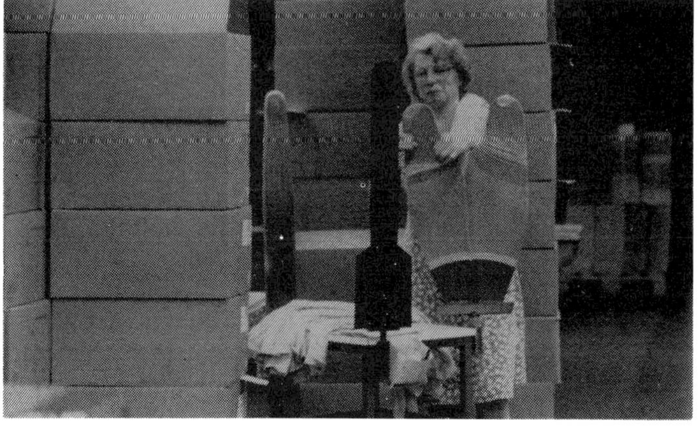

Hans-Peter Feldmann
Voyeur

7. überarbeitete Auflage 2021

Verlag der Buchhandlung Walther König, Köln
in Zusammenarbeit mit dem 3 Möven Verlag

Herstellung
Printmanagement Plitt, Oberhausen

Die Deutsche Nationalbibliothek verzeichnet diese Publikation in der Deutschen Nationalbibliografie; detaillierte bibliografische Daten sind über http://dnb.d-nb.de abrufbar.

Printed in Germany

Verlag der Buchhandlung Walther König, Köln
Ehrenstr. 4, 50672 Köln
Tel. +49 (0)221 / 205 96 53
Email: verlag@buchhandlung-walther-koenig.de

ISBN 978-3-96098-893-9

Dank an alle Photographen, deren Bilder für diese Arbeit verwendet wurden. Dank auch an all die, deren Entdeckungen und Erfindungen diese Welt auf Papier erst möglich machten.

Merci à tous les photographes dont les images ont été utilisées dans ce livre. Merci également à toutes les personnes dont le travail inventif a permis la création de ce monde sur papier.

Thanks to all the photographers whose pictures have been used for this work. Thanks also to all the resourceful people who enabled by their inventive work the creation of this world of paper.

Vertrieb / Distribution:

Germany, Austria, Switzerland / Europe
Buchhandlung Walther König
Ehrenstr. 4,
D - 50672 Köln
Fon +49 (0)221 / 205 96 53
verlag@buchhandlung-walther-koenig.de

UK & Ireland
Cornerhouse Publications Ltd.
HOME
2 Tony Wilson Place
UK – Manchester M15 4FN
Fon +44 (0) 161 212 3466
publications@cornerhouse.org

Outside Europe
D.A.P. / Distributed Art Publishers, Inc.
75 Broad Street, Suite 630
USA - New York, NY 10004
Fon +1 (0) 212 627 1999
orders@dapinc.com